클리커 트레이닝 개론

Clicker Training

Positive Training

저자: 박효진

기획·자문: 한국애견협회

박영story

머리말

클리커 트레이닝의 세계에 오신 것을 진심으로 환영합니다.

반려동물과 함께 살아가는 사람들에게 훈련은 단순한 기술을 넘어, 서로 다른 종이 소통하고 관계를 맺는 중요한 수단입니다. 그러나 동물과 인간은 신체 구조도, 감각 체계도, 언어도 다르기에 그 사이의 간극을 좁히는 일은 결코 쉽지 않습니다. 특히 훈련을 전공하는 학생들에게는 단순한 반복이 아닌, 동물의 행동을 과학적으로 이해하고 효과적인 방법으로 이끌어 내는 전문적인 접근이 요구됩니다.

이 책은 그러한 요구에 부응하기 위해 기획되었습니다. 훈련을 전공하는 대학생들이 동물과의 소통 능력을 심화하고, 체계적인 훈련 기술을 정립할 수 있도록 구성된 학습서입니다. 특히 클리커 트레이닝을 중심으로, 동물의 행동 원리를 학문적으로 탐구하고 이를 실제 훈련 현장에 적용하는 구체적인 방법들을 다루고 있습니다.

클리커 트레이닝은 단지 '클릭 소리로 보상 타이밍을 알려주는 기술'이 아닙니다. 이 기법은 행동주의 심리학, 조건형성 이론, 동물행동학 등 탄탄한 학문적 기반 위에서 발전해 온, 정밀하고 섬세한 커뮤니케이션 방식입니다. '정확한 타이밍'과 '일관된 피드백'을 통해 동물은 혼란 없이 학습하게 되며, 훈련자는 원하는 행동을 긍정적으로 유도할 수 있습니다. 무엇보다 중요한 점은, 이 방식이 처벌이나 강압이 아닌 존중과 신뢰를 바탕으로 한 관계 형성을 가능하게 한다는 데 있습니다.

이 교재는 단순한 기술서가 아닙니다. 클리커 트레이닝의 핵심 원리부터 시작해, 훈련 설계의 방법, 실제 사례 분석, 다양한 동물 종에의 적용 방식, 그리고 인간의 행동 수정 및 학습에의 활용 사례까지 폭넓게 다루고 있습니다. 훈련은 결국 행동의 변화를 이끌어 내는 과정이며, 이는 반려동물뿐 아니라 교육, 상담, 조직관리, 심리 치료 등 인간 사회의 다양한 영역에서도 동일하게 적용됩니다. 따라서 본서는 동물 훈련 전공자에 국한되지 않고, 학습과 행동의 본질에 관심 있는 모든 이들에게 통찰을 제공할 수 있을 것입니다.

훈련은 단거리 달리기가 아니라, 훈련자와 동물이 함께 성장해 나가는 긴 호흡의 여정입니다. 이 여정을 보다 즐겁고 전문적으로 걸어갈 수 있도록 돕는 것이 본 교재의 목표입니다. 단순히 기술을 익히는 수준을 넘어, 왜 그것이 효과적인지, 어떤 심리적 기제가 작동하는지, 그리고 어떻게 응용하고 창조적으로 발전시킬 수 있을지를 깊이 있게 안내합니다.

이 책이 이론과 실전을 연결해 주는 징검다리가 되어, 학문적 이해와 현장 경험을 조화롭게 이어가길 바랍니다. 나아가, 훈련이라는 과정이 동물과 사람 모두에게 긍정적인 경험이 되고, 서로 간의 관계를 더욱 깊고 아름답게 만들어가는 데 도움이 되기를 진심으로 바랍니다. 반려동물과 함께하는 시간이 더 따뜻하고, 더 풍요로운 배움의 시간이 되기를 기대합니다.

Happy Training!
저자 박효진

차 례

CHAPTER

01

클리커 트레이닝의 개요

CHAPTER **01**

클리커 트레이닝의 개요

학습목표

- 클리커 트레이닝의 정의와 원리를 학습하고, 이 기법이 행동주의 심리학의 원리를 어떻게 활용하는지 이해한다.
- 클리커 트레이닝이 동물 훈련뿐만 아니라 인간 교육 및 학습 환경에서 어떻게 응용될 수 있는지, 그리고 그 장점과 한계를 분석한다.
- 클리커 트레이닝의 기원과 전쟁에서의 개 훈련을 포함한 발전 과정을 살펴보고, 현대적 훈련 기법으로 발전하게 된 배경을 이해한다.
- 올바른 클리커 트레이너의 자세와 태도를 학습하며, 효과적인 트레이닝을 위해 트레이너가 갖추어야 할 자질과 윤리적 고려 사항을 숙지한다.

1 클리커 트레이닝의 개념

클리커 트레이닝(Clicker Training)은 주로 동물 훈련에 사용되는 심리학적 훈련기법으로, 행동주의 심리학의 원리인 조작적 조건화(Operant Conditioning)에 기반을 둔 훈련 방법이다. 이 훈련법은 1940년대에 B.F. 스키너(B.F. Skinner)에 의해 처음 개발되었으며, 이후 동물 행동학자들과 트레이너들에 의해 발전하여 현대에 이르러 다양한 동물 종을 훈련하는 데 널리 사용되고 있다. 클리커 트레이닝은 동물과의 커뮤니케이션을 향상시키고, 정적 강화(Positive Reinforcement)방식을 통해 바람직한 행동을 촉진하는 효과적인 도구로 자리잡았다.

(1) 클리커 트레이닝의 정의

클리커 트레이닝의 핵심은 동물이 바람직한 행동을 보일 때마다 즉각적으로 보상을 제공함으로써, 훈련자가 원하는 행동을 빠르게 학습하도록 유도하는 데 있다.

클리커 트레이닝은 훈련자가 동물이 바람직한 행동을 수행할 때마다 즉각적으로 강화물[1]을 제공하여, 동물이 원하는 행동을 빠르게 학습하도록 유도하는 효과적인 훈련 기법이다. 이 훈련법은 정적 강화를 바탕으로 하며, 이는 원하는 행동이 나타난 직후 보상을 제공해 해당 행동이 더 자주, 더 강하게, 더 오래 지속되도록 유도하는 방법이다. 클리커 트레이닝에서 사용하는 클리커(clicker)는 특정 행동을 강화하기 위해 신호음을 제공하는 작은 도구로, 처음에는 중립적 자극이지만 보상과 연합되면서 조건화된 강화물로 작용한다. 이 과정에서 동물은 클리커 소리를 통해 행동과 보상 간의 연관성을 명확히 이해하게 된다.

클리커 트레이닝은 강압적 훈련을 지양하며, 동물이 스스로 바람직한 행동을 선택하고 반복할 수 있도록 동기를 부여하는 방식이다. 특히, 클리커 소리를 사용하는 정확한 타이밍은 매우 중요한데, 동물이 원하는 행동을 수행하는 순간에 클리커를 누르면 어떤 행동이 강화되는지 명확히 전달할 수 있다. 훈련 과정에서는 조형(shaping)[2] 기법을 활용하여 목표 행동에 가까운 작은 단계를 강화하고, 점진적으로 목표 행동을 학습하도록 유도한다. 예를 들어, 개에게 "앉기"를 가르칠 때 처음에는 자세를 약간 낮추는 행동에도 클리커와 보상을 제공하고, 이후 점점 더 완전한 앉는 행동을 강화하며 학습을 완성해 나간다.

또한, **클리커 트레이닝은 특정 자극(예 명령어, 손짓)에 따라 동물이 목표 행동을 수행하도록 훈련하는 변별 자극(Discriminative Stimulus)의 활용을 포함한다.** 이와 같은 방식은 훈련의 효율성을 높이고, 처벌 없이 동물과 훈련자 간의 신뢰를 강화하는 데 기여한다. 클리커는 항상 일정하고 명확한 신호를 제공하기 때문에, 동물은 혼란 없이 학습에 집중할 수 있으며, 이는 학습 속도를 크게 높이는 효과를 발휘한다.

이러한 특성 덕분에 클리커 트레이닝은 단순히 반려동물의 기본 행동 훈련에 그치지 않고, 동물원에서 위험한 동물을 다루거나 의료 절차를 수행할 때에도 유용하며, 장애를 가진 동물의 행동 수정과 적응을 돕는 재활 치료에도 활용된다. 클리커 트레이닝은 명확하고 긍정적인 강화법을 통해 동물과의 상호작용을 강화하며, 학습 과정을 효율적이고 즐겁게 만드는 혁신적인 훈련 방법이라 할 수 있다.

---

1 강화물(Reinforcer): 행동의 빈도를 증가시키기 위해 사용하는 모든 자극물로 성격에 따라 일차 강화물, 이차 강화물, 정적 강화물과 부적 강화물로 구분할 수 있다.

2 조형(Shaping): 처음에는 서툴고 투박한 행동에서부터 단계적으로 차근차근 학습하여 정교한 기술을 갖는 절차가 조성이다. 조성 또는 행동형성이라고도 부른다.

(2) 클리커 트레이닝의 원리

클리커 트레이닝은 **고전적 조건화(Classical conditioning)의 요소를 활용하여 클리커 소리와 보상을 연계**시키고, 이를 통해 동물이 원하는 행동을 학습하도록 돕는 기법이다. 이 과정은 다음과 같은 구체적인 단계로 설명할 수 있다.

① 클리커 소리와 보상의 연합

처음에 클리커 소리는 동물에게 아무런 의미가 없는 중립 자극(Neutral Stimulus)이다. 훈련자는 클리커 소리가 난 후 즉시 간식, 장난감, 칭찬과 같은 1차 강화물(Primary Reinforcer)을 제공하며, 이를 반복한다. 시간이 지나면서 동물은 클리커 소리가 보상을 예고하는 신호라는 것을 학습한다. 이로 인해 클리커 소리는 조건화된 자극(Conditioned Stimulus)이 되고, 클리커 소리만으로도 동물에게 긍정적인 기대를 불러일으킨다. 예를 들어, 개는 클리커 소리가 나면 곧 간식이 주어질 것을 알고 기대감을 갖게 된다.

② 정확한 타이밍의 강화

훈련자가 동물의 원하는 행동을 관찰하고, 그 행동이 정확히 일어나는 순간에 클리커를 눌러 소리를 제공한다. 이렇게 하면 동물은 **자신의 행동과 강화(보상) 사이의 연결성**을 빠르게 학습할 수 있다. 예를 들어, 개가 “앉기” 명령을 듣고 엉덩이를 바닥에 대는 순간에 클리커를 눌러 강화 신호를 준다. 즉각적인 강화는 동물에게 어떤 행동이 보상을 유발했는지 명확히 알려주며, 학습 속도를 크게 높인다.

③ 조건화된 강화물로의 전환

훈련이 반복되면서 클리커 소리는 단순한 신호에서 조건화된 강화물(Conditioned Reinforcer)로 전환된다. 이 단계에서는 **클리커 소리만으로도 동물이 보상과 동일한 만족감**을 느끼게 되며, 간식과 같은 실제 보상이 줄어들더라도 행동이 지속될 수 있게 된다. 예를 들어, 훈련 초반에는 클리커 소리와 간식을 매번 함께 제공하지만, 나중에는 클리커 소리만으로도 강화 효과를 유지할 수 있다.

④ 조형(Shaping)

목표 행동을 가르치기 위해 동물의 작은 행동 단위부터 하나씩 강화하여 점차적으로 최종 행동에 도달하도록 유도하는 방법을 조형 혹은 행동 조성이라고 한다. 이 기법은 동물이 처음부터 완전한 행동을 할 수 없을 때, 복잡하거나 여러 단계를 포함하는 행동을 효과적으로 학습시키는 데 유용하다.

예를 들어, 개에게 장애물 점프하기를 가르치고자 할 때, 처음에는 장애물 근처에 다가가는 것만으로도 클릭과 보상을 제공한다. 이후 앞발을 들거나 장애물에 관심을 보이는 행동에만 반응하고, 점차 장애물을 넘는 동작 전체가 나올 때까지 기준을 높여간다. 이처럼 조형은 훈련자가 원하는 행동을 세밀하게 분해하고, 각 단계마다 성공을 유도함으로써 복잡한 과제를 효과적으로 학습시킬 수 있는 전략이다.

⑤ 변별 자극(Discriminative Stimulus)과 일반화

변별 자극은 특정 행동을 유발하는 신호이다. "앉아"라는 명령어, 손짓, 또는 특정 환경적 조건이 이에 해당한다. 동물은 이러한 신호가 특정 행동과 연결되어 있음을 학습한다. 이때 클리커 소리는 신호에 따른 올바른 행동에 대해 즉각적이고 명확한 피드백을 제공함으로써 학습을 강화한다. 예를 들어, "앉아"라고 말하고 개가 앉는 순간 '클릭' 소리를 들려주면, 개는 '앉아'라는 소리가 '앉는 행동'과 연결되어 있음을 분명히 인지한다.

동시에, 학습된 행동은 일반화를 통해 유사한 신호나 상황에서도 수행될 수 있도록 확장한다. 이는 동물이 특정 상황에서 학습한 행동을 다양한 맥락에서 적용할 수 있도록 돕는 중요한 과정이다. 예를 들어, 개가 집에서 "앉아" 명령에 클리커 소리와 함께 앉는 행동을 학습했다면, 훈련사는 공원이나 다른 낯선 환경에서도 동일한 명령에 반응하도록 훈련을 확장한다. 이때도 정확한 타이밍의 클리커 소리는 동물의 혼란을 줄이고 학습을 촉진한다. 일반화가 이루어지면, 동물은 훈련받은 행동을 다양한 상황 속에서 자신감 있고 일관되게 수행할 수 있다.

(3) 클리커 트레이닝의 교육학적 응용

클리커 트레이닝은 동물 훈련에 국한되지 않고, 인간 교육 및 티칭(teaching)에도 폭넓게 응용될 수 있는 잠재력을 가진 기법이다. 이 기법은 행동주의 심리학에 근거한 훈련 방법으로, '긍정적 강화 방식'과 '즉각적 피드백 제공'을 통해 동물의 특정 행동을 강화하는 데 매우 효과적이다. 클리커 트레이닝의 원리를 인간 교육에 적용하면 다음과 같은 방식으로 활용할 수 있다.

① 즉각적인 피드백 제공

클리커 트레이닝의 핵심 원리 중 하나는 즉각적인 강화로, 이는 학습자가 수행한 행동이 적절했는지를 즉시 인식하도록 돕는 역할을 한다. 예를 들어, 교사가 학생의 올바른 답변에 대해 즉시 긍정적인 구두 피드백을 제공하거나, 게임화된 학습 환경에서 디지털 퀴즈를 통해 정답 시 보상이 즉시 화면에 나타나도록 구성하는 방식 등이 이에 해당한다. 이러한 즉각적인 피드백은 학습자가 바람직한 행동을 반복하도록 유도하고, 학습 동기를 효과적으로 강화하는 데 기여한다.

② 행동 조형(Shaping)과 단계적 학습

복잡한 기술이나 과제를 학습할 때, 행동 조형(shaping)의 원리를 적용하여 학습자를 작은 단위의 목표로 유도할 수 있다. 예를 들어, 학생이 수학 문제를 푸는 과정을 학습할 때, 처음에는 간단한 덧셈 문제를 제공하여 성공적인 경험을 쌓게 하고, 점차 난이도를 높여 복잡한 계산이나 응용 문제로 이동하는 단계적 학습을 설계할 수 있다.

③ 게임 기반 학습(Game-based Learning)

클리커 트레이닝의 원리를 디지털 학습이나 게임화된 환경에 통합하여 학습자에게 즉각적인 보상과 피드백을 제공할 수 있다. 예를 들어, 학습자가 퀴즈에 올바른 답을 선택했을 때 점수, 배지, 혹은 시각적 효과를 제공하는 방식은 학습자의 동기를 크게 증진시키며, 긍정적 강화의 효과를 극대화한다.

④ 특수 교육 및 재활 훈련

클리커 트레이닝은 특수 교육이나 재활 훈련에서도 응용 가능하다. 예를 들어, 자폐 스펙트럼 장애를 가진 학생들에게 특정 행동(예 시선 맞추기, 명령 수행하기)을 강화하거나, 물리적 재활 훈련에서 환자가 올바른 동작을 수행했을 때 긍정적 피드백이나 강화물을 제공하는 방식으로 활용할 수 있다.

(4) 클리커 트레이닝의 장점

클리커 트레이닝은 그 자체로 매우 강력한 도구이자 많은 장점이 있지만, 다른 훈련방법보다 무조건 우수하거나 모든 상황에서 최적의 결과를 보장하는 것은 아니다. 이러한 원리를 이해하기 위해서는 클리커 트레이닝의 장단점을 명확히 인식하고, 다른 훈련 방법들과의 비교를 통해 더 깊은 통찰을 얻을 필요가 있다.

① 명확한 의사소통

클리커 트레이닝에서 명확한 의사소통은 매우 중요한 요소로 작용한다. 클리커를 사용함으로써 훈련자는 동물에게 일관되고 명확한 신호를 제공하여, 동물이 자신의 행동에 대한 피드백을 빠르고 정확하게 인식할 수 있도록 돕는다. 이를 구체적으로 설명하면 다음과 같다.

- **정확한 신호 제공:** 클리커는 짧고 일정한 소리를 내는 기구로, 훈련자가 동물에게 원하는 행동이 발생했을 때 이 소리를 사용한다. 예를 들어, 개가 앉는 행동을 할 때 훈련자가 클리커를 눌러 즉시 소리를 내면, 개는 그 행동이 훈련자가 원하는 바람직한 행동임을 즉각적으로 인식하게 된다. 이와 같이 클리커는 동물에게 명확한 신호를 제공함으로써 행동과 보상의 연결을 강화하는 데 기여한다.
- **일관성 유지:** 클리커의 소리는 항상 동일하게 유지되기 때문에, 훈련자가 주는 피드백의 일관성을 보장한다. 동물은 클리커 소리가 나면 항상 보상이 따르는 행동이 있다는 것을 학습하게 된다. 예를 들어, 훈련자가 같은 훈련 세션 내에서 여러 번 클리커를 사용할 경우, 동물은 각 클리커 소리가 나올 때마다 특정 행동과 그 행동에 대한 보상을 연결짓게 된다. 이러한 일관성은 동물이 원하는 행동을 반복하도록 유도하는 데 매우 효과적이다.
- **혼란 최소화:** 명확한 의사소통은 동물의 혼란을 최소화하는 데 도움을 준다. 동물은 다양한 소리나 신호에 대한 혼란 없이 단 하나의 클리커 소리를 인식하게 되므로, 훈련 과정에서 발생할 수 있는 오해나 불안감을 줄일 수 있다. 예를 들어, 개가 훈련 도중

에 다른 소음이나 신호가 발생하더라도, 클리커 소리는 일정하게 유지되므로 개는 훈련자가 제공하는 특정 신호를 쉽게 이해할 수 있다.

- **학습 속도 가속화**: 명확한 피드백을 통해 동물은 자신의 행동과 결과 사이의 관계를 빠르게 이해하게 된다. 예를 들어, 말이 원하는 동작을 수행했을 때 클리커가 눌리고 보상이 주어진다면, 말은 그 행동이 올바르다는 것을 즉각적으로 학습하게 된다. 이렇게 빠른 피드백은 동물의 학습 속도를 크게 증가시키며, 훈련자가 원하는 행동을 더욱 쉽게 정착시킬 수 있도록 돕는다.
- **보상 기대감 형성**: 클리커 소리는 동물에게 보상이 곧 올 것이라는 기대감을 형성하는 중요한 요소로 작용한다. 동물은 클리커 소리를 들으면 보상이 제공될 것이라는 사실을 학습하게 되고, 이는 훈련의 동기를 더욱 높이는 역할을 한다. 예를 들어, 개가 클리커 소리를 듣고 나서 항상 간식을 받는 경험을 반복하면, 클리커 소리를 듣는 순간부터 기대감과 흥분을 느끼게 된다. 이러한 기대감은 훈련의 효과를 극대화하는 데 기여한다.

결과적으로, 클리커 트레이닝에서의 명확한 의사소통은 동물의 행동 학습에 있어 매우 중요한 역할을 한다. 클리커는 동물에게 **정확한 신호를 제공하고, 일관된 피드백을 유지**함으로써 학습의 혼란을 줄이며, 그 결과로 학습 속도를 가속화하고, 동물이 보상을 기대하게 만든다. 이러한 요소들은 클리커 트레이닝의 효과성을 극대화하며, 동물과 훈련자 간의 신뢰와 유대감을 형성하는 데에도 긍정적인 영향을 미친다.

② 비강압적 훈련방식

클리커 트레이닝은 정적 강화 방식을 기반으로 하기 때문에 동물에게 스트레스나 두려움을 주지 않으며, 동물이 특정 행동을 자발적으로 하도록 유도하는 데 중점을 둔다. 예를 들어, 개에게 새로운 행동을 가르칠 때 강압적인 방법 대신 클리커와 보상을 사용하면, 개는 더 **긍정적이고 편안한 방식으로 학습**하게 된다. 이는 동물의 자발성과 협력적인 태도를 촉진하며, 스트레스를 줄이고 즐거운 학습 환경을 조성한다.

- **스트레스와 공포의 최소화**: 강압적인 방법이나 체벌은 동물에게 스트레스와 불안을 유발할 수 있다. 클리커 트레이닝은 이러한 강압적 접근을 지양하고, 동물에게 편안하고 안전한 환경을 제공한다. 예를 들어, 개에게 새로운 행동을 가르칠 때 강압적인 방법 대신 클리커와 보상을 사용하면, 개는 더 긍정적이고 편안한 방식으로 학습하게 된다. 이로 인해 동물은 훈련에 대한 두려움을 느끼지 않고, 학습에 집중할 수 있다.

- **자발성과 협력적인 태도 촉진:** 클리커 트레이닝은 동물이 자발적으로 행동을 선택하도록 유도한다. 동물은 스스로 원하는 행동을 수행하고, 그에 대한 보상을 경험함으로써, 자발성과 협력적인 태도를 기르게 된다. 예를 들어, 개가 자발적으로 앉기라는 행동을 할 때, 클리커를 눌러 그 행동을 강화하면, 개는 자신의 행동이 긍정적인 결과로 이어진다는 것을 인식하게 된다. 이는 동물과 훈련자 간의 신뢰 관계를 형성하는 데 기여한다.

결과적으로, 클리커 트레이닝은 비강압적 훈련 방식으로 동물에게 긍정적이고 협력적인 학습 환경을 제공한다. 이 방법은 동물이 자발적으로 행동을 선택하게 하고, 그 행동에 대한 즉각적인 보상을 통해 학습의 효과를 높이며, 스트레스를 줄이는 데 효과적이다. 이러한 접근은 동물과 훈련자 간의 신뢰와 유대감을 강화하고, 훈련의 성공적인 결과를 가져오는 데 기여한다.

③ 재미있는 놀이방식

클리커 트레이닝은 동물에게 훈련을 놀이와 게임처럼 인식할 수 있도록 하는 독창적인 접근법이다. 이 **훈련의 핵심 원리는 "클릭 + 보상"**으로, 이는 동물의 참여를 유도하고 긍정적인 학습 경험을 제공한다.

- **클리커의 기본 공식:** 클리커 트레이닝의 기본 공식은 클리커 소리와 그 뒤에 오는 보상의 조합이다. 훈련자가 특정 행동을 관찰하고, 동물이 그 행동을 할 때 클리커를 눌러 신호를 주며, 곧바로 동물이 선호하는 강화물(예 먹이, 장난감, 놀이, 스킨십 등)을 제공한다. 이러한 반복적인 과정은 동물에게 훈련이 재미있고 보람 있는 경험임을 각인시킨다.
- **훈련과 놀이의 통합:** 클리커 트레이닝은 훈련과 놀이를 효과적으로 통합하여 동물이 훈련 과정을 자연스럽고 즐겁게 받아들일 수 있도록 돕는다. 훈련의 과정이 단순히 명령 수행이 아닌 놀이와 유사한 형태로 진행되기 때문에, 동물은 더 많은 흥미를 느끼게 된다. 예를 들어, 고양이에게 특정 장난감을 가져오도록 가르칠 때 클리커를 사용하면, 고양이는 이 과정을 마치 게임처럼 즐기게 된다. 보상을 통해 긍정적인 경험을 쌓게 되며, 이러한 반복은 동물에게 **학습이 즐거운 활동임을 인식**하게 만든다.

결론적으로, 클리커 트레이닝은 동물에게 훈련을 재미있고 놀이처럼 접근할 수 있도록 설계된 방법으로, 자발적인 참여를 유도하고 긍정적인 경험을 증진시킨다. 이 과정에서 동물은 학습을 통해 보상을 기대하게 되며, 훈련 세션을 즐거운 활동으로 인식하게 된다. 클리커 트레이닝은 동물과 훈련자 간의 신뢰와 유대감을 강화하는 데 중요한 역할을 한다.

④ 과학적 이론에 기반

클리커 트레이닝은 동물 훈련에서 널리 사용되는 과학적 기법으로, 이반 파블로프의 고전적 조건화와 B.F. 스키너의 조작적 조건화 이론에 기초하고 있다. **고전적 조건화**는 중립 자극과 무조건 자극을 연합하여 특정 반응을 학습하게 하는 과정이고, **조작적 조건화**는 보상과 처벌을 통해 행동의 빈도를 조절하는 과정이다. 이 두 가지 학습 이론이 결합된 클리커 트레이닝은 동물이 자발적으로 행동을 선택하고 그에 따른 결과를 경험함으로써 학습을 촉진하는 방식이다.

- 고전적 조건화의 원리: 훈련 과정에서 클리커는 중립 자극으로 작용하며, 동물이 원하는 행동을 했을 때마다 훈련자는 클리커 소리를 내고, 이어서 보상을 제공한다. 이때 클리커 소리는 동물에게 보상이 곧 주어진다는 신호로 작용하게 된다. 클리커 소리와 보상은 반복적으로 연합되면서 동물은 **클리커 소리만 듣고도 보상이 올 것을 예측**하게 된다. 이를 통해 동물은 특정 행동을 할 때마다 긍정적인 결과를 기대하게 되며, 점차 그 행동의 빈도가 증가한다.
- 조작적 조건화의 원리: 조작적 조건화의 원리는 동물이 특정 행동과 그 결과를 연관지어 학습하도록 돕는 과정이다. 예를 들어, 수족관에서 돌고래를 훈련할 때, 훈련자는 돌고래가 점프하거나 회전하는 동작을 수행할 때마다 클리커 소리를 내며 즉시 먹이나 장난감 같은 보상을 제공한다. 돌고래는 점차 자신이 특정 행동을 할 때마다 클리커 소리와 함께 보상이 주어진다는 사실을 인식하게 되며, 이를 통해 목표로 하는 행동을 더 자주 수행하게 된다. 이렇게 반복된 훈련을 통해 동물은 **특정 행동이 보상으로 이어진다는 것을 학습**하고, 자연스럽게 훈련자의 의도에 따라 행동하게 되는 것이다. 조작적 조건화는 동물뿐 아니라 인간 훈련에도 활용되며, 행동과 그 결과 간의 연합이 형성됨으로써 점진적으로 원하는 행동을 강화할 수 있는 강력한 방법이다.

⑤ 간단한 원리(관찰 – 표시 – 보상)

클리커 트레이닝의 기본 원리는 매우 단순하면서도 효과적이다. 이는 세 가지 주요 단계로 구성되며, 각각의 단계가 동물의 학습과 행동 강화에 중요한 역할을 한다. 이 원리를 구체적으로 설명하면 다음과 같다.

클리커 트레이닝의 3단계

- **관찰**(Observation): 먼저, 훈련자는 동물의 행동을 주의 깊게 관찰한다. 이 단계에서는 동물이 자연스럽게 보여주는 행동 중에서 훈련자가 강화하고 싶은 행동이 언제 발생하는지 기다리는 것이 중요하다. 예를 들어, 고양이에게 엎드리는 동작을 가르치고자 한다면, 고양이가 다른 행동을 하다가도 엎드리는 자세를 취할 때까지 관찰하며 기다린다.
- **표시**(Marking): 동물이 훈련자가 원하는 행동을 하면, 즉각적으로 클리커 소리를 통해 신호를 주는 단계이다. 클리커 소리는 동물에게 그 순간 올바른 행동을 했다는 것을 명확히 알려주는 신호가 된다. 훈련자가 원하는 행동이 발생한 정확한 순간에 클리커 소리를 내기 때문에, 동물은 자신의 행동과 그에 따른 결과를 정확하게 연결할 수 있다. 예를 들어, 고양이가 엎드리는 자세를 취했을 때, 훈련자는 클리커를 눌러 그 순간을 표시한다. 이 신호는 고양이에게 '바로 지금 한 행동이 내가 원하는 행동이야'라고 인식시키는 단계이다.
- **보상**(Rewarding): 클리커 소리와 함께 즉시 보상을 제공하는 단계이다. 보상은 음식, 장난감, 긍정적인 상호작용 등 동물이 좋아하는 것으로 제공되어야 한다. 클리커 소리를 듣고 나서 즉각적인 보상을 받으면, 동물은 그 행동이 보상을 받을 가치가 있다는 것을 학습하게 된다. 예를 들어, 고양이가 엎드리는 자세를 취하고, 훈련자가 클리커를 눌렀다면, 그 다음에는 바로 음식 보상을 제공하여 고양이가 그 행동을 다시 하도록 동기를 부여한다.

이 간단한 세 단계가 반복되면, 동물은 어떤 행동이 보상을 받는 행동인지를 명확히 이해하게 된다. 동물은 클리커 소리와 보상이 연결되어 있다는 것을 학습하고, 클리커 소리가 나는 순간 자신이 보상받을 행동을 했다는 것을 인식하게 된다. 이러한 학습 과정을 통해 동물은 점차 올바른 행동을 반복하게 되며, 문제행동을 교정하거나 새로운 동작을 학습하는 데 매우 효과적으로 작용한다.

⑥ 다양한 동물에게 적용

클리커 트레이닝은 매우 간단하면서도 효과적인 훈련 기법으로, **다양한 동물에게 적용**이 가능하다. 이 기법은 학습 이론에 기반하고 있어, 훈련의 대상이 되는 동물이 인간의 언어를 이해하지 못하더라도 클리커 소리와 보상의 연관성을 통해 특정 행동을 학습할 수 있다. 그래서 클리커 트레이닝은 개나 고양이와 같은 흔한 반려동물뿐만 아니라, 새, 토끼, 심지어 물고기와 같은 다양한 동물에게도 적용 가능하다. 새는 특정 동작이나 소리를 학습할 수 있고, 토끼는 점프나 장애물 통과와 같은 동작을 배울 수 있으며, 물고기도 훈련 과정을 통해 특정 구역으로 이동하는 행동을 학습할 수 있다.

예를 들어, 수족관에서 물고기에게 클리커 트레이닝을 적용할 수 있다. 물고기가 수조 안에서 특정 위치로 이동할 때마다 훈련자는 클리커 소리를 내고 먹이를 제공하여, 물고기가 원하는 장소로 이동하는 행동을 학습하게 할 수 있다.

⑦ 남녀노소 사용 가능

클리커 트레이닝은 **남녀노소 누구나 손쉽게 사용할 수 있는 훈련**으로 훈련자가 반드시 힘이 세거나 강할 필요가 없다. 이 기법은 복잡한 도구나 특별한 기술을 요구하지 않으며, 간단한 원리를 바탕으로 훈련하기 때문에 연령이나 신체 능력과 관계없이 누구든지 배워서 쉽게 실행할 수 있다. 훈련에 필요한 것은 클리커라는 작은 소리 도구와 대상 동물이 좋아하는 보상 즉 강화물만 있으면 어디서든 시작할 수 있다.

- 어린아이: 어린아이들은 클리커 트레이닝을 통해 반려동물에게 기본적인 명령어를 가르칠 수 있다. 예를 들어, 아이가 반려견에게 '앉아', '기다려' 같은 명령어를 가르칠 때, 반려견이 올바른 행동을 했을 때마다 클리커 소리로 신호를 주고 간식을 제공하는 방식으로 손쉽게 훈련을 진행할 수 있다. 클리커 사용법은 매우 직관적이기 때문에 어린아이도 어렵지 않게 배울 수 있다.
- 노인: 노인들도 클리커 트레이닝을 통해 반려동물을 훈련할 수 있다. 신체적으로 무리가 가지 않기 때문에 걷거나 뛰어다닐 필요 없이, 반려동물이 올바른 행동을 할 때마

다 가볍게 클리커를 눌러 신호를 주고, 간식을 통해 행동을 강화할 수 있다. 특히, 훈련 과정이 간단하고 체력 소모가 적기 때문에 노인들에게도 적합한 방법이다.

- **신체적 제약이 있는 사람:** 클리커 트레이닝은 신체적으로 제약이 있는 사람도 쉽게 적용할 수 있다. 클리커는 한 손으로 쉽게 조작할 수 있어, 훈련자의 움직임이 제한적일 때에도 효과적으로 사용할 수 있다.
- **훈련 경험이 없는 사람:** 클리커 트레이닝은 동물 훈련 경험이 전혀 없는 사람도 쉽게 배울 수 있다. 복잡한 명령어나 도구 없이, 단순히 클리커 소리와 보상을 연결하는 원리만 이해하면 누구나 반려동물에게 원하는 행동을 가르칠 수 있다. 이 때문에 반려동물을 처음 키우는 사람에게도 매우 유용한 방법이다.

⑧ 훈련의 학습 속도 증가

클리커 트레이닝은 동물의 학습 속도를 빠르게 향상시키는 효과적인 기법이다. 그 이유는 클리커 소리가 매우 **정확한 순간**에 **명확한 신호**를 제공하기 때문이다. 훈련 과정에서 클리커 소리는 매우 중요한 역할을 한다. 예를 들어, 훈련자가 칭찬하거나 보상을 주는 데 시간이 걸린다면, 동물은 자신이 어떤 행동이 칭찬을 받는 것인지 정확하게 파악하기 어렵다. 그러나 클리커 소리는 동물이 훈련자가 원하는 행동을 했을 때 즉각적으로 사용되므로, 동물은 방금 한 행동이 훈련자가 원하는 올바른 행동임을 쉽게 깨닫게 된다. 이로 인해 동물은 자신이 어떤 행동을 해야 보상을 받을 수 있는지 빠르게 학습하게 된다.

서커스에서 곡예를 하는 원숭이를 예로 들어보자. 원숭이에게 **두 손을 모아 인사하는 동작**을 가르치고 싶다고 가정하자. 일반적인 방법으로 훈련자가 원숭이가 두 손을 모았을 때 보상을 주려 한다면, 보상을 꺼내는 과정에서 시간이 지체될 수 있다. 이 경우, 원숭이는 자신이 두 손을 모았을 때 보상을 받은 것인지, 고개를 숙였을 때 보상을 받은 것인지, 손을 내리는 과정에서 보상을 받은 것인지 헷갈릴 가능성이 크다.

그러나 **클리커 트레이닝을 사용하면** 원숭이가 두 손을 모으는 정확한 순간에 즉각적인 클릭 소리를 낼 수 있다. 원숭이는 "아! 손을 모았을 때 이 소리가 나고, 곧바로 보상이 따라온다!"라고 학습하게 된다. 이 과정이 반복되면서 원숭이는 점점 더 빠르게 원하는 행동을 수행하게 되고, 결국 훈련자는 **신호(큐)만 주면 원숭이가 자연스럽게 동작을 하게** 된다.

이처럼 클리커 트레이닝은 정확한 타이밍의 피드백을 제공하여, 동물이 불필요한 시행착오 없이 원하는 행동을 빠르게 익히도록 돕는 효과적인 방법이다.

⑨ 훈련자와 유대감 형성

클리커 트레이닝은 훈련자와 동물 간의 유대감 형성에 매우 효과적인 방법이다. 이 훈련 기법은 동물에게 긍정적인 경험을 지속적으로 제공하므로, 동물이 훈련자를 신뢰하고 친밀감을 느끼도록 돕는다. 특히 보상 기반으로 이루어지기 때문에 동물에게 스트레스를 주지 않으며, 훈련 과정 자체가 즐거운 상호작용이 된다. 이러한 긍정적인 상호작용은 동물과 훈련자 사이의 신뢰 관계를 형성하는 중요한 요소로 작용한다.

- **훈련자에 대한 신뢰 형성:** 클리커 트레이닝은 클릭 소리 후에 늘 동물이 좋아하는 강화물에 뒤따르므로 동물은 훈련자가 항상 긍정적인 결과를 가져다주는 사람이라는 인식을 갖게 된다. 이로 인해 동물은 훈련자를 신뢰하게 되며, 훈련자와의 상호작용이 즐겁고 보람 있는 경험으로 남게 된다.
- **훈련 과정에서의 스트레스 감소:** 클리커 트레이닝은 처벌이나 위협 없이 정적 강화를 기반으로 한 훈련 방식이기 때문에, 동물이 훈련 과정에서 스트레스를 받지 않는다. 동물이 스트레스를 받지 않고 학습할 수 있으면, 훈련자와의 상호작용은 더욱 원활해지고, 동물은 훈련자와의 관계에서 긍정적인 감정을 갖게 된다.

⑩ 문제행동수정 분야 활용 가능

클리커 트레이닝은 문제행동 수정에 매우 효과적인 방법으로 활용될 수 있다. 이 방법은 동물의 기존 문제행동을 억제하거나 **처벌하는 대신, 올바른 행동을 강화**하여 동물이 스스로 더 나은 행동을 선택하게 만드는 접근 방식을 사용한다. 특히 정적 강화를 기반으로 하기 때문에, 훈련 과정에서 동물이 스트레스를 받지 않고 학습할 수 있다. 또한 동물은 클리커 트레이닝을 통해 자신이 원하는 행동을 선택하고, 그 결과로 보상을 받음으로써 더 자주 긍정적인 행동을 하게 된다.

- **문제행동의 대안 제시:** 클리커 트레이닝은 문제행동을 할 때마다 혼을 내거나 체벌을 하는 것이 아니라 동물이 다른 바람직한 행동을 하면 칭찬과 보상을 제공하는 기법이기 때문에 바람직한 대안 행동을 학습시키기에 효과적이다. 예를 들어, 지나치게 짖는 개의 경우, 개가 짖을 때마다 처벌을 가하는 대신, 짖지 않거나 침착하게 있을 때 클리커 소리를 내고 즉시 보상을 제공하여, 개가 짖지 않는 상태를 보상받는 행동으로 인식하도록 한다. 이는 개가 스스로 더 좋은 대안을 선택하게끔 유도하는 것이다.
- **즉각적인 보상 제공:** 클리커 트레이닝은 행동이 일어난 직후에 즉각적인 보상을 제공할

수 있기 때문에, 동물이 더 쉽게 올바른 행동과 보상 사이의 연관성을 이해할 수 있다. 예를 들어, 짖지 않고 있는 짧은 순간에 클리커 소리를 내고, 즉시 보상을 주면, 개는 '조용히 있으면 보상을 받는다'라는 것을 빠르게 학습하게 된다.

- **점진적인 행동 수정**: 클리커 트레이닝은 점진적으로 행동을 교정하는 방법으로도 효과적이다. 처음에는 개가 아주 짧은 순간이라도 침착하게 있으면 보상을 제공하고, 점차 그 시간을 늘려가면서 보상 조건을 강화할 수 있다. 개가 침착하게 있을 수 있는 시간이 길어질수록, 문제행동이 자연스럽게 줄어든다. 이렇게 훈련을 통해 문제행동을 점진적으로 수정할 수 있다.
- **훈련 중 스트레스 감소**: 만일, 개가 짖을 때마다 처벌을 받으면 개는 스트레스를 받아 예민해질 수 있고, 짖게 하는 그 대상이나 상황을 더욱 싫어하게 될 수 있어 더 큰 문제 상황을 유발할 수 있다. 그러나 클리커 트레이닝은 처벌을 사용하지 않기 때문에, 문제행동을 수정할 때 동물에게 스트레스를 최소화할 수 있다.

(5) 클리커 트레이닝의 잠재적 제약

클리커 트레이닝은 매우 유용하고 효과적인 훈련 방법이지만, 그것이 모든 상황에서 다른 방법들보다 우수하다고 단정할 수는 없다. 성공적인 훈련은 훈련자의 능력과 지식, 그리고 동물의 개별적 특성에 맞춘 세심한 접근이 결합될 때 이루어질 수 있다.

① 숙련된 사용의 필요성

클리커 트레이닝의 효과를 최대한으로 발휘하려면 훈련자가 이 기법에 대해 깊이 있는 이해와 숙련된 기술을 갖춰야 한다. 단순히 클릭 소리를 내는 것 이상의 요소들이 관여하기 때문에, 훈련자는 몇 가지 중요한 사항을 고려해야 한다.

- **정확한 타이밍**: 클릭 소리는 동물이 올바른 행동을 했을 때 그 즉시 제공되어야 한다. 예를 들어, 개가 '앉아' 명령을 수행할 때, 엉덩이가 바닥에 닿는 순간 정확히 클릭해야 한다. 만약 타이밍이 맞지 않으면 동물은 자신이 어떤 행동을 해야 보상을 받는 것인지 혼동할 수 있다. 이로 인해 올바른 행동이 강화되지 않을 수 있다.
- **행동 패턴의 파악**: 훈련자는 동물의 행동 패턴을 면밀히 관찰하고 이해해야 한다. 동물이 특정 행동을 언제, 어떻게 보이는지 파악함으로써 그 행동을 원하는 방식으로 유도할 수 있다. 예를 들어, 개가 자연스럽게 특정 시간대에 앉는 행동을 한다면 그 행동

을 강화해 훈련의 성공률을 높일 수 있다.

② 복합적인 접근 모색

클리커 트레이닝은 대부분의 동물에게 매우 효과적인 훈련 방법이지만, 특정한 행동 문제나 심리적 상태를 가진 동물에게는 단독으로 충분한 효과를 발휘하기 어려울 수 있다. 특히, 심각한 불안증, 공격성, 또는 상동행동과 같은 행동 문제를 가진 동물들에게는 정적 강화의 방식 하나만으로는 문제를 해결하는 데 한계가 있을 수 있다.

- **심각한 불안증**: 불안증을 가진 동물은 특정 상황이나 자극에 대해 지나치게 두려워하거나 스트레스를 느낄 수 있다. 예를 들어, 낯선 환경에서 심하게 떨거나 지속적으로 짖는 개는 불안으로 인해 정상적인 훈련이 어려워질 수 있다. 이러한 경우, 단순히 클릭 소리와 보상을 제공하는 것만으로는 불안의 근본적인 원인을 해결하기 어렵다. 이 경우, 심리적 안정을 위해 약물 처방을 병행할 수 있으며, 행동치료나 환경 변화와 같은 추가적인 조치가 필요할 수 있다. 예를 들어, 특정 자극에 노출되었을 때 동물이 편안함을 느낄 수 있는 환경을 제공하거나, 천천히 그 자극에 익숙해지도록 하는 체계적 둔감법(Systematic Desensitization, 體系的鈍感法)[3] 훈련을 병행할 수 있다.
- **심각한 공격성 혹은 위급한 상황**: 공격성이 있는 동물은 단순한 훈련 대상이 아니라 위험을 동반하는 존재가 될 수 있으므로, 신속하고 조심스러운 개입이 요구된다. 예를 들어, 사람들이 다가올 때 과도하게 으르렁거리거나 실제로 물려고 하는 개는 두려움, 과거의 트라우마, 혹은 강한 영역 본능 등 복합적인 정서적 원인을 안고 있을 가능성이 크다. 이때 클리커 트레이닝은 동물이 올바른 행동을 스스로 표현할 때까지 기다리고, 그 순간을 긍정적으로 강화하는 기법이기 때문에, 즉각적인 제어가 필요한 상황에서는 분명한 한계가 있다. 특히 심각한 공격성이 동반되거나, 사람이나 다른 동물의 안전이 위협받는 위급한 상황에서는, 클리커 트레이닝처럼 **잘한 행동이 나올 때까지 기다리는 방식**은 현실적으로 적용이 어렵다. 동물이 위험 행동을 하려는 찰나, 트리거가 작동되는 바로 그 순간을 포착해 **좋은 행동**을 기다리고 클릭을 누르려는 사이에 이미 사고가 발생할 수 있기 때문이다. 물리는 사고는 순간적인 찰나에 일어나며, 훈련자의

3 체계적 둔감법: 심리학 용어로, 공포를 불러일으키는 자극과 긍정적인 반응을 유발하는 자극을 함께 제시함으로써 불안이나 공포를 제거하는 행동수정 기법을 말한다. 약한 자극부터 강한 자극까지 단계적으로 수위를 조절하는 것이 특징이다. 계통적 탈감작요법, 단계적 둔감법, 단계적 둔감화, 체계적 감강법, 체계적 감도 감강법, 체계적 둔감화 등으로 불리운다.

반응 속도나 인내심이 이를 방지하기에는 현실적인 한계가 크다. 이러한 상황에서는 훈련자가 즉각적인 개입과 제어, 보호 장비(예 입마개, 리드줄, 격리 펜스)를 통해 물리적 안전 확보를 우선시해야 하며, 동시에 수의사나 행동 전문가와 협력하여 약물 치료나 행동치료를 병행하는 복합적 접근이 필요하다. 즉, 클리커 트레이닝은 이러한 위급한 상황이 발생하지 않도록 미리 예방 교육을 진행하는 데 매우 유효한 도구이지만, 즉각적 통제가 필요한 위급 상황에는 단독으로 사용되기에 적절하지 않다. 결국 클리커 트레이닝은 문제 행동이 발현된 후 수습하기 위한 도구라기보다는, 문제 행동이 생기지 않도록 만드는 예방적 도구로써 그 강점이 더욱 빛을 발한다.

③ 강화물에 대한 의존도

클리커 트레이닝은 주로 외부 보상(예를 들어, 음식, 장난감, 긍정적인 상호작용 등)에 의존하여 동물의 행동을 강화하는 방식으로 훈련자는 강화물 의존도에 대한 고찰이 필요하다.

강화물에 지나치게 의존하는 경우, 보상이 제공되지 않는 상황에서는 동물의 행동이 유지되지 않을 수 있다. 예를 들어, 훈련 중에는 음식 보상에 의해 특정 행동을 반복하던 개가, 훈련 세션이 끝나거나 보상이 제공되지 않는 상황에서는 강화된 행동을 하지 않을 수 있다. 이는 동물이 외부 보상 없이는 행동을 유지하는 동기가 부족하기 때문이다. 장기적으로 강화물에 의존하는 훈련은 동물이 자발적으로 행동을 수행하도록 유도하기보다는 보상에 대한 기대에 의존하게 만들 수 있다. 이는 동물의 내재적 동기를 개발하는 데 방해가 될 수 있으며, 동물이 보상이 없는 상황에서도 행동을 지속할 수 있는 능력이 떨어질 수 있다.

이를 해결하기 위해서는 보상을 점진적으로 줄여가면서 동물이 스스로 자발적으로 행동을 유지하도록 유도하는 전략이 필요하다. 예를 들어, 동물이 특정 행동을 일관되게 수행하면 보상의 빈도를 줄이고, 보상을 불규칙하게 제공하여 행동의 내재적 동기를 강화하는 방법을 사용할 수 있다. 이러한 접근은 동물이 행동을 지속하는 데 있어 보상에 대한 의존도를 줄이고, 행동의 자발성을 높이는 데 도움을 줄 수 있다. 또한, 행동의 내재적 동기를 유도하기 위해 동물이 행동을 통해 얻는 내적인 만족감이나 성취감을 높일 수 있는 방법을 모색해야 한다. 이를 통해 동물은 외부 보상이 없이도 행동을 지속할 수 있는 동기가 발생하게 된다.

강화물에 대한 의존은 단순히 동물에게만 국한되지 않고, 훈련자에게도 발생할 수 있다. 훈련자는 강화물(예 간식, 칭찬 등)을 통해 동물이 목표 행동을 수행하는 것을 반복적으로 경험하면서, 이 과정에서 자신이 효과적으로 훈련을 진행하고 있다는 성취감을 얻게 된다. 이러한 경험은 훈련자에게 긍정적인 피드백으로 작용하며, 강화물에 의존하도록 만들 수 있다.

이처럼 훈련자가 강화물 사용에 지나치게 의존하게 되면, 훈련의 유연성이 떨어지고 강화물 없이 행동을 유도하는 데 어려움을 겪을 수 있다. 예를 들어, 강화물이 없을 경우 동물이 목표 행동을 수행하지 않을 가능성이 커질 때, 훈련자는 무의식적으로 강화물의 제공 빈도를 늘리거나, 지나치게 의존하는 방식으로 대응할 수 있다. 이는 훈련 과정에서 강화물의 적절한 활용과 점진적 감소가 중요하다는 점을 암시하며, 훈련자가 강화물에 대한 의존을 줄이고, 명확한 신호와 동물의 내적 동기를 함께 활용해야 함을 강조한다.

따라서 훈련자는 강화물을 학습을 돕는 수단으로만 사용하고, 훈련 과정에서 지나치게 의존하지 않도록 균형을 잡아야 한다. 또한, 보상이 없는 상황에서도 동물이 훈련자의 지시에 따라 행동할 수 있도록 계획을 세우는 것이 중요하다. 즉, 보상 없이도 동물이 스스로 올바른 행동을 계속할 수 있도록 훈련 방법을 잘 설계해야 한다는 뜻이다.

④ 기타 훈련법과의 비교와 통합

세상에는 다양한 훈련법이 존재하며, 각 방법은 고유한 장단점을 가지고 있다. 예를 들어, 전통적인 복종 훈련은 명령에 대한 강력한 통제력을 제공하지만, 종종 정적 처벌(훈련자가 원하지 않는 행동을 했을 때 훈련견이 싫어하거나 혐오하는 자극을 제공하는 훈련 방법) 방식에 의존하게 되면 동물에게 스트레스를 줄 수 있다. 반면, 보상 기반 훈련이나 동물의 본능과 놀이 욕구를 활용한 훈련 방식은 긍정적인 학습 환경을 조성하지만, 동물을 집중시켜 원하는 목표 행동을 이루게 하기까지 시간이 길어질 수 있다. 훈련자는 이러한 다양한 방법의 장단점을 이해하고, 동물의 개별적 성향과 상태를 분석하여 적절한 방법을 선택해야 한다. 또한, 동물의 특성과 훈련 상황에 따라 클리커 트레이닝을 다른 기법들과 조합해 사용하는 것도 고려할 수 있으며, 이는 훈련 효과를 극대화하고 동물의 복지를 함께 고려하기 위해서이다.

이처럼 최적의 동물 행동 교정과 학습을 위해서는 클리커 트레이닝의 장단점을 면밀히 분석하고, 다양한 훈련 방법의 장점을 종합적으로 활용하는 것이 중요하다. 훈련자는 각 방법의 이론적 배경과 실제 적용 사례를 충분히 이해하고, 동물의 행동과 심리적 상태를 분석하여 적절한 훈련 전략을 수립해야 한다. 이를 통해 동물의 행동을 효과적으로 교정하고,

학습을 최적화하며, 동물과의 신뢰를 강화하는 종합적 접근이 이루어질 수 있다.

(6) 올바른 클리커 트레이너의 자세

① 편견 없이 열린 마음으로 접근하기

훈련을 배울 때 특정 방법에 대한 고정관념이나 편견을 가지는 것은 학습과 적용에 방해가 될 수 있다. 많은 훈련자들이 자신이 배운 방법만이 가장 효과적이라고 믿으며, 다른 훈련법의 단점만을 부각시키려는 경향이 있다. 하지만 이는 올바른 접근이 아니다. 모든 훈련법은 저마다의 장단점이 있으며, 클리커 트레이닝도 예외는 아니다. 훈련자는 자신의 방법이 아닌, 훈련하는 동물에게 어떤 방법이 가장 효과적인지를 우선으로 고려해야 한다. 훈련법이 대상 동물에게 실제로 효과적인지, 그리고 보호자가 그 방법을 제대로 활용할 수 있는지를 판단하는 것이 중요하다. 따라서 특정 방법이나 도구에 대한 고정된 생각을 버리고, 다양한 방법에 대해 열린 태도로 접근해야 한다. 또한, 각 훈련법의 원리와 장단점을 이해하고, 상황에 맞춰 유연하게 대처하는 능력이 필요하다. 때로는 다른 방법이나 조합된 접근이 더 나은 결과를 낼 수 있다는 점을 인정하고, 훈련자가 상황에 맞는 최적의 선택을 해야 한다. 결국, 편견 없이 다양한 방법을 개방적으로 수용하고 상황에 맞게 적절히 적용하는 것이 성공적인 훈련을 위해 필수적이다.

② 동물의 개체적 특성 고려하기

훈련자는 각 동물이 가지고 있는 고유한 성격, 배경, 학습 스타일뿐만 아니라, 견종 특성도 이해하고 고려하는 것이 필수적이다. 클리커 트레이닝이 일부 동물에게는 매우 효과적일 수 있지만, 다른 동물에게는 보완적이거나 대체적인 방법이 필요할 수 있다. 이를 위해 다음과 같은 요소들을 상세히 고려해야 한다.

- **견종의 특성 고려하기**: 각 견종은 유전적 배경과 사회적 환경에 따라 고유한 특성과 행동 패턴을 지닌다. 예를 들어, 미국애견협회(AKC: American Kennel Club)에 따르면 보더 콜리는 높은 지능과 학습 능력으로 이들은 다양한 명령과 복잡한 작업을 신속하게 습득할 수 있는 능력을 가지고 있다. 반면, 진돗개는 독립적인 성향과 강한 사냥 본능을 지니고 있고, 불독과 같은 견종은 무거운 두상, 짧은 머즐, 두꺼운 체형으로 인해 활동성이 제한적일 수 있으며, 이는 훈련 속도에 영향을 미칠 수 있다. 따라서 훈련자는 각 견종의 특성과 학습 스타일을 고려하여 적절한 훈련 방법과 계획을 수립하는 것

이 중요하다.

- **개체 성향 파악하기:** 같은 견종임에도 각 개체는 저마다의 독특한 기질을 지니고 있으며, 이는 훈련 방식에 큰 영향을 미친다. 예를 들어, 일부 동물은 호기심이 많고 새로운 자극에 잘 반응하는 반면, 다른 동물은 내성적이고 신중하게 반응할 수 있다. 호기심이 많은 동물은 클리커 소리에 즉시 반응할 수 있지만, 신중한 동물은 소리에 대한 두려움이나 경계를 느낄 수 있다. 따라서 훈련자는 각 동물의 성격에 맞춰 훈련의 강도와 접근 방식을 조정해야 한다.
- **신체적 특성 고려하기:** 동물의 신체적 특성도 훈련에 영향을 미칠 수 있다. 나이, 건강 상태, 또는 특별한 신체적 제한이 있는 동물은 훈련 과정에서 특별한 주의가 필요하다. 이러한 요소들을 고려하여 훈련 강도를 조절하고, 적합한 보상을 제공하는 것이 중요하다. 훈련자는 각 동물의 특성을 반영하여 개별적인 목표를 설정해야 한다. 일반적인 훈련 목표를 적용하기보다는, 동물의 능력과 성향에 맞춰 구체적이고 실현 가능한 목표를 수립함으로써 성공적인 학습을 유도할 수 있다.
- **과거 경험 및 성장 과정 파악하기:** 동물의 과거 경험이나 성장 과정은 현재 행동에 큰 영향을 미칠 수 있다. 예를 들어, 과거에 부정적인 훈련을 받은 경험이 있는 동물은 특정 훈련 도구나 소리에 민감하게 반응하며 거부감을 보일 수 있다. 이러한 경우, 훈련자는 동물이 긍정적인 연관을 형성하도록 도와야 한다. 부드러운 목소리와 긍정적인 보상을 활용해 신뢰를 쌓아가는 방식으로 접근하는 것이 효과적이다.
- **학습 스타일의 다양성 적용하기:** 동물마다 선호하는 학습 스타일이 다르다. 어떤 동물은 시각적 자극에 반응하여 학습하는 것을 선호할 수 있으며, 다른 동물은 청각적 자극이나 촉각적 자극을 통해 더 잘 학습할 수 있다. 훈련자는 이러한 스타일을 파악하고, 클리커 소리와 함께 적절한 시각적 신호나 신체적 터치 등을 활용하여 학습 효과를 극대화해야 한다.

③ 지속적인 학습과 경험 축적하기

훈련을 배우는 과정은 지속적인 학습과 경험의 축적이 필요하다. 클리커 트레이닝을 처음 배울 때는 이론적인 지식 습득부터 시작하지만, 이를 실제로 다양한 동물과 상황에 적용하며 경험을 쌓는 것이 중요하다.

- **기본 이론 습득하기:** 클리커 트레이닝의 기본 원리와 개념을 충분히 이해한다. 이론적

배경을 통해 정적 강화의 중요성과 클릭의 역할을 명확히 인지해야 한다. 이를 통해 훈련의 효과적인 기초를 마련한다.

- **실습 통해 경험 쌓기:** 실제로 다양한 동물(개, 고양이, 토끼 등)과 다양한 환경(실내, 실외 등)에서 클리커 트레이닝을 적용해 본다. 각 동물의 반응과 학습 속도를 관찰하여 어떤 방식이 효과적인지를 평가한다. 이를 통해 이론과 실제를 연결하는 경험을 축적한다.
- **타 훈련법과 비교하기:** 클리커 트레이닝 외에도 다른 훈련법(예 전통적 복종 훈련, 정적 강화 훈련 등)을 배우고, 이들 훈련법의 장단점을 비교한다. 특정 상황에서 어떤 방법이 더 효과적인지를 분석하며, 동물의 성격과 상황에 맞는 최적의 방법을 찾는 능력을 기른다.
- **결과 분석하고 피드백 주기:** 훈련 결과를 지속적으로 분석하고, 성공적인 훈련과 실패한 훈련의 이유를 평가한다. 이를 통해 무엇이 효과적이었는지를 파악하고, 필요에 따라 방법을 수정하여 최적의 결과를 도출한다.
- **행복과 복지 고려하기:** 훈련자가 동물의 행복과 복지를 최우선으로 고려하여 훈련을 진행한다. 훈련 방법이 동물에게 긍정적인 경험이 되는지 지속적으로 평가하고, 필요한 경우 접근 방식을 수정한다. 이를 통해 동물과의 신뢰 관계를 형성하고, 동물이 자발적으로 원하는 행동을 지속하도록 유도한다.

2 클리커 트레이닝의 기원과 발전

클리커 트레이닝의 역사를 이해하기 위해서는 개 훈련의 기원부터 살펴보는 것이 중요하다. 개와 인간의 관계는 오랜 역사를 가지고 있으며, 개는 인간의 다양한 활동에서 중요한 역할을 해왔다. 특히, 전쟁에서 개의 역할이 부각되며 체계적인 훈련이 시작되었다는 점은 흥미로운 사실이다. 전쟁은 인간과 개의 관계에서 중요한 전환점을 마련했으며, 그 과정에서 개는 단순한 동반자를 넘어 중요한 군사적 자산으로 자리잡게 되었다.

오늘날, 개와 인간의 관계는 계속해서 발전하고 있으며, 훈련 기법도 그에 따라 다양화되고 있다. 클리커 트레이닝은 그중 하나의 훈련 분야로, 정적 강화 기반의 접근법으로 많은 훈련자와 반려동물 소유자에게 인기를 끌고 있다. 클리커 트레이닝은 동물의 행동을 강화하기 위해 명확한 신호(클릭 소리)를 제공함으로써, 원하는 행동을 효과적으로 학습할 수 있게 돕는다.

(1) 개와 인간: 전쟁 속 동행의 시작

- 고대 전쟁에서의 군견 활용과 역할

고대 전쟁에서 개는 단순한 동물이 아닌, 군사적 도구로서 인간과 협력하여 다양한 역할을 수행한 중요한 존재였다. 개의 충성심, 민첩함, 그리고 예민한 감각은 병사들과 군대에서 필수적인 자원으로 활용되었다. 로마, 그리스, 이집트를 비롯한 고대 문명은 군견의 잠재력을 인식하고 이를 효과적으로 훈련하여 전술적 이점을 확보했다.

① 고대 문헌에 나타난 군견의 기원

- 고대 군견의 초기 기록

군견에 대한 기록은 기원전 600년경 리디아의 알리아테스(Alyattes) 왕과 키메르인(Cimmerians) 간의 전투에서 처음 나타난다. 알리아테스 왕은 자신의 병사들과 함께 대형견들을 전투에 투입하여 적군을 공격하게 했다. 이 개들은 적을 물어뜯고 공포에 빠뜨려 전열을 무너뜨렸다. 또한, 기원전 525년 캄비세스(Cambyses)의 이집트 침공에서는 개, 양, 고양이 등 이집트인들이 신성시하는 동물들을 전선에 배치하여, 이집트군이 동물을 공격하지 못하도록 심리적 전술로 활용했다.

- 로마와 그리스의 군견 활용

로마에서는 군견 부대인 베나토레스(Venatores)가 조직되어 적군 병사를 추적하고 제거하는 임무를 수행했다. 특히, 율리우스 카이사르(Julius Caesar)의 기록에서는 군견이 도시 전투에서 적의 은신처를 탐지하고 공격하는 데 효과적으로 사용된 사례가 언급된다. 반면, 고대 그리스에서는 라코니아 하운드(Laconian Hound)라는 견종이 적의 침입을 경계하고 스파이를 탐지하는 임무를 맡았다. 이 개들은 병영의 방어와 물자 운송에서도 중요한 역할을 했다.

② 고대 군견의 역할

- 공격 임무

군견은 전투에서 직접적인 공격 수단으로 활용되었다. 마그네시아(Magnesia)의 기병은 개를 적군의 전열을 깨뜨리는 첫 번째 공격 수단으로 사용했다. 개가 적군을 혼란에 빠뜨리면 기병이 창을 던지고 돌격을 감행하는 방식으로 전투가 이루어졌다. 플리니우스(Pliny)에 따르면, 콜로포니아(Colophonia) 군대는 병사들과 함께 전투를 벌이는 개 부대를 운용했으며, 이들은 급여가 필요하지 않은 경제적 이점도 제공했다.

• 순찰과 경계

개는 적의 접근을 조기에 탐지하고 병사들에게 경고음을 제공하는 역할을 했다. 스파르타의 아게시폴리스(Agesipolis)는 만티네아(Mantinea) 공성전에서 개를 순찰 부대에 포함시켜 적의 지원을 차단했다. 또한, 밤에는 도시 외곽에 개를 묶어 스파이와 탈영병을 탐지하도록 했다. 이는 병사들이 잠든 동안에도 효과적으로 경계 임무를 수행할 수 있게 했다.

• 전령 역할

군견은 메시지를 전달하는 데 사용되었다. 개의 목에 메시지를 숨긴 끈을 묶어 주인에게 보내는 방식으로, 적의 감시를 피해 중요한 정보를 전달했다. 이는 특히 전쟁 중 적에게 발각될 위험을 줄이는 데 효과적이었다.

• 추적 임무

개의 예민한 후각은 적군이나 탈영병의 은신처를 찾아내는 데 사용되었다. 마케도니아의 필립(Philip)은 산악 지역에서 추적견을 사용하여 적을 탐지했고, 로마 역시 이러한 개를 활용하여 전술적 이점을 얻었다.

• 심리전

대형견의 위협적인 모습과 소리는 적군에게 공포를 조성하며 심리적 압박을 가했다. 개의 존재는 전투에서 적의 사기를 저하시켰으며, 이는 전쟁의 승리에 중요한 기여를 했다.

③ 고대 군견 훈련

• 훈련 방식

군견의 훈련은 공격, 방어, 경계, 추적 등의 특정 임무에 맞춰 이루어졌다. 개가 전투 상황에서 자신의 역할을 명확히 이해하도록 반복적인 연습과 강화 학습이 시행되었다. 예를 들어, 공격 훈련에서는 적을 물어뜯는 행동을 반복적으로 연습시켰고, 경계 훈련에서는 특정 지역을 보호하는 행동을 강화했다.

• 보상과 강화

군견은 임무 수행 후 음식이나 칭찬을 통해 보상을 받았다. 이는 개의 동기를 강화하고 인간과의 협력 관계를 유지하는 데 기여했다. 또한, 충성심과 용맹성을 강조하는 훈련은 군견이 전투에서 효과적으로 임무를 수행할 수 있는 태도를 형성하게 했다.

④ 군견의 문화적 상징성

- 전투에서의 영웅적 역할

군견은 단순한 군사적 도구를 넘어 전투의 영웅으로 인정받았다. 예를 들어, 마라톤 전투에서 한 아테네 병사의 개는 주인과 함께 적을 물리친 공로로 아테네의 전투 그림에 묘사되었다. 이는 개가 인간의 동반자이자 동등한 전투원으로 여겨졌음을 보여준다.

- 현대 군견의 기원

고대 전쟁에서의 군견 활용은 현대 군견 훈련의 기초가 되었다. 오늘날 군견은 폭발물 탐지, 수색 및 구조, 경비 등의 다양한 임무를 수행하며, 고대부터 이어져 온 인간과 개의 협력 관계를 증명하고 있다.

> 고대 전쟁에서 개는 인간의 전략적 동반자로서 중요한 위치를 차지했다. 로마와 그리스, 이집트를 포함한 문명은 군견을 전술적 자원으로 활용하며 전투의 효율성을 높였고, 이는 오늘날에도 이어지는 군견 훈련의 기초가 되었다. 이러한 역사는 인간과 개의 협력 관계가 얼마나 오래되고 깊은지를 보여주는 중요한 사례로 남아 있다.

(2) 중세와 르네상스 시대의 개 훈련과 역할: 다양성과 사회적 의미

중세와 르네상스 시기의 개는 단순한 반려동물이 아니라, 인간 사회의 다양한 영역에서 중요한 역할을 수행하는 실질적인 동반자였다. 이 시기에는 개가 사냥, 방어, 경비, 그리고 가축 관리까지 다양한 임무를 맡아 훈련되었으며, 귀족과 평민 모두에게 필수적인 존재로 여겨졌다. 귀족 사회에서는 개가 사냥과 같은 고급 활동에 참여했지만, 평민과 상인들에게는 개가 생계 유지와 노동을 돕는 역할을 했다. 이러한 다각적인 역할은 개 훈련 방식의 발전과 함께 개의 사회적 위치를 확립하는 데 기여했다.

① 귀족 사회에서의 개 훈련과 활용

귀족 사회에서 개는 사냥 파트너이자 사회적 지위를 상징하는 존재로 활용되었다. 사냥견 훈련은 대형 사냥감을 추적하거나 포획하는 데 중점을 두었으며, 이들은 귀족 계층에서 매우 높은 가치를 지녔다. 16세기 영국의 의사 존 카이우스(John Caius)는 저서 Of Englishe Dogges에서 개를 '직업'에 따라 분류하며, 사냥견과 귀족의 무릎 위에 놓는 작은 애완견을 상위 계층으로 분류한 반면, 잡종견이나 하위 계층의 개는 '품위와 온화함'이 부족한 존재로 간주했다. 또한, 사냥견은 귀족의 전유물로 여겨져 평민이 사냥견을 소유하는 것은 법적으로 금지되었는데, 이는 불법 사냥을 방지하고 계층 질서를 유지하려는 목적에서 시행된 조치였다.

경비견은 과거 귀족의 자산과 영지를 보호하는 데 중요한 역할을 한 동물이다. 이들은 성곽이나 영지를 지키기 위한 필수적인 방어 수단으로 활용되었으며, 큰 체격과 강한 힘, 그리고 훈련을 통해 얻은 통제력으로 적에게 위협을 가하였다. 예를 들어, 영국에서는 런던 브리지와 같은 주요 시설의 경비를 위해 마스티프(Mastiff) 같은 대형견이 사용되었다. 이들의 위압적인 외모와 강한 힘은 접근하는 사람들에게 강한 경고 효과를 주었다.

스코틀랜드에서는 경비견을 '집 지킴이(house hunds)'라 부르며 그 가치를 인정하였다. 실제로 당시에는 이 개를 죽인 사람에게 1년 동안 개 대신 경비 임무를 수행하도록 하는 법적 책임을 부과하기도 했다. 이는 경비견이 단순한 반려동물을 넘어, 사회적으로도 중요한 보호 자산으로 여겨졌음을 잘 보여주는 사례이다.

② 평민 사회에서의 개 훈련과 노동

평민 사회에서 개는 실용적인 노동 동물로서 중요한 역할을 하였다. 가정에서는 '스핏 도그(Spit Dog)'라고 불리는 개가 부엌에서 고기를 굽는 회전 장치에 연결되어 고기를 고르게 익히는 데 사용되었고, 이를 통해 가사 노동의 효율성을 높이는 데 기여하였다.

또한, 정육점에서는 개들이 가축을 시장이나 도살장으로 몰아가는 역할을 하였으며, 도살된 동물의 부산물을 먹고 생존하였다. 그러나 이러한 환경은 위생 문제를 유발하고, 도시 주민들의 불만을 초래하기도 하였다. 잡종(믹스견) 역시 평민 가정에서 생계에 실질적인 도움을 주는 존재로 여겨졌으며, 사냥, 감시, 쓰레기 처리 등의 다양한 역할을 맡았다.

한편, 개는 노동 외에도 오락 활동에 동원되었다. 대표적으로 '불 베이팅(Bull Baiting)[4]'이

---

4 불 베이팅: 과거 유럽, 특히 영국에서 성행했던 동물 오락으로, 훈련된 개가 묶인 황소를 공격하거나 넘어뜨리는 방식으로 진행되었다. 당시 사람들은 도살 전 황소를 자극하면 고기의 질이 좋아진다고 믿었으며, 이러한 믿음이 오락성과 결합되어 잔혹한 관습으로 굳어졌다. 불 베이팅에는 주로 불도그(bulldog)의 조상에 해당하는 용맹한 투견이 사용되었으며, 황소의 뿔에 찔려 개가 사망하는 일도 많았다. 영국에서는 1835년 『동물학대금지법(Cruelty to Animals Act)』에 따라 공식적으로 금지되었다.

나 '곰 베이팅(Bear Baiting)[5]'과 같은 잔혹한 대중 스포츠에서, 개는 곰이나 황소와 싸우는 역할을 하였다. 이때 개들은 가시가 달린 금속 목걸이를 착용한 채 싸움에 투입되었고, 이러한 경기는 오락성과 잔인함이 공존하는 사회적 풍경을 반영하였다.

이처럼 평민 사회에서 개는 노동, 오락, 생계 유지의 중심에 있는 존재였으며, 단순한 반려 동물을 넘어 사회와 삶에 깊이 뿌리내린 동물이었다.

③ 르네상스 시대: 문헌을 통해 본 훈련 발전

르네상스 시대에는 개 훈련이 보다 과학적이고 체계적으로 발전했다. 프랑스 귀족 가스통 포에부스(Gaston Phoebus)가 저술한 『사냥에 관한 책(The Book of the Hunt)』에서는 사냥견 훈련에 있어 중요한 기준을 제시하며, 이 분야의 발전에 큰 영향을 미쳤다. 이 책은 특정 상황에서의 반응, 행동 순서, 그리고 환경 적응력을 강조하며, 개 훈련에서의 표준화에 기여했다. 또한, 이는 개의 행동 심리에 대한 초기 연구로도 평가받으며, 훈련을 단순히 경험에 의존하던 방식을 체계적인 지식 기반으로 전환하는 데 중요한 역할을 했다.

르네상스 시기에도 계층에 따른 개의 역할 구분은 여전히 유지되었다. 상류층의 개는 사냥과 경비를 통해 귀족의 사회적 지위를 상징했으며, 이들의 존재는 신분을 드러내는 중요한 요소로 여겨졌다. 반면, 하류층의 개는 가축 이동과 같은 노동을 수행하거나 투견이나 베이팅(baiting)과 같은 대중 오락에서 활용되었다. 이러한 역할 구분은 개가 단순한 동물이 아니라, 사회적 구조와 문화적 관습의 일부로 자리 잡았음을 보여준다.

중세와 르네상스 시기의 개 훈련 역사는 개가 단순한 도구를 넘어 사회적 계층과 필요에 따라 사냥, 경비, 노동, 오락 등 다양한 역할을 수행하며 인간 사회의 중요한 동반자로 자리 잡았다. 이러한 유산은 오늘날 개 훈련의 뿌리를 이해하는 데 중요한 단서를 제공한다.

---

5 곰 베이팅: 사슬에 묶인 곰을 여러 마리의 개가 번갈아 가며 공격하는 형태의 대중 오락이었다. 16세기부터 19세기 초까지 유럽에서 유행했으며, 엘리자베스 1세 시기에는 왕실과 귀족들 사이에서도 관람 문화로 널리 퍼졌다. 곰은 말뚝에 묶인 채 방어만 가능했으며, 개들은 체계적으로 투입되어 곰을 자극하거나 싸움을 유도했다. 이러한 경기에서는 마스티프나 대형 투견이 주로 사용되었고, 런던에는 전용 시설인 '베어 가든(Bear Garden)'까지 존재했다. 곰 베이팅 역시 19세기 중반 동물학대 금지 흐름에 따라 법적으로 금지되었다.

(3) 체계적 군견 훈련의 시작

군견 훈련은 고대부터 이어져 왔으나, 20세기 초에 이르러 비로소 체계적이고 과학적인 방식으로 발전하였다. 특히 독일과 영국에서 콘라드 모스트(Konrad Most)와 에드윈 리처드슨(Edwin Hautonville Richardson) 같은 인물들이 군견 훈련의 기반을 마련하며, 오늘날 군견 훈련의 초석을 다졌다. 이들의 연구와 기법은 군견의 역할을 확대시키고, 군사적 효율성을 높이는 데 중요한 기여를 했다.

① 독일의 체계적 군견 훈련과 콘라드 모스트

독일의 콘라드 모스트는 체계적 군견 훈련의 선구자로 평가되며, 군사 및 경찰견 훈련의 현대적 기법을 확립한 인물이다. 1906년 베를린 경찰견 훈련소의 초대 교장으로 임명된 그는 개의 행동을 과학적으로 분석하고 이를 훈련에 적용하였다. 그의 훈련 방식은 행동주의 심리학 원리에 기반하여, 리드 컨트롤(lead control)과 처벌 중심의 기법을 주로 사용했다. 리드 컨트롤은 줄을 이용해 개의 움직임을 제어하며 올바른 행동을 유도하는 방식으로, 훈련의 효과를 높이는 데 유용하다. 한편, 리드 컨트롤은 명령을 따르지 않거나 잘못된 행동을 보였을 때 처벌을 통해 행동을 수정하는 기법도 함께 사용되었다. 이러한 방식은 개의 복종률을 높이는 데에는 효과가 있었지만, 심리적 스트레스를 유발할 수 있다는 점에서 비판을 받기도 하였다.

콘라드 모스트는 『견 훈련 매뉴얼(Training Dogs: A Manual)』을 출판하여, 경찰견과 군견 훈련에 대한 표준을 제시하고 독일식 훈련 방식을 세계 여러 나라에 널리 알리는 데 기여하였다. 이 매뉴얼은 개 훈련을 체계적이고 과학적으로 접근하는 데 필요한 핵심 지침을 담고 있어, 당시 훈련 현장에 큰 영향을 주었다. 또한 그는 독일 견연구협회와 동물심리학협회의 설립을 주도하였다. 이를 통해 개 훈련 이론에 학문적 기반을 마련하고, 훈련을 경험 중심에서 과학적 연구의 영역으로 발전시키는 데 중요한 역할을 하였다.

제2차 세계대전 중에는 국군 군견 실험연구소를 이끌며 군견의 작전 수행 능력에 관한 연구를 진행하였다. 실제 군사 작전에서 다양한 임무에 군견을 투입하여 실질적인 성과를 거두었고, 군견의 전략적 활용 가능성을 증명하였다. 이러한 업적을 통해 모스트는 군견 훈련을 과학적이고 체계적인 방식으로 발전시키는 데 큰 기여를 하였으며, 그의 훈련 철학은 오늘날까지도 많은 전문 훈련 분야에 계승되고 있다.

② 영국의 군견 훈련과 에드윈 리처드슨

영국의 에드윈 리처드슨은 군견 훈련의 혁신을 이끌며, 제1차 세계대전 당시 군견의 군사적 역할을 확립하는 데 중요한 기여를 했다. 1916년, 그는 '울프(Wolf)'와 '프린스(Prince)'라는 두 마리의 군견을 훈련하여 프랑스 전장에 파견하였다. 이 군견들은 전화선이 끊긴 전장의 혼란 속에서도 메시지를 전달하며, 기존의 비둘기나 인간 메신저를 대체하는 데 성공했다. 이들의 활약은 군사 통신 체계에 혁신을 가져왔으며, 암호 전달과 탐지 임무에서 중요한 성과를 보였다.

전쟁이 끝난 후, 리처드슨은 영국에 군견훈련학교(War Dog Training School)를 설립하였다. 이 학교에서는 경비견, 보초견, 탐지견 등을 체계적으로 훈련하며, 다양한 군사 작전의 효율성을 크게 높였다. 그의 훈련 방식은 탐지, 수색, 후송 업무 등 군사 임무의 여러 분야에 적용되며 실용성을 입증했다.

또한, 군견은 전장에서의 활약을 넘어 전후 복구 작업과 인명 구조 같은 평화적 목적으로도 활용되었다. 리처드슨의 기법은 현대 구조견 및 경찰견 훈련에도 영향을 미치며, 군견의 역할을 단순한 전투 도구가 아닌 인간과 협력하는 동반자로 확장시키는 계기가 되었다.

③ 군견 훈련의 확장된 역할

제1차 세계대전과 제2차 세계대전 동안 군견은 군사 작전에서 중요한 역할을 수행하며 전략적 자산으로 자리 잡았다. 제1차 세계대전에서는 군견이 부대 간 메시지를 전달하는 통신 임무를 맡아 군사 작전의 연속성을 보장했으며, 부상병을 탐지하고 구조하는 수색 임무에서도 활약했다. 또한, 영국 육군은 군견을 경비 임무에 투입해 병력을 대체하고 무기고와 요충지를 지키는 데 활용함으로써 인력난을 해소했다.

제2차 세계대전에서는 이러한 역할이 더욱 확대되어 군견이 지뢰와 적의 매복을 탐지하고 침투를 경고하며, 병력을 보호하는 데 크게 기여했다. 험난한 지형에서 기존의 메신저나 비둘기를 대체하여 메시지를 전달하는 등 통신과 탐지, 구조 임무를 통해 군사 작전의 효율성과 안전성을 높였다. 이로써 군견은 단순한 보조 수단을 넘어 다양한 군사 임무에서 핵심적인 자산으로 자리매김했다.

콘라드 모스트와 에드윈 리처드슨의 기여는 군견 훈련의 과학적 발전을 이끌며, 오늘날 군사 및 경찰 훈련 프로그램의 중요한 토대를 마련했다. 그들의 노력은 군견이 단순한 전쟁 도구를 넘어 인간과 동물이 협력하여 목표를 달성할 수 있음을 보여주는 대표적인 사례로 남아 있다. 전쟁이 끝난 후, 고도로 훈련된 군견들은 경찰견, 구조견, 그리고 맹인 안내견으로 역할을 이어가며 평화 시기에도 중요한 임무를 수행했다. 이들의 행동 과학에 기반한 훈련 방식은 현대 군사 및 경찰 훈련의 토대가 되었으며, 인간과 동물 간 협력의 새로운 가능성을 제시하며 오늘날까지도 영향을 미치고 있다.

(4) 클리커 트레이닝의 도입

클리커 트레이닝의 역사는 20세기 초반 행동심리학의 발전과 함께 시작되었다. 기존 동물 훈련은 주로 정적 처벌이나 부적 강화 방식을 기반으로 했으나, 1930~40년대를 거치며 긍정적 강화(정적 강화)를 중심으로 한 과학적이고 체계적인 훈련 방식으로 변화했다. 이러한 전환은 행동주의 심리학의 선구자들과 훈련 전문가들의 노력으로 가능해졌다.

① 스키너와 행동주의 심리학

클리커 트레이닝의 이론적 기반은 B.F. 스키너(B.F. Skinner)의 행동주의 심리학에서 비롯되었다. 스키너는 조작적 조건화(Operant Conditioning) 이론을 통해 동물의 행동이 환경의 강화 요소에 의해 조절될 수 있음을 입증하며, **정적 강화가 학습 동기를 유발하고 행동의 지속과 강화를 유도**하는 효과적인 방법임을 강조했다.

스키너는 비둘기와 쥐를 대상으로 한 다양한 실험에서, 특정 행동(버튼 누르기, 레버 당기기 등)이 보상(곡물, 음식)과 연결될 때 해당 행동이 반복된다는 사실을 증명했다. 이러한 연구는 동물 행동 학습에서 강화물이 핵심적인 역할을 한다는 점을 명확히 했다. 이를 위해 그는 스키너 상자(Skinner Box)라는 실험 장치를 개발했는데, 이 장치는 동물이 특정 행동을 수행하면 보상이 제공되도록 설계되어 학습 과정을 체계적으로 관찰할 수 있었다.

스키너의 연구는 행동주의 심리학의 학문적 성과를 넘어 동물 훈련의 실질적인 기초를 마련했다. 그의 정적 강화 이론은 동물 훈련을 처벌에서 보상 중심으로 전환하는 데 기여하며, 훈련 효과의 신뢰성과 예측 가능성을 높이는 데 크게 기여했다. 이로써 스키너의 이론은 오늘날 클리커 트레이닝을 포함한 다양한 긍정적 훈련 기법의 토대를 형성하며, 현대 동물 훈련의 과학적 접근을 가능하게 했다.

스키너의 행동주의 심리학은 클리커 트레이닝의 이론적 기반을 마련하며, 동물 훈련을 과학적으로 접근할 수 있는 길을 열었다. 그의 연구는 단순한 실험적 발견을 넘어, 인간과 동물 간의 상호작용을 개선하는 혁신적인 훈련 방법론으로 발전했다.

② 브릴랜드 부부와 ABE의 설립

클리커 트레이닝의 실질적 도입과 발전은 B.F. **스키너의 조교였던 켈러 브릴랜드**(Keller Breland)**와 마리안 브릴랜드**(Marian Breland) **부부의 연구와 노력**에 크게 의존했다. 이들은 조작적 조건화의 실용 가능성을 연구하며, 이를 상업적 동물 훈련에 성공적으로 적용했다. 제2차 세계대전 동안, 브릴랜드 부부는 스키너와 함께 미 해군의 비밀 프로젝트인 '비둘기 프로젝드(Pigeon Project)'에 참여해, 비둘기를 조작적 조건화로 훈련하여 미사일 유도 장치로 활용하려는 실험을 수행했다. 이 프로젝트를 통해 그들은 조작적 조건화의 실용성을 직접 체험하며 동물 행동 훈련에 대한 과학적 이해를 심화했다.

전쟁 후, 1947년 브릴랜드 부부는 미네소타에 ABE(Animal Behavior Enterprises)라는 기업을 설립하여, 스키너의 이론을 바탕으로 동물 훈련을 체계적이고 과학적으로 진행했다. ABE의 목표는 동물 행동을 다양한 상업적, 교육적 목적으로 활용하는 것이었다. 이들은 조작적 조건화를 통해 개, 비둘기, 닭 등 다양한 동물을 훈련하며, 정적 강화를 사용해 복잡한 행동을 이끌어내는 프로그램을 개발했다. ABE기업은 동물 훈련의 교육적 가능성을 널리 알렸으며, 어린이 대상 프로그램을 통해 인간과 동물 간 상호작용의 중요성을 강조했다.

브릴랜드 부부는 동물 훈련을 과학적으로 증명하며 창의적이고 체계적인 접근 방식을 제시했다. 이들의 기여는 클리커 트레이닝의 기반을 다지는 데 핵심적인 역할을 했고, 동물 훈련을 단순히 명령 수행이 아닌 인간과 동물의 협력과 상호작용을 촉진하는 과학적 과정으로 자리 잡게 만들었다. ABE의 성공은 현대 클리커 트레이닝과 동물 행동학 발전의 초석이 되었다.

브릴랜드 부부와 ABE는 클리커 트레이닝의 실질적 발전과 보급을 이끌며, 동물 훈련의 패러다임을 긍정적으로 변화시킨 선구자로 평가받고 있다.

브릴랜드 부부와 그들의 저서, 『동물행동(Animal Behavior)』라는 책은, 책은 이 분야의 교본이 되었다.

(출처: Google)

③ ABE의 활동과 성과

ABE(Animal Behavior Enterprises)**는 조작적 조건화 원리를 활용하여 동물 훈련의 가능성과 실용성을 극대화**하며, 동물 훈련을 단순한 기술적 작업에서 창의적이고 교육적인 경험으로 확장했다. 대표적으로, 닭을 대상으로 한 '치킨 댄스(Chicken Dance)' 공연은 닭이 특정 동작(손 흔들기, 뛰어오르기 등)을 할 때마다 보상을 제공해 행동을 강화하며, 음악 리듬에 맞춰 복잡한 동작을 학습하도록 했다. 이 공연은 단순히 오락적인 재미를 넘어 동물 훈련의 가능성과 창의성을 대중에게 보여주는 계기가 되었으며, 훈련이 동물과 인간 간의 긍정적 상호작용임을 강조했다.

1955년 IQ Zoo 오픈

〈출처: https://drsophiayin.com〉

브릴랜드 부부는 치킨 트레이닝에 성공 후 토끼, 다람쥐, 오리, 돼지, 수달 등 다양한 동물들을 조작적 조건형성을 통해 트레이닝하기 시작했고, 코인 전시회 방식으로 동물쇼를 개최하여 세간의 주목을 끌었으며, IQ Zoo를 오픈하여 트레이닝 된 다양한 동물들을 전시하기 시작했다.

ABE는 다양한 동물들에게 훈련을 시도하여 높은 성공률을 보였다. 특히, 비둘기에게 특정 물체를 찾아 집어 들고 가져오도록 훈련하여, 동물이 지닌 인지 능력과 학습 가능성을 효과적으로 입증하였다. 이 외에도 개, 고양이, 햄스터 등 서로 다른 종의 동물들에게 다양한 기술과 트릭을 훈련하며 종 특성에 맞춘 폭넓은 프로그램을 운영하였다.

또한, ABE는 단순한 훈련을 넘어 교육적 목적에도 관심을 두었다. 어린이를 대상으로 한 프로그램에서는 아이들이 직접 동물과 상호작용하며 훈련에 참여할 수 있도록 하였고, 이를 통해 책임감과 생명 존중의 태도, 그리고 훈련을 통한 인간-동물 관계 형성의 경험을 자연스럽게 배울 수 있도록 하였다.

ABE의 공연과 교육 프로그램은 동물 훈련의 대중화를 이끌며, 훈련이 단순히 작업적인 것이 아니라 창의적이고 교육적인 잠재력을 가진다는 것을 입증했다. 이들의 활동은 단순히 상업적 성공을 넘어 동물 훈련이 인간과 동물 간 상호작용을 바탕으로 한 긍정적인 경험이 될 수 있음을 알리고, 동물에 대한 이해와 존중을 증진시키며 학문적, 문화적 가치를 확산시키는 데 기여했다.

ABE는 동물 훈련이 단순히 기술적 도구를 넘어서, 동물의 잠재력을 발휘시키고 인간과의 긍정적인 상호작용을 도모하는 중요한 과정임을 증명했다. 그들의 활동과 성과는 오늘날 동물 훈련의 현대적 기법으로 이어지며, 클리커 트레이닝의 발전에도 중요한 토대를 제공했다.

④ 클리커 트레이닝의 기본 원리와 브릴랜드 부부의 역할

클리커 트레이닝은 B.F. 스키너의 행동주의 심리학 연구와 그의 제자인 브릴랜드 부부의 실질적 응용을 통해 발전했다. 이 기법의 핵심은 행동과 보상을 연결하는 매개체로 '브리지(Bridge)'라는 개념을 도입해 훈련의 효율성을 크게 개선한 점에 있다.

브리지란 동물이 특정 행동을 수행한 순간과 보상을 제공하는 순간 사이의 시간 차이를 연결하는 신호로, 행동 직후 이를 명확히 표시함으로써 훈련의 즉각성과 명확성을 보장한다. 브릴랜드 부부는 휘파람, 클릭 소리, 기계음 등 간결하고 일관된 신호를 브리지로 사용하며, 특히 클릭 소리는 간결성과 일관성 덕분에 널리 채택되었다. 브리지는 2차 강화물(Secondary Reinforcer) 또는 조건 강화물(Conditioned Reinforcer)로 작용하며, 1차 강화물(예 음식)과 연합해 강화 효과를 발휘한다. 예를 들어, 휘파람 소리가 음식 보상과 연합되면, 휘파람 소리만으로도 행동을 강화할 수 있다.

- 브리지의 역할
  - 바람직한 행동이 정확히 언제 일어났는지를 즉시 표시(Marking)해 준다.
  - 보상이 곧 제공될 것임을 신호(Signal)로 알려준다.
  - 동물이 어떤 행동이 강화되었는지를 명확히 이해하도록 돕는다.
- 사용된 브리지 도구
  - **휘파람(Whistle):** 멀리 있는 동물(예 수영장 중앙의 돌고래)에게 신호 전달.
  - **클릭 소리(Click):** 간결하고 일관된 신호로 행동을 강화.
  - **음성 신호:** 초기에는 사용되었으나 일관성 부족으로 대체됨.
- 브리지와 2차 강화물의 관계
  - 브리지는 2차 강화물(Secondary Reinforcer) 또는 조건 강화물(Conditioned Reinforcer)의 역할을 한다.
  - 2차 강화물은 1차 강화물(예 음식)과 연합하여 강화 효과를 지님.
  - 예 휘파람 소리 → 음식 보상 → 휘파람 소리만으로도 행동 강화.

- 1차 및 2차 강화물의 역할

- 1차 강화물: 본능적으로 강화 효과가 있는 자극(예 음식, 물)
- 예 돌고래에게 생선, 닭에게 곡물, 개에게 고기
- 2차 강화물: 학습을 통해 강화 효과를 가진 자극
- 예 클릭 소리, 휘파람

- 훈련 단계

- 1단계(행동 발생): 동물이 자발적으로 특정 행동(예 점프, 앉기)을 수행.
- 2단계(브리지 신호 제공): 행동 직후 클릭 소리 또는 휘파람으로 행동 표시.
- 3단계(1차 강화물 제공): 신호 후 즉시 음식이나 보상을 제공.
- 4단계(행동 강화): 동물은 행동 → 브리지 → 보상이라는 연결을 학습. 행동의 빈도가 점차 증가.

(5) 클리커 도구의 개발과 체계화: 카렌 프라이어의 역할

카렌 프라이어(Karen Pryor)는 행동주의 심리학과 해양 동물 훈련 분야에서의 경험을 바탕으로, **클리커 트레이닝의 과학적 기초를 확립하고 이를 전 세계적으로 확산시킨 선구적 인물**이다. 그녀의 연구는 동물 행동학에 깊은 영향을 미쳤으며, 인간과의 상호작용 방식을 혁신적으로 변화시켰다.

클리커 트레이닝의 산증인 카렌 프라이어와 과거 그녀가 클리커로 돌고래를 훈련시키는 모습

(출처: karepryor.com(좌), clickertraining.com(우))

① 카렌 프라이어의 배경

카렌 프라이어는 1932년 미네소타 대학교에서 심리학을 전공하며 행동주의 심리학의 영향을 깊이 받았다. 특히 B.F. 스키너의 조작적 조건화 이론을 통해 행동과 보상의 연관성을 과학적으로 탐구하는 방법론을 익혔으며, 이를 바탕으로 동물 행동의 메커니즘에 대한 실용적 접근 방식을 모색했다. 이후 그녀는 돌고래와 같은 고도 지능을 가진 해양 포유류의 훈련에 종사하며, 행동주의 원칙을 실제 훈련에 적용했다. 이러한 현장 경험은 단순히 이론적 연구에 그치지 않고, 행동주의 이론을 실질적이고 체계적인 도구로 발전시키는 데 결정적인 역할을 했다.

② 해양 동물 훈련의 경험

카렌 프라이어는 돌고래와 같은 해양 포유류를 훈련하면서, 행동과 보상을 연결하는 소리 신호의 중요성을 확인했다. 물리적 거리가 먼 해양 환경에서는 즉각적인 보상이 어려운 점을 극복하기 위해, 소리 신호를 사용해 보상을 예고하는 방식을 도입했다. 이 접근법은 동물이 행동과 보상 간의 연관성을 명확히 인식하도록 돕는 데 효과적이었으며, 클리커 시스템을 발전시키는 기초가 되었다.

프라이어는 기존의 휘파람이나 기타 장치를 대체할 수 있는 작고 간단한 클리커 도구를 도입하여 소리 신호를 단순화하고 일관성을 유지했다. 클리커는 일정하고 변하지 않는 소리를 내는 특징이 있어 훈련 과정에서 명확성을 높이고, 훈련자가 행동 타이밍을 정확히 맞출 수 있도록 했다. 이 간단하고 효율적인 도구는 훈련의 일관성과 효율성을 크게 향상시키며, 이후 다양한 동물 훈련 프로그램에서 널리 사용되기 시작했다.

③ 'Don't Shoot the Dog!'의 출간과 학문적·사회적 영향

1984년, 카렌 프라이어는 자신의 연구와 경험을 집대성하여 『Don't Shoot the Dog!: The New Art of Teaching and Training』을 출간했다. 이 책은 클리커 트레이닝의 원리를 대중에게 널리 알리며, 동물 훈련뿐 아니라 다양한 사회적 맥락에서의 행동 변화를 다루는 중요한 작품으로 자리 잡았다. 프라이어는 행동주의 심리학의 핵심인 정적 강화(Positive Reinforcement)를 중심으로, 체벌이나 부적 강화 없이도 원하는 행동을 유도할 수 있음을 강조했다.

책에서는 반려동물 훈련뿐 아니라 직장 내 직원 관리, 아동 교육 등 일상적인 사례를 통해 정적 강화의 효과를 실질적으로 보여주었다. 또한, 이 책은 단순한 동물 훈련 지침서를 넘어 심리학, 교육학, 조직 행동 관리 등 다양한 분야로 확장되어 활용되었다. 정적 강화의 원리는 행동 변화를 윤리적이고 효과적으로 유도하는 방법으로 평가받으며, 행동주의 심리학을 일상적이고 실용적인 차원으로 보급하는 데 크게 기여했다. 『Don't Shoot the Dog!』은 동물과 인간 모두의 행동 변화를 이해하고 관리하는 새로운 패러다임을 제시한 획기적인 작품으로, 학문적·사회적 영향을 남겼다.

1999년 2001년 2009년

카렌프라이어의 다양한 저서

④ 글로벌 영향력 및 훈련법의 확산

카렌 프라이어는 『Don't Shoot the Dog!』 출간 이후 전 세계에서 워크숍과 세미나를 개최하며 클리커 트레이닝의 과학적 원리와 실용적 응용법을 교육했다. 이러한 활동은 단순히 훈련 기술을 전달하는 데 그치지 않고, 정적 강화의 철학과 윤리적 접근 방식을 체계적으로 소개하는 데 초점을 맞췄다. 워크숍에서는 동물의 본능적 행동을 활용해 문제행동을 교정하거나 새로운 행동을 유도하는 실제 사례를 시연했으며, 참석자들은 직접 클리커 도구를 사용해 실습하며 학습 내용을 체화할 수 있었다. 이러한 플랫폼은 클리커 트레이닝 기법을 전 세계적으로 확산시키고, 훈련사와 동물 애호가들에게 지속적인 학습 기회를 제공했다.

클리커 트레이닝은 스트레스를 최소화하고 동물의 자연스러운 행동을 존중하는 방식으로 동물 복지의 새로운 기준을 제시했다. 이 접근법은 동물의 정신적·신체적 건강을 보호하고 증진하는 데 중요한 역할을 했으며, 훈련 과정을 인간 중심이 아닌 동물 중심으로 재구성하는 데 기여했다. 예컨대, 유기견 보호소, 동물원, 야생동물 재활센터 등에서도 클리커 트레이닝이 널리 사용되며, 동물의 복지를 향상시키고 환경 적응을 지원하는 데 적극적으로 활용되고 있다. 프라이어의 활동은 클리커 트레이닝을 단순한 훈련 기법이 아니라 동물과의 상호작용을 기반으로 한 윤리적이고 효과적인 접근 방식으로 확립시키는 데 크게 기여했다.

⑤ 카렌 프라이어의 기여와 의의

카렌 프라이어는 행동주의 심리학의 이론적 틀을 실용적이고 체계적인 훈련 방법으로 전환하며, 이론이 실생활에서 구현될 수 있는 방식을 보여준 사례로 평가된다. 그녀의 기여는 단순히 동물 훈련을 넘어, 행동 과학을 통해 인간과 동물 간의 상호작용 방식을 혁신적으로 변화시킨 점에서 큰 의의를 가진다.

프라이어는 동물 행동에 대한 과학적 이해를 바탕으로, 인간과 동물이 서로의 의도를 명확히 전달할 수 있는 의사소통의 다리를 마련했다. 클리커 트레이닝은 일관된 신호 체계를 사용함으로써 인간의 명령과 동물의 반응 간 혼동을 줄이고 상호작용의 명확성을 높였다. 그녀의 방법론은 체벌 없이도 동물의 행동을 유도할 수 있음을 입증하며, 훈련 과정을 윤리적이고 효율적인 방향으로 전환했다. 이러한 접근은 동물이 학습 과정에서 불필요한 스트레스를 받지 않도록 하여 행동 변화가 지속적이고 자발적으로 이루어지도록 했다.

프라이어의 철학은 인간과 동물의 관계를 단순한 명령과 복종의 관계에서 벗어나, 상호 존중과 협력의 관계로 재정의했다. 이는 인간 사회에 동물의 행동과 감정에 대한 새로운 관점을 제시하며, 동물 훈련과 복지에 대한 문화적 인식을 전환하는 계기가 되었다. 그녀의 기여는 동물과 인간 간의 관계를 한층 더 심화시키며, 동물과의 상호작용을 윤리적이고 과학적인 차원으로 끌어올리는 데 중요한 역할을 했다.

(6) 클리커 트레이닝의 확장: 밥 베일리의 기여

밥 베일리는 동물 훈련의 과학적 접근을 실질적으로 확립한 선구자 중 한 명으로, 그의 경력은 동물 행동학과 훈련 기법의 발전에 지대한 영향을 미쳤다. 그는 동물 훈련의 이론적 기초를 실질적으로 응용하며, 다양한 동물 훈련 프로그램을 통해 학문적, 상업적, 군사적 성공을 거두었다.

① 제2차 세계대전과 초기 경력

제2차 세계대전 동안, 베일리는 미국 국방부의 비밀 작전에 참여해 동물을 훈련하여 군사 임무를 수행하는 프로젝트를 담당했다. 그는 까마귀와 비둘기를 활용해 특정 목표물을 전달하거나 추적하게 하고, 고양이를 통해 첩보 수집 활동을 수행하는 등 동물의 고도화된 행동 학습 가능성을 확인했다. 이 경험은 과학적 접근을 통해 훈련 기법의 잠재력을 확장하는 데 중요한 계기가 되었다.

베일리는 단순히 복종을 목표로 한 기존 훈련 방식을 넘어, 동물의 지능과 학습 능력을 활용해 실제 문제를 해결하는 실용적 훈련 프로그램을 개발했다. 이러한 접근은 동물 훈련을 상업적, 교육적, 군사적 목적으로 체계화하는 데 중요한 토대를 마련하며, 동물 훈련의 과학적 확장을 이루는 데 기여했다.

② ABE와의 협력

전쟁 후, 밥 베일리는 브릴랜드 부부(Marian and Keller Breland)와 협력하여 Animal Behavior Enterprises(ABE)를 통해 동물 훈련 프로그램을 대대적으로 확장했다. ABE는 스키너의 조작적 조건화 이론을 실용화하여, 동물을 상업적 엔터테인먼트와 산업적 목적으로 훈련하는 데 중점을 두었다. 대표적인 성공 사례로는 동물 공연인 치킨 댄스(Chicken Dance)와 특정 작업을 수행하도록 설계된 산업적 훈련 프로그램이 있다. 이러한 프로젝트는 동물 행동학의 실질적 활용 가능성을 보여주며 ABE의 성공을 견인했다.

ABE에서 베일리는 체벌이나 부정적 강화 대신, 동물의 자발적 행동을 강화하는 긍정강화(Positive Reinforcement) 기법을 고수했다. 그는 훈련 타이밍의 정확성과 보상 신호의 일관성을 실험적으로 분석하며, 훈련 과정을 과학적이고 체계적으로 정립했다. 이러한 철학과 기법은 동물 훈련을 더 윤리적이고 효과적인 방식으로 발전시키며, ABE의 활동을 현대적 훈련 방법론의 선구적 사례로 자리 잡게 했다.

③ 치킨캠프(Chicken Camp)의 개발

밥 베일리는 테리 라이언(Terry Ryan)과 협력하여 치킨캠프를 설립했으며, 이는 훈련자가 닭을 대상으로 긍정강화 훈련을 연습하도록 고안된 독창적인 교육 프로그램이다. 닭은 반응 속도가 빠르고 행동이 단순 명료하여, 훈련자가 보상 타이밍과 신호 전달 기술을 정밀하게 연습하기에 적합한 동물로 선택되었다.

치킨캠프는 훈련자의 역량 강화를 목표로 설계되었으며, 행동학 이론을 실질적으로 적용하고, 강화 전략과 보상 타이밍을 정교하게 연습할 기회를 제공했다. 이 과정에서 참가자들은 자신의 부족한 점을 파악하고 개선하며, 훈련 기술과 행동학 이론의 실질적 적용 능력을 심화시킬 수 있었다. 모든 훈련 과정은 체벌 없이 진행되었으며, 참가자들은 책임감, 창의적 문제 해결 능력, 그리고 긍정강화 훈련의 철학과 윤리적 가치를 깊이 이해할 수 있었다.

치킨캠프의 확산과 현대적 가치는 매우 크다. 이 프로그램은 전 세계적으로 널리 알려져 반려동물 훈련사뿐만 아니라 교육자와 행동학자들에게도 필수적인 훈련 과정으로 자리 잡았다. 훈련자는 동물 행동학 원리를 실습하며 부족한 점을 발견하고 보완할 수 있었고, 긍정강화 교육의 대표 모델로 치킨캠프는 동물 복지 향상과 반려동물 훈련 발전에 기여했다. 오늘날에도 치킨캠프는 동물 훈련사들이 훈련 기술을 연마하고, 행동학적 접근법을 심화하는 데 필수적인 경험으로 인정받으며, 긍정강화 훈련의 철학을 전 세계적으로 확산시키는 중요한 역할을 하고 있다.

(7) 클리커 트레이닝의 확장: 테리 라이언의 기여

① 클리커 트레이닝 교육의 대중화

테리 라이언(Terry Ryan)은 긍정강화 기반의 클리커 트레이닝을 대중화하고, 이를 체계적으로 교육하는 데 중요한 역할을 한 동물 훈련 분야의 전문가이다. 그녀는 동물 훈련사뿐만 아니라 반려동물 소유자와 교육자들에게도 과학적이고 윤리적인 훈련 기법을 전파하며, 동물 복지와 훈련의 수준을 크게 향상시켰다.

라이언은 클리커 트레이닝의 철학을 다양한 워크숍과 세미나를 통해 널리 알렸다. 그녀는 체벌이나 강압적인 방법을 사용하지 않고, 동물의 자연스러운 행동을 유도하고 강화하는 윤리적인 훈련 방식을 강조하였다. 또한, 훈련 과정을 누구나 쉽게 따라할 수 있도록 설계하여, 일반 반려동물 소유자도 일상생활 속에서 클리커 트레이닝을 직접 적용할 수 있도록 도왔다.

이러한 노력은 클리커 트레이닝이 전문 훈련사뿐 아니라 일반 대중에게도 확산되는 계기가 되었으며, 클리커 트레이닝이 현대 동물 훈련의 주류 기법으로 자리 잡는 데 중요한 역할을 하였다.

② 치킨캠프(Chicken Camp)와의 협력

치킨캠프는 그녀의 대표적인 훈련 프로그램 중 하나로 평가받고 있다. 치킨캠프는 빠른 반응 속도를 가진 닭을 대상으로 훈련 기술을 연습하는 교육 과정이다. 훈련자는 닭의 행동에 맞춰 정확한 보상 타이밍과 신호 진달 능력을 반복적으로 연습하게 되며, 이를 통해 훈련 기술의 기초를 탄탄히 다질 수 있다.

이 과정은 단순히 기술을 익히는 데 그치지 않고, 훈련자가 동물 행동학의 원리를 깊이 이해하고 실천하도록 돕는 데 초점을 맞추고 있다. 훈련자는 자신이 놓치고 있는 부분을 점검하고, 보상의 타이밍이나 자극 제시 방법을 세밀하게 조정하면서 훈련 철학을 몸으로 익히게 된다.

치킨캠프는 긍정강화 훈련 철학을 체화할 수 있는 독창적인 프로그램으로 평가받으며, 미국을 넘어 세계 여러 나라로 확산되었다. 오늘날 이 프로그램은 정적 강화 방식을 사용하는 훈련사와 행동학자들에게 필수적인 교육 과정으로 자리 잡고 있다.

테리 라이언의 치킨캠프에서 닭에게 색깔을 구별하는 트레이닝을 하고 있는 모습

(2019년 4월, Seabeck, Washington USA)

③ 훈련 기술의 역량 강화

라이언은 동물행동학의 이론을 실제 훈련 현장에서 적용 가능한 형태로 구현하며, 훈련사들이 과학적 접근을 바탕으로 훈련할 수 있도록 체계적인 교육 프로그램을 개발하였다. 그녀의 프로그램은 단순히 기술을 가르치는 데 그치지 않고, 훈련자의 분석력과 판단력, 보상 타이밍 조절 능력 등 실질적인 훈련 역량을 향상시키는 데 초점을 두었다.

또한, 훈련 과정에서 인간과 동물 간의 긍정적인 상호작용을 증진하는 것을 중요한 가치로 삼았다. 라이언은 체벌이나 억압이 아닌, 협력과 신뢰를 바탕으로 한 훈련 방식을 통해 반려동물과의 관계를 건강하게 발전시킬 수 있음을 보여주었다. 그녀의 활동은 동물 훈련의 윤리적 기준을 새롭게 제시하였으며, 동물복지와 전문 훈련 기술이 조화를 이루는 방향으로 훈련 문화를 변화시키는 데 크게 기여하였다.

(8) 클리커 트레이닝의 의의

클리커 트레이닝은 현대 동물 훈련에서 많은 주목을 받고 있는 이유는 동물 복지의 중요성이 커지고, 펫휴머니제이션(Pet Humanization)이라는 사회적 현상이 확산되면서 인간과 동물의 관계가 한층 더 깊어지고 있기 때문이다. 이 두 가지 흐름은 클리커 트레이닝의 주요 특징과 결합하여 훈련 방식이 단순한 명령과 수행의 관계를 넘어, 동물의 정서적, 사회적 요구까지 충족하는 방향으로 나아가게 하고 있다. 이를 바탕으로 클리커 트레이닝의 의의와 전망을 동물 복지와 펫휴머니제이션 측면에서 구체적으로 살펴보도록 하겠다.

① 동물의 스트레스 감소와 복지 증진

클리커 트레이닝은 동물에게 자율적으로 학습하고 성공의 경험을 누릴 수 있게 하며, 이는 동물의 스트레스와 불안을 크게 줄여준다. 키우고 있는 동물이 애완이 아닌 반려의 의미가 정착된 현대의 반려인들은 동물의 정신 건강과 정서적 안정에도 관심을 가지게 되었고, 기존의 강압적 훈련 대신 동물이 심리적 안전을 느낄 수 있는 방식이 대두되고 있다. 클리커 트레이닝의 긍정 강화 방식은 동물의 복지를 최우선으로 두며, 결과적으로 인간과 동물 간의 더 긍정적인 상호작용을 가능하게 한다. 이는 동물의 정서적 안정을 돕는 방식으로도 널리 알려져 있으며, 오늘날 많은 반려동물 훈련사들이 이 방식을 채택하고 있다.

② 효율적 훈련과 다양한 분야에서의 확장 가능성

정적 강화 방식의 클리커 트레이닝은 학습 속도와 훈련 효율을 높여 주기 때문에, 반려동물과의 다양한 활동 및 복지 향상에 적합하다. 단순한 기본 훈련에서 나아가 반려동물과의 교감을 강화하거나 문제행동 교정, 그리고 치유와 재활 과정에서까지 사용되며 그 효과를 인정받고 있다. 반려동물이 가족처럼 여겨지는 만큼 그들의 전반적인 삶의 질을 높이는 데 중요한 기여를 하고 있으며, 특히 동물병원, 재활치료센터, 유기견보호소 및 동물행동상담소 등에서도 중요한 훈련법으로 주목받고 있다.

③ 동물과 인간 간의 관계 강화

클리커 트레이닝은 펫휴머니제이션 현상에서 중요한 요소인 인간과 반려동물 간의 상호 신뢰와 유대감을 쌓는 데 크게 기여한다. 기존의 복종 중심의 훈련과 달리, 클리커 트레이닝은 동물이 자신의 행동을 통해 긍정적 반응을 이끌어내며 학습의 즐거움을 느낄 수 있도록 돕는다. 이는 훈련자와 동물 간의 소통을 원활하게 하고, 정서적으로도 연결되어 있음을 느끼게 하여 상호 간 신뢰가 깊어지도록 한다. 현대 반려인들은 반려동물과 감정적 교감을 나누기를 원하며, 클리커 트레이닝은 이러한 요구를 충족시키며 더 많은 사람들이 애정과 신뢰로 반려동물을 대할 수 있도록 돕는다.

④ 클리커 트레이닝의 가치와 전망

앞으로 반려동물의 훈련방식은 동물의 자율적 학습과 복지를 중시하는 방향으로 발전할 것이다. 반려동물에 대한 인식 변화와 함께, 과거에는 전문가에 의해 수행되던 훈련방식이 보호자가 직접 자신의 반려견을 훈련시키는 문화로 빠르게 전환되고 있다. 이러한 흐름 속에서 클리커 트레이닝은 보호자들이 손쉽게 적용할 수 있는 훈련법으로 자리 잡았으며, 반려동물을 가족처럼 여기는 현상에 부응하는 중요한 방식으로 인식되고 있다. 특히 인공지능과 행동 데이터를 활용해 반려동물의 성격과 행동 패턴을 분석하고, 이를 기반으로 한 맞춤형 훈련이 가능해지면서, 개별 반려동물의 필요에 따라 클리커 트레이닝을 더욱 정밀하게 적용할 수 있는 기술적 기반이 마련되고 있다. 이를 통해 훈련 효율성을 높일 뿐 아니라, 인간과 동물 간 상호 존중과 복지 의식에 기반한 새로운 훈련 패러다임이 형성될 가능성이 높다. 이렇게 클리커 트레이닝은 단순히 행동 수정과 교육을 넘어서, 보호자와 반려동물이 함께 긍정적이고 감정적으로 연결되는 방법으로, 서로 깊은 유대감을 형성하고 동물 복지 증진에 기여하는 데 큰 역할을 할 것이다.

연습문제

1. 두려움이나 불안 반응을 일으키는 자극에 대해, 그 자극의 강도를 낮춘 상태부터 점진적으로 노출시키며, 동물이 점차 편안하게 받아들이도록 훈련하는 방법을 무엇이라고 하는가?

2. 클리커 트레이닝의 이론적 기반을 제공한 심리학자는 누구인가?

A. 지그문트 프로이트

B. 칼 로저스

C. B.F. 스키너

D. 존 왓슨

3. 클리커 트레이닝에서 사용되는 신호 도구로, 일정하고 변하지 않는 소리를 내는 장치는 무엇인가?

4. 클리커 트레이닝의 장점이 아닌 것은 무엇인가?

A. 동물의 자발적 행동을 유도

B. 스트레스 최소화

C. 처벌 중심의 행동 교정

D. 학습 속도 향상

5. 카렌 프라이어가 클리커 트레이닝의 철학과 기법을 대중적으로 알린 저서는 무엇인가?

A. Training the Animal Mind

B. Animal Behavior and You

C. Don't Shoot the Dog!

D. Clicker Training Manual

6. 밥 베일리와 테리 라이언이 설립한 훈련 프로그램으로, 훈련자가 보상 타이밍을 연습할 수 있도록 닭을 대상으로 한 교육 과정의 이름은 무엇인가?

A. 클리커 캠프

B. 치킨캠프

C. 동물 행동 워크숍

D. 강화 트레이닝 캠프

1. 체계적 둔감법 / 2. C / 3. 클리커 / 4. C / 5. C / 6. B

7. 클리커 트레이닝의 초기 발전에 기여한 기관 ABE의 풀 네임은 무엇인가?

8. 클리커 트레이닝에서 브리지 신호의 주요 역할로 알맞은 것은 무엇인가?

A. 보상 대신 사용된다.

B. 동물의 행동을 억제한다.

C. 행동과 보상을 연결한다.

D. 행동을 종료하는 신호를 제공한다.

9. 카렌 프라이어가 주로 훈련 대상으로 삼았던 해양 포유류는 무엇인가?

10. 클리커 트레이닝에서 사용하는 도구의 특징으로 올바르지 않은 것은 무엇인가?

A. 일정하고 변하지 않는 소리를 낸다.

B. 행동을 억제하는 역할을 한다.

C. 훈련 타이밍을 정확히 맞출 수 있다.

D. 간단하고 휴대성이 좋다.

11. 밥 베일리가 참여한 치킨캠프 프로그램에서 닭이 훈련 대상으로 적합한 이유는 무엇인가?

A. 단순한 행동만 학습한다.

B. 빠르고 명확한 반응 속도를 가지고 있다.

C. 보상 없이도 학습한다.

D. 체벌 기반 훈련에 잘 반응한다.

12. 클리커 트레이닝에서 1차 강화물의 대표적인 예로 사용할 수 있는 것은 무엇인가?

A. 종소리

B. 간식

C. 클리커

D. 휘슬

7. Animal Behavior Enterprises / 8. C / 9. 돌고래 / 10. B / 11. B / 12. B

연습문제

13. 테리 라이언과 밥 베일리가 치킨캠프를 통해 강조한 훈련 기법은 무엇인가?

A. 체벌과 통제

B. 긍정강화와 정확한 타이밍

C. 보상 없는 행동 강화

D. 행동 억제와 강화 중단

14. 올바른 클리커 트레이너의 자세로 적합하지 않은 것은 무엇인가?

A. 훈련 과정에서 동물의 개별적 특성을 존중한다.

B. 행동 발생 시 타이밍에 맞게 신호를 제공한다.

C. 결과를 빨리 얻기 위해 체벌을 병행한다.

D. 긍정강화 기법을 중심으로 훈련한다.

15. 중세와 르네상스 시대에 군견은 주로 어떤 역할을 수행했나요?

A. 메시지 전달과 구조 임무

B. 사냥과 경비

C. 군사 전략 설계

D. 정치적 상징으로 활용

13. B / 14. C / 15. B

토론하기

1. 클리커 트레이닝에서 '정적 강화(positive reinforcement)'와 '브리지 신호(bridging signal)'가 각각 어떤 역할을 하며, 이 두 요소가 어떻게 결합되어 효과적인 학습을 유도하는지 구체적인 사례를 들어 설명하시오.

2. 반려동물 훈련 외에 클리커 트레이닝 원리가 인간 교육(예 아동 교육, 특수 교육 등)에서 어떻게 활용될 수 있는지 사례를 하나 제시하고, 그 효과성과 한계를 함께 분석하시오.

3. 클리커 트레이닝에서 브리지 신호와 보상의 타이밍이 왜 중요한지를 구체적인 훈련 상황을 예로 들어 설명하고, 타이밍이 적절하지 않을 때 발생할 수 있는 문제점도 함께 서술하시오.

4. 전통적인 처벌 기반 훈련법과 클리커 트레이닝의 접근 방식은 어떤 윤리적 차이를 보이는가? 동물 복지의 관점에서 두 방식을 비교하고, 클리커 트레이닝의 윤리적 강점을 중심으로 서술하시오.

5. 카렌 프라이어의 클리커 트레이닝 철학이 동물 복지에 미친 영향을 구체적인 예와 함께 설명하세요.

CHAPTER

02

클리커 트레이닝 준비사항

CHAPTER 02

클리커 트레이닝 준비사항

학습목표

- 클리커 트레이닝에 필요한 주요 도구(클리커, 먹이 보상, 훈련용 장난감)의 특징을 이해하고, 적절한 도구를 선택하는 방법을 익힌다.
- 효과적인 훈련을 위해 적합한 장소와 환경을 선정하는 기준과 실용적인 요령을 학습한다.
- 클리커 트레이너로서 바람직한 태도와 마음가짐을 갖추어, 긍정적이고 윤리적인 훈련을 실천한다.

1 클리커 트레이닝을 위한 도구

클리커 트레이닝은 효과적이고 체계적인 훈련을 위해 몇 가지 필수적인 도구와 준비물이 필요하다. 이러한 도구는 훈련 과정의 효율성을 높이고, 동물이 학습과정을 명확히 이해하도록 돕는다. 훈련 시작 전, 아래와 같은 준비물들을 충분히 갖추는 것이 중요하다.

(1) 클리커

클리커는 클리커 트레이닝에서 가장 기본이 되는 도구로, 동물이 원하는 행동을 수행했을 때 짧고 명확한 클릭 소리를 발생시켜 즉각적인 피드백을 제공한다. 이 소리는 행동과 보상 사이의 연결을 강화하여 학습 속도를 높이고 훈련의 효율성을 극대화한다. 다양한 종류의 클리커가 있으며, 훈련 목표와 동물의 특성에 맞춰 적절히 선택하는 것이 중요하다.

• 초기 형태의 클리커

ACME No. 470 Clicker

2차 세계 대전 동안 버밍엄에서만 제조된 클리커로 101 공수부대의 미국 낙하산 부대원들이 적군과 아군을 구별하여 무기를 발포하기 위한 신호로 사용되었다.

이미지 출처: stiggelbout.nl/acme-clicker-no-470-goudkleurig.html

① 클리커의 역할과 특징

- **즉각적 피드백**: 클릭 소리는 동물에게 '바로 이 행동이 옳다'는 신호를 주며, 행동과 보상을 연결하는 강력한 도구로 작용한다.
- **일관된 신호**: 항상 동일한 소리를 내기 때문에 동물이 혼란 없이 행동을 학습할 수 있다.
- **사용 편의성**: 손에 쥐기 쉽고, 반복적으로 사용할 수 있는 구조로 설계된다.

② 클리커의 종류

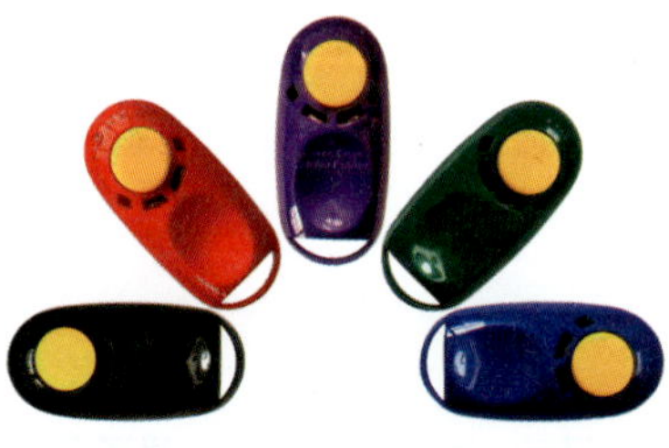

이미지 출처: https://shop.clickertraining.com/products/iclick-original-clicker?variant=8050243397

• 버튼형 클리커

- **특징**: 기본적인 형태로, 손으로 누르기 쉬운 버튼과 간결한 클릭음을 제공한다.
- **활용**: 일반적인 동물 훈련과 기본 명령 학습에 적합하며 초보자와 전문가 모두 사용 가능.
- **대표 제품**: i-Click Clicker(Karen Pryor)

이미지 출처: https://shop.clickertraining.com/collections/clickers/products/classic-box-clicker

- 박스 클리커(Box Clicker)

- **특징:** 금속판이 내장된 박스 형태로, 더 크고 명확한 클릭음을 제공한다.
- **활용:** 야외 훈련이나 소리가 명확하게 들려야 하는 환경에서 효과적이다.
- **대표 제품:** Classic Box Clicker(Karen Pryor)

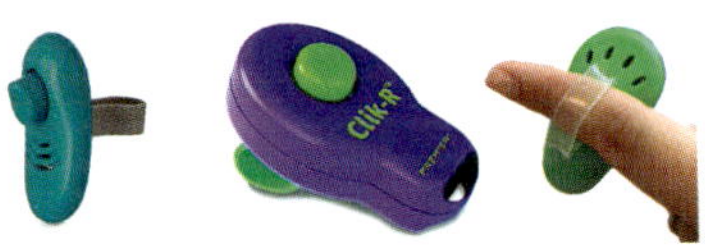

이미지 출처: https://www.petsafe.com/nl/product/clik-r-trainingshulpmiddel/

- 반지형 클리커(Ring Clicker)

- **특징:** 손가락에 끼워 사용하는 형태로, 클리커를 들지 않고도 쉽게 사용할 수 있어 손의 움직임이 많은 훈련에 편리하다.
- **활용:** 동물에게 클리커 위치를 감추고 훈련을 자연스럽게 진행할 수 있어 고급 훈련이나 활동량이 많은 상황에서 효과적.
- **대표 제품:** Clicker Ring(Karen Pryor), Clik-R(Pet Safe)

이미지 출처: https://petspy.com/products/dog-training-clicker-with-wrist-strap-for-dog-recall-bark-control-complete-pet-training-kit

- 손목 고정형 클리커

- **특징:** 손목 밴드가 부착된 형태로, 클리커를 손에 들 필요 없이 착용하고 사용할 수 있다.
- **활용:** 산책 훈련, 실외 훈련, 움직임이 많은 환경에서 적합하다.
- **대표 제품:** Clickers with Wrist Strap(Downtown Pet Supply)

이미지 출처: https://www.homeland.ie/products/pet-equine-dog-dog-health-grooming-92500-coachi-multi-clicker-dog-trainer-navy-coral-button

- 소리 조절 클리커
  - **특징**: 소리 크기를 조절할 수 있어, 소리에 민감한 동물이나 다양한 환경에서 사용할 수 있다.
  - **활용**: 조용한 실내 환경이나 강한 클릭음이 필요한 야외 환경 모두에 적합하다.
  - **대표 제품**: Multi-Clicker(Coachi)

이미지 출처: https://www.amazon.com/Diyife-Clicker-Training-Perfect-Behavioral/dp/B0DTKKSS8D?th=1

- 키 체인형 클리커
  - **특징**: 열쇠고리 형태로 휴대가 간편하며, 주머니나 가방에서 쉽게 꺼내 사용할 수 있다.
  - **활용**: 이동 중 훈련이나 산책 중 간단한 행동 교정에 적합하다.
  - **대표 제품**: Pet Training Clicker Keychain (Diyife)

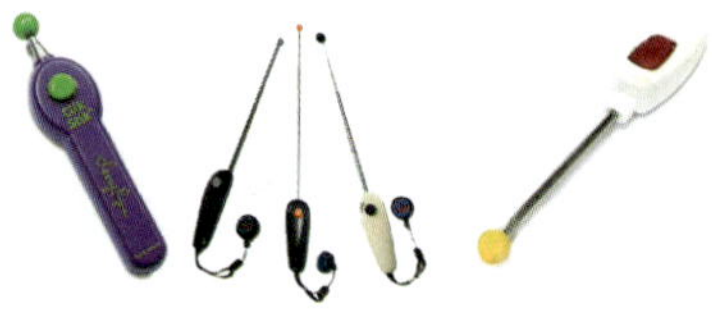

이미지 출처: https://www.amazon.com/Karen-Pryor-Clicker-Training-Terry/dp/B00CDRJ3FG
https://www.vetsend.co.uk/trixie-target-stick

- 타겟형 클리커
  - **특징**: '타겟 스틱'과 클리커가 결합된 형태로, 동물이 스틱 끝을 따라 움직이거나 자세를 잡도록 유도한다.
  - **활용**: 자세 훈련, 위치 이동, 고급 행동 유도 훈련에 적합하다.
  - **대표 제품**: Terry Ryan Clik Stik(Karen Pryor)

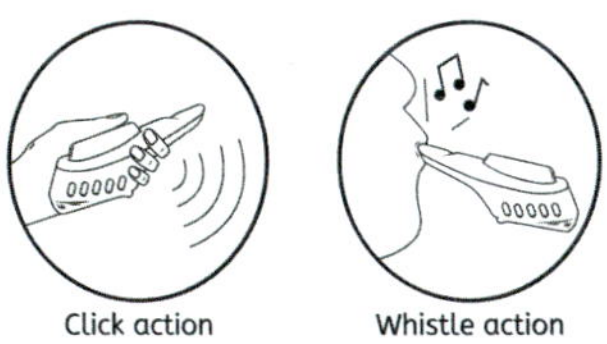

이미지 출처: https://www.amazon.com.au/Mikki-Pitched-Whistle-Training-Behaviour/dp/B07Z6YGKGC

● 휘슬형 클리커

■ **특징**: 휘슬(호루라기)과 클리커 기능이 결합된 형태로, 휘슬을 불어 신호를 전달하고, 클리커를 눌러 '딸깍' 소리를 내는 두 가지 기능을 동시에 사용할 수 있다.

■ **활용**: 짖음 예방 교육 시 휘슬 신호로 동물의 주의를 환기시키고, 적절한 행동을 유도한 뒤 클리커 소리로 보상을 연결할 수 있다. 리콜 훈련(호출 훈련) 시 먼 거리에서도 휘슬 소리로 동물을 불러들일 수 있으며, 클리커를 활용해 행동을 강화하여 리콜 훈련의 효율성을 높인다. 휘슬형 클리커는 특히 넓은 공간에서 훈련하거나, 청각 자극을 더 효과적으로 전달해야 하는 상황에서 유용한 도구로 자리 잡고 있다.

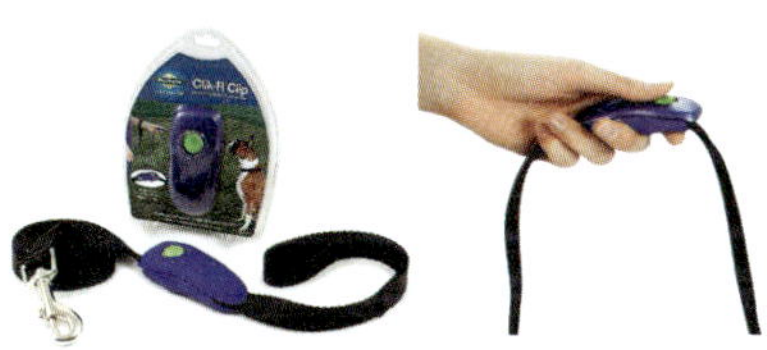

이미지 출처: https://www.amazon.ca/PetSafe-Clik-R-Clicker-Training-Attaches/dp/B00VPYYR8G

● 리쉬형 클리커

■ **특징**: 리쉬형 클리커는 산책 중 훈련을 위해 설계된 제품으로, 줄(리쉬)에 클리커를 부착할 수 있어 양손이 자유롭다.

■ **활용**: 산책 시 한 손으로 줄과 클리커를 동시에 사용할 수 있어 동물의 행동에 즉각적으로 반응하기 용이하다. 특히 산책 중 동물의 주의를 환기하거나 새로운 행동을 학습시키는 데 적합하다.

- LED 발광 클리커
  - 특징: 클릭 시 LED 불빛이 나와 어두운 환경에서 시각적인 피드백을 제공한다.
  - 활용: 밤이나 조명이 어두운 환경에서 훈련할 때 효과적이다.

③ 클리커 선택 시 고려 사항

- 동물의 특성

동물의 특성은 클리커 선택 시 가장 중요한 요소 중 하나이다. 소리에 민감한 동물, 예를 들어 고양이나 작은 반려견의 경우, 소리가 조용하고 부드러운 클리커가 적합하다. 반면, 대형견이나 말과 같은 큰 동물은 멀리서도 들릴 수 있도록 큰 소리를 내는 클리커가 필요하다. 또한, 청각 장애가 있거나 소음에 둔감한 동물에게는 진동형 클리커나 LED 발광 클리커와 같이 시각적 또는 진동 피드백을 제공할 수 있는 제품이 효과적이다. 동물의 특성에 맞는 클리커를 선택하면 훈련 효과를 극대화할 수 있다.

- 훈련 환경

훈련 환경은 클리커를 선택할 때 중요한 또 다른 고려 사항이다. 실내 훈련의 경우 소리가 크지 않고 주변 사람들에게 방해를 주지 않는 기본형 클리커가 적합하다. 반면, 야외 훈련이나 산책 중에는 휘슬형 클리커나 리쉬형 클리커처럼 소리 전달력이 우수하거나 휴대성이 높은 제품이 더 편리하다. 야외에서 훈련할 때 LED 발광 기능이 있는 클리커는 어두운 환경에서도 시각적인 피드백을 제공할 수 있어 특히 유용하다. 이처럼 훈련 환경에 맞는 적절한 클리커를 선택하면 훈련 과정이 더욱 효율적이고 편리해진다.

- 사용 편의성

훈련 환경은 동물의 학습 능력을 극대화하기 위해 신중하게 설계되어야 한다. 훈련을 처음 시작하는 초보 단계에서는 비교적 작고 조용한 공간에서 진행하는 것이 이상적이다. 주변에 방해 요소(소음, 낯선 사람, 다른 동물 등)가 없을수록 동물이 훈련에 집중하기 쉬워지고, 기본적인 행동을 학습하는 데 효과적이다. 동물이 훈련에 익숙해지고 학습 효과가 높아질수록, 점차 자극 상황이 있는 환경(예 야외 공원, 낯선 장소)으로 옮겨가는 것이 좋다. 이렇게 환경을 점진적으로 변화시키면 동물이 다양한 자극 속에서도 학습된 행동을 안정적으로 수행할 수 있다.

• 내구성

클리커의 내구성은 장기적인 사용과 훈련 효율성을 위해 고려해야 할 요소이다. 우선, 버튼이 잦은 사용에도 쉽게 떨어지지 않고 견고하게 유지되는 제품을 선택해야 한다. 또한, 소리가 너무 작거나 탁하지 않고 일정하고 명확하게 들리는지도 확인해야 한다. 특히, 버튼이 제대로 눌러지지 않거나 지나치게 빡빡하다면 훈련자가 정확한 타이밍에 소리를 내기 어렵기 때문에 이러한 부분도 중요한 고려 사항이다. 이러한 결함은 동물에게 명확한 신호를 전달하지 못해 훈련 효과를 저해할 수 있다. 따라서 내구성이 뛰어난 클리커는 단순히 오래 사용할 수 있는 제품이 아니라, 훈련 과정에서 신뢰성과 일관성을 제공하는 도구로서 필수적이다.

(2) 먹이 보상

클리커 트레이닝에서 먹이 보상(food reward)은 동물의 행동을 강화하고 학습 동기를 부여하는 핵심 요소다. 동물이 선호하는 먹이를 사용하는 것은 훈련의 성공률을 높이고, 긍정적인 학습 경험을 제공한다. 먹이 보상은 동물의 종류, 크기, 성격, 훈련 목표에 따라 다양하게 선택되며, 보상의 종류와 특징을 이해하고 적절히 활용하는 것이 중요하다.

① 먹이 보상의 특징과 활용 전략

• 즉각성

먹이는 동물이 원하는 행동을 수행한 직후, 즉시 제공되어야 한다. 행동과 보상 간의 연결이 빠르게 이루어질수록 학습 효과는 극대화된다. 클리커의 소리와 먹이가 즉각적으로 연계되면 동물이 특정 행동에 대한 긍정적 피드백을 명확히 인식할 수 있다. 즉각적인 보상은 동물의 혼란을 줄이고 학습 속도를 빠르게 한다.

• 선호도

먹이 보상은 동물의 선호도를 고려하여 선택해야 한다. 동물이 특히 좋아하는 간식은 훈련의 동기를 강화하고 집중력을 높이는 데 효과적이다. 반대로 선호도가 낮은 먹이는 동물의 흥미를 떨어뜨리고 훈련의 효율성을 저하시킬 수 있다. 선호도를 평가하려면 다양한 먹이를 제공하며 동물이 가장 좋아하는 종류를 파악하는 것이 중요하다.

- 크기와 용이성

먹이의 크기는 동물이 한입에 간편하게 먹을 수 있을 정도로 작아야 한다. 크기가 큰 먹이는 훈련 중 섭취 시간이 길어져 흐름을 방해할 수 있다. 또한, 훈련자가 반복적으로 빠르게 제공하기 쉬운 형태의 간식을 준비하는 것이 효율적이다. 한 번에 많은 양을 먹지 않고도 동물이 만족감을 느낄 수 있도록 조절하는 것이 이상적이다.

- 다양성

훈련이 지속될수록 동물이 보상에 익숙해져 흥미를 잃을 가능성이 있다. 이를 방지하기 위해 간식의 종류를 다양화하는 것이 효과적이다. 간식을 정기적으로 바꾸거나 여러 종류를 섞어서 제공하면 동물이 훈련에 대한 흥미를 유지할 수 있다. 다양성을 통해 보상의 기대감을 높이고, 학습 동기를 지속적으로 자극할 수 있다.

② 훈련에 따른 보상의 종류

- 고급 보상(High-value treats)

▪ **특징**: 동물이 매우 좋아하는 특별한 먹이로, 집중력과 열의를 극대화할 때 사용된다.

▪ **예시**

강아지: 치즈 조각, 익힌 닭고기, 소시지 조각

고양이: 참치, 고양이 간식(캣트릿), 닭고기 슬라이스

새: 해바라기 씨, 견과류(작은 조각)

설치류: 견과류, 신선한 과일 조각(사과, 바나나)

- 일상 보상(Regular treats)

▪ **특징**: 훈련의 초기 단계나 반복적인 연습에서 사용된다. 고급 보상보다는 덜 선호되지만, 동물의 관심을 유지하는 데 충분하다.

▪ **예시**

강아지: 건조 간식(비스킷), 소량의 사료

고양이: 일반 간식, 캣닢 쿠키

새: 쌀, 작은 과일 조각

설치류: 당근 조각, 곡물 간식

- 신속 보상(Small quick-eat treats)

- **특징**: 훈련 중 빠르게 제공하고 소비할 수 있는 작고 부스러기가 적은 먹이로, 행동과 보상 사이의 흐름을 유지한다.
- **예시**

  강아지: 잘게 부순 간식, 소형 사료

  고양이: 작은 크기의 참치 조각

  새: 작은 씨앗

  설치류: 곡물 플레이크, 작은 과일 알갱이

- 특별 보상(Jackpot treats)

- **특징**: 동물이 예외적으로 잘 수행했을 때 사용되는 보상으로, 동물에게 큰 동기부여를 제공한다.
- **예시**

  강아지: 삶은 닭가슴살 큼직한 조각, 치즈 큐브, 반건조 육포

  고양이: 참치나 연어 통살 조각, 치킨 퓌레, 익힌 닭 간

  새: 해바라기씨, 삶은 계란 노른자 조각, 무염 아몬드 조각

  설치류: 바나나 조각, 땅콩버터 소량 바른 귀리, 호박씨

③ 형태에 따른 보상의 종류

- 일반 간식(드라이 트릿)

- **특징**: 시중에서 쉽게 구할 수 있는 건조 형태의 작은 크기 간식
- **장점**: 훈련 중에 빠르게 제공 가능하며, 반복적인 훈련에 적합
- **종류**: 닭고기, 소고기, 연어 등 다양한 맛과 종류
- **사용 상황**: 짧고 간단한 훈련에서 자주 사용

- 저칼로리 간식

- **특징**: 칼로리가 낮아 비만 우려가 있는 동물에게 적합
- **장점**: 반복 훈련 시에도 부담이 적음
- **종류**: 저지방 육류 간식, 채소 베이스 간식
- **사용 상황**: 훈련량이 많거나 체중 관리가 필요한 동물

- 건조 고기 조각

■ **특징**: 강한 향과 높은 기호도로 동물의 집중력을 끌어올림
■ **장점**: 소량으로도 효과적, 훈련의 성과를 극대화
■ **종류**: 닭고기, 소고기, 연어 등을 건조한 조각
■ **사용 상황**: 높은 집중력이 필요한 훈련이나 복잡한 명령 학습 시 사용

- 반건조 또는 신선 간식

■ **특징**: 부드럽고 촉촉한 질감으로 동물의 선호도가 높음
■ **장점**: 신선한 향과 질감이 동물의 흥미를 자극
■ **종류**: 닭고기, 오리고기, 쇠고기 기반 간식
■ **사용 상황**: 집중력 강화와 빠른 학습을 요구하는 훈련 시 사용

- 습식 훈련 보상(캔 푸드)

■ **특징**: 강아지나 고양이용 캔 푸드를 스푼으로 소량 제공
■ **장점**: 특별 보상이 필요하거나 예민한 동물에게 효과적
■ **종류**: 고기 또는 생선 베이스의 습식 푸드
■ **사용 상황**: 어려운 명령 수행 후의 특별한 보상으로 사용

- 치즈나 작은 육류 큐브

■ **특징**: 기호도가 매우 높고, 단백질 함량이 풍부한 고급 보상
■ **장점**: 소량으로도 효과적이며, 쉽게 제공 가능
■ **종류**: 치즈 조각, 익힌 고기 큐브
■ **사용 상황**: 강한 동기부여가 필요하거나 높은 보상 가치가 요구되는 경우에 사용

- 신선 과일 및 채소 조각

■ **특징**: 건강하면서도 다양한 맛과 질감을 제공
■ **장점**: 저칼로리 보상으로 장기적인 훈련에 적합
■ **종류**: 당근, 사과, 고구마, 바나나 등
■ **사용 상황**: 체중 관리가 필요한 동물의 훈련 시 사용

- 동결 건조 간식

■ **특징**: 고기나 간 등의 원료를 동결 건조한 간식으로, 원래의 맛과 향이 강하게 남음

- **장점**: 칼로리 부담이 적고 기호도가 높아 자주 사용 가능
- **종류**: 닭 간, 연어, 쇠고기, 오리고기 등
- **사용 상황**: 집중력 유지가 중요한 훈련 세션에서 사용

- 스퀴즈 간식(휴대용 튜브 간식)

- **특징**: 튜브형으로 간단히 제공 가능한 액체 또는 소스 타입의 간식
- **장점**: 훈련 중간에 간편하게 보상 가능, 먹는 시간이 짧아 흐름 유지에 적합
- **종류**: 휴대용 강아지/고양이 간식 튜브
- **사용 상황**: 짧은 훈련 세션이나 이동 중 보상이 필요할 때 사용

④ 먹이 보상의 조합과 단계적 활용

- 훈련 초반에는 고급 보상으로 집중력을 높이고, 학습이 진전되면 일상 보상으로 전환하여 보상 간격을 조절한다.
- 다양한 먹이를 조합해 동물의 흥미를 유지한다. 예를 들어, 주기적으로 특별 보상을 섞어 동물의 기대감을 높인다.
- 훈련 난이도에 따라 보상의 가치와 빈도를 조정한다. 어려운 행동에는 고급 보상이나 특별 보상을 활용한다.

⑤ 먹이 보상 활용 시 유의점

- **과도한 섭취 방지**: 먹이 보상은 적절한 양으로 제공해야 하며, 동물이 과식을 하지 않도록 조절한다.
- **음식 알레르기와 건강 관리**: 동물의 건강 상태와 알레르기 반응을 고려해 안전한 먹이를 선택한다.
- **훈련과 식사 조율**: 훈련 시간이 정규 식사 직후라면, 동물이 보상에 대한 흥미를 잃을 수 있다. 적절히 조정한다.

(3) 훈련용 도구: 장난감 활용

클리커 트레이닝에서 장난감은 클릭 후 즉시 제공되는 보상으로 활용되어 동물의 행동을 강화하고 흥미를 유지하는 중요한 도구이다. 장난감 보상은 특히 놀이에 높은 동기부여를 가지는 동물에게 효과적이며, 훈련 세션을 즐겁고 역동적으로 만든다. 적절한 장난감을

선택하면 동물이 훈련에 대한 흥미를 잃지 않고, 행동과 보상을 빠르게 연결할 수 있다.

① 훈련용 장난감의 종류

이미지 출처: https://www.tntkennels.com/product/heavy-duty-dog-training-tug-toys/

- 물기 장난감(Tug Toys)

▪ **특징**: 강아지 등이 본능적으로 좋아하는 '물고 당기기' 행동을 유도하도록 설계된 장난감이다. 주로 천, 로프, 말랑한 고무 등 질긴 재질로 제작되어 쉽게 망가지지 않는다.

▪ **예시**: 로프 장난감, 말랑한 고무 당김 장난감

▪ **활용**: '물기', '잡기', '놓기' 등의 행동을 강화하며, 놀이와 보상을 결합하는 데 효과적이다.

이미지 출처: https://www.durapaw.ca/collections/interactive-dog-fetch-toys?shpxid=403a95aa-5b39-493d-a6a8-a1b9142c1831

- 던지고 가져오기 장난감(Fetch Toys)

▪ **특징**: 던진 물체를 다시 가져오는 행동을 유도하도록 설계된 장난감으로 적절한 무게와 크기로 제작되어 안전하게 사용할 수 있다.

▪ **예시**: 테니스 공, 소프트 플라스틱 공, 나무 막대 모형

▪ **활용**: 던지고 가져오는 행동을 유도하며, 운동성과 집중력을 강화하는 훈련에 적합하다.

이미지 출처: https://www.amazon.com/POPLAY-Rubber-Chicken-Squeeze-Novelty/dp/B01LYW69OL?th=1

- 소리 나는 장난감(Squeaky Toys)

▪ **특징**: 눌렀을 때 삑삑 소리가 나는 고무 또는 플라스틱 소재의 장난감으로 청각 자극을 통해 동물의 흥미와 반응을 유도한다.

▪ **예시**: 삑삑이 장난감, 소리나는 고무 뼈

▪ **활용**: 소리에 민감한 동물의 흥미를 유도하며, 특정 행동 수행 후 즉각적인 보상으로 제공.

이미지 출처: https://bestfriendsbysheri.com/products/challenge-slider-interactive-treat-puzzle-game-dog-toy

- 퍼즐 장난감(Puzzle Toys)
  - **특징**: 동물이 장난감을 움직이거나 특정 행동을 수행해야 보상이 나오는 구조의 장난감으로 혼자 있는 시간 동안 지루함을 해소하고, 문제 해결 능력 향상에 도움을 준다.
  - **예시**: 간식이 들어있는 퍼즐 공, 미로 모양의 장난감
  - **활용**: 지적 자극이 필요한 동물의 집중력과 문제 해결 능력을 강화하며, 복잡한 행동 훈련에 적합하다.

이미지 출처: https://www.eabtop.shop/?path=page/ggitem&ggpid=2329678

- 이빨 보호용 씹는 장난감(Chew Toys)
  - **특징**: 강아지의 씹는 본능을 충족시키기 위해 설계된 장난감으로 내구성이 뛰어난 나일론, 고무 등으로 제작되어 장시간 사용이 가능하다.
  - **예시**: 나일론 씹기 장난감, 말랑한 고무 뼈
  - **활용**: 씹는 행동을 강화하거나, 긴장을 완화하며 행동 후 보상으로 제공한다.

이미지 출처: https://m.pettory.com/product/detail.html?product_no=8883&cate_no=203&display_group=1

- 로프 공
  - **특징**: 강아지의 씹는 본능을 충족시키기 위해 설계된 장난감으로 내구성이 뛰어난 나일론이나 고무 등의 재질로 제작되어 오래 사용할 수 있다. 치석 제거와 스트레스 해소에도 도움을 준다.
  - **예시**: 고무 푸쉬 토이, 밀고 당기는 손잡이 장난감
  - **활용**: 신체적인 활동을 수반하는 행동을 강화한다.

② 훈련용 장난감 선택 시 고려 사항

- 훈련 목표에 적합한 장난감

훈련 목표에 따라 적합한 장난감을 선택하는 것이 중요하다. 예를 들어, 가져오기 훈련을 위해서는 공이나 막대 모양의 장난감이 효과적이며, 이러한 장난감은 동물이 물고 가져오는 행동을 강화할 수 있다. 반면, 동물의 문제 해결 능력이나 집중력을 훈련하고자 한다면 간식이 숨겨진 퍼즐 장난감과 같은 도구가 적합하다. 훈련 목표에 맞는 장난감을 선택하면 동물의 행동을 효율적으로 유도하고 학습 속도를 높일 수 있다.

- 동물의 크기와 힘에 맞는 장난감

장난감의 크기와 강도는 훈련 대상 동물의 신체적 특성에 맞아야 한다. 장난감이 너무 크면 동물이 물거나 다루기 어렵고, 반대로 너무 작으면 삼키거나 흥미를 잃을 가능성이 있다. 대형견은 튼튼하고 큰 장난감이 적합하며, 소형견이나 고양이 같은 작은 동물은 가볍고 작은 크기의 장난감이 좋다. 적절한 크기와 강도의 장난감은 훈련 과정에서 안전과 흥미를 동시에 제공한다.

- 안전한 재질

훈련용 장난감은 동물의 건강을 위해 유해 물질이 없는 안전한 재질로 제작된 제품을 선택해야 한다. 내구성이 뛰어나며 쉽게 부서지지 않는 재질이 좋으며, 장난감의 작은 부품이 떨어져 삼킬 위험이 없어야 한다. 또한, 부드러운 텍스처의 장난감은 동물의 치아와 잇몸을 보호하면서도 물기 행동을 강화할 수 있다. 안전한 재질의 장난감은 훈련 과정에서의 사고를 예방하고 동물의 복지를 보장한다.

- 훈련 환경

훈련 환경에 따라 적합한 장난감을 선택하는 것도 중요한 요소다. 야외 훈련에서는 던지고 가져오는 공이나 플라잉 디스크와 같은 장난감이 이상적이며, 넓은 공간에서 활발한 신체 활동을 유도할 수 있다. 반면, 실내 훈련에서는 소리가 나는 장난감이나 작은 퍼즐 장난감이 효과적이며, 제한된 공간에서 동물의 집중력을 끌어올릴 수 있다. 환경에 맞는 장난감을 활용하면 훈련 과정이 더욱 효율적이고 즐거운 경험이 될 수 있다.

2 클리커 트레이닝을 위한 장소

(1) 훈련 환경

클리커 트레이닝을 효과적으로 수행하기 위해서는 적절한 환경을 조성하는 것이 중요하다. 훈련 환경은 동물의 집중력, 학습 능력, 행동 강화에 큰 영향을 미치므로 신중히 준비해야 한다. 아래는 훈련 환경 조성 시 고려해야 할 주요 조건과 구체적인 사항들이다.

① 소음 수준

- **조용한 환경**: 훈련 공간은 소음이 적어야 한다. 외부의 소음(차 소리, 사람의 대화 등)이 없는 곳이 이상적이다. 소음이 많은 환경에서는 동물이 주의가 분산되어 훈련에 집중하기 어려워질 수 있다.
- **예측가능한 소음**: 훈련 중 발생할 수 있는 소리는 예측 가능한 정도여야 한다. 갑작스럽게 큰 소리가 발생하면 동물이 놀라거나 집중력이 떨어질 수 있고, 클리커 소리가 큰 소리에 가려 들리지 않을 수도 있다.

② 공간 크기

- **적절한 공간**: 훈련견이 자유롭게 움직일 수 있는 충분한 공간이 필요하다. 공간이 좁으면 동물이 편안하게 훈련할 수 없고, 여러 가지 행동을 연습하기 어려울 수 있다. 그렇다고 너무 큰 공간에서는 훈련자에게 집중할 수 없고, 훈련 중 이탈할 수 있다. 초보 훈련견의 경우, 훈련견이 편하게 움직일 수 있되 훈련자가 통제할 수 있는 정도의 크기가 적합하다.
- **장애물 관리**: 훈련 공간에는 불필요한 장애물이 없어야 한다. 동물이 움직일 때 집중력을 저하하는 방해 요소가 없는지 미리 확인하고, 훈련을 시작하기 전에 정리해야 한다.

③ 조명 조건

- **균일한 조명**: 훈련 공간의 조명은 균일하고 밝아야 한다. 어두운 환경에서는 동물이 행동을 인식하기 어렵고, 강한 조명은 동물을 불편하게 할 수 있다.
- **자연광 활용**: 가능하다면 자연광이 들어오는 공간이 좋다. 자연광은 동물의 기분을 좋게 하고 스트레스를 줄이는 데 도움이 된다.

④ 외부 자극

- **자극 최소화**: 훈련 중에는 외부의 자극(사람, 동물 등)을 최소화해야 한다. 다른 동물이나 사람들이 주변에 있을 경우, 동물이 그쪽으로 주의가 가는 것을 방지해야 한다.
- **점진적 노출**: 동물이 사회화 훈련이 필요한 경우, 다양한 자극에 점진적으로 노출시킬 수 있다. 그러나 처음에는 자극이 적은 환경에서 시작하는 것이 효과적이다.

⑤ 바닥 재질

- **안전한 바닥**: 훈련하는 장소의 바닥은 미끄럽지 않고 안전해야 한다. 미끄러운 바닥은 동물에게 부상을 초래할 수 있으며, 안전한 바닥 재질(예 고무, 카펫 등)을 선택해야 한다.
- **편안함**: 동물이 편안하게 이동할 수 있도록 부드러운 바닥이 있는 공간이 좋다. 이는 동물이 긴 시간 훈련을 해도 피로감을 덜 느끼게 한다.

⑥ 훈련 도구 배치

- **훈련 도구의 정리**: 훈련 도구는 쉽게 접근할 수 있도록 정리해야 한다. 훈련 중 필요한 도구를 즉시 사용할 수 있어야 하며, 도구가 잘 보이지 않거나 분산되어 있으면 동물의 집중력이 떨어질 수 있다.
- **자극 요소와의 분리**: 동물이 사용할 훈련 도구는 훈련 중 다른 자극 요소와 분리되어 있어야 한다. 이러한 준비는 동물이 훈련에 집중할 수 있게 도와준다.

⑦ 안전 및 편안함

- **안전한 환경**: 동물이 훈련하는 공간은 안전해야 한다. 날카로운 물건이나 위험한 요소가 없어야 하며, 훈련 중 부상을 입지 않도록 주의해야 한다.
- **편안한 분위기**: 훈련 공간은 동물에게 편안함을 제공해야 한다. 너무 경직된 분위기에서는 동물이 스트레스를 느낄 수 있으므로, 긍정적인 분위기를 조성하는 것이 중요하다.

⑧ 훈련 후 환경

- **정리 및 휴식 공간**: 훈련 후에는 동물이 편안하게 쉴 수 있는 공간이 필요하다. 훈련이 끝난 후에는 동물이 스트레스를 해소할 수 있도록 충분한 시간을 주고, 편안한 환경을 제공해야 한다.

(2) 효과적인 장소의 선택

효과적인 장소를 선택하는 것은 클리커 트레이닝을 성공적으로 수행하기 위한 중요한 요소이다. 훈련 장소는 동물의 집중력, 환경 자극, 훈련 목적에 따라 신중히 정해야 한다. 다음은 클리커 트레이닝에 적합한 주요 장소와 그 특징이다.

① 실내 훈련

- **특징**

실내는 외부 소음이나 방해 요소가 거의 없어 동물이 주의를 온전히 훈련에 집중할 수 있는 환경을 제공한다. 특히, 환경의 통제가 용이하므로 동물이 훈련 중 불안감을 느끼지 않고 안정적인 상태를 유지할 수 있다.

- **활용**

클리커 트레이닝의 기본 명령 학습(앉아, 기다려 등)과 같은 초기 훈련에 적합하다. 클리커 소리가 명확히 들리기 때문에 동물이 훈련자의 신호를 혼란 없이 받아들일 수 있다. 또한, 실내 환경에서는 불필요한 자극(다른 동물, 낯선 소음 등)을 최소화할 수 있어 초보 훈련자와 초보 훈련견 모두에게 이상적이다.

- **장점**

날씨의 영향을 받지 않으므로 비가 오거나 더운 날씨, 추운 날씨에도 지속적인 훈련이 가능하다. 훈련 중 필요한 도구(클리커, 간식, 장난감 등)를 손쉽게 관리하고 사용할 수 있으며, 실내의 조명 조건을 통해 동물의 행동을 명확히 관찰할 수 있다. 또한, 실내 공간은 동물이 낯선 환경에서 느낄 수 있는 스트레스를 줄이는 데 효과적이다.

② 야외 훈련

- **특징**

야외 훈련은 풍부한 환경 자극(바람, 자연 소리, 낯선 동물 및 사람 등)과 다양한 학습 기회를 제공한다. 자연 환경에서 동물은 훈련과 동시에 새로운 경험을 통해 적응력을 키울 수 있다.

- **활용**

외부 자극에 익숙하지 않은 강아지의 경우, 야외 훈련을 통해 사람, 다른 동물, 차량 소음 등 다양한 자극에 점진적으로 적응하도록 도울 수 있다. 넓은 공간을 활용해 '가져오기(fetch)'와 같은 행동 훈련을 효과적으로 실행할 수 있다.

- **장점**

야외는 동물의 에너지 소모를 위한 활동적인 훈련에 이상적인 장소로, 신체적 활동이 요구되는 동물에게 특히 효과적이다. 또한, 다양한 자극과 환경 조건을 경험하게 함으로써 사회화 능력을 향상시키고, 실제 생활에서의 행동 문제를 예방할 수 있다. 야외 훈련은 동물과 훈련자 모두에게 활력을 주는 긍정적인 경험을 제공한다.

③ 전문 훈련 시설

- **특징**

전문 훈련 시설은 특수한 장비와 전문가의 지도 하에 체계적이고 효과적인 훈련을 제공한다. 이러한 시설은 넓고 안전한 공간, 특화된 환경, 그리고 정밀한 훈련 프로그램을 통해 고난도 기술 학습과 행동 교정에 초점을 맞춘다. 특수목적견(경찰견, 수색견 등) 훈련부터 독스포츠(어질리티, 프리스비 등)까지 다양한 목적에 맞춘 훈련이 가능하다.

- **활용**

전문 훈련 시설은 행동 문제(공격성, 과잉 흥분 등)를 해결하거나 고급 명령과 트릭(어질리티, 플라이볼 등)을 훈련하는 데 적합하다. 전문가의 지도 아래 동물의 성격, 연령, 체력에 맞춘 맞춤형 훈련 계획을 설계하며, 동물과 보호자가 훈련 목표를 명확히 설정하여 정교하고 효과적인 훈련을 실행할 수 있다.

- **장점**

훈련 계획이 전문적으로 설계되어 있어 고난도의 훈련도 안전하게 진행할 수 있다. 넓고 안전한 환경에서 동물은 신체적, 정신적 능력을 최적화할 수 있으며, 다양한 환경 자극(소리, 사람, 동물 등)에 적응할 기회를 얻는다. 또한, 보호자는 전문가의 조언을 통해 지속 가능한 훈련 방식을 배우고, 동물과의 유대감을 강화할 수 있다. 전문 훈련 시설은 동물의 기술적, 사회적, 심리적 발전을 위한 최적의 장소이다.

(3) 올바른 장소 선택 요령

- 개별 특성 고려

- **강아지의 성격:** 활발하고 에너지가 넘치는 강아지는 넓은 야외 공간에서의 훈련이 적합할 수 있다. 반대로 신중하거나 낯선 환경에 민감한 강아지는 실내와 같이 조용하고 안정된 장소에서 훈련을 시작하는 것이 좋다.
- **활동 수준 및 신체적 특성:** 체력이 풍부한 강아지는 활동적인 환경에서, 나이가 많거나 체력이 낮은 강아지는 부드럽고 안전한 공간에서 훈련해야 한다.

- 편안한 환경

- **집중력 유지:** 강아지가 훈련에 집중할 수 있는 환경이 중요하다. 과도한 소음, 사람의 왕래, 다른 동물 등 강아지의 주의를 분산시키는 요소가 적은 장소를 선택해야 한다.
- **심리적 안정감:** 강아지가 새로운 환경에서 스트레스를 받지 않도록, 처음에는 익숙한 장소에서 시작한 후 점차 다양한 환경으로 확장하는 것이 바람직하다.

- 전문 도움 활용

- **전문 시설 이용:** 훈련에 어려움을 겪거나, 고급 기술 및 행동 교정을 목표로 하는 경우에는 전문 훈련 시설을 활용하는 것이 효과적이다. 이러한 시설은 특화된 장비와 전문가의 지도를 통해 체계적인 훈련을 제공한다.
- **전문가 조언:** 자체적으로 훈련하기 어려운 경우, 행동학적 상담이나 트레이너의 조언을 받아 강아지의 특성과 훈련 목표에 맞는 계획을 세우는 것이 도움이 된다.

3 트레이닝 전후 준비사항

(1) 훈련 계획 및 목표

훈련을 시작하기 전에 명확한 목표를 설정하고 훈련 계획을 수립해야 한다. 어떤 행동을 가르칠 것인지, 어떻게 진행할 것인지를 사전에 계획하여 효율적인 훈련을 할 수 있다.

① 훈련 목표 설정

- **구체적이고 측정 가능한 목표 수립:** 훈련하고자 하는 행동을 명확하게 정의한다. 예를

들어, '앉기'라는 행동을 가르치려면 '개가 명령을 듣고 3초 이상 앉아 있는 것을 목표로 한다'와 같이 구체적으로 설정한다.

- **단기 목표와 장기 목표 구분**: 훈련 과정에서 성취할 수 있는 단기 목표와 전체 훈련 목표를 설정한다. 예를 들어, 처음에는 '앉기' 행동을 50% 성공률로 수행하도록 한 후, 점차 성공률을 높인다.

② 훈련 계획 수립

- **훈련 세션 계획**: 훈련 세션의 빈도와 지속 시간을 결정한다. 예를 들어, 한 번에 30분 이상 훈련을 지속하는 것 보다, 한 번에 3분씩, 10회 반복 훈련하는 것이 훨씬 더 효과적이다. 짧은 세션이 동물의 집중력을 유지하는 데 효과적이다.
- **훈련 방법 선택**: 어떤 방식으로 훈련을 진행할 것인지 구체적으로 계획한다. 예를 들어, '하우스' 훈련을 하고자 할 때, "쉐이핑 기법을 사용하여 6단계로 목표 설정 후 각 단계에 도달할 때마다 강화물을 제공하여 최종 목적 행동인 하우스에 들어가서 1분 이상 머무르게 할 것이다'라고 명시하는 것이 효과적이다.

③ 훈련 내용 구성

- **단계별 행동 학습**: 복잡한 행동은 단계별로 나누어 훈련한다. 처음에는 행동의 첫 단계를 성공적으로 수행할 수 있도록 하며, 이후 점진적으로 더 복잡한 단계로 넘어간다.
- **시나리오 설정**: 훈련할 상황이나 시나리오를 미리 설정하여 어떤 상황에서 행동을 유도할 것인지 계획한다. 예를 들어, '산책 중에 다른 개와 만나기 전 앉기 명령을 수행하도록 유도한다'와 같이 구체적으로 설정한다.

④ 진행 방식 및 피드백 계획

- **즉각적인 피드백 제공**: 행동이 성공적으로 수행될 때마다 즉각적으로 클릭과 보상을 제공한다. 이는 동물이 행동을 연결짓는 데 도움을 준다.
- **진행 상황 모니터링**: 각 훈련 세션 후 동물의 행동 변화를 기록하고, 목표 달성을 위한 진행 상황을 평가한다. 이를 통해 필요할 경우 계획을 조정할 수 있다.

⑤ 유연한 조정

- **계획 조정**: 훈련 중 동물의 반응이나 이해도를 고려하여 훈련 계획을 유연하게 조정한다. 만약 특정 행동을 잘 수행하지 못한다면 그 행동을 더 쉽게 만들거나 추가적인 도

움을 제공할 수 있다.

⑥ 종합적인 목표 수립

- **사회적 행동 및 기본 명령 포함:** 특정 행동뿐만 아니라 사회적 상호작용이나 기본적인 명령(예 '이리와', '앉아', '기다려')을 포함하여 훈련의 범위를 넓힌다.
- **일상적인 요구 표현 학습:** 훈련의 목표 중 하나로 동물이 일상적인 요구(식사 요청, 외출 요청 등)를 표현할 수 있도록 훈련하는 것도 중요하다.

(2) 훈련 기록

클리커 트레이닝에서 기록의 중요성은 동물의 학습 과정과 행동 변화를 객관적으로 분석하고, 그에 따른 훈련 전략을 효과적으로 조정하는 데 큰 역할을 한다는 점이다. 기록은 훈련의 연속성과 일관성을 높이며, 행동의 진전과 변화를 구체적으로 관찰해 각 단계에서 필요한 개선점을 파악하게 된다. 기록은 또한 훈련사와 동물 간의 상호작용 패턴을 분석하는 데 도움을 주고, 각 훈련 세션의 효과를 종합적으로 검토해 향후 계획을 수립하는 기초 자료가 된다.

① 훈련일지(Training Log)

- **용도:** 특정 행동 훈련의 진행 상황을 기록해 동물이 목표 행동을 얼마나 빨리 학습하고 있는지 확인
- **주요 항목:** 훈련 날짜, 목표 행동, 명령어, 성공/실패 횟수, 반응 시간, 평가 및 피드백
- **작성 방법:** 각 훈련 세션 후 바로 작성하여 동물의 즉각적 반응과 행동 변화를 기록하고, 훈련 진행 속도와 목표 달성도를 객관적으로 평가해 다음 훈련 계획에 반영하도록 한다.

② 동물행동관찰일지(Animal Behavior Observation Log)

- **용도:** 다양한 환경에서의 동물 행동을 장기적으로 관찰해 패턴을 파악하는 일지
- **주요 항목:** 날짜와 시간, 장소, 행동 유형, 환경 요인(온도, 소음 등), 행동 빈도와 변화 패턴
- **작성 방법:** 동물이 평소와 다른 환경에 있을 때 주로 작성하며, 특정 상황에서의 행동 변화를 주기적으로 관찰해 동물의 심리적 상태나 외부 자극 반응을 분석하는 데 사용한다.

③ 훈련 성과 일지(Training Progress Log)

- **용도:** 동물이 훈련 목표에 따라 얼마나 발전하고 있는지 종합적으로 기록
- **주요 항목:** 목표 행동, 각 훈련 단계의 성공률, 보상 방식, 완성도, 개선 사항
- **작성 방법:** 매주 또는 특정 훈련 단계마다 기록하며, 일관된 기준으로 각 훈련의 성과를 평가해 지속적인 훈련 방향을 설정하는 자료로 사용한다.

④ 감정 일지(Emotional Log)

- **용도:** 동물의 감정 상태 변화를 관찰해 훈련 중 스트레스나 불안이 발생했을 때 적절히 대응하기 위한 일지
- **주요 항목:** 동물의 감정 상태(예 스트레스, 불안, 만족), 외부 자극 요소, 동물의 반응 방식
- **작성 방법:** 감정 변화가 눈에 띄는 순간을 기록하며, 이를 통해 훈련 전략을 재검토하고, 필요한 경우 훈련 환경을 조정한다.

⑤ 의료 일지(Medical Log)

- **용도:** 동물의 건강 상태 및 관련된 의료 기록을 관리하여 훈련 중 발생할 수 있는 건강상의 문제를 사전에 예방
- **주요 항목:** 건강 검진 날짜, 약물 투여 내역, 체중, 식사량, 운동량, 증상 발생 여부
- **작성 방법:** 매일 건강 상태를 점검하고 기록하며, 이상 증상이 나타날 경우 즉시 대응할 수 있도록 병원 방문 이력 등과 함께 체계적으로 관리한다.

(3) 다양한 일지의 종류와 작성법

① 명확한 목표 설정하기

일지를 작성하기 전에 훈련 목표를 명확히 정의해, 목표에 맞는 구체적이고 유의미한 관찰과 기록이 이루어지도록 한다. 목표가 분명하면 훈련 과정에서 동물의 반응이나 변화를 쉽게 추적할 수 있다.

② 시간과 날짜 기록하기

모든 기록은 훈련 일시와 함께 작성해, 훈련의 빈도와 주기에 따라 동물의 반응을 관찰하고 개선 사항을 판단할 수 있도록 한다. 같은 행동이라도 시간이나 환경에 따라 다르게 나타날 수 있기 때문에 기록 시점이 중요하다.

③ 간결하고 명확하게 작성하기

관찰한 내용을 간결하게 작성하여 중요한 부분을 빠르게 확인할 수 있도록 하고, 핵심적인 내용만 포함시켜 가독성을 높인다. 복잡한 설명보다는 짧고 이해하기 쉬운 문장이 효과적이다.

④ 구체적인 행동 기술하기

동물의 행동을 가능한 구체적이고 객관적으로 기술해, 행동의 변화를 명확하게 파악할 수 있게 한다. 예를 들어 '흥미를 보임'보다는 '고개를 3초 동안 들어 바라봄'처럼 구체적으로 기록하는 것이 좋다.

⑤ 변화 포인트 기록하기

훈련 중 새로운 행동이나 이전과 다른 반응을 보일 때 이를 기록해 두면 훈련 과정에서의 변화 양상을 이해하는 데 도움이 된다. 이를 통해 훈련이 어떤 요인에 의해 효과를 보였는지 파악할 수 있다.

⑥ 문제와 개선점 반영하기

동물이 특정 행동을 수행하지 못하거나 집중이 흐트러지는 등 예상과 다른 반응을 보였을 때 문제점을 기록하고, 이에 대한 개선 방안을 적어 다음 훈련에 반영한다. 이 피드백은 훈련의 연속성을 높이고 성과를 개선하는 데 유용하다.

⑦ 보상과 반응 기록하기

동물이 특정 행동을 성공했을 때 제공된 보상과 이에 대한 동물의 반응을 기록해, 어떤 보상이 가장 효과적인지 판단하고 이후 훈련에 참고한다. 보상의 종류와 타이밍이 동물의 학습에 큰 영향을 미칠 수 있다.

⑧ 객관성을 유지하기

일지는 훈련사의 주관적인 느낌보다는 동물의 행동을 객관적으로 기록하는 것이 중요하다. 예를 들어 '행복해 보임'보다는 '꼬리를 흔듦'과 같은 명확한 행동 묘사가 더 적절하다.

⑨ 훈련 환경 정보 기록하기

동물이 훈련을 받은 환경, 날씨, 소음 등 주변 요인도 함께 기록해 특정 환경에서의 행동 변화를 분석하는 자료로 활용한다. 환경 변화가 동물의 행동에 영향을 줄 수 있기 때문에 중요하다.

⑩ 정기적인 피드백 작성하기

일지를 주기적으로 검토하고 훈련의 진행 상황을 평가하면서 장기적인 훈련 계획에 반영할 수 있도록 피드백을 작성한다. 피드백은 훈련 방향을 유지하거나 수정하는 데 도움이 된다.

(4) 클리커 트레이너의 마음 자세

① 인내심

클리커 트레이닝은 동물이 자발적으로 특정 행동을 하도록 유도하는 과정으로, 이는 단순히 명령을 따르게 하는 것이 아니라 동물이 스스로 의사결정을 통해 행동을 수행하도록 만드는 복잡한 훈련 방식이다. 이 과정에서 목표 행동을 완전히 학습하기까지는 상당한 시간과 노력이 필요하며, 훈련자는 이 과정을 깊이 이해하고 준비해야 한다.

훈련의 초반에는 동물이 원하는 행동을 자연스럽게 보여주기까지의 과정이 길어질 수 있으며, 이때 훈련자는 동물의 행동을 관찰하고 긍정적인 신호를 줄 수 있는 기회를 찾아야 한다. 그러나 목표 행동을 배우는 과정에서 동물이 실수를 하거나 예상한 행동에 도달하지 못하는 상황이 자주 발생할 수 있다. 이러한 경우 훈련자가 조급해하지 않고 차분하게 기다리는 인내심을 발휘하는 것이 매우 중요하다.

조급한 마음은 훈련 중에 부정적인 영향을 미칠 수 있으며, 이는 동물에게 스트레스를 주거나 혼란을 초래할 수 있다. 예를 들어, 훈련자가 불안해하거나 초조한 기색을 보일 경우, 동물은 이를 감지하고 불안감을 느끼게 된다. 이럴 때 동물은 주어진 과제를 수행하는 대신 더 이상 시도하지 않거나, 훈련에 대한 흥미를 잃을 수 있다. 따라서 훈련자는 자신의 감정을 조절하고 긍정적인 분위기를 조성함으로써 동물의 신뢰를 유지하고, 훈련 환경을 안정적으로 만들어야 한다.

또한, 인내심을 발휘하는 것은 훈련자가 동물의 개별적인 학습 속도를 이해하고 존중하는 데도 큰 도움이 된다. 모든 동물이 동일한 속도로 배우지 않으며, 각 동물마다 고유한 학습 스타일과 이해도를 가지고 있다. 따라서 훈련자는 각 동물의 특성을 파악하고, 그에 맞춘 방법으로 훈련을 진행해야 한다. 이를 통해 동물이 자신만의 방식으로 학습할 수 있도록 돕고, 자연스럽게 목표 행동을 수행할 수 있는 환경을 만들어준다.

결과적으로, 클리커 트레이닝에서 인내심은 단순히 기다림이 아니라 동물의 학습 과정을 존중하고 지원하는 중요한 태도이다. 훈련자는 인내심을 가지고 동물이 올바른 행동을 시도할 기회를 주어야 하며, 그 과정에서 긍정적인 피드백을 지속적으로 제공하여 동물의 자신감을 높여준다. 이러한 방식으로 훈련자가 인내심을 가지고 동물을 대할 때, 동물은 훈련을 즐기게 되고, 그 결과 목표 행동을 더욱 효과적으로 학습할 수 있게 된다.

② 일관성

클리커 트레이너에게 일관성이 중요한 이유는 훈련 과정에서 동물이 올바른 행동을 예측하고 이해할 수 있도록 돕는 데 있다. 훈련이 진행되는 동안, 동물은 특정한 행동을 통해 보상을 받을 것이라는 기대감을 가지게 되며, 이는 동물이 훈련에 참여하는 데 있어 신뢰를 구축하는 데 필수적이다. 일관된 훈련 방식과 보상 체계를 유지하는 것은 동물이 훈련의 규칙을 쉽게 인식하고 받아들이도록 하여, 학습이 보다 효율적으로 이루어지도록 만든다.

또한, 일관성을 유지함으로써 정적 강화의 효과를 극대화할 수 있다. 동물이 특정 행동을 성공적으로 수행했을 때 즉각적으로 동일한 방식으로 보상을 제공하면, 그 행동과 보상 간의 연결이 명확해지며, 이는 동물이 훈련 중에 원하는 행동을 반복하도록 유도한다. 예를 들어, 특정 명령에 대한 반응이 일관되게 긍정적인 보상을 받을 경우, 동물은 그 행동을 계속해서 수행하게 되며, 이는 결국 훈련의 효과를 더욱 높여준다.

또한, 훈련의 일관성을 높이는 것은 동물이 훈련 중에 경험하는 스트레스를 줄이는 데에도 큰 도움이 된다. 불확실한 보상 체계나 규칙이 변화하는 상황에서는 동물이 혼란을 느끼고, 이는 결국 훈련에 대한 흥미를 감소시키거나 부정적인 경험으로 이어질 수 있다. 따라서, 훈련자가 일관된 접근 방식을 취함으로써 동물에게 안정감을 제공하고, 훈련에 대한 긍정적인 태도를 유도할 수 있다.

결국, 클리커 트레이너가 일관성을 유지하는 것은 훈련의 진행 속도를 향상시키고, 동물이 새로운 기술을 더 빠르게 습득할 수 있도록 돕는 데 기여한다. 이러한 방식은 훈련자가 동물의 언어를 이해하고, 적절한 피드백을 제공하는 데 능숙해지도록 하며, 긍정적 경험을 쌓는 데 필요한 환경을 조성하게 된다. 따라서 클리커 트레이닝에서 일관성을 유지하는 것은 훈련자의 역량을 극대화하고, 동물의 학습 과정에 긍정적인 영향을 미치는 중요한 요소라 할 수 있다.

③ 전문성

클리커 트레이닝은 동물 행동학과 심리학의 원리를 바탕으로 한 훈련 방법으로, 효과적인 훈련을 위해서는 트레이너가 이러한 이론적 배경과 관련 지식을 충분히 이해하고 있어야 한다. 우선, 동물 행동학에 대한 깊은 이해는 트레이너가 동물의 언어를 해석하고 그들의 행동 패턴을 분석하는 데 큰 도움이 된다. 동물의 행동은 그들의 본능, 환경, 경험에 따라 다르게 나타나므로, 이를 이해하고 분석할 수 있어야 효과적으로 훈련할 수 있다. 예를 들어, 특정 동물이 두려움이나 불안을 느낀다면, 트레이너는 이러한 감정을 인지하고 그에 따라 훈련방식을 조정할 필요가 있다.

둘째, 훈련 원리에 대한 지식은 트레이너가 다양한 상황에서 적절한 훈련 기법을 적용할 수 있게 해 준다. 클리커 트레이닝의 핵심은 정적 강화이며, 이를 효과적으로 사용하기 위해서는 어떤 행동이 보상받을 가치가 있는지를 판단할 수 있는 능력이 필요하다. 또한, 특정 행동을 학습시키기 위해 어떤 단계적 접근이 필요한지, 그리고 그 과정에서 발생할 수 있는 문제를 어떻게 해결할지를 이해하고 있어야 한다.

셋째, 전문성이 높은 트레이너는 학습자에게 실질적인 피드백을 제공할 수 있다. 단순히 행동을 반복하게 하는 것이 아니라, 동물의 행동 변화에 따라 적절한 보상을 주고, 정적 강화를 통해 원하는 행동을 강화할 수 있어야 한다. 이를 통해 동물은 더 효과적으로 학습할 수 있으며, 트레이너는 각 동물의 학습 속도와 스타일에 맞춰 훈련을 조정할 수 있다.

넷째, 클리커 트레이닝은 단순한 기술이 아니라, 동물과의 신뢰 관계를 형성하는 과정이다. 전문성을 갖춘 트레이너는 이러한 신뢰를 구축하는 방법을 알고 있으며, 이는 장기적인 학습과 행동 변화에 긍정적인 영향을 미친다. 동물이 트레이너를 신뢰하고, 그들의 지시를 따르게 되면 훈련 효과가 배가된다.

마지막으로, 지속적인 학습과 자기 발전은 트레이너가 최신 연구와 기술을 반영하여 훈련 기법을 발전시킬 수 있도록 돕는다. 동물 행동학과 훈련 원리는 시간이 지남에 따라 변화하고 진화하므로, 트레이너는 새로운 정보와 기법을 학습하고 적용함으로써 자신의 전문성을 지속적으로 강화해야 한다. 전문성이 높아지면 트레이너는 더욱 효과적으로 동물을 훈련할 수 있으며, 이는 궁극적으로 동물의 삶의 질을 향상시키는 데 기여하게 된다.

④ 객관성

클리커 트레이너에게 객관성이 중요하고 필요한 이유는 여러 가지 측면에서 설명할 수 있다. 첫째, 객관성은 클리커 트레이너가 지속적으로 성장하고 발전하는 데도 필요하다. 훈련 과정에서 발생하는 문제나 장애물을 해결하기 위해서는 자신의 훈련방식이나 접근 방식을 비판적으로 평가할 필요가 있다. 주관적인 판단에 의존하게 되면, 훈련자는 자신의 문제점을 인식하지 못하고 개선의 기회를 놓치게 된다. 객관적인 관찰과 평가를 통해 트레이너는 자신의 훈련 방법을 반성하고, 더 나은 결과를 위해 필요한 변화를 모색할 수 있게 된다.

둘째, 객관성은 훈련 목표의 평가와 조정에 중요하다. 훈련자는 동물이 특정 행동을 얼마나 잘 수행하는지를 정량적으로 평가해야 한다. 이를 통해 훈련 계획을 수정하거나 보상 체계를 조정할 수 있다. 주관적인 판단이 개입되면, 동물의 실제 진전을 과대평가하거나 과소평가하게 되어 훈련의 방향성을 잃게 된다. 객관적인 평가 기준을 설정하고 이를 지속적으로 관찰함으로써, 훈련자는 동물의 학습 속도와 이해도를 정확히 파악할 수 있으며, 필요한 경우 훈련 방법을 변경할 수 있는 근거를 마련하게 된다.

셋째, 객관성은 트레이너와 동물 간의 신뢰를 형성하는 데도 중요한 역할을 한다. 동물은 훈련자가 일관된 방식으로 행동을 평가하고 보상을 제공하는지 주의 깊게 관찰한다. 만약 트레이너가 일관성을 유지하지 못하고 주관적인 판단으로 행동을 평가하면, 동물은 트레이너의 반응이 불확실하다고 느끼게 된다. 이는 동물의 신뢰를 약화시키고 훈련 동기를 떨어뜨리는 결과를 초래할 수 있다. 따라서 객관적이고 일관된 행동 평가와 보상 체계를 유지함으로써, 트레이너는 동물과의 신뢰 관계를 강화하고 긍정적인 훈련 환경을 조성할 수 있다.

넷째, 객관성은 다양한 훈련 환경에서도 중요하다. 클리커 트레이닝은 다양한 상황과 환경에서 수행될 수 있으며, 각각의 환경은 동물에게 다른 자극을 제공한다. 트레이너가 환경적 요인에 대해 주관적인 평가를 내리면, 동물의 행동을 왜곡된 시각으로 바라보게 된다. 예를 들어, 어떤 특정 환경에서 동물이 불안해하거나 주의가 산만해진다면, 이는 훈련 방법이나 보상 체계와 관련된 문제일 수 있다. 객관성을 바탕으로 행동을 관찰하면, 트레이너는 환경적 요인을 보다 정확하게 이해하고 이에 맞춰 훈련 계획을 조정할 수 있다.

마지막으로, 객관성은 훈련의 일관성을 유지하는 데 필수적이다. 클리커 트레이닝은 행동을 강화하는 과정으로, 특정 행동을 정확하게 인식하고 평가해야 한다. 만약 트레이너가 주관적인 감정이나 편견에 영향을 받으면, 동일한 행동에 대해 상반된 반응을 보일 수 있다.

예를 들어, 어떤 날은 동물이 성공적으로 목표 행동을 수행했을 때 보상을 주지만, 다른 날은 같은 행동에 대해 무관심하게 반응한다면, 동물은 훈련의 일관성을 이해하기 어려워진다. 이로 인해 학습의 효과가 저하되고 동물의 혼란을 초래할 수 있다. 따라서 객관적인 기준을 세우고 이를 기반으로 행동을 평가해야 한다.

⑤ 관찰력

클리커 트레이너에게 관찰력이 중요한 이유는 여러 가지가 있지만, 가장 핵심적인 것은 동물의 행동을 세심하게 살펴보는 능력이 훈련의 성공에 직접적인 영향을 미친다는 점이다. 클리커 트레이닝에서는 동물이 특정 행동을 할 때마다 즉각적으로 보상을 제공하여 긍정적 경험을 쌓도록 하는 방식으로 진행되는데, 이 과정에서 훈련사는 동물의 미세한 행동 변화를 정확하게 포착해야 한다. 예를 들어, 동물이 원하는 행동을 시도하는 순간을 놓치지 않고 클릭하고 보상하는 것이 필수적이며, 이러한 순간을 인식하는 데 관찰력이 필수적이다.

또한, 관찰력은 동물의 스트레스 신호나 불편함을 감지하는 데도 중요한 역할을 한다. 동물이 훈련에 적응하지 못하거나 불안해하는 경우, 훈련사는 이를 즉시 파악하여 훈련방식을 조정하거나 중단해야 한다. 예를 들어, 동물이 꼬리를 내리거나 귀를 뒤로 젖히는 등의 신체 언어를 통해 불안감을 표현할 수 있으며, 이러한 신호를 조기에 인식하는 것이 중요하다. 이를 통해 훈련사는 동물의 감정을 이해하고, 불필요한 스트레스를 줄이며, 긍정적인 학습 환경을 조성할 수 있다.

훈련 중에 발생하는 다양한 변수들, 즉 환경의 변화, 다른 동물의 행동, 소음 등도 관찰력을 통해 관리해야 한다. 이러한 외부 요인들은 동물의 집중력과 훈련 효과에 큰 영향을 미칠 수 있기 때문에, 훈련사는 주변 환경을 주의 깊게 살펴보아야 한다. 예를 들어, 소음이 심한 곳에서 훈련을 진행하면 동물이 쉽게 산만해질 수 있으며, 이를 감지하고 조정하는 것이 필요하다.

마지막으로, 관찰력은 훈련의 결과를 평가하는 데도 필수적이다. 훈련사는 동물의 행동 변화와 학습 진행 상황을 세밀하게 기록하고 분석해야 하며, 이를 통해 훈련 계획을 수정하거나 발전시킬 수 있다. 예를 들어, 동물이 특정 행동을 얼마나 잘 수행하는지를 관찰하여 보상 체계를 조정하거나 새로운 목표를 설정하는 데 필요한 정보를 제공받게 된다. 이처럼 관찰력은 훈련사의 전반적인 능력과 직결되며, 성공적인 클리커 트레이닝의 기초가 되는 요소라 할 수 있다.

⑥ 책임감

클리커 트레이너에게 책임감은 동물 훈련의 모든 측면에서 매우 중요한 요소로 작용하며, 이는 동물의 복지와 훈련의 효과성에 직접적인 영향을 미친다. 클리커 트레이너는 동물의 복지에 대한 책임을 지고 있으며, 이는 훈련 과정에서 동물이 안전하고 편안하게 느낄 수 있도록 하는 데 필수적이다. 클리커 트레이닝은 동물이 특정 행동을 자발적으로 수행하도록 유도하는 방식이므로, 트레이너는 동물이 스트레스를 받거나 불안해하지 않도록 세심하게 주의해야 한다. 만약 트레이너가 책임감을 가지고 훈련을 진행하지 않는다면, 동물은 고통이나 불편함을 느낄 수 있으며, 이는 장기적으로 동물의 신뢰를 손상시키고 훈련의 효과를 저하시킬 수 있다. 따라서 클리커 트레이너는 항상 동물의 감정을 우선시하고, 그들의 복지를 고려하여 적절한 훈련 방식을 선택해야 한다.

또한, 클리커 트레이너는 동물의 훈련 결과에 대해 책임을 져야 하며, 이는 동물의 행동 변화에 대한 책임감으로 이어진다. 클리커 트레이닝이 끝난 후, 동물의 행동은 트레이너의 의도와 방법에 의해 형성된 결과물이다. 따라서 트레이너는 동물이 훈련 후 어떻게 행동하는지를 주의 깊게 관찰하고, 그 결과에 대해 책임을 져야 한다. 예를 들어, 트레이너가 가르친 행동이 잘 이루어지지 않거나 부작용이 발생할 경우, 트레이너는 이를 해결하기 위한 방법을 모색해야 한다. 이러한 책임감은 동물의 학습 효과를 높이고, 동물과의 신뢰 관계를 더욱 강화하는 데 기여한다.

연습문제

1. 클리커 트레이닝에서 행동 강화의 타이밍을 정확히 전달하기 위해 사용하는 소리 신호 도구는 무엇인가?

2. 먹이 보상은 언제 제공해야 학습 효과가 가장 높아지는지 가장 적절한 시점을 고르시오.

A. 행동 직후

B. 행동 시작 전

C. 훈련이 끝난 후

D. 하루 후

3. 훈련용 장난감 선택 시 가장 중요한 요소는 무엇인가?

A. 장난감의 원산지와 크기

B. 훈련 목적과의 일치성

C. 장난감의 재질

D. 훈련견의 색상

4. 다음 중 훈련용 장난감을 선택할 때 재질과 관련하여 가장 적절하게 고려해야 할 점은 무엇인가?

A. 단단하고 무거운 재질일수록 훈련 효과가 높다.

B. 씹거나 던졌을 때 쉽게 망가지는 재질이 안정적이다.

C. 동물이 입에 넣고도 다치지 않을 정도의 유연성과 안전성이 있어야 한다.

D. 훈련사가 편하게 쓸 수 있도록 표면은 미끄럽고 단단하지만 내면은 부드러운 재질이 좋다.

5. 다음 중 훈련 목적이나 환경에 따라 클리커 종류를 선택할 때 고려해야 할 요소로 가장 적절한 것은 무엇인가?

A. 클릭 소리가 가능한 한 작고 약해야 한다.

B. 디자인이 예쁜 클리커를 우선적으로 선택해야 한다.

C. 사용 환경과 동물의 반응에 맞는 소리 크기와 구조를 고려해야 한다.

D. 훈련사가 한 손으로 클릭과 간식 급여를 동시에 할 수 없도록 설계된 것이 좋다.

1. 클리커 / 2. A / 3. B / 4. C / 5. C

6. 다음 중 훈련 장소의 조건에 대한 설명으로 옳지 않은 것은 무엇인가?

A. 훈련 초반에는 약간의 산만함이 집중력 향상에 도움이 된다.

B. 훈련사는 훈련 공간을 통제할 수 있어야 한다.

C. 안전하고 탈출 위험이 없는 장소를 선택해야 한다.

D. 외부 자극이 적은 환경이 초보 단계 훈련에 적합하다.

7. 다음 중 훈련 세션 후 기록 내용으로서 가장 핵심적이고 우선적으로 작성해야 할 항목은 무엇인가?

A. 훈련 시간, 동물의 반응, 목표 행동의 성공 여부

B. 사용한 장난감의 브랜드와 가격

C. 훈련 시 사용한 클리커의 브랜드

D. 훈련 장소의 조도와 온도 변화

8. 먹이 보상은 행동 직후 제공해야 하는 이유는 무엇인가?

A. 행동과 보상의 연결을 강화하기 위해

B. 훈련 목표를 변경하기 위해

C. 동물의 크기를 고려하기 위해

D. 훈련 장소를 변경하기 위해

9. 다음 중 클리커 트레이너로서 바람직한 마음가짐이 아닌 것은 무엇인가?

A. 훈련 중 동물의 실수를 처벌하지 않고, 원하는 행동을 유도하고 강화하는 데 집중한다.

B. 동물이 느리게 반응하면 훈련 효과를 높이기 위해, 일시적인 체벌도 병행하도록 한다.

C. 훈련 과정을 기록하고, 자신의 타이밍과 강화 방식이 적절했는지 돌아본다.

D. 훈련 과정에서 동물의 감정 상태와 스트레스 수준을 고려하며 진행한다.

6. A / 7. A / 8. A / 9. B

연습문제

10. 다음 중 클리커 트레이너의 기본 원칙에 어긋나는 행동은 무엇인가?

A. 원하는 행동이 나올 때까지 기다리지 않고, 강제로 자세를 유도하여 빠르게 결과를 만든다.

B. 동물의 자발적인 행동을 관찰하고, 그 안에서 강화를 적용할 기회를 찾는다.

C. 훈련 중 동물이 실수하더라도 무시하고 다시 성공할 수 있는 기회를 제공한다.

D. 훈련 전에 동물이 편안한 상태인지, 환경이 적절한지 먼저 확인한다.

11. 진동형 클리커는 어떤 동물에게 가장 적합한가?

A. 청각 장애 동물

B. 지적 장애 동물

C. 활동량이 많은 동물

D. 작고 소심한 동물

12. 훈련 기록을 작성하는 주된 이유는 무엇인가?

A. 훈련사의 태도를 평가하기 위해

B. 훈련 과정을 추적하고 계획을 개선하기 위해

C. 훈련 도구의 상태를 기록하기 위해

D. 훈련 장소를 결정하기 위해

13. 다음 중 클리커 신호와 보상이 적절하게 연결되지 않았을 때 발생할 수 있는 가장 일반적인 문제는 무엇인가?

A. 동물이 클릭 소리를 유의미한 신호로 인식하지 못하고 목표 행동을 혼동하게 된다.

B. 보상이 예측되지 않기 때문에 동물의 반응 속도는 오히려 빨라지게 된다.

C. 훈련이 반복될수록 보상이 불규칙해지면서 목표 행동이 더욱 강화된다.

D. 클릭과 보상의 간격이 늘어날수록 보상이 더 가치 있게 느껴져 동기가 상승한다.

10. A / 11. A / 12. B / 13. A

14. 다음 중 훈련 목표를 설정할 때 가장 핵심적으로 고려해야 할 요소는 무엇인가?

A. 목표가 명확하고 측정 가능하며, 동물의 현재 능력 수준에서 단계적으로 실현 가능한 구조인지 여부

B. 트레이너가 이전에 유사한 훈련을 얼마나 성공적으로 진행했는지의 경험훈련 장소가 훈련사의 동선과 일정에 적합한지 여부

C. 훈련 장소가 훈련사의 동선과 일정에 적합한지 여부

D. 사용하는 도구나 보상의 비용 대비 효율성 여부

15. 다음 중 클리커 트레이닝을 시작하기 전에 반드시 점검해야 할 준비사항으로 가장 적절한 것은 무엇인가?

A. 클릭 소리를 무작위로 반복해서 들려주며 동물이 익숙해지도록 한다.

B. 동물이 보상을 원하는 상태인지, 환경이 훈련에 집중할 수 있는 상태인지 확인한다.

C. 간식은 훈련이 끝난 뒤에 한 번에 충분히 제공할 수 있도록 준비해둔다.

D. 훈련 도중 실수가 나오면 바로 제지할 수 있도록 제어 도구를 함께 준비한다.

16. 클리커 트레이닝 도중 훈련 목표를 달성하지 못했을 때 훈련사가 가장 먼저 취해야 할 적절한 대처는 무엇인가?

A. 현재 목표를 분석해 더 작고 구체적인 단계로 나누고, 동물의 학습 반응과 감정 상태를 고려해 계획을 조정한다.

B. 목표 행동을 잠시 보류하고 새로운 행동으로 전환하여 동물의 흥미를 다시 유도한다.

C. 훈련을 반복하여 익숙하게 만들고, 목표에 도달할 때까지 환경을 바꾸지 않는다.

D. 보상의 종류나 양을 늘려 동물이 더 강하게 반응하도록 유도한다.

14. A / 15. B / 16. A

연습문제

17. 다음 중 훈련에 사용된 먹이 보상의 선호도가 낮을 때 실제로 나타날 수 있는 반응으로 가장 적절한 것은 무엇인가?

A. 동물은 보상에 대한 기대감이 줄어들어 목표 행동의 빈도나 질이 감소하고, 훈련에 대한 집중도도 떨어질 수 있다.

B. 보상이 희귀해졌다고 인식하여 오히려 반응이 강화되고, 훈련 효율이 상승한다.

C. 선호도가 낮은 보상일수록 강화 효과는 오래 지속되며, 훈련 목표에 더 빨리 도달하게 된다.

D. 보상의 질과 무관하게 훈련 자극이 반복되면 자동적으로 학습이 이루어진다.

18. 다음 중 클리커 트레이너가 훈련에 임할 때 가장 적절한 태도는 무엇인가?

A. 동물의 행동을 안정적으로 강화할 수 있도록, 일관된 반응과 긍정적인 분위기를 유지하는 태도

B. 동물의 집중력을 높이기 위해 엄격한 규율을 강조하고, 실수 시에는 단호한 언어로 제지하는 태도

C. 훈련 효과를 확인하기 위해 다양한 태도를 번갈아 적용하며 자극에 대한 반응을 실험하는 태도

D. 자율성을 강조하여 동물이 스스로 행동을 선택하게 두고, 위험 시에만 개입하는 태도

17. A / 18. A

토론하기

1. 훈련 장소를 선택할 때 고려해야 할 다양한 요소들에 대해 논의하시오.

2. 클리커 트레이닝에서 훈련 기록을 체계적으로 남기는 것이 훈련 과정에 어떤 기여를 하는지 토론하시오.

3. 훈련 목표를 설정할 때 고려해야 할 원칙과, 훈련 중 목표를 수정해야 하는 경우의 판단 기준을 구체적인 사례와 함께 설명하시오.

4. 먹이 보상의 즉각성과 선호도가 동물 학습에 미치는 영향을 설명하시오.

5. 훈련 도구의 안전성과 적질성을 판단할 때 확인해야 할 기준을 설명하시오.

6. 훈련사가 긍정적인 태도를 유지하는 것이 훈련에 미치는 영향을 사례를 들어 설명하시오.

CHAPTER

03

고전적 조건화

CHAPTER 03

고전적 조건화

학습목표

- 고전적 조건화의 개념과 학습 원리를 이해하고, 파블로프의 개 실험을 통해 이론적 요소와 실험적 근거를 설명할 수 있다.
- 고전적 조건화 과정에서 나타나는 일반화, 변별, 소거 등의 현상을 구별하고, 학습에 영향을 미치는 강도, 일관성, 시간, 계속성 등의 원리를 설명할 수 있다.
- 고전적 조건화가 실제로 활용되는 사례를 분석하고 발생 가능한 문제와 해결 방안을 제시하며, 이반 파블로프의 생애와 업적을 통해 심리학과 행동주의에 끼친 영향을 이해한다.

1 고전적 조건화의 개념

(1) 고전적 조건화의 정의

고전적 조건화(Classical Conditioning)는 특정 반응을 이끌어내지 못하던 자극(중성 자극)이 그 반응을 무조건적으로 이끌어내는 자극(무조건 자극)과 반복적으로 연합하면서 그 반응을 동기화시키는 학습과정을 말한다. 이 이론은 러시아의 생리학자 이반 파블로프(Ivan Pavlov)가 개를 대상으로 한 실험에서 처음 체계적으로 설명하였다. 파블로프의 연구는 행동주의 심리학의 기초를 형성하며, 자극-반응 관계를 통해 학습이 어떻게 이루어지는지를 설명하는 데 중요한 틀을 제공하였다.

(2) 고전적 조건화의 목적과 의의

고전적 조건화(Classical Conditioning)의 주요 목적은 자극과 반응 간의 연관성을 형성함으로써 새로운 행동을 학습하거나 기존 반응을 수정하는 데 있다. 이러한 학습 과정을 통해 생물은 환경에 보다 효과적으로 적응하고, 특정 자극에 대해 적절한 반응을 보이는 능력을 향상시킬 수 있다. 고전적 조건화는 인간과 동물의 행동 수정, 학습 강화, 심리 치료 등 다양한 분야에서 활용되며, 생물의 행동 이해와 통제에 있어 중요한 학습 이론으로 자리 잡고 있다.

첫째, 고전적 조건화는 새로운 행동을 형성하는 데 중점을 둔다. 이는 본래 반응을 유발하지 않던 중립 자극(Neutral Stimulus, NS)이 반복된 학습을 통해 조건 자극(Conditioned Stimulus, CS)으로 변화하고, 결과적으로 조건 반응(Conditioned Response, CR)을 유도하게 되는 과정을 말한다. 대표적인 예로 파블로프의 실험이 있다. 개는 처음에는 종소리에 반응하지 않았으나, 종소리와 음식(무조건 자극, UCS)을 반복적으로 함께 제시함으로써, 종소리만 들어도 침을 흘리는 반응을 보이게 되었다. 이러한 원리는 동물 훈련, 광고 마케팅, 교육 등 다양한 분야에서 활용되며, 특정 신호와 보상을 연계하여 원하는 행동을 효과적으로 이끌어내는 데 사용된다.

둘째, 고전적 조건화는 기존 반응을 수정하는 데에도 활용된다. 이는 부적절하거나 과도한 반응을 보다 적절하고 유용한 반응으로 대체하려는 목적을 가진다. 예를 들어, 특정 소리나 자극에 대해 과도한 두려움을 보이는 경우, 해당 자극과 긍정적인 자극을 반복적으로 연합시켜 부정적 반응을 약화시키거나 긍정적 반응으로 전환시킬 수 있다. 이러한 방식은 행동 치료, 스트레스 관리, 학습 교정 등의 분야에서 효과적으로 활용되며, 인간의 감정 조절이나 행동 개선에도 중요한 역할을 한다.

셋째, 고전적 조건화는 환경에 대한 적응을 촉진하는 데 기여한다. 생물은 특정 자극을 환경 변화의 신호로 인식함으로써 보다 빠르고 적절하게 반응할 수 있게 되며, 이는 생존과 행동 효율성 향상에 결정적인 역할을 한다. 예를 들어, 포식자의 울음소리를 위협 신호로 학습한 동물은 즉각적인 회피 반응을 보이며, 특정 향기를 통해 자원의 위치를 탐색하거나, 농장에서의 특정 조명 변화에 반응하여 먹이 공급 시간임을 인지하는 등의 행동이 이러한 학습의 결과이다. 이러한 원리는 동물 훈련, 위험 회피 훈련, 심리적 환경 적응, 생태학적 보존 등 다양한 실용적 영역에 적용된다.

넷째, 고전적 조건화는 행동의 예측 가능성을 향상시키는 데 중요한 역할을 한다. 특정 자극이 일정한 반응을 유도하도록 학습함으로써 생물은 향후 발생할 상황을 예측하고 그에 맞는 행동을 준비할 수 있다. 이는 생존과 직결된 반응에서 특히 중요하게 작용하며, 예를 들어 사냥감이 포식자의 접근 신호를 미리 인식하여 도망치는 행동이나, 특정 색상을 독성 생물의 경고 신호로 학습하여 공격을 억제하는 반응 등이 있다. 또한 동물 훈련에서는 특정 휘슬 소리나 손짓에 따라 동물이 정해진 반응을 보이도록 하여 행동을 통제하기 쉽도록 한다. 인간의 경우에도 경고등이나 알람 같은 조건 자극을 통해 위험을 사전에 인지하고 회피하도록 학습할 수 있다.

2 고전적 조건화 실험: 파블로프의 개 실험

고전적 조건화 실험은 자극과 반응 간의 연관성이 학습을 통해 어떻게 형성되는지를 과학적으로 설명한 최초의 연구 중 하나로, 행동주의 심리학의 기초를 마련한 연구로 평가받는다. 파블로프는 이 실험을 통해 학습이 단순히 본능적 반응이 아니라 자극과 반응의 반복적 연합에 의해 형성될 수 있음을 보여주었다.

(1) 실험의 배경

이반 파블로프는 원래 소화계의 생리적 메커니즘을 연구하기 위해 개의 침 분비를 분석하는 실험을 진행하고 있었다. 이 연구의 목적은 음식이 소화액 분비에 미치는 영향을 과학적으로 규명하는 것이었다. 파블로프는 개에게 음식을 제시하고 침 분비 반응을 측정하면서 신경계와 소화계 간의 상호작용을 탐구하고 있었다.

그런데 실험을 반복하는 과정에서 흥미로운 행동을 관찰하게 되었다. 개가 음식 냄새를 맡거나 음식을 보기만 해도 침을 흘리는 반응은 자연스러운 일이지만, 음식을 주지 않았는데도 침을 흘리는 현상이 나타난 것이다. 실제로 실험실 조수의 발자국 소리, 문이 열리는 소리, 음식 그릇이 움직이는 소리만 듣고도 개가 침을 흘리기 시작했다. 이는 음식과 직접적인 관련이 없는 소리나 자극이 개의 반응을 이끌어내고 있음을 보여주는 것이다.

파블로프는 이러한 현상이 단순히 개의 본능적 반응이 아니라, 반복적인 경험을 통해 학습된 결과일 가능성이 있다고 판단하였다. 특히, 개가 특정 자극을 음식과 연관 짓고, 이러한 연관성이 학습을 통해 형성되었다는 점에 주목하였다. 그는 이를 체계적으로 검증하기 위해 일련의 실험을 설계하였고, 학습이 자극과 반응의 연합을 통해 이루어진다는 새로운 이론을 탐구하고자 하였다. 이러한 배경은 이후 고전적 조건화(Classical Conditioning) 이론이 탄생하는 중요한 출발점이 되었다. 파블로프는 이 실험을 통해 단순히 소화계 연구를 넘어서, 자극과 반응 사이의 관계를 규명하고 학습 과정의 메커니즘을 과학적으로 설명하였다.

파블로프의 개 실험

(2) 실험의 목표

파블로프의 실험은 학습이 어떻게 이루어지는지를 이해하기 위한 중요한 질문에서 시작되었다. 그는 본능적으로 반응을 유발하지 않는 중립 자극(Neutral Stimulus, NS)이 반복적으로 본능적 반응을 유발하는 무조건 자극(Unconditioned Stimulus, UCS)과 연합될 경우, 중립 자극이 조건 자극(Conditioned Stimulus, CS)으로 전환되어, 본능적 반응과 동일한 조건 반응(Conditioned Response, CR)을 유발할 수 있는지를 확인하고자 했다.

이 실험의 목표는 단순히 동물의 반응을 관찰하는 것에 그치지 않았다. 파블로프는 자극 간의 연합 과정이 학습의 기초가 되는 메커니즘임을 밝히고, 이를 통해 생리적 반응이 어떻게 환경적 요인과 학습에 의해 수정될 수 있는지를 규명하려 했다.

- **학습의 메커니즘 규명**

본능적 반응을 유발하지 않는 중립 자극(NS)이 학습을 통해 조건 반응(CR)을 유발할 수 있는지 확인한다. 이는 학습이 단순히 자극과 반응의 연합을 통해 이루어진다는 가설을 검증하는 것이다.

- 조건화 과정의 단계 분석

중립 자극(NS)과 무조건 자극(UCS)을 반복적으로 제시하는 동안, 어떤 과정에서 중립 자극이 조건 자극(CS)으로 전환되는지 관찰한다.

- 자극-반응의 일반화와 변별

조건 자극(CS)이 다른 유사한 자극에도 조건 반응(CR)을 유발하는지(일반화)와, 유사하지만 다른 자극을 구별할 수 있는지(변별)를 확인한다.

- 조건 반응의 지속성과 소거 과정 관찰

조건 자극(CS)만 단독으로 제시될 경우, 조건 반응(CR)이 지속되는지, 아니면 점차 사라지는지(소거)를 분석한다.

- 학습 이론과 행동 수정 가능성 탐구

조건화 과정을 통해 생리적 반응(침 분비)이 환경적 자극(종소리)에 의해 조절될 수 있는지를 밝히고, 이를 통해 행동 수정과 학습의 가능성을 제시한다.

(3) 실험 진행 과정

파블로프는 고전적 조건화 실험을 체계적으로 진행하였으며, 다음과 같은 단계를 통해 조건 자극(종소리)과 조건 반응(침 분비) 사이의 연관성을 확인하였다.

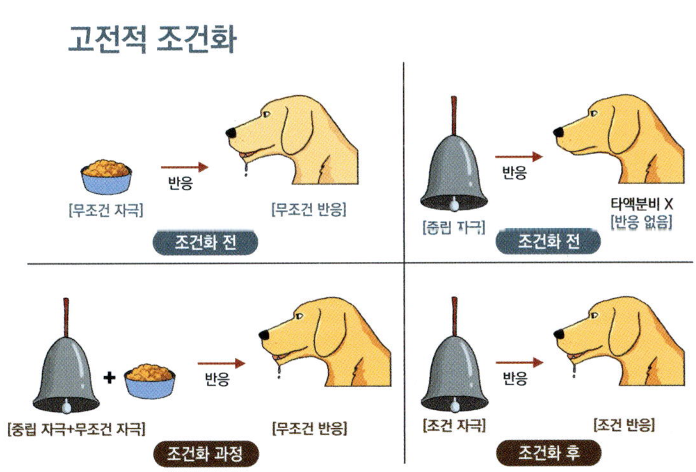

고전적 조건화 실험과정

① 1단계: 기본 반응 관찰

이 단계에서는 개가 학습하지 않은 상태에서의 본능적 반응을 기록하였다.

- **무조건 자극**(Unconditioned Stimulus, UCS): 음식

파블로프는 개에게 음식을 제공하였다. 음식은 본능적으로 침 분비를 유발하는 자극이다.

- **무조건 반응**(Unconditioned Response, UCR): 침 분비

음식이 제공되었을 때, 개는 본능적으로 침을 흘렸다. 이는 학습을 필요로 하지 않는 자연적인 반응이다. 이 단계에서 음식(UCS)은 개의 생리적 반응(UCR)을 유발하는 자연적인 자극으로 작용하였다. 이를 통해 개의 침 분비가 음식에 대한 자동적인 생리적 반응임을 확인하였다.

② 2단계: 중립 자극(NS)의 제시

파블로프는 본능적 반응을 유발하지 않는 자극을 설정하고 실험에 도입하였다.

- **중립 자극**(Neutral Stimulus, NS): 종소리

개에게 종소리를 들려주었지만, 초기에는 침을 흘리거나 다른 반응을 보이지 않았다. 이는 종소리가 본능적 반응을 유발하지 않는 중립적인 자극임을 나타낸다.

- **종소리와 음식의 연결 이전 상태**

파블로프는 종소리(NS)가 개에게 아무런 의미를 가지지 않으며, 단독으로는 침 분비를 유발하지 않는 것을 확인하였다.

③ 3단계: 조건 형성 과정

이 단계에서는 중립 자극(NS)과 무조건 자극(UCS)을 반복적으로 연합하여, 중립 자극이 조건 자극(Conditioned Stimulus, CS)으로 변환되는 과정을 실험하였다.

- **자극의 조건화**

파블로프는 개에게 음식을 제공하기 전에 종소리(NS)를 들려주었다. 이 과정을 여러 차례 반복하였다.

예 종소리(NS) → 음식(UCS) → 침 분비(UCR)

- **연합의 형성**

반복 학습을 통해 개는 종소리가 들리면 곧 음식을 받을 것이라는 기대감을 형성하였다. 이를 통해 종소리(NS)는 음식(UCS)와 연관되어 조건 자극(CS)으로 전환되기 시작하였다.

- **조건 자극의 강화**

종소리와 음식이 함께 제시된 횟수가 늘어날수록, 종소리가 개의 학습된 반응(침 분비)

을 유발할 가능성이 증가하였다.

④ 4단계: 조건 반응의 확인

조건 형성이 완료된 이후, 파블로프는 조건 자극(CS) 단독으로 조건 반응(CR)을 유발할 수 있는지 확인하였다.

- **조건 자극**(Conditioned Stimulus, CS): 종소리

음식 없이 종소리만 들려주었을 때, 개는 침을 흘리기 시작하였다. 이는 종소리가 음식 없이도 조건 반응을 유발할 수 있게 되었음을 의미한다.

- **조건 반응**(Conditioned Response, CR): 침 분비

종소리가 들릴 때마다 개는 음식이 제공되지 않아도 침을 흘렸다. 이는 학습된 반응으로, 중립 자극이 조건 자극으로 전환되었음을 보여준다.

(4) 실험 결과

파블로프의 실험 결과는 고전적 조건화(Classical Conditioning)의 핵심 원리를 증명하며, 자극 간의 연합을 통해 학습이 이루어질 수 있음을 보여주었다.

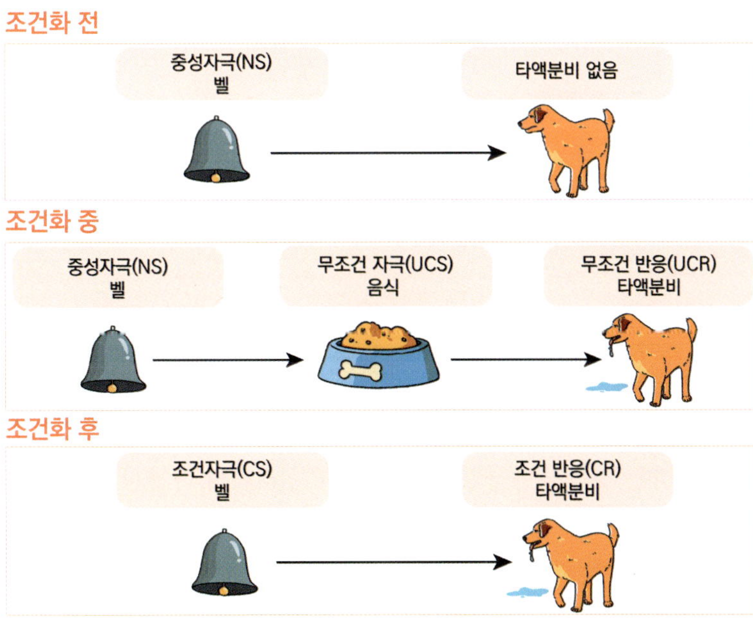

고전적 조건화 과정

① 조건 반응의 관찰

종소리(중립 자극, NS)가 음식(무조건 자극, UCS)과 반복적으로 연합된 후, 음식 없이도 종소리(조건 자극, CS)만으로 개가 침을 흘리는 조건 반응(Conditioned Response, CR)을 나타냈다. 이는 새로운 학습된 반응으로, 종소리가 음식의 신호로 인식되었음을 의미한다.

② 결과의 해석

실험 결과는 단순히 자극과 반응 간의 본능적 관계를 넘어, 자극 간의 연합을 통해 학습된 행동이 형성될 수 있음을 증명하였다. 파블로프는 이를 통해 학습이 경험과 연관성을 바탕으로 이루어진다는 점을 강조하였다.

③ 중립 자극의 전환

처음에는 반응을 유발하지 못했던 종소리(NS)가 음식(UCS)와 반복적으로 연합된 이후, 조건 자극(CS)으로 전환되었다. 조건 자극(CS)인 종소리는 학습된 조건 반응(CR)인 침 분비를 유발하는 독립적인 자극으로 작용하게 되었다.

고전적 조건화의 요소 관계

A. 무조건 자극(UCS) → 무조건 반응(UCR):
음식(무조건 자극)이 개의 침 분비(무조건 반응)를 유발한다.

B. 중립 자극(NS) + 무조건 자극(UCS):
종소리(중립 자극)가 음식(무조건 자극)과 반복적으로 연합된다.

C. 조건 자극(CS) → 조건 반응(CR):
학습이 완료된 후, 종소리(조건 자극)만으로도 개가 침을 흘리게 되는 조건 반응이 나타난다.

이러한 개념들은 고전적 조건화의 학습 과정을 설명하며, 자극-반응 관계가 학습을 통해 변형될 수 있음을 보여준다. 파블로프는 이 실험을 통해 자극과 반응 간의 연합이 학습의 주요 메커니즘이라는 것을 입증하였고, 이는 현대 심리학의 다양한 이론과 실질적 응용의 기초가 되었다.

3 고전적 조건화의 원리와 유형

(1) 고전적 조건화의 원리

① 강도의 원리

강도의 원리는 조건 자극(CS)과 무조건 자극(UCS)의 강도가 학습의 효과성과 속도에 영향을 미친다는 개념이다. 즉, 자극이 강할수록 학습자—동물이나 인간—의 주의를 끌기 쉬우며, 조건 자극과 무조건 자극 간의 연합이 더 강하게 형성되어 학습 과정을 촉진한다. 특히 **무조건 자극의 강도는 학습 초기 단계에서 중요한 역할을 하며, 조건화의 속도뿐만 아니라 조건 반응(CR)의 강도와 지속성에도 영향을 미친다.**

예를 들어 파블로프의 개 실험에서는 맛있는 음식을 무조건 자극(UCS)으로 사용할 경우, 벨 소리(CS)와 음식(UCS)의 연합이 더욱 빠르게 형성되었고, 그 결과로 침을 흘리는 강한 조건 반응(CR)이 나타났다. 이와 유사하게, 어린아이에게 맛있는 간식(UCS)과 시각적 신호(CS)를 함께 제시하면, UCS의 강도가 높을수록 시각적 신호에 대한 조건 반응이 더 강하게 나타난다. 부정적 자극의 경우에도 같은 원리가 적용된다. 예를 들어 실험 쥐에게 약한 전기 충격보다 강한 전기 충격을 사용할 경우, 특정 신호에 대한 공포 반응(CR)이 더 빠르게 형성된다. 다만, 이때는 지나치게 강한 자극이 오히려 학습을 방해할 수 있어 주의가 필요하다.

강도의 원리는 학습의 효율성을 높이는 데 유용하지만, 한계도 존재한다. 무조건 자극의 강도가 너무 약할 경우, 학습자가 자극에 충분한 주의를 기울이지 않아 조건화가 느리게 진행될 수 있지만 반대로, 무조건 자극이 지나치게 강할 경우, 특히 고통과 같은 부정적 자극에서는 학습자에게 과도한 스트레스나 회피 반응을 유발하여 오히려 학습 효과를 떨어뜨릴 수 있다. 이처럼 강도의 원리는 학습의 질과 속도에 중요한 영향을 미치지만, 자극의 강도를 상황에 맞게 적절히 조절하는 것이 무엇보다 중요하다.

② 일관성의 원리

일관성의 원리는 조건 자극(CS)과 무조건 자극(UCS)이 일관되게 함께 제시될수록, 두 자극 간의 연합이 더 강력하게 형성된다는 원리이다. 즉, 학습자는 자극들이 언제나 함께 나타난다는 예측 가능성을 바탕으로 자극 간 관계를 학습하게 되며, 이 **일관성이 학습의 정확성과 속도를 크게 향상시킨다.** 반대로, 두 자극이 불규칙하게 제시되면 연합 형성이 약화되어 조건화가 어려워지거나 느려질 수 있다.

조건 자극과 무조건 자극이 항상 함께 등장할 경우, 학습자는 이들 간의 연관성을 빠르게 인식하고 학습한다. 예를 들어, 매번 벨 소리(CS) 후에 음식(UCS)이 제공되는 상황에서는 개가 벨 소리만으로도 침을 흘리는 조건 반응(CR)을 빠르게 학습한다. 그러나 벨 소리가 날 때마다 음식이 나오는 것이 아니라 가끔만 음식이 제공된다면, 자극 간 연합은 불안정하게 형성되며 학습의 속도와 정확성이 저하된다.

이 원리는 일상생활과 다양한 응용 분야에서도 확인할 수 있다. 예를 들어, 반려견에게 "앉아"라는 명령어(CS)를 들려준 후 간식(UCS)을 일관되게 제공하면, 명령어만 들어도 자동적으로 앉는 행동(CR)이 학습된다. 반면, 명령어를 줄 때마다 간식을 줄지 말지 결정이 다르다면, 반려견은 명령어에 대한 신뢰성을 잃고 반응이 약화된다. 이처럼 자극 간의 일관성은 조건 자극을 신뢰할 수 있는 정보로 인식하게 만드는 핵심 요소이다.

또한, **일관성은 조건 반응의 유지와 일반화에도 영향을 미친다**. 자극 간의 관계가 일관적으로 유지될수록, 조건 반응은 학습 이후에도 오랫동안 유지되며, 유사한 자극으로도 일반화되기 쉬워진다. 예를 들어, 휘슬 소리와 먹이를 일관되게 연합시킨 경우, 휘슬 소리와 유사한 고음에도 반응이 나타날 수 있다.

그러나 일관성의 원리에도 한계가 있다. 너무 지나치게 기계적으로 자극을 반복하면, 학습자가 자극에 익숙해지며 반응이 둔화되는 습관화(habituation) 현상이 발생할 수 있다. 또한, 자극의 일관성이 너무 낮거나 불규칙할 경우, 학습자는 자극 간 관계를 명확히 인식하지 못해 조건 반응이 형성되지 않거나 쉽게 사라질 수 있다.

③ 시간의 원리

시간의 원리는 조건 자극(CS)과 무조건 자극(UCS)가 얼마나 가까운 시간 간격으로 제시되는가가 조건화의 성립에 결정적인 영향을 준다는 원리이다. 즉, **자극 간의 시간적 근접성이 높을수록 두 자극 사이의 연합이 더 쉽게 형성**되고, 조건 반응(CR)의 학습이 더욱 빠르게 이루어진다. 반대로 두 자극의 제시 시점 사이에 시간이 지나치게 벌어지면 연합이 약해지고 학습 효과도 떨어지게 된다.

이 원리는 파블로프의 실험에서도 명확하게 확인된다. 개에게 벨 소리(CS)를 들려준 직후에 음식(UCS)을 주었을 때는 조건화가 잘 이루어졌지만, 벨 소리와 음식 사이에 일정 시간이 지나고 나서야 음식이 제공되면 조건 반응이 거의 형성되지 않았다. 즉, 조건 자극은 무조건 자극보다 먼저 제시되고, 그 간격이 짧을수록 학습 효과가 가장 높게 나타난다.

실제 훈련이나 교육에서도 시간의 원리는 중요한 기준이 된다. 예를 들어 반려견이 '앉아'라는 명령어(CS)를 잘 수행했을 때, 즉시 간식(UCS)을 제공해야 동물이 명령어와 보상 사이의 관계를 명확히 학습할 수 있다. 보상이 늦어지면, 동물은 어떤 행동에 대한 보상인지 인지하지 못하고, 조건화 효과는 약해지거나 사라지게 된다.

시간의 원리는 조건화의 타이밍과 반응 예측력에 직접적으로 영향을 주며, 학습의 명확성과 효율성을 결정짓는 핵심 요소 중 하나이다. 그러나 자극 간의 시간 간격이 너무 짧아 두 자극이 거의 동시에 제시되거나, 너무 길어 인과 관계를 인식하기 어려운 경우, 조건화가 제대로 이루어지지 않는 문제가 발생할 수 있으므로 적절한 간격 조절이 중요하다.

④ 계속성의 원리

계속성의 원리는 **특정 자극들이 반복적으로 함께 출현할 경우, 학습자는 그 자극들 사이의 연관성을 학습하게 된다**는 원리이다. 즉, 시간과 공간의 흐름 속에서 자극들이 반복적으로 함께 등장하면, 그 사이의 연합이 자연스럽게 형성되어 하나의 의미 있는 패턴으로 인식된다. 이는 조건화의 본질을 구성하는 매우 기본적인 원리 중 하나로, 고전적 조건화뿐 아니라 인지적 학습 이론에도 영향을 준 개념이다.

계속성은 단순히 두 자극이 한번 같이 나오는 것이 아니라, 일정한 패턴 속에서 지속적으로 함께 나타나는 반복성을 강조한다. 예를 들어, 특정 음악이 반복적으로 즐거운 파티와 함께 나타난다면, 이후에는 그 음악만 들어도 즐거운 감정이 떠오르게 된다. 이는 음악(조건 자극)이 즐거운 경험(무조건 자극)과 지속적으로 함께 등장함으로써, 두 자극 간의 연합이 강화된 결과이다.

동물 훈련에서도 이 원리는 효과적으로 적용된다. '앉아'라는 명령어와 간식 보상이 꾸준히 함께 주어지면, 반려견은 명령어와 보상 사이의 관계를 인식하게 되며, 명령어만 들어도 기대감을 갖고 행동을 수행하게 된다. 교육 장면에서는 학습 내용과 긍정적 피드백이 계속 함께 제시될 때, 학습자는 해당 과목이나 활동에 대한 긍정적 태도를 형성하게 된다. 결론적으로, 계속성의 원리는 고전적 조건화가 성공적으로 이루어지기 위한 반복성과 일관성의 기반을 형성하는 원리이며, 효과적인 학습 설계에서 반드시 고려되어야 할 요소이다.

(2) 고전적 조건화의 유형

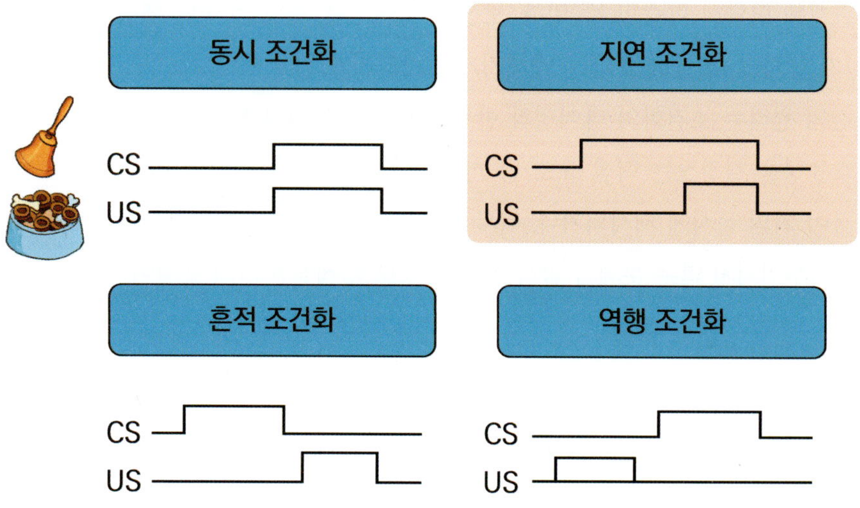

고전적 조건화의 유형

① 지연/정방향 조건화(delayed/forward conditioning)

지연/정방향 조건화는 **조건 자극(CS)을 무조건 자극(UCS)보다 먼저 제시하고, 무조건 자극이 끝날 때까지 조건 자극을 유지하는 방식**이다. 이 유형은 **조건 자극과 무조건 자극 간의 연관성을 가장 효과적**으로 학습하는 방법으로 알려져 있다. 특히 조건 자극과 무조건 자극 간의 간격이 약 0.5초일 때 학습 효과가 가장 강하게 나타난다. 그러나 이 간격이 길어지면 학습의 효과는 점점 줄어든다. 예를 들어, 파블로프의 실험에서 개에게 종소리(CS)를 먼저 들려주고 바로 음식을 제공(UCS)했을 때, 종소리가 침을 흘리게 하는 조건반응(CR)을 유도하는 데 가장 효과적이었다.

② 동시 조건화(simultaneous conditioning)

동시 조건화는 **조건 자극(CS)과 무조건 자극(UCS)이 동시에 제시되는 방식**이다. 이 조건화에서는 조건 자극과 무조건 자극이 함께 나타나면서, 조건 자극이 조건반응(CR)을 유발할 수 있을 때 학습이 이루어진다. 예를 들어, 파블로프의 실험에서 종소리(CS)와 음식(UCS)

을 동시에 제공하면, 개는 종소리와 음식을 연결하여 침을 흘리는 조건반응을 학습하게 된다. 그러나 **동시 조건화는 지연 조건화에 비해 학습 효과가 상대적으로 약하게 나타나는 경우가 많다**.

③ 흔적/추적 조건화(trace conditioning)

추적 조건화는 **조건 자극(CS)이 먼저 짧게 제시된 후 사라지고, 이후에 무조건 자극(UCS)이 제시되는 방식**이다. 이 과정에서 학습은 조건 자극의 '추적 메모리'를 통해 이루어진다. 조건 자극과 무조건 자극 사이의 간격이 짧을수록 학습 효과가 강하지만, 간격이 길어지면 학습이 약해진다. 예를 들어, 종소리(CS)를 들려준 뒤 잠시 멈춘 후 음식을 제공(UCS)하면, 개는 종소리와 음식의 연관성을 학습하게 된다. 그러나 **일반적으로 추적 조건화는 지연 조건화나 동시 조건화보다 학습 수준이 약하다**. 왜냐하면 조건 자극과 무조건 자극 사이의 간격이 학습 효과에 큰 영향을 미치기 때문이다

④ 역행/역방향 조건화(backward conditioning)

역방향 조건화는 **무조건 자극(UCS)이 먼저 제시된 후 조건 자극(CS)이 뒤따라 제공되는 방식**이다. 일반적으로 이 조건화 방식은 학습 효과가 약하거나 거의 나타나지 않는 경우가 많지만, 특정 상황에서는 효과적으로 작용할 수 있다. 예를 들어, 광고에서는 밝고 맑은 장면(무조건 자극, UCS)을 먼저 보여준 후, 해당 장면에서 음료(조건 자극, CS)를 소개하여 긍정적인 이미지와 음료를 연결시키는 방식으로 활용된다. 이러한 방식은 감정적인 반응을 유도하거나 특정 이미지와 제품을 연관시키는 데 효과적이다.

⑤ 고차 조건화(higher order conditioning)

고차 조건화는 **이미 조건화된 조건 자극(CS)을 새로운 자극(CS2)과 연합시켜 추가적인 조건반응(CR)을 생성하는 과정**을 말한다. 즉, 기존의 조건 자극이 새로운 자극의 학습을 위한 무조건 자극(UCS) 역할을 하게 된다. 예를 들어, 파블로프의 실험에서 개는 종소리(CS)와 음식을 연합하여 침을 흘리는 조건반응(CR)을 학습하였다. 이후 종소리(CS)와 빛(CS2)을 연합시키면, 빛만으로도 개가 침을 흘리는 반응을 유도할 수 있게 된다.

고차 조건화는 새로운 자극을 학습하는 데 유용하지만, CS2는 실제 무조건 자극(UCS)과 직접 연합되지 않으므로 학습의 강도는 약해진다. 또한, 3차나 4차 조건화도 가능하지만, 단계가 늘어날수록 학습 효과는 점차 더 약해진다. 이 과정은 기존 학습을 확장하거나

새로운 자극에 대한 반응을 유도하는 데 활용될 수 있지만, 반복 학습이나 강한 자극이 필요할 수 있다.

4 고전적 조건화 실험의 확장

파블로프는 초기의 고전적 조건화 실험에 그치지 않고, 다양한 변형 실험을 통해 학습 원리를 확장하여 밝혀냈다. 그의 연구는 학습의 복잡성과 다양한 반응 메커니즘을 이해하는 데 기여하였다.

(1) 일반화(Generalization)

일반화는 고전적 조건화 과정에서 **학습된 조건 자극**(Conditioned Stimulus, CS)**과 유사한 자극이 동일한 조건 반응**(Conditioned Response, CR)**을 유발하는 현상**을 의미한다. 이는 학습된 반응이 특정 자극에만 국한되지 않고, 자극의 특성이 비슷한 경우에도 그 반응이 확장되어 나타날 수 있음을 보여준다. 일반화는 생물이 다양한 환경 자극에 유연하게 반응할 수 있도록 돕는 중요한 학습 메커니즘으로, 환경 적응력과 학습의 확장성 측면에서 큰 의미를 지닌다.

파블로프의 실험에서도 일반화의 개념은 명확하게 드러난다. 그는 특정 톤의 종소리를 조건 자극으로 사용해 개에게 침을 흘리는 반응을 조건화했는데, 개는 동일한 톤의 소리뿐 아니라 유사한 주파수의 소리에도 같은 반응을 보였다. 예를 들어, 500Hz의 종소리에 조건화된 개가 450Hz나 550Hz의 소리에도 침을 흘리는 반응을 나타낸 것이다. 이처럼 자극 간의 유사성이 조건 반응의 확산에 영향을 미친다는 점에서 일반화는 학습의 전이와 확장성에 대한 중요한 실험적 근거를 제공한다.

일반화는 여러 측면에서 그 의의가 크다. 첫째, 일반화는 동물이 **예측 불가능한 환경에서 빠르게 적응하도록 돕는다**. 예를 들어 야생 동물이 특정 포식자의 소리를 학습한 후, 비슷한 소리에도 반응함으로써 위협으로부터 자신을 보호할 수 있게 되는 것이다. 이는 생존과 직결되는 본능적 학습의 기초가 된다. 둘째, 학습의 확장성과 관련해, 한 가지 상황에서 학습한 반응이 유사한 상황에서도 유효하게 작동함으로써 **학습의 범위가 넓어진다**. 예를 들어 학생이 특정 유형의 수학 문제를 학습한 뒤, 그와 유사한 문제들을 풀 수 있게 되는 것이 그 예다. 셋째, 심리치료 분야에서도 일반화는 치료의 효과를 넓히는 데 중요한 역할을 한다. 공포증을 가진 환자가 특정 장소에서 공포 반응을 극복했을 경우, 유사한 장소나 상황에서도 더 이상 공포를 느끼지 않게 되는 것은 **치료의 확장성과 지속성**을 의미한다.

그러나 일반화에는 한계도 존재한다. 과도한 일반화는 부적응적인 행동으로 이어질 수 있으며, 특정 자극에 대한 반응이 모든 유사 자극에 확대 적용되면 오히려 생활에 불편을 초래할 수 있다. 예를 들어 특정 종류의 뱀에 대한 공포가 도마뱀이나 무해한 동물에게까지 확대될 경우, 이는 과도한 일반화로 인한 부적응적 반응이라 볼 수 있다. 이러한 경우, 일반화의 범위를 조절하고 반응을 특정 자극에 한정하기 위해 변별(Discrimination) 훈련이 필요하다. 변별은 유사하지만 다른 자극들을 구분하여, 특정 자극에만 반응하도록 훈련하는 과정으로, 일반화와 균형을 이루어야 학습의 효과성과 적응력이 동시에 확보될 수 있다.

결과적으로 일반화는 고전적 조건화에서 매우 자연스럽고 유익한 현상이지만, 그 정도와 범위가 적절하게 조절되지 않을 경우 학습 효과를 저해하거나 부작용을 초래할 수 있기 때문에, 학습 목표에 따라 일반화와 변별을 적절히 조화시키는 것이 중요하다.

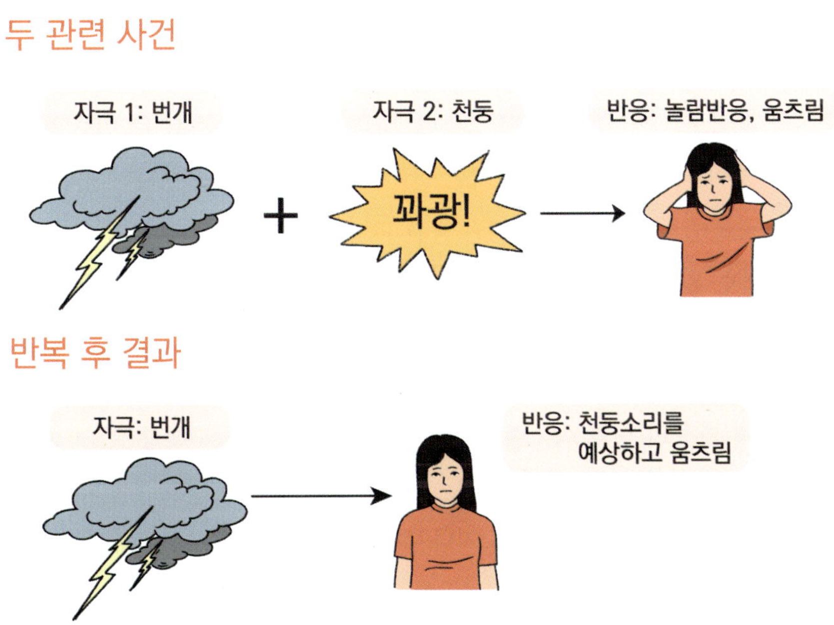

일반화의 사례

(2) 변별(Discrimination)

변별은 조건 자극(Conditioned Stimulus, CS)과 **유사한 자극들 사이에서 특정 자극만을 구별하여 반응하도록 학습하는 과정**을 의미한다. 이 과정에서 학습자는 조건화된 자극에는 반응하지만, 유사한 자극에는 반응하지 않도록 학습하게 된다. 변별은 학습의 정교화를 가능하게 하며, 환경 속 다양한 자극 중에서 핵심적인 정보에만 주의를 기울이고 선택적으로 반응할 수 있도록 돕는다.

파블로프의 고전적 조건화 실험에서도 변별의 개념은 명확하게 확인된다. 그는 개에게 특정 톤의 종소리(예 1000Hz)에만 음식(무조건 자극, UCS)을 제공하고, 유사한 다른 주파수의 소리(예 900Hz, 1100Hz)에는 아무런 보상을 주지 않는 실험을 반복하였다. 이 훈련 결과, 개는 조건 자극으로 학습된 특정 주파수의 종소리에만 침을 흘리는 조건 반응(Conditioned Response, CR)을 보였고, 그 외 유사한 자극에는 반응하지 않았다. 이 실험은 동물이 자극 간의 미묘한 차이를 구분하고, 그 차이에 따라 선택적으로 반응할 수 있다는 사실을 입증하였다.

변별은 동물이 에너지와 인지 자원을 효율적으로 사용하도록 돕는 데 중요한 역할을 한다. 복잡한 환경에서 모든 자극에 반응하는 것은 비효율적이기 때문에, 생존에 필요한 자극에만 반응하고, 무의미한 자극은 무시하는 능력이 생물에게는 필수적이다. 예를 들어 야생에서는 포식자의 울음소리에만 민감하게 반응하고, 유사하지만 무해한 소리에는 반응하지 않음으로써 불필요한 에너지 소모를 줄일 수 있다. 인간의 학습에서도 변별은 중요한 의미를 가진다. 학생이 외국어 학습 중 유사한 단어 발음이나 억양을 정확히 구분하고, 올바른 발음을 선택적으로 학습하는 것도 변별 학습의 일환이다.

그러나 변별에는 일정한 한계도 존재한다. 변별 학습은 비교적 많은 시간과 반복 훈련을 요구하며, 자극 간의 차이가 불분명하거나 자극 제시가 일관되지 않을 경우, 학습자에게 혼란을 줄 수 있다. 잘못된 자극을 조건 자극으로 인식하게 되면 오히려 학습 효과를 저해할 수 있으며, 따라서 자극의 명확성은 변별 학습의 성패를 좌우하는 핵심 요소이다. 또한 변별은 일반화와 밀접하게 연관되어 있으며, 두 개념은 상황에 따라 상호 조절되어야 한다. 지나치게 강한 변별은 학습 반응의 범위를 지나치게 좁게 만들어 유연한 적용이 어려워질 수 있기 때문에, 일반화와의 균형을 유지하는 것이 중요하다.

결론적으로 변별은 환경 속에서 정확한 자극을 인식하고 이에만 반응하게 하여 학습의 효율성과 정교함을 높이는 핵심 원리 중 하나이며, 이를 통해 생물은 불필요한 자극을 걸러내고 필요한 자극에만 선택적으로 반응함으로써 행동의 정확성과 목적성을 높일 수 있다.

(3) 소거(Extinction)

소거는 고전적 조건화에서 조건 자극(Conditioned Stimulus, CS)이 **더 이상 무조건 자극(Unconditioned Stimulus, UCS)과 함께 제시되지 않을 때, 이전에 학습된 조건 반응(Conditioned Response, CR)이 점차 약해지고 결국 사라지는 과정**을 의미한다. 이는 자극 간의 연합이 지속적으로 유지되지 않으면, 학습된 반응도 더 이상 유지되지 않는다는 것을 보여준다. 다시 말해, 조건 자극이 아무런 의미 없는 자극으로 되돌아가는 과정이라 할 수 있다.

파블로프의 고전적 조건화 실험에서도 소거 현상은 명확히 관찰되었다. 그는 종소리(CS)를 반복적으로 울리면서 음식(UCS)을 제공하지 않는 실험을 통해, 개가 점차 침을 흘리지 않게 되는 현상을 관찰하였다. 처음에는 조건 자극만으로도 강하게 나타나던 조건 반응(침 분비)이 시간이 지날수록 점차 약해졌고, 결국 완전히 사라졌다. 이는 조건 자극과 무조건 자극 간의 연합이 약화되면 조건 반응도 함께 약화된다는 점을 실험적으로 보여준 것이다.

이처럼 학습된 행동이 지속적으로 유지되기 위해서는 강화 자극이 계속 뒤따라야 한다. 예를 들어 반려견이 '앉아'라는 명령어에 따라 행동했을 때, 보상이 계속 제공되면 행동은 유지되지만, 보상이 중단되면 시간이 지나며 행동이 점차 줄어들고 결국 사라질 수 있다. 이러한 소거 과정을 이해하는 것은 학습 유지뿐만 아니라 문제행동의 교정에서도 매우 중요하다. 문제행동을 강화하는 보상이 제거될 경우, 그 행동 역시 약화될 수 있기 때문이다. 하지만 소거는 단순히 반응의 '소멸'로만 보아서는 안 된다. 조건 반응이 사라졌다고 해도, **일정 시간이 지난 후 동일한 조건 자극이 다시 제시되면 이전의 반응이 갑자기 되살아나는 자발적 회복(spontaneous recovery) 현상**이 나타날 수 있기 때문이다. 이는 소거가 학습 자체를 완전히 제거하는 것이 아니라, 학습된 반응의 표현을 일시적으로 억제하는 데 가까운 개념임을 시사한다.

또한 소거는 조건 자극의 반복 제시와 반응 약화 간의 관계에서 환경의 일관성과 자극 제시 방식에 따라 그 효과가 달라질 수 있다. 불규칙하게 조건 자극이 다시 보상과 함께 등장할 경우, 조건 반응이 오히려 더욱 강해지거나 변동성이 커지는 등 예측 불가능한 행동 패턴이 나타날 수 있다. 따라서 소거를 효과적으로 유도하려면, 조건 자극을 장기간 일관되게 무보상 상태로 유지해야 하며, 자극 제시 시점과 빈도에 대한 세심한 설계가 요구된다.

(4) 소거 격발(Extinction Burst)

소거 격발은 **고전적 조건화 또는 조작적 조건화에서 강화가 중단된 직후 일시적으로 조건 반응이 오히려 더 강하고 빈번하게 나타나는 현상**을 말한다. 이는 학습자가 기존에 기대하던 보상이 갑자기 사라졌을 때, 반응을 더 강하게 반복함으로써 이전의 결과를 다시 얻으려는 시도로 볼 수 있다. 소거 격발은 조건 반응이 완전히 사라지기 전에 나타나는 전형적인 과도기적 반응이며, 소거의 진행과정을 이해하는 데 있어 매우 중요한 개념이다.

예를 들어, 개가 '앉아'라는 명령어에 따라 행동할 때마다 간식 보상을 받아왔다면, 어느 날 갑자기 보상이 중단되었을 때 개는 처음에는 이전과 같은 강도로 반응하지만, 보상이 없자 그 반응을 더 빠르고 강하게 반복하거나 심지어 짖거나 앞발로 사람을 건드리는 등의 새로운 반응을 시도할 수 있다. 이는 "왜 보상이 없어졌지?"라는 혼란과 기대감에서 비롯된 반응 강화로 이해할 수 있으며, 이를 통해 동물은 환경의 변화를 감지하고 반응 방식을 조절해 나가게 된다.

소거 격발은 문제행동 수정 상황에서 특히 빈번하게 나타난다. 예를 들어, 개가 짖을 때마다 보호자가 달래주거나 간식을 준 경우, 이를 중단하면 개는 더 크게 짖거나 다른 형태의 주의 끌기 행동을 보일 수 있다. 이때 소거 격발을 이해하지 못하고 보호자가 다시 보상을 제공하면, 오히려 문제행동은 더 강화되고 고착화될 수 있다. 따라서 소거 격발은 학습이 되돌아간 것이 아니라, 소거가 제대로 작동하고 있다는 신호로 이해해야 하며, 이 시기를 일관성 있게 넘어가는 것이 중요하다.

(5) 자발적 회복(Spontaneous Recovery)

자발적 회복은 고전적 조건화에서 **조건 반응(Conditioned Response, CR)이 소거된 후 일정 시간이 지난 뒤, 조건 자극(Conditioned Stimulus, CS)이 다시 제시되었을 때 소거되었던 반응이 갑자기 다시 나타나는 현상**을 의미한다. 이는 학습된 자극-반응 관계가 완전히 사라진 것이 아니라, 일시적으로 억제된 상태에 있었다는 것을 보여주는 중요한 개념이다. 자발적 회복은 조건 반응의 소멸이 학습의 완전한 제거가 아니라 기억 속에 잠재된 연합의 재활성화라는 점에서 학습의 본질을 깊이 있게 설명해 준다.

파블로프는 조건 자극인 종소리(CS)를 반복해서 울리면서 음식(무조건 자극, UCS)을 제공하지 않자, 개의 침 분비 반응(CR)이 점차 줄어들고 결국 사라지는 소거 현상을 관찰하였다.

하지만 일정 시간이 지난 후 종소리만 다시 제시했을 때, 이전에 사라졌던 침 분비 반응이 다시 나타나는 것을 확인하였다. 이 현상이 바로 자발적 회복이며, 조건 반응이 영구히 제거된 것이 아님을 보여주는 대표적인 실험적 증거이다.

자발적 회복은 다양한 학습 상황과 실제 훈련 장면에서 중요한 시사점을 제공한다. 예를 들어, 문제행동을 소거시킨 반려동물이 일정 시간이 지난 후 다시 이전의 행동을 보이는 경우, 훈련이 실패한 것이 아니라 자발적 회복이 발생한 것일 수 있다. 이럴 때 훈련자는 당황하거나 실망할 필요 없이, 이전과 동일한 훈련 절차를 짧게 반복함으로써 반응을 다시 안정시킬 수 있다. 이러한 반복은 대개 처음 조건화를 진행할 때보다 훨씬 짧은 시간 안에 효과를 낼 수 있으며, 이를 재소거(re-extinction)라고 부르기도 한다.

이 현상은 **소거가 단순한 '학습의 제거'가 아님을 시사하며, 행동의 지속성과 안정성을 확보하기 위해서는 지속적인 반복 훈련과 유지 관리가 필요하다는 점을 강조**한다. 또한 자발적 회복을 예방하거나 줄이기 위해서는 다양한 상황에서 자극을 반복하고, 학습된 반응을 여러 환경에 일반화시키는 훈련이 필요하다. 특히 문제행동 수정이나 심리치료에서 자발적 회복을 고려하지 않으면, 일시적인 반응 재출현을 '실패'로 오인할 수 있으므로, 이 현상에 대한 사전 이해와 계획이 매우 중요하다.

결론적으로 자발적 회복은 학습된 반응이 완전히 소멸하지 않고 뇌의 기억 구조 안에 일정 시간 보존되며, 환경 자극에 따라 다시 나타날 수 있음을 보여주는 현상이다. 이는 학습의 유연성과 반복성, 그리고 반응의 회복 가능성에 대한 이해를 높이며, 행동 조절과 훈련의 실천적 전략을 세우는 데 핵심적인 역할을 한다.

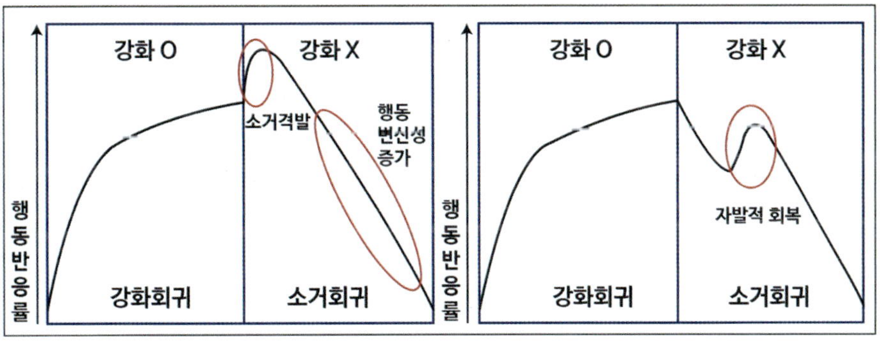

조작적 조건 형성과 관련된 현상 - 소거격발과 자발적 회복

(출처: 심리학용어사전)

5 고전적 조건화의 응용과 의의

(1) 고전적 조건화의 응용 사례

① 먹이 기대 반응 훈련

A. 훈련 목표

반려견에게 종소리(CS)와 간식(UCS)을 연결하여, 종소리만으로도 침을 흘리거나 기대 반응(CR)을 보이도록 학습시킨다.

B. 훈련 방법

- 훈련 장소를 조용하고 방해 요소가 없는 곳으로 선택한다.
- 종소리를 울린 뒤 즉시 간식을 반려견에게 제공한다. 간식은 작고 반려견이 좋아하는 종류로 준비한다.
- 이 과정을 하루에 10~15회씩 반복하여, 종소리가 간식의 도착을 예고하는 신호로 학습되도록 한다.
- 종소리와 간식을 연합시키기 위해 매번 일정한 간격(2~3초)을 두고 간식을 제공한다.
- 몇 번의 훈련 후 종소리를 울렸을 때 반려견이 침을 흘리거나 종소리에 반응하면 훈련이 성공적으로 진행된 것이다.

훈련이 성공적으로 이루어진 후에는 간식 제공 빈도를 점차 줄이며, 종소리만으로도 반려견의 반응을 유지하도록 학습을 강화한다.

② 공포 반응 제거(체계적 둔감화)

A. 훈련 목표

반려견이 두려운 자극(예 진공청소기 소리)에 대해 긍정적인 반응을 보이도록 학습시켜 공포를 점진적으로 감소시킨다. 고양이가 이동장(캔넬)(CS)에 대해 두려움을 보이는 경우, 이동장에 간식(UCS)을 반복적으로 연계하여 제시함으로써, 고양이가 이동장에 대해 긍정적인 조건반응을 형성할 수 있도록 한다.

B. 훈련 방법

- 반려견이 두려움을 느끼는 자극(예 진공청소기 소리)을 멀리서 아주 낮은 강도로 시작

한다. 소리를 틀지 않고 청소기를 그냥 방 한쪽에 두는 것도 좋은 시작점이다.

- 반려견이 청소기를 인지할 때 간식을 제공한다. 간식은 청소기 근처에 두거나 손으로 직접 주어 청소기와 긍정적 경험을 연합시킨다.
- 반려견이 청소기를 무서워하지 않고 간식을 먹는다면, 소리를 낮게 틀거나 진공청소기를 천천히 움직이며 자극을 조금씩 증가시킨다.
- 소리가 높아지거나 진공청소기가 가까이 움직여도 반려견이 침착하게 간식을 먹을 수 있을 때까지 반복한다.
- 이러한 과정을 통해 반려견이 공포 자극과 긍정적 경험을 연결하여 공포 반응이 감소되도록 한다.

③ 리콜(이리와) 훈련

A. 훈련 목표

반려견이 휘슬 소리만으로도 훈련자에게 돌아오는 기대 반응을 보이도록 학습시킨다.

B. 훈련 방법

- 훈련자는 휘슬을 불고 즉시 간식을 제공하여, 휘슬 소리가 간식 제공과 연관되도록 학습을 시작한다.
- 가까운 거리에서 훈련자가 휘슬을 불며 반려견을 부르고, 반려견이 훈련자에게 다가오면 간식을 제공한다.
- 훈련 거리를 점진적으로 늘려, 멀리 떨어진 상황에서도 휘슬 소리에 반려견이 돌아올 수 있도록 학습을 강화한다.
- 휘슬 소리와 행동(돌아오기)을 반복적으로 연결하여, 간식이 없이도 휘슬 소리만으로 행동이 유지되도록 훈련한다.
- 이 과정에서 항상 동일한 휘슬 소리 톤과 길이를 유지해 혼란을 방지한다.

④ 특정 장소에 대한 긍정적 연합

A. 훈련 목표

동물 병원과 같은 부정적 장소를 긍정적인 경험과 연결하여 스트레스를 감소시킨다.

B. 훈련 방법

- 병원 방문 전에 병원 근처로 데려가 간식을 주며 병원에 대한 긍정적인 연합을 형성한다.

- 병원에 도착했을 때 동물에게 간식을 제공하여 병원 환경과 간식을 연결한다.
- 병원 안으로 들어가 간식을 주고, 진료 과정이 끝난 후에도 간식을 제공하여 병원 방문이 긍정적 결과를 가져온다고 학습시킨다.
- 반복적으로 병원을 방문하여 긍정적 자극을 제공하며, 부정적 경험이 감소되도록 한다.
- 간식 대신 좋아하는 장난감을 사용할 수도 있으며, 병원에서 짧은 놀이 시간을 제공할 수도 있다.

(2) 학문적 의의와 유산

① 학제 간 영향

파블로프는 생리학적 연구를 기반으로 심리학의 학문적 체계를 형성하여 심리학이 과학적 실험에 기반한 학문으로 자리 잡는 데 기여했다. 그의 연구는 생리학, 심리학, 신경과학 등 다양한 학문 분야에 영향을 미치며, 학제 간 융합의 가능성을 보여주었다. 특히, 신경계와 행동 간의 연관성을 규명함으로써 심리학의 학문적 정체성을 과학적 실험과 연결지었다. 이는 심리학이 단순한 철학적 사색의 영역을 넘어 객관적이고 정량적인 연구 분야로 자리 잡는 데 기초가 되었다.

② 생리학과 심리학의 연결

파블로프는 생리학적 반응과 심리적 학습 과정 간의 상호 연관성을 탐구하며, 생리학과 심리학 간의 경계를 허물었다. 그는 신경계가 생리적 반응뿐만 아니라 행동의 학습 과정에도 중요한 역할을 한다는 점을 실험적으로 입증했다. 예를 들어, 소화액 분비 실험에서 외부 자극(음식, 종소리)이 생리적 반응(침 분비)에 영향을 미치는 과정을 규명함으로써, 신체적 현상과 심리적 학습이 밀접하게 연결되어 있음을 보여주었다. 이러한 발견은 심리학과 생리학이 상호보완적인 관계를 맺고 발전할 수 있음을 증명했으며, 신경과학 및 행동생리학과 같은 융합 학문 분야의 출현에 기여했다.

③ 행동주의 심리학의 기틀

파블로프의 연구는 행동주의 심리학의 발전에 있어 핵심적인 역할을 했다. 그는 자극과 반응 간의 연합이 학습 과정을 형성하는 기본 메커니즘임을 실험적으로 증명했다. 이러한 발견은 이후 존 왓슨(John B. Watson)과 같은 행동주의 학자들에게 큰 영감을 주었으며, 인간과 동물 행동이 학습될 수 있다는 행동주의 이론을 뒷받침했다. 특히, 고전적 조건화는 행동주의의 주요 이론적 토대가 되었으며, 이는 학습 이론, 치료 기법, 교육 방법론 등 다양한 응용 분야에서 활용되었다. 파블로프의 연구는 단순히 동물 실험에 그치지 않고, 인간의 학습과 행동을 이해하는 데 있어 심리학의 중심 원리로 자리 잡았다.

④ 과학적 연구 방법론

파블로프는 정교한 실험 설계를 통해 행동 연구의 과학적 표준을 제시했다. 그는 실험의 타당성과 재현성을 강조하며, 체계적이고 객관적인 데이터를 바탕으로 결론을 도출하는 연구 방식을 확립했다. 그의 실험은 정밀한 관찰과 조작적 변인을 통해 특정 자극과 반응 간의 인과관계를 규명하려는 노력을 보여준다. 예를 들어, 조건 자극(CS)과 무조건 자극(UCS)을 체계적으로 연합시키는 반복 실험은 고전적 조건화 이론의 신뢰성을 높였으며, 이는 현대 심리학 연구 방법론의 기초로 이어졌다. 이러한 방법론은 심리학뿐만 아니라 생리학, 신경과학 등 다양한 분야에서 과학적 연구의 표준으로 자리 잡았다.

⑤ 학문적 유산

파블로프의 연구는 단순히 특정 이론을 제시하는 데 그치지 않고, 학문적 연구와 실용적 응용의 다리 역할을 했다. 그의 고전적 조건화 이론은 심리치료, 교육, 마케팅, 동물 훈련 등 실생활에서 폭넓게 활용되며, 그의 연구가 학문적 경계를 넘어 사회 전반에 걸쳐 기여했음을 보여준다. 또한, 그의 실험적 접근은 과학적 사고를 강조하는 현대 학문의 토대를 마련했으며, 이는 다양한 학문 분야에서 계속 발전하고 있다. 그의 연구는 오늘날에도 학습, 행동, 심리 치료의 원리를 이해하는 데 있어 중요한 지침으로 작용하고 있다.

연습문제

1. 고전적 조건화(Classical Conditioning)를 처음으로 체계적으로 설명한 학자는 누구인가?

A. 존 왓슨

B. 이반 파블로프

C. 스키너

D. 알버트 반두라

2. 고전적 조건화에서 '무조건 자극(Unconditioned Stimulus, UCS)'이란 어떤 자극을 의미하는가?

A. 학습을 통해 획득된 자극

B. 생득적으로 반응을 유발하는 자극

C. 아무런 반응을 유도하지 않는 자극

D. 조건 반응을 유도하는 자극

3. 파블로프의 개 실험에서 '조건 자극(Conditioned Stimulus, CS)'에 해당하는 것은 무엇인가?

A. 음식

B. 종소리

C. 침 분비

D. 연구 보조원의 타액 채취

4. '무조건 반응(Unconditioned Response, UCR)'이란 어떤 반응을 의미하는가?

A. 학습되지 않은 자연적인 반응

B. 학습을 통해 획득된 반응

C. 조건 자극에 의해 나타나는 반응

D. 강화 과정을 통해 유도된 반응

5. 조건 자극과 무조건 자극이 동시에 제시되는 조건화 방식은 무엇인가?

A. 지연 조건화

B. 동시 조건화

C. 추적 조건화

D. 역방향 조건화

1. B / 2. B / 3. B / 4. A / 5. B

6. 조건 자극(CS)이 무조건 자극(UCS)보다 먼저 제시되고, 무조건 자극이 제시될 때까지 계속 유지되는 조건화 방식은 무엇인가?

A. 지연 조건화

B. 동시 조건화

C. 추적 조건화

D. 역방향 조건화

7. 역방향 조건화(backward conditioning)의 효과가 가장 약한 이유는 무엇인가?

A. 조건 자극과 무조건 자극이 동시에 제시되기 때문이다.

B. 조건 자극이 무조건 자극 뒤에 제시되기 때문이다.

C. 조건 자극이 무조건 반응을 유발하지 못하기 때문이다.

D. 조건 반응이 항상 학습되지 않기 때문이다.

8. 파블로프의 개의 실험에서 자극 일반화(stimulus generalization)의 사례로 가장 적절한 것은 무엇인가?

A. 특정 종소리에만 침을 흘리는 반응

B. 유사한 소리에도 침을 흘리는 반응

C. 종소리가 없으면 반응하지 않는 경우

D. 종소리가 음식 없이도 반응을 유발하는 경우

9. 조건 자극(CS)이 무조건 자극(UCS) 없이 제시될 때 조건 반응(CR)이 점차 약해지는 것을 무엇이라 하는가?

A. 소거

B. 자극 일반화

C. 자극 변별

D. 자발적 회복

6. A / 7. B / 8. B / 9. A

연습문제

10. 소거된 조건 반응이 일정 시간이 지난 후 약한 형태로 다시 나타나는 현상은 무엇인가?

A. 소거

B. 자발적 회복

C. 자극 일반화

D. 변별

11. 조건 자극과 유사한 자극에 반응하지 않도록 학습하는 과정을 무엇이라고 하는가?

A. 자극 일반화

B. 자극 변별

C. 소거

D. 고차 조건화

12. 조건화에서 중요한 원리 중 강도의 원리는 무엇을 의미하는가?

A. 자극과 반응 간의 연합은 반복 횟수에 비례한다.

B. 조건 자극이 강할수록 학습 효과가 커진다.

C. 무조건 자극의 강도가 클수록 학습이 더 잘 이루어진다.

D. 조건 반응이 자극의 강도와 무관하다.

13. 조건 자극과 무조건 자극의 연합이 반복될수록 학습 효과가 증가한다는 원리는 무엇인가?

A. 일관성의 원리

B. 시간의 원리

C. 계속성의 원리

D. 강도의 원리

14. 고전적 조건화에서 시간과 관련된 원리 중, 가장 효과적인 조건화가 일어나는 시점은 언제인가?

A. 조건 자극과 무조건 자극이 동시에 제시될 때

B. 조건 자극이 무조건 자극보다 약간 먼저 제시될 때

C. 조건 자극이 무조건 자극 뒤에 제시될 때

D. 조건 자극과 무조건 자극 사이의 간격이 매우 길 때

10. B / 11. B / 12. C / 13. C / 14. B

15. 파블로프의 실험에서 종소리에 침을 흘리는 반응은 어떤 종류의 반응인가?

A. 조건 반응(CR)

B. 무조건 반응(UCR)

C. 변별 반응

D. 일반화 반응

16. 소거(extinction)와 자발적 회복(spontaneous recovery)은 학습이 어떤 특성을 가지고 있는지를 보여주는가?

A. 학습은 완전히 사라질 수 있다.

B. 학습은 항상 지속된다.

C. 학습은 일시적으로 사라질 수 있지만 다시 재발할 수 있다.

D. 학습은 환경의 영향을 받지 않는다.

17. 다음 중 클리커 트레이닝에서 '클리커 소리에 대한 변별 반응'을 보여주는 사례는 어느 것인가?

A. 강아지가 어떤 소리가 들려도 항상 같은 행동을 한다.

B. 강아지가 훈련 중 클릭 소리에는 반응하지만, 다른 배경 소음에는 반응하지 않는다.

C. 강아지가 클릭 소리뿐만 아니라 TV 소리나 사람 목소리에도 반응한다.

D. 강아지가 클릭 소리가 없을 때도 자주 훈련된 행동을 시도한다.

18. 고전적 조건화는 학습 과정에서 무엇을 강조하는가?

A. 사고와 문제 해결

B. 자극과 반응 간의 연합

C. 강화와 처벌

D. 관찰과 모방

15. A / 16. C / 17. B / 18. B

연습문제

19. 고전적 조건화에서 소거(extinction)는 어떤 현상을 의미하는가?

A. 조건 자극과 무조건 자극이 계속해서 연합되는 현상

B. 이미 강화된 행동에 더이상 강화물을 제공하지 않아 점차 반응이 약해지는 현상

C. 이미 조건화 된 무조건 반응과 조건 반응이 완전히 영구적으로 사라지는 현상

D. 조건화 되지 않은 상태에서 무조건 자극이 조건 자극의 역할을 대신하는 현상

20. 자발적 회복(spontaneous recovery)은 소거된 조건 반응이 영구적으로 사라지는 현상을 의미한다.

A. 그렇다.

B. 아니다.

21. 조건 자극은 학습 이전에도 개체에게 자연스럽게 반응을 유도할 수 있는 자극이다. 예를 들어, 종소리나 특정 단어 같은 자극은 개에게 별도의 훈련 없이도 침을 흘리게 하거나 앉는 행동을 유도할 수 있다.

A. 그렇다.

B. 아니다.

22. 무조건 반응(UCR)은 조건 자극에 의해 유발되는 학습된 반응이다.

A. 그렇다.

B. 아니다.

19. B / 20. B / 21. B / 22. B

토론하기

1. 고전적 조건화의 정의를 설명하고, 파블로프의 실험을 예로 들어 이를 구체적으로 설명하시오.

2. 고전적 조건화 과정에서 일반화와 변별의 차이를 정의하고, 각각의 사례를 들어 설명하시오.

3. 소거(extinction)와 자발적 회복(spontaneous recovery)의 개념을 정의하고, 두 현상이 학습과 기억의 지속성을 설명하는 데 어떻게 기여하는지 논하시오.

4. 조건 자극과 무조건 자극 간의 시간적 간격이 학습에 미치는 영향을 설명하고, 시간의 원리가 중요한 이유를 논하시오.

5. 파블로프의 실험에서 나타난 조건 자극(CS), 무조건 자극(UCS), 조건 반응(CR), 무조건 반응(UCR)을 정의하고, 이들 간의 관계를 설명하시오.

6. 반려동물의 심각한 문제행동의 행동수정 시 소거 과정에서 나타나는 소거 격발(Extinction Burst)의 현상의 예를 설명하고, 이를 실생활에서 어떻게 관리할 수 있는지 논하시오.

CHAPTER

04

도구적 조건화

클리커
트레이닝 개론

CHAPTER 04

도구적 조건화

학습목표

- 도구적 조건화의 정의와 목적을 이해하고, 이 개념이 학습 과정에서 어떤 의미를 가지는지 설명할 수 있다.
- 도구적 조건화 실험의 배경과 과정(미로 실험과 문제상자 실험)을 통해 도구적 조건화의 원리를 구체적으로 설명할 수 있다.
- 시행착오설과 학습의 3대 법칙을 통해 도구적 조건화가 어떻게 유기체의 행동 변화를 이끄는지 이해할 수 있다.

1 클리커 트레이닝의 개념

(1) 도구적 조건화의 정의

도구적 조건화(Instrumental conditioning)는 행동주의 심리학의 핵심 이론 중 하나로, 특정 행동이 일어난 뒤에 뒤따르는 결과에 따라 그 행동의 발생 빈도가 증가하거나 감소하는 학습 과정을 의미한다. 이 이론은 미국의 심리학자 에드워드 손다이크(Edward Thorndike)에 의해 처음 제안되었으며, 이후 B.F. 스키너(B.F. Skinner)가 이를 발전시켜 행동주의 심리학의 핵심 이론으로 정립하였다. 도구적 조건화는 생물이 어떤 행동을 '수단'으로 사용하여 원하는 결과를 얻을 수 있다는 점에서 '도구적'이라는 이름이 붙었다.

예를 들어, 고양이가 자판기를 발로 누르면 먹이가 나오는 상황에서, 고양이는 우연히 레버를 눌러 먹이를 얻게 되면 그 행동을 점차 자주 반복하게 된다. 이는 행동 이후의 결과(보상 혹은 처벌)가 그 행동의 미래 발생 가능성에 영향을 미친다는 원리를 보여주는 것이다. 도구적 조건화는 일상적인 습관 형성, 동물 훈련, 교실에서의 행동 수정 등 다양한 분야에서 활용되며, 강화(보상)와 벌(처벌)의 원리를 통해 인간과 동물의 행동을 이해하고 조절하는 데 중요한 기초 이론으로 작용한다.

(2) 도구적 조건화에서 '도구'의 구체적 의미

도구적 조건화에서 '도구'라는 개념은 단순히 물리적인 도구에 국한되지 않으며, 유기체가 특정 목표를 달성하기 위해 사용하는 모든 수단과 행동을 포괄하는 넓은 개념이다. 이는 자극에 대한 자동적 반응이 아닌, 환경과의 능동적인 상호작용을 통해 유기체가 학습하고 선택한 행동을 의미한다.

유기체는 환경 변화에 적응하기 위해 다양한 행동을 시도하고, 그중에서 원하는 결과를 가져오는 행동을 선택적으로 반복하여 학습하게 된다. 이러한 과정에서의 행동은 단순 반사적 반응이 아니라, 목표 지향적인 선택의 결과이며, 적응을 위한 '도구'로서의 기능을 한다. 예를 들어, 손다이크의 실험에서 고양이가 문제상자 안에서 페달을 눌러 탈출한 행동은 우연히 일어난 것이 아니라, 자유라는 목표를 달성하기 위해 학습된 도구적 반응이었다. 여기서 고양이가 페달을 밟는 행동은 적응을 위한 '도구'로 해석할 수 있다.

'도구'라는 개념은 더 나아가 인지적·심리적 수준의 행동으로도 확장된다. 예컨대 막대기를 사용해 먹이를 끌어당기거나 버튼을 눌러 원하는 결과를 얻는 물리적 행동뿐 아니라, 반복적인 시행착오 과정을 통해 문제 해결 방법을 학습하거나, 특정한 패턴을 인식하고 기억하는 등의 인지적 전략도 도구적 반응에 포함된다. 이는 단순 행동을 넘어선 고등한 학습 과정을 설명하는 데 있어 중요한 개념적 확장이 된다.

도구적 반응은 궁극적으로 유기체가 환경의 요구에 맞추어 자신의 행동을 조정하고 목표를 달성하는 적응적 전략으로 작용한다. 야생 동물이 먹이를 얻거나 포식자를 피하기 위해 다양한 전략을 시도하고, 그중 효과적인 방법만을 선택적으로 반복하며 학습하는 행동은 모두 환경 적응을 위한 도구로 기능한다. 이러한 과정은 생존을 위한 행동 선택을 설명하는 데 중요한 기반이 된다.

또한, 도구적 반응은 명확한 목표 지향적 특성을 지닌다. 유기체는 특정한 목적을 이루기 위해 의도적으로 행동을 선택하고, 그 행동이 결과로 이어지는 것을 학습함으로써 더 나은 결과를 얻기 위한 전략을 개발한다. 예를 들어, 아이가 원하는 장난감을 얻기 위해 부모에게 말을 건네거나 요청하는 행동, 직장인이 업무 효율성을 높이기 위해 새로운 기술을 습득하는 과정 등은 모두 목표 달성을 위한 의도적 학습이자, 대표적인 도구적 반응이라

할 수 있다.

결론적으로 '도구'란 개념은 단순한 물리적 수단을 넘어서, 유기체가 목표를 달성하고 환경에 적응하기 위해 선택한 모든 행동과 전략을 포괄하는 의미로 이해되어야 하며, 이는 도구적 조건화의 핵심 원리를 이해하는 데 매우 중요한 역할을 한다.

2 도구적 조건화 실험

도구적 조건화는 행동주의 심리학의 핵심 이론 중 하나로, 에드워드 손다이크의 연구를 통해 처음 제시되었다. 이 이론은 유기체가 특정 행동을 통해 긍정적 결과를 얻거나 부정적 결과를 회피함으로써 학습이 이루어진다는 원리에 기반한다. 손다이크는 학습을 단순히 반응의 습득이 아니라, 환경에 적응하기 위한 필수적인 과정으로 보았다. 유기체는 시행착오를 통해 환경과 상호작용하며 적응해 나가고, 이 과정에서 행동이 목표를 달성하기 위한 도구로 작용한다는 점을 강조했다. 이러한 관점에서 도구적 조건화라는 개념이 발전하게 되었다.

(1) 도구적 조건화 실험의 배경

에드워드 손다이크는 심리학 초기 단계에서 인간과 동물의 학습 과정을 과학적으로 이해하려는 실증적 접근을 시도한 대표적인 학자이다. 그는 특히 동물 행동과 인간 행동 간의 유사점과 차이점을 비교하면서, 학습의 보편적 원리를 탐구하는 데 주력했다. 손다이크는 학습이 단순히 자극과 반응을 연결하는 수동적인 과정이 아니라, 유기체가 환경과 능동적으로 상호작용하며 학습의 결과를 통해 적응하는 과정이라는 점에 주목하였다.

손다이크는 학습이 유기체가 환경에 적응하는 데 필수적인 기제라고 보고, 이러한 적응 과정에서 행동의 결과가 중요한 역할을 한다고 가정했다. 그는 학습이 단순히 반응을 외부 자극에 결합시키는 것이 아니라, 행동의 결과가 해당 행동을 강화하거나 약화시킴으로써 점진적으로 효율적인 행동으로 발전한다고 주장하였다. 이 가설을 기반으로 손다이크는 특정 행동이 목표를 달성하는 도구로 작용하며, 이러한 행동이 시행착오(trial-and-error)를 통해 선택적으로 손다이크는 자신의 가설을 검증하기 위해 다양한 실험 장치를 설계하였으며, 초기 연구로 쥐를 대상으로 한 미로 실험을 진행하였다. 이 실험에서 쥐는 복잡한 미로를 탐색하며 먹이에 도달하기 위해 다양한 경로를 시도하였다. 초기에는 쥐가 막다른 길을 포함한 여러 경로를 시행착오적으로 탐색했으나, 반복 실험을 통해 효과적인 경로만을 선택하여 먹이에 도달하는 시간을 점차 단축하였다. 이를 통해 손다이크는 행동이 결과와 연합되어 학습이 이루어진다는 점을 입증하였다. 이러한 미로 실험은 행동의 결과가 학습에 미치는 영향을 보여주는 초기 단계의 연구로, 도구적 조건화의 기초를 마련하였다.

이후 손다이크는 미로 실험의 원리를 확장하여 고양이를 대상으로 한 문제상자(Puzzle Box) 실험을 진행하였다. 실험 초기 단계에서 고양이는 다양한 행동을 시도했으며, 시행착오를 통해 불필요한 행동(예 벽 긁기, 소리 지르기)은 점차 줄어들고, 효과적인 행동(예 페달 누르기)만 남게 되었다. 반복 실험을 통해 고양이는 '특정 행동을 하면 문이 열려 탈출할 수 있다'는 행동과 결과 간의 연합을 형성하게 되었으며, 학습 시간이 점차 단축되는 결과를 보였다.

손다이크의 문제상자 실험은 행동이 단순히 자극에 의한 반사적 반응이 아니라, 결과와 연합된 능동적이고 목표 지향적인 행동임을 보여준 중요한 연구이다. 이를 통해 손다이크는 행동이 긍정적인 결과를 가져올 경우 반복될 가능성이 높아진다는 '효과의 법칙(Law of Effect)'을 제안하였다. 이 법칙은 행동의 결과가 학습을 형성하고 강화하는 주요 요소임을 보여주는 도구적 조건화 이론의 핵심 원리를 제공하였다.

(2) 실험의 목표

도구적 조건화 실험의 첫 번째 목표는 **특정 행동(예 페달 누르기)과 그 결과(탈출, 자유) 사이의 연합을 관찰하고, 이러한 연합이 유기체의 학습에 어떤 효과를 미치는지**를 분석하는 데 있었다. 이를 통해 유기체가 단순한 자극-반응 형태의 행동을 넘어서, 행동의 결과를 인식하고 그에 따라 학습을 조절하는 과정을 밝히고자 하였다.

둘째, 유기체가 시행착오를 거치며 **비효율적이고 불필요한 행동을 줄이고, 점차적으로 효과적인 행동만을 선택적으로 반복**하게 되는 학습의 진전 과정을 검증하는 데 초점을 맞추었다. 다양한 행동을 시도하는 초기 단계에서는 성공과 실패가 반복되지만, 시간이 지남에 따라 성공 확률이 높은 행동이 강화되고, 불필요한 행동은 자연스럽게 소거되는 양상을 관찰하였다.

셋째, 실험은 **행동의 결과가 유기체의 학습에 어떤 영향을 미치는지를 체계적으로 측정**하고자 하였다. 특히 긍정적인 결과가 행동을 강화하고, 부정적이거나 무반응의 결과는 행동을 약화시키는 과정을 분석함으로써, 도구적 조건화의 핵심 원리인 결과 기반 학습의 메커니즘을 보다 명확하게 이해하려는 데 목적이 있었다.

(3) 실험 진행 과정

문제상자 실험은 손다이크가 미로 실험 이후 학습의 원리를 더욱 체계적으로 검증하기 위해 설계한 실험으로, 고양이를 대상으로 **특정 행동과 결과 간의 관계를 분석**하였다. 이 실험은 유기체가 **시행착오를 통해 행동과 결과를 연합하는 과정**을 관찰하는 데 중점을 두었으며, 도구적 조건화의 기초가 되는 연구였다.

손다이크의 퍼즐 상자(Puzzle Box) 실험

① 1단계: 문제상자 설계

- 문제상자는 나무로 만들어진 네모난 상자로, 고양이가 들어갈 수 있는 크기로 설계되었다.
- 상자 안에는 고양이가 조작해야 하는 장치(예 페달, 도르래, 막대)가 설치되었으며, 이러한 장치를 작동시켜야만 상자의 문이 열리도록 설계되었다.
- 상자 밖에는 고양이가 좋아하는 먹이나 자유롭게 활동할 수 있는 공간이 배치되어, 고양이의 행동에 동기를 부여하였다.
- 상자의 설계는 유기체가 목표(탈출)를 달성하기 위해 능동적으로 다양한 행동을 시도하도록 유도하였다.

② 2단계: 초기 행동 관찰

- 고양이를 문제상자에 가두고 관찰을 시작하였다.
- 초기에는 고양이가 무작위로 다양한 행동을 시도하였다. 벽 긁기, 소리 지르기, 꼬리 흔들기와 같은 행동들이 나타났으나, 대부분은 상자의 문을 여는 데 비효율적이었다.
- 이 시점에서 고양이는 상자의 구조나 작동 방식을 이해하지 못했기 때문에, 모든 행동은 우연적으로 발생하였다.
- 초기 행동 관찰을 통해 유기체가 목표에 도달하기 전 시행착오를 겪는 과정을 명확히 확인할 수 있었다.

③ 3단계: 시행착오 학습

- 실험이 진행되면서 고양이는 우연히 페달을 밟거나 누르면 막대를 당기게 되어 상자의 문이 열리고 탈출할 수 있었다.
- 처음에는 이러한 성공이 순전히 우연적인 행동의 결과로 나타났으나, 반복 실험을 통해 고양이는 '페달을 누르면 문이 열린다'는 행동과 결과 간의 관계를 점차 학습하였다.
- 반복 실험을 통해 고양이는 비효율적인 행동(벽 긁기, 소리 지르기)을 줄이고, 효과적인 행동(버튼 누르기, 막대 당기기)만을 선택적으로 수행하였다.
- 시행착오를 거치며 고양이는 상자의 구조와 작동 방식을 학습하고, 불필요한 행동을 제거하면서 점점 효율적으로 목표를 달성하였다.

④ 4단계: 결과 분석

- 손다이크는 실험 초기와 반복 실험 후의 탈출 시간을 비교하며 학습 효과를 분석하였다.
- 초기에는 고양이가 상자를 탈출하는 데 약 240초가 소요되었으나, 반복 실험을 통해 점점 탈출 시간이 단축되었으며, 최종적으로는 약 30초 만에 상자를 탈출할 수 있었다.
- 고양이의 행동 변화는 시행착오 학습을 통해 불필요한 행동은 제거되고 효과적인 행동만 강화된 결과를 보여주었다.
- 행동과 결과 간의 연합이 형성됨에 따라, 고양이는 더 이상 무작위적인 행동을 하지 않고 목표 지향적이고 효율적인 행동만을 수행하게 되었다.

(4) 도구적 조건화 실험의 결과

① 학습의 효율성 증명: 시행착오 학습의 효과

손다이크의 실험 결과는 **동물이 시행착오 과정을 통해 학습하며, 점차적으로 효과적인 행동만을 선택한다**는 점을 명확히 보여주었다. 문제상자 실험에서 고양이는 초기에는 벽 긁기나 소리 지르기와 같은 비효율적인 행동을 시도했으나, 반복 실험을 통해 페달을 누르거나 막대를 당기는 효율적인 행동만을 수행하게 되었다. 반복 학습 과정에서 불필요한 행동은 제거되고, 효과적인 행동은 강화되면서 학습 속도가 점차 빨라졌다.

② 행동과 결과 간의 연합 형성

고양이는 '버튼을 누르면 문이 열리고 탈출할 수 있다'는 행동과 결과 간의 연합을 형성하였다. 이러한 연합은 초기에는 우연히 이루어졌으나, 실험이 반복되면서 고양이는 특정 행동(버튼 누르기, 막대 당기기)을 의도적으로 수행하게 되었다. 이 결과는 **행동의 결과가 학습에 직접적인 영향을 미친다**는 '효과의 법칙'을 뒷받침하였다.

③ 탈출 시간의 단축

실험 초기에는 고양이가 문제상자를 탈출하는 데 약 240초가 소요되었다. 그러나 반복 실험을 통해 탈출 시간이 점점 단축되었으며, 최종적으로는 약 30초 만에 상자를 탈출할 수 있었다. **탈출 시간의 단축은 고양이가 시행착오 과정을 통해 학습하고, 효과적인 행동을 강화한 결과**임을 보여주었다.

④ 효과의 법칙 검증

실험 결과는 손다이크가 제안한 '효과의 법칙'을 입증하였다. **긍정적인 결과(탈출, 자유)가 주어지면 해당 행동이 강화되어 반복될 가능성이 높아지며, 부정적인 결과는 행동을 약화시킨다**는 원리가 확인되었다. 이는 학습이 단순히 자극과 반응의 연결이 아니라, 행동의 결과와의 관계를 통해 이루어진다는 점을 증명하였다.

⑤ 학습의 점진적 과정

실험 결과는 학습이 점진적이고 누적적인 과정임을 보여주었다. 고양이는 한 번의 시도로 모든 것을 학습하지 못했지만, **반복적인 시행착오를 통해 점차적으로 행동의 효율성을 높여갔다**. 학습은 즉각적으로 이루어지지 않으며, 시간과 반복을 필요로 한다는 점이 강조되었다.

3 도구적 조건화의 원리와 법칙

(1) 학습의 3대 법칙

시행착오설로 발견한 학습의 주요 3대 법칙

- **효과의 법칙**

만족스러운 결과를 초래한 행동은 반복될 가능성이 높고, 불만족스러운 결과를 초래한 행동은 반복될 가능성이 낮다.

- **연습의 법칙**

반복적인 연습을 통해 자극-반응(S-R) 간의 결합이 강화된다. 다만, 피드백 없는 단순한 반복은 학습에 한계를 가진다.

- **준비성의 법칙**

유기체가 행동을 수행할 준비가 되었을 때 학습이 더 효과적으로 이루어진다. 반대로 준비되지 않은 상태에서 강요된 행동은 불만족을 초래한다.

BEHAVIOR = STIMULUS - RESPONSE

① 효과의 법칙(Law of Effect)

효과의 법칙은 **행동의 결과가 학습 과정에서 자극-반응(S-R) 결합의 형성과 강화에 어떻게 영향을 미치는지를 설명하는 원리**이다. 이 법칙에 따르면, 특정 행동이 긍정적이고 만족스러운 결과를 초래하면 그 행동은 반복될 가능성이 높아지고, 반대로 부정적이고 불만족스러운 결과를 초래하면 행동이 약화될 가능성이 높아진다. 학습은 이러한 결과 중심적인 과정을 통해 이루어진다.

A. 개념적 이해

- **긍정적 결과**(보상): 행동의 결과가 보상으로 이어질 경우, 해당 행동은 강화되어 반복 가능성이 증가한다. 이는 학습의 주요 촉진 요소로 작용한다.
- **부정적 결과**(처벌): 행동의 결과가 불만족스러운 경우, 해당 행동의 빈도가 감소하며 학습 과정에서 점차 사라지게 된다.
- **결과 중심적 학습**: 학습은 단순히 자극과 반응 간의 연결이 아니라, 행동이 초래하는 결과를 통해 조정되고 강화된다.

B. 예시

- **문제상자 실험**: 손다이크의 문제상자 실험에서 고양이는 배고픈 상태로 상자에 갇히고, 상자 밖에는 생선이라는 보상이 배치되었다. 고양이가 우연히 버튼을 눌러 상자의 문이 열리면 생선을 얻을 수 있었다. 이 긍정적인 결과(보상)는 고양이의 버튼 누르기 행동을 강화하였다. 반복 실험을 통해 고양이는 페달 누르기와 문 열림이라는 결과의 관계를 학습하게 되었으며, 행동 수행 속도는 점차 빨라졌다.
- **일상생활 예시**: 학생이 수업 시간에 적극적으로 질문을 했을 때 선생님으로부터 칭찬을 받으면, 학생은 앞으로도 질문하는 행동을 반복할 가능성이 높아진다. 이는 긍정적 결과가 행동을 강화하는 효과의 법칙을 보여준다.

C. 효과의 법칙 수정

1930년대 이후, 손다이크는 효과의 법칙을 수정하여, 보상이 S-R 결합을 강화하는 데 매우 효과적임을 재확인했다. 하지만 **처벌이 S-R 결합을 약화시키는 데에는 일관성이 없고, 반드시 행동을 억제하지는 않는다는 점을 밝혀냈다**. 즉, 처벌은 학습 과정에서 중립적일 수 있으며, 결과적으로 학습에 미치는 영향은 제한적일 수 있다.

② 연습의 법칙(Law of Exercise)

연습의 법칙은 학습 과정에서 자극-반응(S-R) 결합이 반복과 연습을 통해 강화되며, 반복하지 않으면 약화된다는 원리를 설명하는 법칙이다. 이 법칙에 따르면, **특정 행동이 반복적으로 수행되면 해당 행동과 자극 간의 결합이 강화되고, 이는 학습의 중요한 과정**으로 작용한다. 반대로 행동이 반복되지 않거나 불사용 상태가 지속되면, 자극과 반응 간의 결합은 약화된다. 이 법칙은 학습에서 반복의 중요성을 강조한다.

A. 개념적 이해

- **반복과 강화:** 특정 행동을 반복적으로 수행하면 S-R 결합이 점차 강화된다. 반복은 학습 효과를 증진시키며, 행동이 자연스럽게 이루어질 수 있도록 돕는다. 이는 반복 연습이 학습의 주요 촉진 요소로 작용함을 보여준다.
- **반복하지 않을 경우 약화:** 행동이 반복되지 않거나 연습이 중단될 경우, S-R 결합이 약화되어 학습된 행동의 빈도가 점차 줄어들 수 있다. 이러한 원리는 연습의 법칙이 학습의 지속성을 유지하는 데 중요한 역할을 함을 강조한다.

B. 예시

- **문제상자 실험:** 손다이크의 문제상자 실험에서 고양이는 반복적으로 상자 안의 페달을 눌러 탈출하도록 훈련되었다. 실험 초반에는 고양이가 우연히 페달을 밟거나 눌렀지만, 반복적인 실험을 통해 고양이는 페달을 누르는 행동과 문이 열리는 결과 간의 결합을 학습하였다. 이로 인해 고양이는 점차 페달을 빠르게 누르게 되었으며, 행동 수행 속도도 점진적으로 단축되었다.
- **일상생활 예시:** 학생이 구구단을 반복적으로 암기하면, 자극(질문: '3x3은 무엇인가?')과 반응(대답: '9') 간의 결합이 강화되어 구구단을 빠르고 정확하게 암기하게 된다. 그러나 반복이 중단될 경우, 학생은 점차 구구단을 기억하지 못하게 될 수 있다.

C. 연습의 법칙 수정

1930년대 이후, 손다이크는 단순한 반복만으로는 학습이 효과적으로 이루어지지 않는다는 점을 발견하였다. 반복이 효과적이려면 피드백(feedback)이나 보상(reward)과 같은 학습 강화를 동반해야 한다. **단순히 행동을 반복하는 것만으로는 학습의 질을 개선할 수 없으며, 반복만으로 학습이 완성되지 않는다**는 점이 밝혀졌다. 이로 인해 연습의 법칙은 기존의 절대적 법칙에서 제외되었다.

③ 준비성의 법칙(Law of Readiness)

준비성의 법칙은 **학습 과정에서 유기체가 특정 행동을 수행할 준비가 되었을 때, 해당 행동이 학습과 만족을 유발한다**는 원리를 설명하는 법칙이다. 반대로, 준비되지 않은 상태에서 행동이 강요되거나 수행되지 않을 경우, 유기체는 불만족을 느끼고 학습이 효과적으로 이루어지지 않는다. 준비성의 법칙은 학습자가 학습을 수행할 준비가 되었는지, 학습 환경이 적절한지 등을 고려하는 학습 과정의 핵심 원리를 제시한다.

A. 개념적 이해

- **학습 준비와 만족:** 유기체가 특정 행동을 수행할 준비가 되었을 때, 행동을 수행하면 만족감을 느낀다. 학습자는 준비된 상태에서 학습 활동에 참여할 경우, 학습의 효과가 높아진다.
- **준비되지 않은 상태의 불만족:** 학습자가 준비되지 않은 상태에서 특정 행동을 강요받으면 불만족을 느끼고 학습 효과가 감소한다. 준비 부족은 학습 의욕 저하와 행동의 소극적 수행으로 이어질 수 있다.
- **자율성과 강제성:** 행동은 학습자가 자발적으로 수행할 때 효과적이다. 강요된 학습은 만족감을 주지 못하며, 학습 결과도 낮아진다. 준비된 상태에서 자율적으로 학습할 때, 학습의 동기와 지속성이 높아진다.

B. 예시

- **문제상자 실험:** 손다이크의 문제상자 실험에서 고양이가 배가 고픈 상태였기 때문에 탈출을 시도하고, 먹이를 얻으려는 동기(준비성)가 강했다. 이러한 준비 상태는 고양이가 문제 해결 행동(페달 누르기)을 반복적으로 수행하도록 촉진하였다. 만약 고양이가 배가 부른 상태였다면, 탈출에 대한 동기가 부족하여 학습이 효과적으로 이루어지지 않았을 것이다.
- **일상생활 예시:** 아이가 사칙연산에 대한 기본 지식이 준비된 상태에서 곱셈을 배우게 되면, 학습이 원활하게 이루어진다. 반대로, 덧셈과 뺄셈을 배우지 않은 아이에게 곱셈을 강요한다면 학습에 실패하거나 불만족스러운 결과를 초래할 가능성이 높다.

C. 준비성의 법칙의 확장

준비성의 법칙은 단순히 신체적 준비뿐만 아니라 심리적, 정서적 준비 상태도 포함한다. 학습자가 새로운 내용을 배우기 전에 적절한 학습 환경, 동기, 심리적 안정이 갖추어져 있어야 한다. 예를 들어, 학습 환경이 지나치게 소란스럽거나 학습자가 스트레스를 받고 있는 상황에서는 준비 상태가 충분하지 않으므로 학습 효과가 낮아진다.

(2) 종속적 학습의 법칙

손다이크는 학습의 3대 법칙(효과의 법칙, 연습의 법칙, 준비성의 법칙) 외에도 학습의 보조적 법칙으로 알려진 5가지 종속적 학습 법칙을 제시하였다. 이 법칙들은 학습이 단순히 자극과 반응의 결합만이 아니라, 유기체의 태도와 환경적 요인, 과거 경험 등이 상호작용하는 과정임을 설명한다.

① 다양반응의 법칙(Law of Multiple Responses)

다양반응의 법칙은 유기체가 새로운 문제 상황에 직면했을 때 다양한 반응을 시도하며 학습이 이루어진다는 원리를 설명한다. 이는 시행착오 학습의 핵심 요소로, 성공적인 반응은 선택적으로 강화되고, 비효율적인 반응은 점차 제거된다. 유기체는 환경을 탐색하며 가능한 모든 행동을 시도한 뒤, 가장 효과적인 행동을 학습하고 반복하게 된다. 이 법칙은 학습 과정에서 유기체의 적응적 능력과 탐구적 행동을 강조한다.

A. 개념적 이해

- **다양한 시도**: 유기체는 문제를 해결하기 위해 탐색적 행동을 통해 다양한 반응을 시도한다.
- **선택적 강화**: 시행착오 과정에서 성공적인 반응만이 선택적으로 강화되어 반복된다.
- **비효율적 행동 제거**: 학습 과정에서 비효율적이거나 불필요한 행동은 점차 사라진다.
- **환경 탐색**: 유기체는 문제 상황을 탐색하며 최적의 해결책을 발견한다.

B. 예시

- **문제상자 실험**: 손다이크의 문제상자 실험에서, 고양이는 탈출하기 위해 벽을 긁거나 꼬리를 흔드는 등 다양한 행동을 시도하였다. 처음에는 우연히 버튼을 누르게 되었지만, 반복 실험을 통해 버튼 누르기 행동이 선택적으로 강화되었다. 이후 고양이는 비효율적인 행동(벽 긁기, 소리 지르기)을 줄이고, 성공적인 행동(페달 누르기)만을 수행하게 되었다.
- **일상생활 예시**: 아이에게 새로운 퍼즐을 주었을 때, 아이는 퍼즐 조각들을 여러 방식으로 맞춰보며 시행착오를 겪는다. 이 과정에서 아이는 올바른 조합을 발견하고 이를 반복적으로 적용하며 퍼즐을 완성하는 방법을 학습한다.

C. 다양반응의 법칙의 의의

- **학습의 유연성**: 이 법칙은 유기체가 새로운 문제 상황에 적응하고 해결책을 찾는 과정에서 유연하게 반응한다는 점을 보여준다.
- **문제 해결 능력**: 시행착오 과정을 통해 유기체는 문제 해결에 필요한 새로운 행동을 학

습하며, 적응력을 키운다.

- **학습의 초기 단계**: 학습 초기 단계에서 유기체는 다양한 행동을 시도하며, 이 과정을 통해 학습의 기반을 다진다.

② 태도 또는 태세의 법칙(Law of Attitude or Set)

태도 또는 태세의 법칙은 학습이 유기체의 태도, 준비 상태, 또는 심리적 태세에 따라 영향을 받는다는 원리를 설명한다. 태도는 유기체가 환경과 상호작용하며 학습 과정에 접근하는 방식과 학습 결과에 대한 반응을 결정하는 중요한 요인으로 작용한다. 이 법칙은 유기체의 태도와 정서적 상태가 학습의 효과성과 방향에 미치는 영향을 강조한다.

A. 개념적 이해

- **태도와 학습의 방향성**: 학습은 유기체의 전체적인 태도와 준비 상태에 의해 좌우된다. 긍정적 태도는 학습을 촉진하고, 부정적 태도는 학습을 방해할 수 있다.
- **준비된 태도**: 유기체가 학습 과제에 대해 준비가 되어 있을 때 학습은 효율적으로 이루어진다.
- **만족과 불만족**: 태도는 유기체가 학습 과정에서 느끼는 만족과 불만족에 영향을 미치며, 학습 동기와 의욕을 결정한다.
- **환경과 상호작용**: 태도는 유기체가 문제 상황에서 환경을 어떻게 해석하고 반응하는지에 영향을 미친다.

B. 예시

- **문제상자 실험**: 손다이크의 문제상자 실험에서, 고양이가 상자 밖의 생선을 보고 강한 동기를 느끼며 탈출하려는 태도를 보였다. 반대로, 탈출 동기가 부족하거나 환경에 흥미를 잃은 경우, 학습은 지연되거나 이루어지지 않았다.
- **일상생활 예시**: 학생이 수학 문제를 풀 때, 스스로 문제를 풀고자 하는 긍정적 태도를 가지고 있으면 학습이 빠르게 이루어진다. 그러나 학습에 대한 부정적 태도나 스트레스를 느끼는 경우 학습 효과는 크게 저하된다.

C. 태도 또는 태세의 법칙의 의의

- **학습 동기 강조**: 학습은 단순한 자극-반응 연결만으로 이루어지지 않으며, 유기체의 태도와 동기가 중요한 역할을 한다.

- **정서적 요인의 중요성**: 태도는 학습 과정에서 유기체의 정서적 반응과 행동 방향을 결정하는 중요한 요인임을 보여준다.
- **환경과의 조화**: 학습은 유기체가 환경과 조화롭게 상호작용하는 과정에서 이루어지며, 이는 유기체의 태세에 의해 결정된다.

③ 요소의 우월성의 법칙(Law of Partial Activity)

요소의 우월성의 법칙은 유기체가 환경의 모든 요소에 반응하지 않고, 환경을 구성하는 다양한 자극들 중에서 일부 핵심적인 요소에만 선택적으로 반응한다는 원리를 설명한다. 이는 유기체나 학습자가 환경을 분석하고, 학습에 중요한 요소를 선택적으로 집중하여 학습의 효율성을 높이는 과정을 강조한다. 유기체는 중요한 자극을 선택적으로 주목하고, 이를 통해 적절한 반응을 학습하며 환경과 상호작용한다.

A. 개념적 이해

- **선택적 주의**: 유기체는 환경 내의 모든 자극에 반응하지 않고, 특정한 중요 요소에만 주의를 집중한다.
- **효율성 강조**: 환경의 핵심 요소를 선택적으로 활용함으로써 학습의 효율성이 증대된다.
- **분석적 사고**: 유기체는 환경의 다양한 자극을 분석하고, 그중 중요한 자극을 선별하여 반응한다.
- **비본질적 요소 배제**: 유기체는 학습에 불필요한 자극을 배제하고, 중요한 자극에 반응하는 과정을 통해 학습을 최적화한다.

B. 예시

- **문제상자 실험**: 손다이크의 문제상자 실험에서, 고양이는 상자 내부의 여러 자극(벽, 천장, 바닥, 버튼 등)을 탐색하면서, 결국 문을 열 수 있는 버튼이라는 핵심 요소에 주목하게 되었다. 반복 실험을 통해 고양이는 불필요한 자극에 반응하지 않고, 페달 누르기에만 집중하게 되었다.
- **일상생활 예시**: 학생이 복잡한 수학 문제를 풀 때, 문제에 포함된 불필요한 정보(장황한 설명이나 그림)를 무시하고, 문제 해결에 필요한 핵심 정보를 분석하여 집중한다. 이를 통해 학습의 효율성을 높인다.

C. 요소의 우월성의 법칙의 의의

- **효율적 학습**: 이 법칙은 학습자가 학습 과정에서 중요한 정보를 선별하고, 이를 중심으

로 학습을 진행할 수 있도록 돕는다.

- **문제 해결의 핵심 요소**: 학습자는 문제 해결 과정에서 본질적인 요소를 파악하고, 이를 통해 학습 및 문제 해결 능력을 강화한다.
- **학습의 경제성**: 학습자가 불필요한 요소를 배제함으로써 시간과 에너지를 절약하고, 학습의 효율성을 극대화할 수 있다.

④ 유추 또는 동화의 법칙(Law of Analogy or Assimilation)

유추 또는 동화의 법칙은 학습자가 새로운 문제 상황에 직면했을 때, 과거에 경험한 유사한 상황에서 학습한 반응이나 해결 방법을 적용하려는 경향을 설명한다. 이는 학습자가 기존의 지식이나 경험을 바탕으로 새로운 상황을 이해하고 해결하려는 사고 과정을 강조하며, 학습의 전이를 통해 새로운 문제 해결 능력을 향상시킨다.

A. 개념적 이해

- **유사성 활용**: 학습자는 새로운 상황에서 과거의 유사한 상황을 떠올리고, 그때의 학습된 반응을 적용한다.
- **전이 학습**: 이전 경험에서 얻은 학습이 새로운 문제 해결에 도움을 주며, 이를 통해 학습 효과가 확대된다.
- **패턴 인식**: 학습자는 새로운 문제의 핵심 패턴과 기존의 문제에서 발견한 패턴 간의 유사성을 분석한다.
- **일반화된 사고**: 새로운 문제 상황에 대응하기 위해 과거 경험을 일반화하여 적용한다.

B. 예시

- **문제상자 실험**: 고양이는 처음에는 문제상자에서 특정 페달을 눌러 문을 여는 방법을 학습했다. 이후 고양이가 다른 상자에 들어가게 되었을 때, 새로운 장치(페달)가 있어도 기존에 학습한 페달 누르기와 유사한 행동을 시도하여 문제를 해결하려고 했다. 이는 유추를 통해 새로운 문제를 해결한 예이다.
- **일상생활 예시**: 학생이 새로운 수학 문제를 풀 때, 과거에 학습한 문제 풀이 방식과 유사한 접근 방식을 적용하여 새로운 문제를 해결한다. 예를 들어, 등차수열 공식을 학습한 학생이 이를 활용해 새로운 유형의 수열 문제를 푸는 경우이다.

C. 유추 또는 동화의 법칙의 의의

- **문제 해결의 전이**: 학습자는 과거의 경험을 바탕으로 새로운 문제를 해결하며, 이는 학

습 전이와 창의적 문제 해결 능력을 향상시킨다.

- **창의적 사고 촉진**: 기존 경험을 바탕으로 새로운 문제에 대한 해결책을 찾으려는 과정을 통해 창의적 사고가 촉진된다.
- **학습의 확장**: 학습자는 새로운 상황에서도 과거의 지식을 활용함으로써 학습의 범위와 응용 능력을 확장한다.
- **적응 능력 강화**: 새로운 문제 상황에 적응하기 위한 학습자의 사고와 행동 능력이 강화된다.

⑤ 연합 치환의 법칙(Law of Associative Shifting)

연합 치환의 법칙은 자극과 반응의 연합이 새로운 자극으로 전환될 수 있음을 설명하는 원리이다. 이는 학습자가 기존에 학습된 자극-반응(S-R) 관계를 새로운 자극과 연결하여 학습을 확장하거나 전환할 수 있는 과정을 보여준다. 이 법칙은 학습이 단일한 자극-반응 연결에 한정되지 않고, 새로운 자극 상황에서도 적응적으로 확장될 수 있음을 강조한다.

A. 개념적 이해

- **기존 학습 전환**: 학습된 자극-반응 관계가 새로운 자극으로 전환될 수 있다.
- **자극의 유사성**: 새로운 자극은 기존 학습된 자극과 유사성이 있을 때 더 쉽게 연합된다.
- **자극 대체**: 기존 자극과 새로운 자극이 함께 주어지는 과정을 통해 새로운 자극이 기존 반응과 연결된다.
- **적응적 확장**: 학습자는 기존 학습을 바탕으로 새로운 상황에서도 유사한 반응을 보이며, 학습의 적용 범위를 넓힌다.

B. 예시

- **문제상자 실험**: 고양이는 처음에는 특정 부분(페달)을 눌러 문을 여는 것을 학습했다. 이후 페달이 아닌 레버로 교체된 상자에서, 고양이는 페달과 유사한 방식으로 레버를 작동시켜 문을 열었다. 이는 기존 학습된 페달과 레버의 연합이 치환된 결과이다.
- **일상생활 예시**: 한 사람이 특정 신호음(예 종소리)에 따라 행동을 학습한 뒤, 새로운 신호음(예 벨 소리)과 행동이 연합되면, 새로운 신호음만으로도 동일한 반응을 보이게 되는 경우이다.
- **교육적 예시**: 학생이 영어 단어를 플래시카드로 학습한 후, 동일한 단어를 소리로 듣는 상황에서도 단어의 의미를 이해할 수 있는 경우이다.

C. 연합 치환의 법칙의 의의

- **학습의 전이**: 기존 학습된 자극-반응 연결이 새로운 상황에서도 유연하게 적용될 수 있다는 점을 보여준다.
- **적응 능력 강화**: 학습자가 새로운 환경에서도 기존 학습을 기반으로 적응력을 발휘할 수 있다.
- **학습 확장 가능성**: 학습이 단일한 자극에 국한되지 않고, 새로운 자극으로 대체되며 확장될 수 있음을 강조한다.
- **변화에 대한 학습**: 환경 변화에 따라 학습된 행동을 전환하거나 수정하는 능력을 설명한다.

4 에드워드 손다이크(Edward Lee Thorndike): 생애와 학문적 기여

에드워드 리 손다이크(Edward Lee Thorndike, 1874-1949)는 미국의 심리학자로, 학습 심리학과 행동주의 심리학의 기초를 형성한 선구적인 학자로 평가된다. 그는 시행착오 학습과 효과의 법칙(Law of Effect)을 제안하며 행동이 결과에 의해 조정된다는 원리를 정립하였다. 그의 연구는 인간과 동물의 행동을 과학적으로 이해하고 분석하는 데 중대한 기여를 했으며, 이후 행동주의 심리학과 교육 심리학의 발전에 결정적인 영향을 미쳤다.

손다이크는 학습을 자극과 반응(S-R) 간의 결합으로 설명하며, 학습이 단순한 추리나 사고가 아니라 경험적이고 행동 중심적으로 이루어진다는 점을 입증했다. 그는 실험과 데이터를 바탕으로 학습과 행동을 연구한 최초의 심리학자 중 한 명으로, 현대 심리학에서 중요한 학문적 토대를 마련하였다.

(1) 주요 연구와 업적

① 시행착오 학습과 연합주의 심리학

손다이크는 고양이를 대상으로 한 문제상자 실험을 통해 학습이 자극과 반응(S-R) 간의 결합으로 이루어진다는 시행착오설을 제안하였다. 이 실험에서 그는 학습이 사고나 추리와 같은 고차원적인 인지 과정에 의존하기보다는, 시행과 착오를 반복하는 과정에서 점진적으로 이루어진다고 주장했다.

고양이는 상자에서 탈출하기 위해 다양한 행동을 시도하였으며, 성공적인 행동(페달 누르기)이 결과적으로 강화되어 반복되었고, 비효율적인 행동은 점차 사라졌다. 이러한 과정을 통해 손다이크는 학습이 점진적이고 연속적인 과정임을 실험적으로 증명하였다. 이 연구는 자극과 반응 간의 결합을 중심으로 설명하는 학습 이론인 연합주의 또는 결합주의의 기초를 마련하였다. 손다이크는 자극과 반응의 결합이 학습의 본질이라고 보았으며, 이는 이후 행동주의 심리학의 이론적 기반이 되었다. 특히, 그는 학습을 단순히 외부 자극에 대한 본능적 반응으로 보지 않고, 시행착오를 통해 환경과의 상호작용에서 효과적으로 변화하는 행동의 결과로 이해하였다.

손다이크의 연합주의는 자극과 반응 간의 관계를 과학적으로 탐구하려는 최초의 체계적인 접근 중 하나로, 학습과 행동을 과학적으로 설명하는 데 중요한 역할을 했다. 이러한 그의 연구는 이후 행동주의 심리학의 주요 원리를 정립하는 데 있어 핵심적인 영향을 미쳤다.

② 교육 통계학과 과학적 교육론

손다이크는 '모든 존재하는 것은 양적으로 존재하며, 측정될 수 있다'는 신념을 바탕으로 교육 문제에 정량적 접근을 도입하였다. 그는 교육 통계학을 창시하며, 교육의 성과를 측정하고 비교할 수 있는 체계적인 도구를 개발하였다. 1908년, 그는 스탠포드 대학과 협력하여 산수추리검사와 같은 교육 측정 도구를 설계하였으며, 이후 다양한 척도(예 암기 척도, 작문 척도, 언어 척도)를 개발하여 교육의 과학적 연구를 주도하였다.

③ 학습의 전이와 동일요소설

에드워드 리 손다이크는 학습의 전이에 관한 연구를 통해 동일요소설을 제안하였다. 이 이론은 학습이 한 과제에서 다른 과제로 전이되는 과정에서 두 과제 간에 동일한 요소가 존재할 때, 학습의 전이 효과가 더 커진다는 것을 설명한다. 다시 말해, 학습 경험에서 공유되는 요소가 많을수록, 한 과제에서 습득한 지식이나 기술이 다른 과제에 더 잘 적용된다는 것이다.

손다이크는 이 이론을 통해 학습 전이가 무작위적이거나 전반적인 것이 아니라, 학습된 과제와 새로운 과제 간의 유사성이나 연관성에 따라 달라진다고 주장하였다. 그는 실험을 통해 물리적으로나 개념적으로 동일하거나 유사한 요소가 포함된 두 과제 간에 전이 효과가 크다는 것을 입증하였다.

(2) 학문적 의의와 유산

① 학습 과정의 과학적 연구

손다이크는 학습과 행동을 실험적으로 검증하였고, 심리학을 과학적이고 경험적인 학문으로 정립하는 데 기여하였다. 도구적 조건화는 학습의 경험적 측면을 검증한 최초의 심리학 이론 중 하나로, 행동주의 심리학의 기초를 확립하였다. 손다이크의 연구는 학습이 사고나 추리에 의존하지 않고 행동과 결과 간의 관계를 통해 이루어진다는 점을 실험적으로 입증하며, 행동 중심의 학습 이론의 발전을 이끌었다. 이로 인해 학습 이론은 기존의 철학적 사유 중심에서 과학적이고 경험적인 연구로 전환되는 계기가 되었다.

② 행동주의 심리학의 초석 마련

손다이크의 연구는 행동주의 심리학의 발전에 중요한 기초를 마련하였다. 특히, 자극-반응(S-R) 결합과 결과 중심 학습의 원리는 이후 존 왓슨(John B. Watson)과 스키너(B.F. Skinner)의 연구에 영향을 미쳤다.

③ 교육학과 학습 이론의 발전

손다이크는 교육 심리학의 선구자로서, 학습 과정에서의 경험과 반복의 중요성을 강조하였다. 그는 학습 자료의 표준화, 학생의 개인차 분석, 교수법 개선 등을 통해 현대 교육학에 실질적인 기여를 하였다. 특히 손다이크의 효과의 법칙은 교육 현장에서 보상과 징잔을 활용한 학습 강화의 이론적 근거를 제공하였고, 이는 현재까지도 학교 교육, 직업 훈련, 심지어 동물 훈련에서도 활용되고 있다.

④ 동물 행동 연구에서의 기여

손다이크의 문제상자 실험을 통해 동물의 행동이 환경과 상호작용하며 결과를 통해 점진적으로 수정되는 과정을 밝혀냈다. 이러한 연구는 동물 훈련 및 행동 교정을 위한 실질적 방법론을 제시하였고, 조작적 조건화와의 비교를 통해 학습 이론의 다양성을 확립하는 데 기여하였다. 손다이크의 도구적 조건화는 결과 중심의 학습 원리를 초기 단계에서 체계화하였으며, 이후 스키너의 조작적 조건화가 이러한 원리를 더 발전시켜 인간 행동의 복잡한 측면까지 설명할 수 있는 보다 정교한 이론적 틀을 제공하게 되었다.

손다이크 연구의 장점	손다이크 연구의 한계
▪ 학습의 기본 원리를 이해하는데 도움을 준다. ▪ 동물뿐 아니라 인간의 학습 및 다양한 학습 상황에 적용할 수 있다. ▪ 학습자의 능동적인 역할을 강조한다. ▪ 행동주의 학습 이론의 기초를 제공하였으며 이후의 학습이론 발전에 큰 영향을 미쳤다.	▪ 동물 실험을 기반으로 한 이론으로 인간의 학습에 적용하기에는 한계가 있다. ▪ 학습이 이루어지는 과정을 단순화하여 설명하고 있어 복잡한 학습 과정을 설명하기에는 부족하다. ▪ 학습자의 인지적 능력을 고려하지 않았다.

손다이크는 심리학과 교육학의 경계를 넘나들며 학문적 융합과 혁신을 이룩한 학자였다. 그의 연구는 학습과 행동의 본질을 과학적으로 이해하는 데 기여하였으며, 현대 심리학과 교육학의 발전에 지속적으로 영향을 미치고 있다.

연습문제

1. 도구적 조건화의 정의로 가장 적절한 것은 무엇인가?

A. 자극과 반응 간의 단순 연결

B. 특정 행동이 환경에서 보상을 통해 학습되는 과정

C. 학습된 자극이 새로운 자극으로 전환되는 과정

D. 무조건 자극과 조건 자극의 연합

2. 도구적 조건화의 주요 목적을 가장 잘 설명한 것은 무엇인가?

A. 유기체의 본능적인 반응을 강화하는 것

B. 유기체가 시행착오를 통해 원하는 결과를 얻는 행동을 학습하는 것

C. 자극들 간의 연합을 형성하는 것

D. 유사한 자극에 대한 반응을 일반화하는 것

3. 손다이크의 문제상자 실험에서 고양이가 반복적으로 학습하게 된 행동은 무엇인가?

A. 먹이를 향해 움직이는 행동

B. 종을 울리는 행동

C. 레버(페달)를 눌러 탈출하는 행동

D. 특정한 소리에 반응하는 행동

4. 도구적 조건화 실험의 결과로 알 수 있는 학습의 특징은 무엇인가?

A. 행동은 항상 즉각적으로 변화한다.

B. 시행착오를 통해 최적의 행동이 점진적으로 형성된다.

C. 모든 행동은 동일한 속도로 학습된다.

D. 학습은 환경에 영향을 받지 않는다.

5. 손다이크의 학습 3대 법칙에 해당하지 않는 것은 무엇인가?

A. 효과의 법칙

B. 연습의 법칙

C. 자극의 법칙

D. 준비성의 법칙

1. B / 2. B / 3. C / 4. B / 5. C

연습문제

6. 시행착오 학습의 본질은 무엇인가 무엇인가?

A. 유기체가 주어진 자극에 따라 본능적으로 반응

B. 다양한 행동을 시도하며 성공적인 행동을 반복

C. 자극과 자극 간의 연합 형성

D. 조건 자극과 무조건 자극의 시간적 연합

7. 도구적 조건화 실험에서 고양이가 문제상자에서 탈출한 방법은 무엇에 기반하는가?

A. 본능적 행동

B. 무조건 반응

C. 학습된 도구적 반응

D. 자극의 일반화

8. 손다이크의 효과의 법칙에 따르면 행동이 반복될 가능성을 높이는 요인은 무엇인가?

A. 자극의 강도

B. 긍정적인 결과

C. 자극 간의 유사성

D. 시행착오 횟수

9. 손다이크가 제시한 학습의 '준비성의 법칙'(Law of Readiness)이 의미하는 것은 무엇인가?

A. 학습은 언제나 쉽게 이루어진다.

B. 학습이 효과적으로 이루어지기 위해서는 유기체가 심리적·생리적으로 준비되어 있어야 한다.

C. 모든 자극은 같은 학습 결과를 낳는다.

D. 학습은 대부분 본능적인 반응으로 나타난다.

10. 손다이크의 문제상자 실험에서 관찰된 학습의 특징은 무엇인가?

A. 첫 시도에서 즉각적인 성공

B. 점진적인 시행착오 학습

C. 본능에 의한 반응

D. 정적인 행동 패턴

6. B / 7. C / 8. B / 9. B / 10. B

11. 손다이크의 학습 3대 법칙 중, 반복적 연습의 중요성을 강조한 법칙은 무엇인가?

A. 효과의 법칙

B. 연습의 법칙

C. 준비성의 법칙

D. 소거의 법칙

12. 도구적 조건화의 원리 중 긍정적인 결과가 학습에 미치는 영향을 설명하는 법칙은 무엇인가?

A. 연습의 법칙

B. 효과의 법칙

C. 자극 일반화의 법칙

D. 조건화의 법칙

13. 손다이크의 미로 실험의 주된 목적은 무엇인가?

A. 본능적 행동 연구

B. 시행착오 학습의 과정 확인

C. 조건 자극의 효과 연구

D. 자극 간 연합 연구

14. 도구적 조건화 실험에서 고양이가 문제상자에서 학습한 과정은 무엇에 기반을 두고 있는가?

A. 단순한 자극-반응 연결

B. 시행착오에 의한 학습 과정

C. 조건 자극의 반복적 노출

D. 본능에 의한 자동 반응

15. 다양반응의 법칙에 따르면 유기체가 새로운 문제 상황에 직면했을 때 어떤 학습 과정을 거치게 되는가?

A. 동일한 반응만 시도한다.

B. 다양한 반응을 시도하며 성공적인 반응만 선택적으로 강화한다.

C. 실패한 반응을 반복적으로 시도한다.

D. 외부 자극이 없으면 학습하지 않는다.

11. B / 12. B / 13. B / 14. B / 15. B

토론하기

1. 도구적 조건화의 정의와 이를 통해 학습이 이루어지는 과정을 설명하시오.

2. 손다이크의 문제상자 실험에서 고양이가 학습한 과정과 이를 통해 도구적 조건화의 원리를 도출한 방법을 설명하시오.

3. 도구적 조건화에서 시행착오 학습이 중요한 이유와 그 과정을 구체적인 사례를 들어 설명하시오.

4. 손다이크의 학습 3대 법칙(효과의 법칙, 연습의 법칙, 준비성의 법칙)을 정의하고, 각 법칙이 학습 과정에 어떤 영향을 미치는지 설명하시오.

5. 도구적 조건화에서 긍정적 결과(보상)가 학습된 행동의 빈도에 미치는 영향을 설명하고, 그 원리를 예를 들어 설명하시오.

6. 도구적 조건화와 고전적 조건화의 차이점을 설명하고, 두 이론이 학습 과정에 미치는 영향을 비교하시오.

CHAPTER

05

조작적 조건화

CHAPTER **05**

조작적 조건화

학습목표

- 조작적 조건화의 정의와 목적을 이해하고, 강화와 처벌의 개념 및 차이를 바탕으로 행동 변화의 원리를 설명할 수 있다.
- 강화물과 처벌의 효과적인 사용 방법과 유의사항을 알고, 조형(shaping)의 원리를 활용한 행동 학습 과정을 사례와 함께 설명할 수 있다.
- 조작적 조건화를 동물 훈련, 교육, 심리치료, 마케팅 등 다양한 분야에 적용된 사례를 분석하고, 학습 과정에서 발생할 수 있는 문제점(예 행동 과잉, 의존성 등)을 인식하여 적절한 해결 방안을 제시할 수 있다.

1 조작적 정의의 개념

(1) 조작적 조건화의 정의

조작적 조건화(Operant Conditioning)는 유기체가 자신의 행동을 통해 환경에 영향을 주고, 그 결과에 따라 행동의 빈도가 증가하거나 감소하는 학습 과정을 말한다. 이 이론은 미국의 심리학자 B.F. 스키너(B.F. Skinner)에 의해 체계화되었으며, 행동주의 심리학의 핵심 개념 중 하나로 여겨진다. 조작적 조건화는 자극에 수동적으로 반응하는 고전적 조건화와 달리, 유기체가 스스로 행동을 '조작'하거나 '시도'하는 과정에 초점을 둔다. 즉, 유기체는 어떤 행동을 했을 때 그 결과가 만족스럽거나 보상이 따른다면 그 행동을 더 자주 하게 되고, 반대로 불쾌하거나 처벌이 따른다면 그 행동을 피하게 된다. 조작적 조건화는 단순히 자극과 반응의 연결만 다루는 고전적 조건화와는 다르다. 고전적 조건화는 자극에 의해 자동으로 유발되는 반응을 다루지만, 조작적 조건화는 학습자가 환경을 능동적으로 조작하며 행동의 결과를 통해 학습하게 된다. 즉, 학습자가 환경을 능동적으로 '조작'하면서 학습이 이루어진다는 점에서 기존의 수동적 조건화 모델과 차별화된다. 이렇듯 조작적 조건화는 행동의 자발성과 환경적 피드백 간의 상호작용에 기초하며, 행동의 원인으로 정신적 상태나 의도를 강조하기보다는 외부 환경과의 직접적 관계를 분석하는 데 초점을 둔다.

고전적 조건화와 조작적 조건화 비교

조작적 조건화의 기본 원리는 강화와 처벌이다. 강화는 행동의 빈도를 증가시키는 결과로, 유쾌한 자극을 제공하거나(정적 강화), 불쾌한 자극을 제거하는(부적 강화) 방식으로 이루어진다. 반면, 처벌은 행동의 빈도를 줄이는 결과로, 불쾌한 자극을 추가하거나(정적 처벌), 유쾌한 자극을 제거하는(부적 처벌) 방식으로 작동한다. 스키너는 실험에서 쥐가 특정 버튼을 누르면 먹이를 받도록 설계된 '스키너 상자'를 사용했다. 쥐는 버튼을 누르면 먹이를 얻을 수 있다는 것을 학습하고, 이 행동을 반복하며 강화되었다.

조작적 조건화는 인간 행동을 과학적으로 분석하고 예측하며, 다양한 문제를 해결하는 데 효과적인 방법론을 제공한다. 이는 단순한 학습 이론을 넘어 행동과 환경의 상호작용을 이해하는 중요한 틀을 제시하며 심리학의 발전에 크게 기여했다.

(2) 조작적 조건화의 목적

조작적 조건화(Operant Conditioning)는 인간과 동물의 행동을 이해하고 수정하기 위해 행동과 그 결과 간의 관계를 활용하는 학습 이론이다. 이 이론은 행동의 빈도와 형태를 조절하여 바람직한 행동을 증진시키고, 부적절한 행동을 억제하는 것을 목적으로 한다. 스키너가 개발한 이 이론은 학습자나 유기체가 자발적으로 환경과 상호작용하면서, 행동의 결과에 따라 행동을 변화시키도록 유도한다.

① 바람직한 행동의 강화

조작적 조건화에서 바람직한 행동의 강화는 환경의 변화를 통해 특정 행동의 빈도를 증가시키는 과정으로 이해할 수 있다.

첫째, **정적 강화**는 유기체가 원하는 행동을 수행한 후 유쾌한 자극을 제공함으로써 해당 행동이 반복될 가능성을 높이는 방법이다. 예를 들어, 학생이 숙제를 완료했을 때 칭찬하거나 보상을 제공하면, 숙제를 완료하려는 행동이 강화된다. 이는 행동 이후 환경에 긍정적인 변화가 발생하여 행동이 지속될 가능성을 증가시키는 역할을 한다.

둘째, **부적 강화**는 유기체가 특정 행동을 통해 불쾌한 자극을 피하거나 제거함으로써 행동이 강화되는 과정을 의미한다. 예를 들어, 직장에서 효율적으로 업무를 마친 경우 추가 업무 부담을 줄이거나 연장 근무를 면제받는다면, 업무를 신속히 처리하려는 행동이 강화된다. 이는 불쾌한 자극의 제거를 통해 환경이 긍정적으로 변화하면서 행동을 지속하도록 유도한다. 이 두 가지 강화는 행동 수정과 학습의 핵심 원리로 작용하며, 인간과 동물의 행동 변화를 유도하는 중요한 방법으로 널리 활용된다.

강화와 처벌의 예시

② 부적절한 행동 억제

조작적 조건화에서 부적절한 행동 억제는 특정 행동의 빈도를 줄이기 위한 처벌의 적용을 의미한다. 이는 환경의 변화를 통해 행동을 억제하거나 제거하는 두 가지 주요 방법으로 설명할 수 있다.

첫째, **정적 처벌**은 부적절한 행동을 한 후 불쾌한 자극을 추가로 제공하여 해당 행동의 빈도를 줄이는 방법이다. 예를 들어, 학생이 규칙을 위반했을 때 벌점을 부과하거나, 잘못된 행동에 대해 꾸짖는 것은 정적 처벌의 사례에 해당한다. 이는 행동 이후 환경에 불쾌한 변화를 가함으로써 행동을 억제하려는 목적을 가진다.

둘째, **부적 처벌**은 부적절한 행동이 보상받을 기회를 잃게 하거나 즐거운 자극이 제거되도록 하여 해당 행동의 빈도를 줄이는 방법이다. 예를 들어, 아이가 게임 시간을 초과했을 경우, 다음 날 게임 시간을 줄이거나 특정 보상을 제한하는 방식으로 행동을 조정할 수 있다. 이는 행동 이후 환경에서 긍정적인 요소를 제거함으로써 행동의 반복 가능성을 낮추는 역할을 한다.

이 두 가지 처벌 방법은 부적절한 행동을 억제하거나 제거하는 데 효과적으로 활용되며, 다양한 교육 및 행동 수정 프로그램에서 중요한 기법으로 사용된다. 다만 처벌은 강화와 달리 행동의 부작용(불안, 회피 행동 등)을 초래할 가능성이 있으므로 신중하게 적용해야 한다.

③ 행동과 결과의 연계성 학습

행동과 결과의 연계성 학습은 조작적 조건화의 핵심 원리로, 학습자가 자신의 행동과 그 결과 사이의 관계를 인식하도록 돕는 과정을 의미한다. 이를 통해 유기체는 특정 행동이 어떤 결과를 가져오는지 학습하게 되며, 행동 선택과 조정 능력을 발달시킬 수 있다.

이 과정에서는 유기체는 자신이 환경에 미치는 영향을 자각하면서, 특정 행동이 긍정적이든 부적이든 결과를 초래한다는 점을 깨닫게 된다. 예를 들어, 학생이 정적 행동(예 숙제를 성실히 수행)을 하면 칭찬이나 보상을 받는다는 사실을 반복적으로 경험하게 되면, 이러한 행동과 결과 간의 연관성을 학습한다. 반대로, 규칙 위반과 같은 부적절한 행동이 처벌(예 벌점 부여)을 초래한다는 점을 학습할 경우, 해당 행동을 억제하게 된다.

행동과 결과의 연계성 학습은 학습자에게 자율성과 책임감을 부여하는 효과가 있다. 학습자는 단순히 외부의 명령에 따르는 것이 아니라, 자신의 행동이 결과에 영향을 미친다는 점을 이해함으로써 스스로 행동을 선택하고 조정할 수 있다. 이는 행동 수정 프로그램, 교육, 그리고 조직 관리 등 다양한 분야에서 활용되며, 개인의 행동을 강화하거나 조절하는 데 중요한 기제로 작용한다.

④ 효율적 행동 패턴 형성

효율적 행동 패턴 형성은 특정 상황에서 요구되는 행동을 체계적으로 학습하고 강화하여, 개인의 목표 달성과 사회적 요구를 동시에 충족시키는 데 초점을 맞춘다. 이는 행동의 연속적이고 적절한 수행을 가능하게 하며, 환경 변화에도 효과적으로 대처할 수 있도록 돕는다.

효율적 행동 패턴 형성을 위해 정적 강화와 부적 강화가 주요 도구로 활용된다. 적절한 행동이 나타날 때마다 이를 강화함으로써, 해당 행동이 반복될 가능성을 높인다. 또한, 부적절한 행동을 억제하고 바람직한 행동을 선택하도록 유도하여 행동 패턴의 정교화를 가능하게 한다.

예를 들어, 동물 훈련에서는 특정 신호(휘슬 소리)와 특정 행동(앉기, 기다리기 등)을 연합하여 반려동물이 특정 상황에서 요구되는 행동을 수행하도록 한다. 반복적이고 체계적인 훈련 과정을 통해 반려동물은 효율적인 행동 패턴을 형성하고, 다양한 환경에서도 일관된 반응을 보일 수 있게 된다.

조직에서는 업무 효율성을 높이기 위해 직원들에게 명확한 목표를 설정하고, 이를 달성할 때 정기적인 피드백과 보상을 제공한다. 이러한 과정을 통해 직원들은 요구되는 행동(예 팀워크, 시간 관리)을 반복적으로 수행하며, 업무 환경에 적응하고 효율적인 행동 패턴을 내재화한다.

교육 현장에서도 학생들이 학업 과제를 효율적으로 수행하도록 돕기 위해, 시간 관리 기술이나 문제 해결 방법을 학습시키고, 이를 수행할 때마다 칭찬이나 보상을 제공하여 학습 패턴을 강화할 수 있다. 이는 학생들이 스스로 학습 전략을 적용하여 학업 성과를 높이는 데 기여한다.

2 조작적 조건화 실험

조작적 조건화(Operant Conditioning)는 행동의 결과가 행동의 반복 가능성에 영향을 미친다는 학습 이론으로 행동의 결과가 행동의 강화를 통해 학습을 유도한다는 점을 강조한다. 스키너는 학습자가 환경을 능동적으로 조작하며 행동과 결과 간의 관계를 학습한다고 보았다. 이를 실험적으로 검증하기 위해 스키너는 '스키너 상자(Skinner Box)'라는 독창적인 실험 장치를 설계하였다. 이 실험은 동물의 행동을 분석하여 강화와 처벌의 원리를 검증하고, 조작적 조건화 이론을 체계화하는 데 기여하였다.

(1) 조작적 조건화 실험의 배경

조작적 조건화는 행동의 결과가 해당 행동의 빈도를 증가시키거나 감소시키는 과정을 탐구한 이론으로 스키너는 에드워드 손다이크의 도구적 조건화 연구를 발전시키는 데 중점을 두며, 학습자가 환경을 '조작'하여 학습이 이루어진다는 점을 강조하였다. 스키너는 손다이크의 '효과의 법칙'을 기반으로 행동이 환경의 변화에 어떻게 적응하는지 더 구체적으로 탐구하였다. 그는 기존 연구가 자극과 반응의 관계에만 국한되었다고 판단하고, 자발적인 행동과 그 결과 간의 상호작용을 통해 행동이 형성되는 과정을 밝혀내고자 하였다. 조작적 조건화라는 용어는 행동이 단순히 자극에 대한 반사적 반응이 아니라, 결과에 따라 의도적으로 조정될 수 있다는 점을 강조하기 위해 도입되었다.

스키너는 행동의 결과가 행동을 어떻게 강화하거나 억제하는지 실험적으로 분석하기 위해 '스키너 상자'라고 불리는 실험 장치를 설계하였다. 이 장치는 동물의 자발적 행동(예 버튼 누르기)을 측정하고, 그 결과로 주어지는 정적 강화나 부적 강화를 조작함으로써 행동 패턴의 변화를 관찰하는 데 사용되었다.

스키너의 실험은 기존의 고전적 조건화 연구가 학습 과정을 수동적인 반응의 형성으로 설명한 데 비해, 조작적 조건화가 행동의 자발성과 결과에 대한 피드백의 중요성을 강조하며 행동주의 심리학의 새로운 장을 열었다. 조작적 조건화는 이후 동물 훈련, 교육, 심리치료, 조직 관리 등 다양한 분야에서 실용적으로 적용되며, 인간과 동물의 학습을 이해하는 데 있어 중요한 이론적 기초가 되었다.

(2) 실험의 목표

조작적 조건화 실험의 주요 목표는 특정 행동과 그 결과 간의 관계를 관찰하고, 이러한 연합이 유기체의 학습에 어떤 영향을 미치는지를 분석하는 데 있다. 특히 실험에서는 쥐나 비둘기와 같은 실험 동물이 특정 행동(예 버튼 누르기)을 했을 때, 그 결과로 강화물(예 먹이 제공)이 주어지는 상황을 통해 행동과 보상의 연합 과정을 집중적으로 관찰하였다. 이를 통해 유기체가 자발적으로 수행한 행동이 강화와 연결될 때, 해당 행동이 얼마나 자주, 얼마나 빨리 나타나는지를 측정할 수 있었다.

또한 실험은 행동의 결과가 학습에 미치는 영향을 분석하는 데 초점을 두었다. 동일한 행동이라도 결과가 긍정적인 보상인지, 아니면 부정적인 자극인지에 따라 학습의 경로와 속도는 매우 다르게 나타난다. 따라서 실험을 통해 강화(보상)와 처벌이라는 결과의 유형이 유기체의 행동 선택과 반복에 어떤 변화를 유도하는지를 체계적으로 파악하고자 하였다.

아울러 이 실험은 조작적 조건화의 네 가지 핵심 원리인 정적 강화, 부적 강화, 정적 처벌, 부적 처벌, 그리고 소거(Extinction) 등의 개념을 실제 행동 관찰을 통해 실험적으로 검증하고자 하였다. 스키너 상자 등의 장치를 통해 유기체의 행동 빈도나 반응 속도를 수치화하여, 행동의 변화가 자극의 통제 하에 어떻게 이루어지는지를 명확히 분석함으로써 조작적 조건화의 이론적 타당성을 실험적으로 입증하는 데 목적이 있었다.

(3) 실험의 도구: 스키너 상자(Skinner Box)

스키너는 조작적 조건화 이론을 검증하기 위해 고도로 통제된 환경인 스키너 상자를 설계하였다. 스키너 상자는 동물이 특정 행동을 수행할 수 있도록 장치와 자극 요소를 포함하고 있으며, 행동과 결과 간의 관계를 명확히 분석하기 위해 설계되었다.

① 스키너 상자의 구조

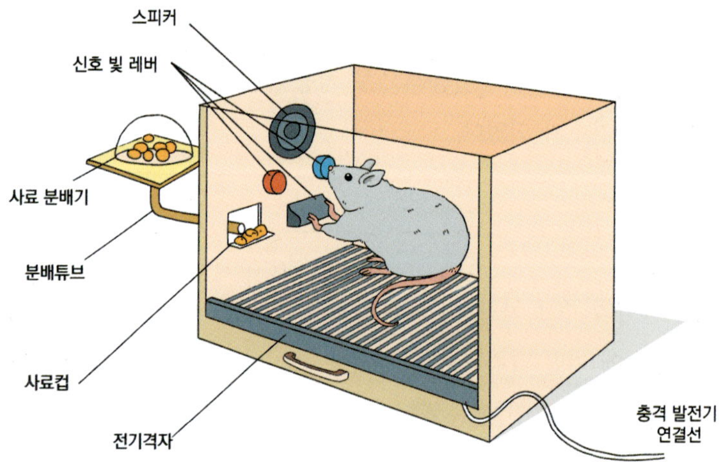

스키너 상자의 모습

스키너 상자(Skinner Box)는 조작적 조건화 원리를 실험적으로 검증하기 위해 개발된 장치로, 일반적으로 직육면체 형태의 폐쇄된 상자로 구성되어 있으며, 실험용 쥐나 비둘기와 같은 동물이 들어가 조작할 수 있도록 설계되어 있다. 상자 내부에는 동물이 스스로 조작 가능한 버튼이나 레버가 설치되어 있으며, 실험자가 설정한 조건에 따라 먹이 보상이나 불쾌한 자극이 자동으로 제공되도록 구성되어 있다.

스키너 상자의 핵심 구성 요소 중 하나는 정적 강화(Positive Reinforcement)를 제공하는 장치이다. 이 장치는 일반적으로 버튼이나 레버를 누를 경우 먹이 투입기를 통해 보상이 주어지도록 설계되어 있다. 예를 들어, 쥐가 버튼을 누르면 그 즉시 먹이가 상자 안으로 떨어지도록 설정하면, 쥐는 "버튼을 누르면 먹이가 나온다"는 행동과 결과의 연관성을 학습하게 된다. 이러한 방식은 정적 강화의 원리를 이용해 특정 행동을 강화하고 자발적으로 반복하게 만드는 효과를 낳는다.

또한 스키너 상자에는 부적 강화(Negative Reinforcement)와 처벌(Punishment)을 위한 장치도 포함되어 있다. 가장 대표적인 예는 바닥에 설치된 전기 자극 장치로, 일정한 조건 하에서 바닥에 미세한 전기 충격을 가할 수 있도록 되어 있다. 예를 들어, 쥐가 버튼을 눌렀을 때 전기 충격이 멈추게 설정하면, 쥐는 고통을 피하기 위해 해당 행동을 반복하게 되며, 이는 부적 강화의 원리에 해당한다. 반대로, 잘못된 행동을 했을 때 전기 자극이 주어지도록 설정하면, 처벌의 효과를 통해 해당 행동의 빈도를 줄이는 실험도 가능하다.

스키너 상자의 중요한 특징 중 하나는 환경을 조작할 수 있는 요소들이 포함되어 있다는 점이다. 상자 내부에는 조명, 소리 등의 감각 자극을 제시할 수 있는 장치가 설치되어 있어, 실험자는 특정 자극이 제시될 때만 보상이 주어지도록 조건을 설정할 수 있다. 예를 들어, 불빛이 켜졌을 때 버튼을 누르면 먹이가 나오고, 불빛이 꺼졌을 때는 아무런 반응이 없도록 설정하면, 동물은 불빛이라는 자극을 인식하고 행동을 선택하는 변별 학습(Discriminative Learning)을 하게 된다.

결론적으로, 스키너 상자는 행동과 그 결과의 연합을 실험적으로 관찰하고 측정할 수 있도록 고안된 조작적 조건화 장치로, 정적 강화, 부적 강화, 처벌, 변별 자극 등 다양한 학습 원리를 실험실 환경에서 체계적으로 검증하는 데 매우 효과적인 도구이다.

② 스키너 상자와 손다이크의 문제상자(Puzzle Box) 비교

항목	손다이크의 문제상자	스키너 상자
학습이론	도구적 조건화: 특정 행동이 목표를 달성하는 도구가 됨을 학습	조작적 조건화: 행동의 결과(강화, 처벌)에 따라 행동의 빈도를 조정
목적	시행착오 학습을 통해 행동과 결과 간의 연합 확인	행동의 결과(강화, 처벌)를 체계적으로 관찰하여 학습 과정 분석
학습 과정	동물의 우연적 행동이 결과(목표 달성)와 연결되면서 학습	동물이 능동적으로 행동을 조작하며 결과(강화, 처벌)와 연합을 형성
설계	나무로 만들어진 네모난 상자, 내부에 페달, 막대 등의 장치 설치	금속과 플라스틱으로 만들어진 밀폐된 상자, 레버, 버튼, 먹이 투입기 등이 포함
기능	특정 행동(페달 누르기)을 통해 문이 열리며 상자에서 탈출	특정 행동(버튼 누르기 등)을 통해 먹이를 얻거나 전기 자극을 피하는 방식 설계

행동 유도방식	동물이 무작위로 다양한 행동을 시도(시행착오)하여 학습	특정 행동을 강화하거나 처벌을 통해 조작적으로 학습 유도
강화 및 처벌방식	강화: 탈출 혹은 먹이 획득 처벌: 상자 밖으로 나가지 못하고 갇힘	정적 강화: 먹이 제공 정적 처벌: 전기자극 제공 부적 강화: 전기자극 제거 부적 처벌: 먹이 제거
목표 달성 방법	시행착오 과정을 통해 성공적인 행동(페달 누르기 등)을 반복	특정 행동(버튼 누르기 등)과 결과(먹이 제공, 처벌) 간의 직접적 연합
행동 관찰	탈출 시간 단축 및 불필요한 행동 제거	행동 빈도, 반응 속도, 소거 및 자발적 회복 관찰
강화의 역할	성공적 행동(탈출)을 강화하여 반복 가능성증가	강화물(먹이, 전기 충격 제거 등)을 제공하여 특정 행동을 강화
소거 및 회복	강화가 중단되면 행동이 약화되고, 행동이 중단될 수 있음	강화가 중단되면 소거 현상 발생, 이후 자발적 회복 가능
학습의 초점	시행착오를 통한 점진적 학습	행동의 결과를 통한 즉각적 학습
학문적 의의	도구적 조건화 이론의 기초 제공	조작적 조건화 이론 확립 및 행동주의 심리학 발전
실생활 응용	교육과 학습 이론에 기반 제공	행동 수정, 동물 훈련, 조직 관리, 심리치료 등 다양한 분야에서 응용

(4) 실험 진행 과정

① 초기 행동 관찰

- 동물(쥐나 비둘기 등)을 스키너 상자에 넣고 초기 행동을 관찰한다.
- 초기에는 동물이 버튼을 누르는 것과 같은 행동을 하지 않고, 동물은 환경을 탐색하며 무작위로 다양한 행동을 수행한다(예 뛰어다니기, 냄새 맡기, 버튼 누르기 등).
- 초기에는 동물이 버튼 누르기와 같은 특정 행동을 학습하지 못한 상태이다.

② 우연적 행동 강화

- 동물이 무작위적인 행동을 하다가 우연히 버튼을 누르게 되는 경우, 먹이(강화물)가 투입구를 통해 제공된다.
- 반복적으로 동일한 행동(버튼 누르기)을 수행할 때마다 먹이가 제공되므로, 동물은 '버

튼을 누르면 먹이가 나온다'라는 연합을 형성하게 된다.

③ 행동과 결과 간의 연합 형성

- 반복 실험을 통해 동물은 버튼 누르기 행동과 먹이 제공 간의 연관성을 학습한다.
- 행동(버튼 누르기)의 빈도는 강화(먹이 제공)를 통해 점차 증가한다.
- 동물은 행동의 결과로 보상을 얻을 수 있음을 인식하였고, 이후에는 무작위 행동이 감소하고 버튼 누르기와 같은 목표 행동의 빈도가 증가하였다.
- 이 과정에서 비효율적 행동(예 버튼이 아닌 다른 부분을 탐색하거나 상자를 긁는 행동)은 점차 소거된다.

(5) 실험의 결과

조작적 조건화 실험을 통해 도출된 주요 결과 중 하나는 행동과 그 결과 간의 연합이 형성된다는 점이다. 실험 동물이 특정 행동을 수행했을 때, 그에 따라 강화물이나 처벌이 주어지는 과정을 반복하면서, 동물은 점차 그 행동과 결과 사이의 관계를 학습하게 되었다.

먼저 강화와 행동 증가의 관계가 뚜렷하게 관찰되었다. 정적 강화의 경우, 동물이 버튼을 누르면 먹이와 같은 보상이 제공되었고, 이로 인해 동물은 "버튼을 누르면 먹이가 나온다"는 인과관계를 학습하였다. 그 결과, 동물은 같은 행동을 자발적으로 반복하게 되었으며, 행동의 빈도가 점차 증가하였다. 이는 강화가 행동을 유지하고 확장하는 데 효과적이라는 것을 보여준다.

또한 부적 강화에서도 유사한 결과가 나타났다. 특정 행동을 수행하면 불쾌한 자극(예 전기 자극)이 제거되는 구조에서는, 동물이 고통이나 스트레스를 피하기 위해 해당 행동을 더 자주 수행하게 되었다. 즉, 부적 자극의 제거가 행동의 결과로서 작용하면서, 행동의 빈도를 증가시키는 강력한 강화 효과를 나타낸 것이다.

반면, 처벌을 통한 행동 억제도 실험을 통해 확인되었다. 동물이 바람직하지 않은 행동(예 상자 긁기)을 했을 때 약한 전기 자극과 같은 처벌 자극을 가하면, 해당 행동의 빈도가 점차 줄어들었다. 이는 동물이 처벌과 특정 행동 사이의 연합을 학습하였기 때문이며, 처벌이 잘못된 행동을 억제하는 데 단기적으로는 효과적임을 보여준다.

하지만 실험은 처벌의 한계 또한 분명히 드러냈다. 처벌은 행동을 일시적으로 억제하는 데에는 효과적이지만, 정적 강화나 부적 강화처럼 긍정적인 행동을 유도하거나 지속적으로 유지시키는 데에는 적합하지 않았다. 오히려 반복적인 처벌은 동물에게 불안, 회피 행동, 스트레스 반응을 유발할 수 있어, 장기적인 학습이나 안정적인 행동 형성에는 부정적인 영향을 미칠 수 있음이 확인되었다. 따라서 처벌은 독립적인 학습 기법보다는 보완적 수단으로 신중하게 사용되어야 한다는 결론에 도달하였다.

이러한 실험 결과는 조작적 조건화 이론의 핵심 개념인 정적 강화, 부적 강화, 처벌이 실제 학습 행동에 어떤 영향을 미치는지를 실증적으로 뒷받침하며, 행동의 결과가 학습 과정에서 결정적인 역할을 한다는 원리를 명확하게 입증해주었다.

3 조작적 조건화의 원리

(1) 강화(Reinforcement)와 처벌(Punishment)

강화란 행동의 빈도를 증가시키기 위해 특정 행동 뒤에 제공되는 자극이나 사건이 그 행동을 반복할 가능성을 높이는 과정을 의미한다. 강화는 학습과 행동 수정 이론의 핵심 개념으로, 크게 정적 강화와 부적 강화로 나뉜다. 정적 강화는 바람직한 행동이 발생한 후 긍정적인 자극(예 보상, 칭찬, 금전적 보상)을 제공하여 행동을 증가시키는 방법이다. 예를 들어, 아이가 숙제를 끝마쳤을 때 칭찬을 받거나 간식을 제공받는 경우, 숙제라는 행동의 빈도가 높아질 가능성이 커진다. 반면, 부적 강화는 바람직한 행동이 발생한 후 부정적인 자극(예 불편함, 스트레스)을 제거하여 행동을 증가시키는 방법이다. 예를 들어, 차량 운전 중 안전벨트를 착용했을 때 경고음이 멈추는 경우, 안전벨트를 매는 행동이 강화된다. 중요한 점은 정적 강화와 부적 강화 모두 행동의 빈도를 증가시키는 공통 목적을 가지고 있으며, 긍정적 자극의 추가나 부정적 자극의 제거라는 방식만 다를 뿐이다. 강화는 유기체가 환경에 적응하고 적절한 행동을 학습하는 데 중요한 역할을 하며, 교육, 치료, 행동 수정 등 다양한 분야에서 널리 활용되고 있다. 특히, 강화는 행동을 촉진하고 긍정적인 변화를 유도하기 때문에 처벌보다 효과적이고 장기적인 학습 결과를 만들어낼 가능성이 높다.

	자극제시(+) (긍정적 자극 적용)	자극제거(-) (부정적 자극 제거)
행동증가(↑) (바람직한 행동의 빈도수 증가)	정적 강화	부적 강화
행동감소(↓) (바람직하지 않은 행동의 빈도수 감소)	정적 처벌	부적 처벌

처벌이란 행동의 빈도를 감소시키기 위해 특정 행동 뒤에 제공되는 자극이나 사건이 그 행동을 반복할 가능성을 낮추는 과정을 의미한다. 처벌은 학습과 행동 수정 이론의 중요한 개념으로, 크게 정적 처벌과 부적 처벌로 나뉜다. 정적 처벌은 바람직하지 않은 행동이 발생한 후 부정적인 자극(예 꾸중, 벌금, 불쾌한 자극)을 추가하여 행동을 감소시키는 방법이다. 예를 들어, 학생이 수업 중 장난을 쳤을 때 선생님으로부터 꾸중을 듣거나, 교통 법규를 위반한 운전자가 벌금을 부과받는 경우, 해당 행동(장난치기, 법규 위반)의 빈도가 낮아질 가능성이 커진다. 반면, 부적 처벌은 바람직하지 않은 행동이 발생한 후 긍정적인 자극(예 보상, 특권)을 제거하여 행동을 감소시키는 방법이다. 예를 들어, 아이가 잘못된 행동을 했을 때 장난감을 빼앗기거나, 학생이 과제를 하지 않아 휴식 시간이 줄어드는 경우, 해당 행동이 줄어들 가능성이 높아진다.

중요한 점은 정적 처벌과 부적 처벌 모두 행동의 빈도를 감소시키는 공통 목적을 가지고 있으며, 부정적 자극의 추가나 긍정적 자극의 제거라는 방식만 다를 뿐이다. 처벌은 행동을 억제하고 부적절한 행동을 교정하는 데 효과적일 수 있으나, 신중하게 사용해야 한다. 과도하거나 부적절한 처벌은 학습자의 스트레스, 반발, 또는 부작용을 초래할 수 있다. 따라서 처벌은 명확한 목적과 적절한 방법으로 적용되어야 하며, 바람직한 행동을 동시에 강화하는 접근이 장기적으로 더 효과적인 결과를 가져올 수 있다.

① 정적 강화(Positive Reinforcement)

정적 강화는 바람직한 행동이 일어난 후 긍정적인 자극이나 보상을 제공하여 해당 행동의 빈도를 증가시키는 과정이다. 이는 행동을 강화함으로써 학습을 촉진하고, 특정 행동이 환경에서 긍정적인 결과를 가져온다는 것을 학습자에게 인식시킨다. 예를 들어, 학생이 시험에서 높은 점수를 받았을 때 부모로부터 칭찬을 받거나, 직원이 업무 목표를 달성했을 때 상여금을 받는 경우, 해당 행동(공부하기, 목표 달성)이 강화되어 앞으로 더 자주 발생할 가능성이 높아진다. 정적 강화의 핵심은 행동 이후에 긍정적인 자극이 추가되어 학습자가 행동을 반복하려는 동기를 느끼는 것이다. 이는 어린이의 학습, 동물 훈련, 직원 관리 등 다양한 분야에서 활용될 수 있으며, 행동을 긍정적으로 변화시키는 데 매우 효과적인 방법으로 간주된다. 그러나 정적 강화를 효과적으로 사용하려면 보상이 적절하고, 즉각적이며, 행동과 명확히 연관되어 있어야 한다. 예를 들어, 잘못된 행동에 보상이 주어진다면 의도치 않게 그 행동이 강화될 수 있다. 따라서 정적 강화는 신중하게 계획되어야 하며, 강화물이 학습자에게 의미 있고 동기를 부여할 수 있는 것이어야 한다. 적절히 사용된 정적 강화는 긍정적인 학습 환경을 조성하고, 행동을 강화하며, 개인의 성취감을 높이는 데 기여한다.

- 강아지가 "엎드려"라는 명령에 따라 엎드리자 주인이 간식을 보상으로 준다.

→ 앞으로 강아지는 "엎드려"라는 명령에 간식을 얻기 위해 엎드리는 행동을 하게 될 가능성이 높아진다.

- 학생이 수업 시간에 질문을 잘했을 때 교사가 칭찬하며 스티커를 준다.

→ 앞으로 학생은 수업 시간에 칭찬과 스티커를 받기 위해 질문을 자주 하게 될 가능성이 높아진다.

- 앵무새가 트레이너의 손짓에 따라 "안녕"이라는 말을 흉내 내자 트레이너가 씨앗 간식을 준다.

→ 앞으로 앵무새는 씨앗 간식을 얻기 위해 트레이너의 손짓에 반응하여 "안녕"이라는 말을 하게 될 가능성이 높아진다.

- 아이가 방을 깨끗이 정리했을 때 부모가 용돈을 준다.

→ 앞으로 아이는 용돈을 받기 위해 방을 정리하게 될 가능성이 높아진다.

- 돌고래가 트레이너의 신호에 따라 공중에서 회전하자 트레이너가 생선을 준다.

→ 앞으로 돌고래는 생선을 얻기 위해 신호에 반응하여 공중에서 회전할 가능성이 높아진다.

② 부적 강화(Negative Reinforcement)

부적 강화는 바람직한 행동이 일어난 후 부정적 자극이나 불편한 상황을 제거하여 해당 행동의 빈도를 증가시키는 과정이다. 이는 학습자가 특정 행동을 수행함으로써 불쾌하거나 부정적인 상황이 사라진다는 것을 학습하게 하여, 같은 행동을 반복하려는 동기를 유발한다. 예를 들어, 운전자가 안전벨트를 착용했을 때 차량 경고음이 멈추거나, 학생이 열심히 공부한 후 선생님으로부터 잔소리가 줄어드는 경우, 해당 행동(안전벨트 착용, 공부하기)이 강화되어 앞으로 더 자주 발생할 가능성이 높아진다. 부적 강화는 강화의 한 유형으로, 행동 이후 부정적인 자극의 제거가 행동을 반복하게 하는 핵심 요인이 된다. 이는 교육, 직장, 동물 훈련 등 여러 상황에서 활용될 수 있다. 그러나 부적 강화는 단순히 불쾌한 자극을 줄이는 데 초점이 맞춰져 있어, 적절히 사용하지 않으면 오히려 학습자의 스트레스를 유발하거나 역효과를 초래할 수 있다. 따라서 부적 강화는 학습 환경에서 긍정적인 영향을 줄 수 있도록 계획적으로 사용되어야 한다.

- 운전자가 안전벨트를 착용하자 차량의 경고음이 꺼진다.
  → 앞으로 운전자는 차량에 탑승할 때 경고음 소리를 듣지 않으려고 안전벨트를 착용하게 될 가능성이 높아진다.
- 학생이 숙제를 끝마치자 부모가 잔소리를 멈춘다.
  → 앞으로 학생은 부모님의 잔소리를 피하기 위해 숙제를 끝마치게 될 가능성이 높아진다.
- 반려견이 주인의 명령에 따라 짖는 행동을 멈추자, 주인이 물 뿌리기를 중단한다.
  → 앞으로 반려견은 주인의 물줄기를 맞지않기 위해 주인의 명령에 따라 짖는 행동을 멈추게 될 가능성이 높아진다.
- 직원이 업무를 제시간에 완료하자 상사가 업무 관련 압박을 줄인다.
  → 앞으로 직원은 상사로부터 업무 압박을 받지않기 위해 업무를 제시간에 완료하게 될 가능성이 높아진다.
- 반려견이 산책 중 주인의 명령에 따라 멈춰 서자 목줄의 압박이 풀린다.
  → 앞으로 반려견은 목줄의 답답한 자극을 피하기 위해 산책 중 주인의 명령에 멈추는 반응을 하게 될 가능성이 높아진다.

③ 정적 처벌(Positive Punishment)

정적 처벌은 바람직하지 않은 행동이 발생한 후 부정적인 자극이나 불쾌한 경험을 추가하여 해당 행동의 빈도를 감소시키는 과정이다. 이는 행동과 그 결과의 부정적인 연계를 통해 학습자가 특정 행동을 반복하지 않도록 유도하는 데 목적이 있다. 예를 들어, 학생이 수업 중 떠들었을 때 교사가 꾸중을 하거나, 교통 규칙을 어긴 운전자에게 벌금을 부과하는 경우, 해당 행동(떠들기, 규칙 위반)의 빈도가 낮아질 가능성이 커진다. 정적 처벌의 핵심은 행동 이후 부정적인 자극이 추가됨으로써 학습자가 그 행동을 회피하려는 동기를 느끼게 하는 것이다. 정적 처벌은 행동을 교정하고 부적절한 행동을 억제하는 데 효과적이지만, 학습자가 처벌의 이유를 명확히 이해하지 못하면 반발이나 스트레스를 유발할 가능성이 있으므로 신중히 적용해야 한다.

- 강아지가 주인의 신발을 물어뜯자 주인이 큰 소리로 꾸짖는다.
→ 앞으로 강아지는 꾸지람을 피하기 위해 신발을 물어뜯는 행동을 하지 않을 가능성이 높아진다.
- 학생이 수업 시간에 떠들자 교사가 이름을 부르며 엄하게 꾸짖는다.
→ 앞으로 학생은 꾸중을 피하기 위해 수업 시간에 떠들지 않을 가능성이 높아진다.
- 아이가 형제에게 장난감으로 장난을 치자 부모가 아이를 벌로 의자에 앉힌다.
→ 앞으로 아이는 벌을 피하기 위해 형제에게 장난감을 가지고 장난치지 않을 가능성이 높아진다.
- 운전자가 과속을 하자 경찰이 벌금을 부과한다.
→ 앞으로 운전자는 벌금을 피하기 위해 과속하지 않을 가능성이 높아진다.
- 고양이가 커튼을 긁자 주인이 큰 소리를 내어 놀라게 한다.
→ 앞으로 고양이는 큰 소리를 피하기 위해 커튼을 긁지 않을 가능성이 높아진다.

④ 부적 처벌(Negative Punishment)

부적 처벌은 바람직하지 않은 행동이 발생한 후 긍정적인 자극이나 보상을 제거하여 해당 행동의 빈도를 감소시키는 과정이다. 이는 행동과 긍정적 결과의 상실을 연계하여 학습자가 특정 행동을 반복하지 않도록 유도하는 데 목적이 있다. 예를 들어, 아이가 잘못된 행동을 했을 때 부모가 장난감을 빼앗거나, 학생이 규칙을 어겨 쉬는 시간을 줄이는 경우, 해당 행동(잘못된 행동, 규칙 위반)의 빈도가 낮아질 가능성이 커진다. 부적 처벌의 핵심은 행동 이후 긍정적인 자극이 제거됨으로써 학습자가 그 행동을 회피하려는 동기를 느끼게 하는 것이다. 부적 처벌은 부적절한 행동을 억제하는 데 효과적이지만, 처벌이 과도하거나 일관성이 없으면 학습자가 혼란을 느낄 수 있으므로 신중히 사용해야 한다.

- 강아지가 음식을 훔쳐 먹자, 주인이 강아지의 장난감을 치운다.
→ 앞으로 강아지는 장난감을 빼앗기지 않기 위해 음식을 훔쳐 먹는 행동을 하지 않을 가능성이 높아진다.
- 학생이 숙제를 하지 않자 교사가 쉬는 시간을 줄인다.
→ 앞으로 학생은 쉬는 시간을 줄이는 것을 피하기 위해 숙제를 더 자주 하게 될 가능성

이 높아진다.

- 아이가 친구와 싸우자 부모가 아이의 TV 시청 시간을 없앤다.

→ 앞으로 아이는 TV 시청 시간을 잃지 않기 위해 친구와 싸우지 않을 가능성이 높아진다.

- 운전자가 주차 규정을 어기자 차량 사용 권한이 일시적으로 정지된다.

→ 앞으로 운전자는 차량 사용 권한을 잃지 않기 위해 주차 규정을 어기지 않을 가능성이 높아진다.

- 고양이가 식탁 위로 뛰어오르자 주인이 고양이의 놀이 공을 치운다.

→ 앞으로 고양이는 놀이 공을 잃지 않기 위해 식탁 위로 뛰어오르지 않을 가능성이 높아진다.

구분	정적 강화(Positive Reinforcement)	부적 강화(Negative Reinforcement)	정적 처벌(Positive Punishment)	부적 처벌(Negative Punishment)
정의	행동 후 긍정적인 자극을 추가하여 행동의 빈도를 증가시킴	행동 후 부정적인 자극을 제거하여 행동의 빈도를 증가시킴	행동 후 부정적인 자극을 추가하여 행동의 빈도를 감소시킴	행동 후 긍정적인 자극을 제거하여 행동의 빈도를 감소시킴
작동 원리	긍정적 자극(보상) 추가로 학습자가 행동을 반복하도록 유도	부정적 자극(불편함) 제거로 학습자가 행동을 반복하도록 유도	부정적 자극(벌)을 추가로 학습자가 행동을 줄이도록 유도	긍정적 자극(보상)을 제거하여 학습자가 행동을 줄이도록 유도
목표	바람직한 행동의 빈도를 증가시킴	바람직한 행동의 빈도를 증가시킴	바람직하지 않은 행동의 빈도를 감소시킴	바람직하지 않은 행동의 빈도를 감소시킴
동물 훈련 사례	강아지가 "앉아" 명령을 수행했을 때 간식을 제공하여 앉는 행동을 강화함	강아지가 짖는 것을 멈췄을 때 목줄의 긴장감을 풀어 주어 짖는 행동을 줄임	강아지가 신발을 물었을 때 큰 소리를 내어 신발을 무는 행동을 줄임	강아지가 식탁에 올라왔을 때 간식 제공을 중단하여 식탁에 오르는 행동을 줄임
가정 훈육 사례	아이가 방을 깨끗이 정리하면 용돈을 주어 정리 행동을 강화함	아이가 장난감을 치우면 잔소리를 멈추어 장난감 정리 행동을 강화함	아이가 숙제를 하지 않았을 때 벌로 추가 과제를 부여하여 숙제 미완료 행동을 줄임	아이가 게임 시간을 어겼을 때 TV 시청 권한을 박탈하여 시간 어기는 행동을 줄임
학교 교육 사례	학생이 질문을 잘했을 때 칭찬이나 스티커를 제공하여 질문 행동을 강화함	학생이 숙제를 끝마치면 추가 과제를 면제하여 숙제 행동을 강화함	학생이 규칙을 어겼을 때 교사가 꾸짖어 규칙 위반 행동을 줄임	학생이 수업 중 떠들었을 때 놀이 시간을 박탈하여 떠드는 행동을 줄임

(2) 강화물의 유형과 제공 방식

① 제공 방식에 따른 강화물의 유형

강화물은 특정 행동의 빈도를 증가시키기 위해 제공되거나 제거되는 자극을 의미하며, 그 방식에 따라 정적 강화물과 부적 강화물로 구분된다.

정적 강화물은 특정 행동이 나타난 이후 긍정적인 자극을 제공함으로써 그 행동의 빈도를 증가시키는 역할을 한다. 이는 보상, 칭찬, 간식, 돈, 점수, 웃음 등 다양한 형태로 나타날 수 있으며, 유기체는 이러한 긍정적 결과를 얻기 위해 동일한 행동을 반복하게 된다. 예를 들어, 강아지가 '앉아'라는 명령에 순응했을 때 간식을 제공하면, 강아지는 간식을 받기 위해 다시 '앉는' 행동을 하게 된다. 또 다른 사례로는 회사에서 직원이 목표를 초과 달성했을 때 상여금을 지급하면, 직원은 더 높은 성과를 내기 위해 노력하게 된다. 이처럼 정적 강화물은 보상의 형태로 작용하여 행동을 강화하는 핵심 요소이다.

반면에, **부적 강화물은 행동이 발생한 후 불쾌하거나 스트레스를 유발하는 자극을 제거함으로써 그 행동의 빈도를 증가시키는 자극**이다. 이때 제거되는 자극은 본래 불편하거나 부정적인 성격을 지니며, 유기체는 그것을 피하거나 벗어나기 위해 특정 행동을 수행하게 된다. 예를 들어, 강아지가 '엎드려' 명령을 수행했을 때 목줄의 압박을 풀어주면, 강아지는 압박을 피하기 위해 이후에도 엎드리는 행동을 반복하게 된다. 또 다른 사례로는 아이가 시험을 잘 보면 숙제를 면제해 주는 경우인데, 이 경우 아이는 숙제라는 부담을 피하기 위해 시험 공부에 더욱 집중하게 된다. 부적 강화는 불쾌한 자극의 제거가 보상의 기능을 하여 행동을 강화하는 방식이다.

이처럼 정적 강화물과 부적 강화물은 모두 행동의 빈도를 증가시키는 동일한 목적을 갖고 있지만, 자극이 '제공되느냐(정적)' 혹은 '제거되느냐(부적)'에 따라 그 방식에 차이를 보인다. 이는 행동 수정을 위한 다양한 상황에서 적절한 강화 전략을 선택하는 데 중요한 기준이 된다.

② 조건화 여부에 따른 강화물의 유형

강화물은 유기체가 학습을 통해 그 자극을 강화물로 인식하는지 여부에 따라 1차 강화물과 2차 강화물로 나눌 수 있다. 이는 자극이 본질적으로 강화 효과를 가지는가, 혹은 학습을 통해 강화물로 인식되었는가에 따라 구분되는 기준이다.

1차 강화물(Primary Reinforcer)은 유기체의 생리적 욕구와 직접적으로 연결되어 있으며,

학습 없이도 본능적으로 강화 효과를 나타내는 자극이다. 이는 무조건 강화물이라고도 하며, 유기체에게 자연스럽고 즉각적인 긍정적 반응을 유도한다. 대표적인 예로는 음식, 물, 휴식, 온기 등이 있다. 이러한 자극은 생존과 직결된 기본 욕구 충족과 관련되어 있어 별도의 조건화 없이도 강화물로 작용한다. 예를 들어, 배고픈 강아지가 '앉아'라는 명령에 순응했을 때 간식을 제공하면, 강아지는 간식을 받기 위해 같은 행동을 반복하게 된다. 또 다른 사례로는 갈증을 느낀 사람이 특정 행동(예 버튼을 누르기)을 했을 때 물을 제공받는 경우, 물 자체가 강화물로 작용하여 행동이 강화된다.

반면, **2차 강화물**(Secondary Reinforcer)**은 학습을 통해 강화 효과를 갖게 된 자극으로, 본래는 중립적인 의미를 가졌지만 1차 강화물과의 연합을 통해 강화물로 기능**하게 된다. 이러한 자극은 조건 강화물이라고도 불리며, 유기체가 특정 자극이 보상이나 긍정적 결과와 연결되어 있음을 인식하게 되었을 때 비로소 강화 효과를 나타낸다. 대표적인 예로는 돈, 칭찬, 점수, 트로피, 스티커 등이 있다. 예를 들어, 강아지가 '엎드려'라는 행동을 했을 때 클릭 소리와 함께 간식을 제공하는 훈련을 반복하면, 강아지는 클릭 소리만 듣고도 보상을 기대하게 된다. 이때 클릭 소리는 학습을 통해 2차 강화물로 작용하게 되며, 이후에는 간식 없이도 클릭 소리만으로 행동을 강화할 수 있게 된다.

요약하면, 1차 강화물은 본능적이고 생리적인 자극을 기반으로 하며, 2차 강화물은 학습된 연합을 통해 강화 효과를 갖는 자극이다. 이 두 가지 강화물은 모두 행동의 빈도를 증가시키는 기능을 가지며, 훈련 및 교육 상황에서 목적에 따라 적절히 선택하여 사용할 수 있다.

구분	1차 강화물 (무조건 강화물)	2차 강화물(조건 강화물)
정의	학습 없이도 강화 효과를 가진 자극	학습을 통해 강화 효과를 얻은 자극
작동 원리	생리적 본능적 욕구 충족으로 강화 작용	무조건 강화물과의 연합을 통해 강화 작용
예	음식, 물, 온기, 휴식 등	돈, 칭찬, 점수, 트로피 등
학습 필요성	학습이 필요 없음	학습이 필요
사용 사례	간식 제공, 물 제공 등	클리커 훈련, 점수 제공 등

③ 올바른 강화물 사용 방법

강화물을 효과적으로 사용하기 위해서는 행동과 강화물 사이의 관계를 명확하고 일관되게 형성하는 전략이 필요하다. 우선, 강화물은 행동 직후에 제공되어야 한다. 즉각적인 보상은 학습자가 어떤 행동이 강화되었는지를 명확히 인식하도록 돕기 때문에, 예를 들어 강아지가 "엎드려"라는 명령을 수행했을 때는 지체 없이 간식을 제공해야 행동과 결과의 연결이 효과적으로 이루어진다.

또한 강화물의 적합성을 고려하는 것도 중요하다. 강화물은 학습자의 욕구와 선호도에 부합해야만 효과적으로 작용한다. 예를 들어, 음식에 대한 동기 유발이 높은 강아지에게는 간식이 가장 적절한 강화물이 될 수 있으며, 반면 놀이에 흥미가 많은 동물에게는 장난감이나 놀이 시간이 더 강력한 보상으로 작용할 수 있다.

강화의 일관성 유지 역시 학습의 안정성과 행동의 반복을 위해 필수적이다. 동일한 행동에 대해 반복적으로 일관된 강화물을 제공하면, 학습자는 특정 행동이 기대 가능한 보상으로 이어진다는 확신을 갖게 된다. 예를 들어, 아이가 규칙을 잘 지켰을 때마다 꾸준히 칭찬과 스티커를 제공하면, 그 행동은 더욱 강화된다. 그러나 학습이 어느 정도 자리 잡은 후에는 변동 강화(Variable Reinforcement)를 도입하는 것이 효과적이다. 처음에는 행동이 나타날 때마다 보상을 주는 연속 강화 방식을 사용하지만, 점차 일정한 기준 없이 간헐적으로 보상을 주는 방식으로 전환함으로써 행동의 지속성과 자발성을 높일 수 있다. 예를 들어, 처음에는 '앉아'라는 명령을 수행할 때마다 간식을 제공하다가, 이후에는 무작위로 보상을 제공하면 기대감과 동기 부여가 더욱 높아진다.

마지막으로, 강화물의 형태를 다양화하는 것도 학습의 흥미를 유지하는 데 중요한 전략이다. 동일한 강화물을 반복적으로 사용하면 보상의 가치가 점차 감소할 수 있기 때문에, 간식, 칭찬, 놀이 시간 등 서로 다른 형태의 강화물을 적절히 번갈아 가며 제공해야 한다. 이를 통해 학습자는 다양한 보상에 대한 기대감을 유지하며 행동을 꾸준히 지속하게 된다.

(3) 처벌의 문제점과 주의사항

처벌은 단기적으로 행동을 억제할 수 있으나, 부작용과 장기적 한계를 동반할 수 있다. 첫째, 두려움과 회피 행동이 발생할 수 있다. 처벌이 반복되면 동물은 처벌자나 처벌이 발생하는 상황 자체를 회피하려는 행동을 보이게 되며, 예를 들어 꾸지람을 자주 들은 고양이는 처벌자를 피하거나 특정 장소에 나타나지 않으려 할 수 있다. 둘째, 공격성과 반발이 나타날 수 있다. 반복된 처벌은 동물에게 좌절감을 주어, 짖는 행동 대신 보호자에게 으르렁거리거나 위협적인 반응을 보이게 할 수 있다. 셋째, 행동의 일시적 감소에 그칠 가능성이 있다. 처벌은 행동을 당장 줄이는 데에는 효과가 있지만, 처벌이 사라지면 같은 행동이 다시 나타나는 경우가 많다. 넷째, 내재적 동기의 감소도 우려된다. 동물은 어떤 행동을 해야 하는 이유를 스스로 이해하고 선택하는 것이 아니라, 단지 처벌을 피하기 위해 억지로 행동하게 되며, 이는 자율적 학습의 동기를 약화시킨다.

① 처벌 시 주의사항

처벌을 사용할 경우에는 반드시 부작용을 방지하고 올바른 절차를 따라야 한다. 우선, 부정적인 정서 반응과 회피 행동을 예방해야 한다. 예를 들어 강아지를 과도하게 꾸짖을 경우, 보호자에 대한 두려움이 생기거나 숨어버리는 회피 행동이 나타날 수 있다. 또한, 강도의 과도한 증가를 방지해야 한다. 약한 처벌이 효과가 없다고 점점 강도를 높이는 방식은 동물이 처벌에 무감각해지게 만들 수 있으며, 나아가 학대 수준으로 이어질 위험이 있다. 따라서 처음부터 적절한 강도를 설정하고 이를 유지하는 것이 중요하다.

또한, 처벌은 반드시 강화와 병행되어야 한다. 잘못된 행동을 줄이는 동시에, 올바른 행동이 나타났을 때에는 즉시 강화물을 제공해야 한다. 예를 들어, 강아지가 짖는 것을 멈췄을 때 즉시 칭찬하거나 간식을 주면 조용히 있는 행동이 강화된다. 사회적 관계에 대한 고려도 필요하다. 반복적인 처벌은 보호자와 동물 간의 신뢰 관계를 해칠 수 있으므로, 처벌 이후에는 긍정적인 상호작용을 통해 관계를 회복할 필요가 있다. 마지막으로, 장기적인 효과를 고려해야 한다. 처벌은 즉각적인 효과는 있지만 지속적인 행동 수정에는 한계가 있으므로, 바람직한 행동을 유도하고 유지하기 위해서는 강화 전략과의 적절한 조화가 필요하다.

② 올바른 처벌의 사용 방법

처벌을 효과적으로 사용하기 위해서는 몇 가지 원칙을 따르는 것이 중요하다. **첫째, 처벌은 타이밍이 핵심이다.** 처벌은 바람직하지 않은 행동이 발생한 직후에 즉시 제공되어야 하며, 그렇지 않으면 동물은 자신이 왜 처벌을 받았는지를 인식하지 못한다. 예를 들어 강아지가 신발을 물었을 때, 즉시 단호하게 "안 돼!"라고 말해야 한다.

둘째, 일관성을 유지해야 한다. 동일한 행동에는 항상 동일한 처벌을 제공해야 동물이 자극과 반응의 관계를 명확히 이해할 수 있다. 예를 들어 강아지가 식탁에 올라갈 때마다 경고음을 반복적으로 들려주면, 해당 행동이 금지되었음을 인식하게 된다. **셋째, 처벌의 강**

도를 적절히 조절하는 것도 중요하다. 너무 약한 처벌은 무시되기 쉽고, 너무 강한 처벌은 스트레스와 공포를 유발할 수 있다. 따라서 처음부터 행동을 멈추게 할 수 있는 충분한 강도로 시작하는 것이 바람직하다.

넷째, 대안적 행동을 함께 제시하는 전략이 필요하다. 처벌은 잘못된 행동을 중단시키는 데 목적이 있지만, 동시에 동물이 선택할 수 있는 바람직한 행동을 안내해 주어야 한다. 예를 들어, 강아지가 가구를 긁었을 때 단순히 꾸짖는 것에 그치지 않고, 긁을 수 있는 스크래처를 제공하고 이를 사용했을 때 보상을 주면 바람직한 행동을 효과적으로 유도할 수 있다.

이처럼 처벌은 신중하고 체계적으로 사용되어야 하며, 감정적인 반응이 아닌 교육적 목적에 기반하여 실행되어야 한다. 그래야만 동물의 정서적 안정과 바람직한 행동 형성을 동시에 이끌어낼 수 있다.

4 조작적 조건화 실험의 확장

(1) 조형

① 조형의 원리

조형(Shaping)은 조작적 조건화에서 매우 유용하게 사용되는 기법으로, 동물이 **최종적으로 수행해야 할 복잡한 행동에 도달할 수 있도록 단계적으로 목표에 가까운 행동을 강화하는 방식**이다. 전통적인 조작적 조건화 실험에서 쥐는 우연히 버튼을 누른 후에야 보상을 받으며 행동을 점진적으로 습득하는 시행착오 과정을 거쳤다. 그러나 조형 기법을 도입한 경우, 쥐는 목표 행동인 '버튼 누르기'에 훨씬 빠르게 도달할 수 있었다.

이 실험에서 실험자는 처음에는 쥐가 버튼 근처로 다가가기만 해도 보상을 제공하였다. 이후 쥐가 버튼을 향해 코를 들이밀거나 발을 올리는 행동을 보일 때마다 강화물을 제공하였고, 최종적으로 버튼을 누르는 정확한 행동에만 보상이 주어지도록 점차 기준을 상향시켰다. 이렇게 단계별로 근접한 행동을 선택적으로 강화해 나감으로써, 쥐는 시행착오를 줄이고 보다 효율적으로 목표 행동을 습득할 수 있었다. 이 실험은 조형이 도입되었을 때 조작적 조건화의 학습 속도가 어떻게 개선될 수 있는지를 보여주는 대표적인 예로 평가된다.

② 조형 시 주의사항

조형을 효과적으로 활용하기 위해서는 몇 가지 중요한 사항을 반드시 고려해야 한다. **첫째, 강화 시점의 정확성이 중요하다**. 동물이 목표 행동에 가까운 행동을 보인 직후, 즉각적으로 보상을 제공해야만 그 행동이 무엇 때문에 강화되었는지 명확히 인식할 수 있다. 예를 들어, 강아지가 링을 통과한 직후 간식을 제공해야만 '링 통과'라는 행동이 강화된다. 강화가 지연되면, 동물은 자신이 어떤 행동 때문에 보상을 받았는지 혼란스러워할 수 있다.

둘째, 단계적 접근이 필요하다. 목표 행동에 도달하기 위한 중간 단계를 동물의 현재 능력에 맞게 세분화하여 계획해야 한다. 기준 행동 간의 간격이 지나치게 크면 동물이 학습에 흥미를 잃거나 좌절할 수 있고, 반대로 너무 작으면 학습 속도가 느려지거나 중간 행동에 고착될 수 있다. 예를 들어, 링을 통과하게 하려는 경우 '링 근처로 다가가기 → 링을 코로 건드리기 → 링을 완전히 통과하기'와 같은 세부 단계를 설정하는 것이 효과적이다.

마지막으로 소거의 효과적인 사용도 중요하다. 한때는 강화 대상이었던 중간 행동이라도, 목표에 충분히 근접한 행동이 관찰되면 이전 단계를 더 이상 강화하지 않아야 한다. 이를 통해 동물은 점차 목표 행동에만 집중하게 되고, 학습이 더욱 정교해진다. 예를 들어, 링 가까이에 다가가는 행동은 처음에는 강화되었지만, 이후에는 강화하지 않고 링을 완전히 통과하는 행동만 보상함으로써 동물의 주의가 목표 행동에 집중되도록 한다.

(2) 소거

① 소거의 원리

소거(Extinction)는 조작적 조건화에서, **동물이 이미 강화된 행동에 더 이상 보상이 제공되지 않을 때 그 행동의 빈도가 점차 감소하는 현상**을 의미한다. 이는 행동이 결과와의 연합을 상실했을 때 발생하는 자연스러운 학습 반응이다. 예를 들어, 쥐가 버튼을 눌렀을 때 먹이가 더 이상 나오지 않는다면, 쥐는 버튼을 누르는 행동을 점차 줄이게 된다.

이러한 소거는 훈련이 일시적으로 중단되었거나, 실수로 보상이 누락되었을 때도 나타날 수 있다. 예를 들어, 강아지가 "앉아" 명령을 수행했지만 간식이 주어지지 않는 상황이 반복되면, 점차 그 명령에 반응하지 않게 된다. 소거는 학습된 행동을 완전히 제거하기 위한 방법으로 사용되기도 하지만, 동시에 그에 따른 소거격발이나 자발적 회복과 같은 반응도 함께 고려해야 한다.

② 소거 시 주의사항

소거를 계획적으로 사용할 경우, 훈련자는 그에 따른 반응을 예상하고 적절한 대처가 필요하다. 행동이 감소하는 과정에서 일시적으로 행동 빈도가 증가하거나, 다른 문제 행동이 나타날 수 있기 때문이다.

예를 들어, 버튼을 눌러도 먹이가 나오지 않게 되면 쥐는 처음에는 더 자주, 더 강하게 버튼을 누르거나 짜증 섞인 행동을 보일 수 있다. 이를 소거격발(Extinction Burst)이라고 하며, 훈련자가 당황하여 보상을 다시 제공하면, 동물은 "더 강하게 반응하면 보상이 온다"고 학습하게 되어 행동 수정이 더욱 어려워질 수 있다.

따라서 소거를 사용할 때에는 일관된 기준과 충분한 인내가 필요하며, 소거 중에도 바람직한 대안 행동을 동시에 강화하는 전략이 효과적이다. 예를 들어, 짖는 행동을 소거하는 동시에 조용히 있을 때 칭찬과 간식을 제공하여 대체 행동을 유도할 수 있다.

■ 고전적 조건화와 조작적 조건화의 소거와 자발적 회복 비교표

구분	고전적 조건화	조작적 조건화
소거 (Extinction)	조건 자극(CS)과 무조건 자극(US)의 연합이 중단될 경우, 조건 반응(CR)이 점차 약화되고 사라짐. 예 종소리(CS) 후 먹이(US)를 제공하지 않으면 개의 타액 분비(CR)가 감소.	행동에 대한 강화(보상)가 중단될 경우, 해당 행동의 빈도가 점차 감소함. 예 아이가 청소를 해도 칭찬(강화)을 받지 않으면 청소 행동이 줄어듦.
소거의 원리	자극 간 연합이 약화되면서 반응이 사라짐(CS와 US의 연합 해제).	행동과 강화/벌 간의 연합이 약화되면서 행동의 빈도가 감소함(강화의 중단).
자발적 회복 (Spontaneous Recovery)	조건 자극(CS)에 대한 조건 반응(CR)이 소거된 후에도 일정 시간이 지나면 다시 나타날 수 있음. 예 며칠 후 종소리에 다시 타액 분비 반응이 발생.	강화 없이 소거된 행동이 일정 시간이 지난 후 다시 나타날 수 있음. 예 보상을 중단한 행동(청소하기)이 며칠 후 다시 나타남.
자발적 회복의 원리	학습된 자극-반응 연합이 완전히 소멸되지 않았기 때문에 시간이 지나면 다시 반응이 나타남.	행동과 강화의 연합 기억이 완전히 사라지지 않았기 때문에 일정 시간이 지나면 행동이 재발함.
초점	자극(CS)와 반응(CR) 간의 연합이 유지되거나 약화되는 방식에 초점.	행동과 강화/벌의 관계가 유지되거나 약화되는 방식에 초점.

적용 예시	실험 중 개가 종소리에 반응하지 않다가 며칠 후 다시 반응하는 경우.	강화가 중단된 행동(칭찬 없이 숙제하기)이 시간이 지난 후 다시 나타나는 경우.
차이점 요약	소거와 자발적 회복은 자극 간 연합(CS-CR)의 유지 여부에 의해 좌우됨.	소거와 자발적 회복은 행동과 강화/벌 간의 관계 약화 및 재활성화에 의해 좌우됨.

(3) 자발적 회복

① 자발적 회복의 원리

자발적 회복(Spontaneous Recovery)은 소거 과정을 거쳐 약화되거나 사라진 행동이 일정 시간이 지난 후 다시 나타나는 현상을 말한다. 이는 행동과 결과 간의 연합이 완전히 소멸된 것이 아니라, 잠시 억제되었을 뿐이라는 것을 보여준다. 예를 들어, 쥐가 버튼을 눌러도 먹이가 나오지 않는 경험을 반복하여 버튼 누르기 행동이 소거되었더라도, 며칠 후 다시 실험 상자에 들어갔을 때 버튼을 누르는 행동이 다시 나타날 수 있다.

② 자발적 회복의 의의와 대처

자발적 회복은 학습된 행동이 뇌 속에 여전히 저장되어 있음을 의미하며, 특히 문제 행동 교정 후 재발 방지를 위한 관리가 중요하다는 점을 시사한다. 예를 들어, 강아지가 짖는 행동을 소거했더라도 며칠 후 다시 짖기 시작할 수 있으며, 이때 훈련자가 일관성 없이 보상을 제공하면 문제 행동이 다시 강화될 수 있다.

따라서 자발적 회복이 일어났을 때는 놀라거나 당황하지 말고, 이전과 동일한 방식으로 소거를 지속하거나, 대체 행동을 강화하는 전략을 사용해야 한다. 또한 반복적인 소거와 자발적 회복 과정을 거칠수록 행동의 재출현 가능성은 점차 줄어들며, 최종적으로는 목표하지 않은 행동이 완전히 사라질 수 있다.

(4) 변별과 일반화

① 변별(Discrimination)

변별은 조작적 조건화 과정에서, 동물이 다양한 자극 중 특정 자극에만 반응하도록 학습하는 과정이다. 이는 강화나 처벌이 특정 자극에서만 발생하도록 조건을 조절함으로써 이루어진다. 예를 들어, 실험에서 쥐에게 빨간 불빛이 켜졌을 때 버튼을 누르면 먹이가 제공되고, 초록 불빛에서는 아무런 결과가 주어지지 않도록 설정한 경우, 쥐는 점차 빨간 불빛이 켜졌을 때만 버튼을 누르는 행동을 보인다. 이는 쥐가 두 자극을 구별하여, 보상이 주어지는 상황에만 반응하도록 학습되었음을 의미한다.

변별 학습은 동물이 다양한 자극 중에서 의미 있는 신호만을 인식하고, 불필요하거나 관련 없는 자극에는 반응하지 않도록 조절하는 능력을 길러준다. 이를 통해 불필요한 행동의 낭비를 줄이고, 환경 변화에 보다 정교하게 적응할 수 있게 된다. 변별은 훈련 현장에서도 매우 유용하게 활용되며, 특정 명령어, 손짓, 또는 시각적 신호에만 반응하도록 훈련할 수 있게 한다.

② 일반화(Generalization)

일반화는 동물이 하나의 자극에 대해 학습한 행동을, 유사한 다른 자극에도 동일하게 적용하는 현상이다. 예를 들어, 개가 500Hz의 종소리에 조건화되어 침을 흘리는 반응을 보였다면, 이후 450Hz나 550Hz처럼 비슷한 톤의 소리에도 같은 반응을 보일 수 있다. 이는 동물이 자극을 완전히 구분하지 않고, 유사한 자극들을 같은 범주로 인식하며 반응을 확장하는 것이다.

일반화는 학습된 행동이 다양한 상황에서 활용될 수 있도록 돕는 중요한 원리이며, 특히 환경이 복잡하거나 유사한 자극이 많은 경우 생존과 적응에 유리하게 작용한다. 훈련 현장에서는 '앉아', '엎드려' 등의 명령어를 다양한 장소나 사람의 목소리로 반복해 일반화시킴으로써, 개가 장소나 상황이 바뀌더라도 일관된 반응을 보이도록 훈련할 수 있다.

③ 변별과 일반화의 균형

변별과 일반화는 서로 상반된 특성을 가지지만, 효과적인 훈련을 위해서는 두 원리를 균형 있게 활용해야 한다. **지나치게 일반화되면 동물이 관련 없는 자극에도 반응하여 혼란이 생기고, 과도한 변별은 반응 범위를 지나치게 좁혀 행동의 융통성이 떨어질 수 있다**.

예를 들어, 개가 "앉아"라는 명령에만 반응하고, 발음이 약간 달라진 "앉으세요"나 "앉아볼까?"에는 전혀 반응하지 않는다면 일반화가 부족한 상태이며, 반대로 말과 무관하게 사람 앞에만 서면 무조건 앉는다면 변별이 부족한 경우다. 따라서 훈련자는 목표에 맞게 일반화와 변별을 적절히 설계해야 한다.

■ 고전적 조건화와 조작적 조건화에서의 변별과 일반화 비교표

구분	고전적 조건화	조작적 조건화
변별 (Discrimination)	특정 조건 자극(CS)에 대해서만 조건 반응(CR)이 유발되는 학습. 예 특정 음조의 종소리에만 반응.	특정 상황에서만 특정 행동이 강화되는 학습. 예 특정 신호(녹색 불)에서만 보상을 받는 행동.
일반화 (Generalization)	조건 자극과 유사한 자극에도 조건 반응(CR)이 나타나는 현상. 예 다양한 음조의 종소리에 반응.	특정 행동이 유사한 자극 상황에서도 같은 결과를 기대하며 수행되는 현상. 예 한 장소에서 배운 예의를 다른 장소에서도 적용.
학습 메커니즘	자극(CS)과 반응(CR)의 연합을 통해 학습.	행동과 결과(강화/벌)의 연합을 통해 학습.
초점	자극의 속성과 반응의 관계에 중점.	행동과 그 결과(보상 또는 벌)의 관계에 중점.
적용 예시	개가 특정 종소리에만 반응하거나 다양한 종소리에 모두 반응.	아이가 집에서 배운 행동(청소하기)을 학교에서도 적용하거나 특정 상황(부모의 지시)에서만 행동을 수행.
차이점 요약	변별과 일반화는 주로 자극(CS)의 속성에 따라 발생.	변별과 일반화는 행동의 결과(강화 또는 벌)의 맥락에 따라 발생.

변별과 일반화는 조작적 조건화에서 중요한 원리로, 동물이 환경 속에서 자극을 구분하거나 유사성을 인식하며 효율적으로 반응하는 능력을 보여준다. 변별은 특정한 상황에서 선택적인 행동을 가능하게 하고, 일반화는 학습된 행동이 새로운 상황에서도 적용될 수 있도록 하여 학습의 유연성을 높인다.

5 조작적 조건화의 응용과 사례

(1) 동물 훈련 분야

① 앉기 훈련: 클리커 트레이닝 활용

- 목적: 강아지가 "앉아"라는 명령에 따라 앉는 행동을 학습하고 강화한다.

- 환경 준비: 강아지가 집중할 수 있는 조용한 환경을 마련하고, 간식과 클리커를 준비한다.
- 행동 관찰: 강아지가 자연스럽게 앉는 순간을 기다린다.

- **강화 시작**: 강아지가 앉는 순간 클리커를 눌러 "딸깍" 소리를 내고, 간식을 즉시 제공한다.
- **명령 추가**: 행동이 반복되면 "앉아"라는 명령을 함께 말하며 행동을 유도한다.
- **반복 훈련**: 짧고 자주 훈련하여 강아지가 명령과 행동을 연결하도록 한다.
- **팁**: 강화는 즉각적으로 제공해야 하며, 간식을 줄이는 대신 칭찬으로 전환해 내재적 동기를 높인다.

② 이름 부르기 훈련: 호출 반응 학습

- **목적: 강아지가 자신의 이름을 부르면 주인에게 달려오도록 학습한다.**

- **보상 준비**: 강아지가 좋아하는 간식이나 장난감을 준비한다.
- **짧은 거리에서 호출**: 가까운 거리에서 강아지의 이름을 부르며 간식을 보여준다.
- **성공 시 보상**: 강아지가 달려오면 즉시 간식과 칭찬을 제공한다.
- **거리 점차 확대**: 점차 부르는 거리를 늘리며 동일한 방식으로 훈련한다.
- **팁**: 이름을 반복해서 부르지 말고 한 번만 부른 후 기다려야 이름과 행동의 연관성이 명확해진다.

③ 짖지 않기 훈련: 부적 강화 활용

- **목적: 강아지가 불필요하게 짖는 행동을 줄이고, 조용한 행동을 강화한다.**

- **자극 확인**: 강아지가 짖는 원인을 파악한다(예 문소리, 낯선 사람).
- **조용한 행동 강화**: 강아지가 짖는 것을 멈췄을 때 즉시 칭찬하거나 간식을 준다.
- **부적 강화**: 짖는 원인(예 소음)을 제거하며 강아지의 조용한 행동을 유도한다.
- **명령 추가**: "조용히"와 같은 명령어를 사용하며 강아지가 멈출 때마다 보상한다.
- **팁**: 꾸짖는 대신 긍정적 행동을 강화하며, 일관된 명령과 보상을 제공한다.

(2) 행동 수정 분야

반려견의 행동 수정은 조작적 조건화의 핵심 기법을 활용하여 문제행동(예 공격성, 분리불안)을 줄이고, 바람직한 행동을 강화하는 데 초점을 둔다. 정적 강화, 소거, 대체 행동 훈련 등을 통해 긍정적인 행동 패턴을 학습시킬 수 있다.

① 분리불안 개선: 단계적 이탈 훈련 및 정적 강화 적용

- 목적: 보호자가 부재한 상황에서도 반려견이 안정적으로 대기할 수 있도록 행동을 형성한다.

- **이탈 시간 세분화**: 보호자가 시야에서 사라지는 시간을 5초, 10초, 30초 등으로 나누어 점진적으로 증가시킨다.
- **기초 대기 훈련 병행**: '자리', '기다려' 등의 명령어와 함께 해당 위치에서 대기하는 행동을 먼저 정립한다.
- **조용한 대기 시 강화 제공**: 보호자 귀환 시 짖음, 문 긁기 없이 대기했을 경우, 간식 또는 짧은 놀이로 강화한다.
- **실패 시 기준 재설정**: 짖음이나 불안행동 발생 시, 이전 성공 단계로 회귀하여 기준을 재조정한다.
- **환경 자극 차단**: 이탈 시 라디오, 퍼즐 피더, 고무 장난감 등을 활용하여 불안을 분산시킨다.

② 짖음 행동 조절: 유발자극 제어 및 대체 행동 도입

- 목적: 과도하거나 불필요한 짖음을 줄이고, 조용한 대기 행동을 대체 반응으로 정립한다.

- **자극 구체화**: 초인종, 발소리, 낯선 사람 등 짖음 유발 자극을 정확히 식별한다.
- **자극 등장 시 대체 명령 제시**: 짖기 전에 '자리', '앉아', '조용히' 등의 명령어로 대체 행동 유도한다.
- **무반응 시 강화**: 자극 노출 후 짖지 않거나 조용히 있었을 경우, 즉시 간식 또는 장난감 제공한다.
- **소거 기법 병행**: 짖음에 대해 반응하지 않고 무시함으로써 행동의 강화 요소를 차단한다.
- **환경 조절 적용**: 창가 시야 차단, 소리 민감도 완화 장치(화이트 노이즈 등) 활용하여 자극 노출을 최소화한다.

③ 공격성 조절: 탈감작과 대체 행동 결합 훈련

- 목적: 위협적 자극에 대한 반응을 공격성에서 통제 가능한 행동으로 전환한다.

- **자극 강도 설정**: 초기에는 자극의 거리와 강도를 낮은 단계에서부터 훈련을 시작한다.

- **자극 등장 시 대체 반응 유도:** '앉아', '아이컨택', '돌아' 등의 명령어로 주의 전환 유도한다.
- **성공적 대처 시 강화:** 자극에 반응하지 않고 대체 행동을 수행했을 경우 즉시 보상을 제공한다.
- **역조건 형성 적용:** 특정 자극 등장 시마다 긍정 자극(예 고급 간식)을 제공하여 자극 연상을 긍정적으로 재구성한다.
- **훈련자의 일관된 태도 유지:** 자극 등장 시 훈련자는 중립적이며 침착하게 행동해야 하며, 자극 노출은 절대 강제하지 않는다.

6 B.F. 스키너(Burrhus Frederic Skinner): 생애와 학문적 기여

(1) 생애와 학문적 배경

버러스 프레드릭 스키너(1904년 3월 20일 ~ 1990년 8월 18일)는 미국의 심리학자, 행동주의 학자, 철학자, 발명가, 작가로, 행동주의 심리학의 대표적인 인물 중 하나로 꼽힌다. 그는 조작적 조건화 이론을 체계화한 선구자로, 인간 및 동물의 행동이 강화와 처벌 같은 환경적 요인에 의해 어떻게 변화하는지를 연구했다.

스키너는 펜실베이니아주 서스퀘해나 강 근처의 작은 마을에서 태어났다. 어린 시절부터 과학적 실험과 발명에 관심이 많았으며, 그의 이러한 성향은 후에 행동주의 연구와 조작적 조건화 이론의 발명에 중요한 역할을 했다. 그는 해밀턴 대학에서 영문학 학위를 받은 후 작가로 활동했으나, 과학적 방법론에 대한 열망이 커지며 심리학으로 전향하게 되었다. 이후 하버드 대학교에서 심리학 박사 학위를 취득하며 본격적인 연구를 시작하였다.

스키너는 심리학이 과학적 실험과 관찰에 기반해야 한다고 믿었다. 그는 인간의 내면적 사고와 감정보다는 관찰 가능한 행동과 환경의 상호작용을 중점적으로 연구하며, 행동주의 심리학을 이론적으로 정교화했다.

(2) 주요 연구와 업적

① 조작적 조건화의 체계화

스키너는 조작적 조건화(Operant Conditioning)를 체계화하며 행동주의 심리학의 새로운 장을 열었다. 조작적 조건화는 행동의 결과(강화, 처벌)에 따라 행동의 빈도가 조절되는 학습 과정으로, 인간과 동물의 행동 변화를 과학적으로 이해하는 데 기여했다. 스키너는 강화와 처벌의 개념을 명확히 정의하고, 이를 활용한 행동 수정 기법을 발전시켜 교육, 심리치료 등 다양한 분야에 실질적으로 응용했다.

② 스키너 상자(Skinner Box) 개발

스키너는 실험 장치인 스키너 상자를 설계하여 조작적 조건화의 원리를 실험적으로 검증했다. 이 상자는 동물이 특정 행동(예 레버 누르기)을 수행했을 때 보상(먹이 제공)이나 처벌(전기 충격)을 제공하는 구조로 설계되었다. 스키너 상자는 행동과 결과 간의 관계를 체계적으로 관찰하고 분석할 수 있도록 도와, 조작적 조건화의 과학적 타당성을 입증하는 데 중요한 역할을 했다.

③ 강화 스케줄 연구

스키너는 강화가 행동에 미치는 영향을 심층적으로 연구하며 다양한 강화 스케줄을 제안했다. 그는 고정 비율 강화(Fixed Ratio), 변동 비율 강화(Variable Ratio), 고정 간격 강화(Fixed Interval), 변동 간격 강화(Variable Interval)와 같은 강화 스케줄이 행동의 유지와 변화에 미치는 효과를 체계적으로 분석했다. 고정 비율 강화는 일정한 횟수의 행동 후 보상을 제공하여 빠르고 안정적인 학습을 유도하지만, 보상이 중단되면 행동이 급격히 감소할 수 있다는 점을 지적했다. 변동 비율 강화는 행동의 횟수에 따라 불규칙적으로 보상을 제공하며, 슬롯머신과 같은 불확실한 보상 체계가 이에 해당한다. 스키너는 이 방식이 가장 강력하고 지속적인 행동 유발 효과를 가진다고 주장하며, 학습된 행동의 내구성을 높이는 데 유효하다고 강조했다. 또한, 고정 간격 강화는 일정한 시간 간격 후에 보상을 제공하여 행동 빈도가 주기적으로 증가하는 패턴을 보여주며, 변동 간격 강화는 시간 간격이 불규칙적으로 설정되어 행동을 꾸준히 유지하도록 유도한다. 이러한 강화 스케줄 연구는 행동을 효과적으로 유지하거나 수정하기 위한 전략을 제공하며, 교육, 심리치료, 동물 훈련, 마케팅 등 다양한 분야에서 응용되고 있다. (더욱 자세한 강화 스케줄에 대한 내용은 제12장 강화 계획을 참고하도록 한다.)

④ 행동 분석학의 발전

스키너는 행동주의 심리학의 이론적 기초를 공고히 하며, 행동 분석학(Behavior Analysis)의 발전에 크게 기여하였다. 행동 분석학은 행동이 환경과의 상호작용을 통해 어떻게 형성되고 변화하는지를 실험적으로 탐구하고, 그 원리를 실제 생활의 문제 해결에 적용하는 학문이다. 스키너의 연구는 학습장애 치료, 동물 훈련, 교육 방법 개발 등 다양한 분야에서 활용 가능성을 넓혀 주었다.

예를 들어, 학습장애나 자폐 스펙트럼 장애를 가진 아동의 치료에는 응용 행동 분석(ABA, Applied Behavior Analysis)이 활용되었다. 이 방법은 긍정적인 행동을 강화하고, 문제 행동은 점차 줄이도록 돕는 체계적인 행동 수정 기법이다. 동물 훈련에서도 스키너의 강화 원리는 널리 사용되었는데, 반려동물 훈련이나 야생동물 관리에 있어 보상 중심의 훈련법이 주로 적용되었다. 또한 교육 분야에서는 스키너가 고안한 '교수기계(Teaching Machine)'를 통해 학생들이 자신의 학습 속도에 맞춰 진도 조절이 가능한 개별화된 학습 시스템이 도입되기도 했다.

뿐만 아니라 행동 분석학은 심리치료, 공공 캠페인, 직장 내 행동 관리 프로그램 등 다양한 사회적 문제 해결에도 적용되어 긍정적인 변화를 이끌어냈다. 예를 들어, 금연이나 절주 캠페인, 중독 치료 프로그램 등에서 강화 원리를 기반으로 한 행동 개선 전략이 효과를 보였다. 이처럼 스키너는 실험적 연구와 실천적 응용을 통해 행동 분석학을 정립하였고, 이를 통해 인간과 동물의 행동을 과학적으로 이해하고 조절할 수 있는 구체적인 방법을 제시하였다. 그의 업적은 행동주의 심리학의 이론적·실천적 발전에 지대한 영향을 미쳤다.

응용행동분석(ABA)

(3) 스키너 연구의 학문적 의의와 유산

① 학습 이론 발전에 기여

조작적 조건화는 학습이 단순히 자극과 반응의 연합으로만 이루어지지 않으며, 행동의 결과가 학습자에게 강화나 처벌로 작용함으로써 행동의 빈도와 패턴이 변화될 수 있다는 점을 강조한다. 이 이론은 기존의 고전적 조건화가 자극과 반응 간의 수동적인 연합에 초점을 맞췄던 것과는 달리, **학습자가 자신의 행동을 통해 환경에 능동적으로 영향을 미치며 학습을 수행한다는 점을 제시했다**. 예를 들어, 실험에서 쥐가 레버를 누르면 먹이가 제공되는 경우, 쥐는 먹이를 얻기 위해 자발적으로 레버를 누르는 행동을 학습한다. 이러한 연구는 학습자가 강화(보상)나 처벌에 반응하여 행동을 수정하고 적응할 수 있음을 입증했다.

조작적 조건화는 이러한 행동 변화 과정에서 강화, 처벌, 소거, 변별, 일반화 등의 개념을 통해 학습의 다양한 측면을 설명하며 행동주의 심리학의 이론적 토대를 더욱 공고히 했다. 이는 학습이 단순히 외부 자극에 대한 반응이 아니라, 행동의 결과에 의해 조정될 수 있다는 점을 밝힘으로써 행동 수정과 학습 설계의 새로운 가능성을 열어주었다. 이러한 이론적 확장은 교육, 심리 치료, 동물 훈련 등 다양한 분야에서 응용되고 있으며, 현대 행동주의와 인지심리학의 발전에도 중요한 기여를 하고 있다.

② 행동 분석학의 발전

조작적 조건화는 행동 분석학의 기반을 제공하며, 인간과 동물의 행동을 체계적으로 관찰, 측정, 수정하는 데 필수적인 원리를 제시했다. 이 이론은 **스키너의 실험을 통해 강화, 처벌, 소거, 변별 등의 개념을 명확히 정의하고, 행동의 변화를 정량적으로 연구할 수 있는 틀**을 마련했다. 이를 통해 행동은 단순히 관찰 가능한 결과가 아니라, 환경과의 상호작용에 의해 지속적으로 형성되고 변화할 수 있는 동적인 과정임이 입증되었다.

조작적 조건형성의 학습이론

조작적 조건화는 실험실 내 동물 연구(예 스키너 상자를 활용한 쥐의 레버 누르기 행동)뿐만 아니라 실질적 문제 해결에도 적용되었다. 예를 들어, 자폐 스펙트럼 장애를 가진 아동의 사회적 기술 발달을 위해 행동 분석 프로그램(ABA, Applied Behavior Analysis)이 개발되었으며, 이 프로그램은 조작적 조건화의 원리를 바탕으로 행동을 강화하거나 부적절한 행동을 소거하는 데 효과적으로 사용되고 있다.

또한, 행동 분석학은 동물 훈련, 공공 정책 설계, 조직 내 인적 자원 관리 등 다양한 분야에서 활용되고 있다. 예를 들어, 반려동물의 문제행동을 수정하기 위해 정적 강화와 부적 처벌을 결합한 훈련법이 자주 사용된다. 이처럼 조작적 조건화는 행동의 예측과 수정이 가능하도록 해, 인간과 동물의 행동에 대한 체계적인 이해를 확립하는 데 크게 기여하였다. 행동 분석학은 이러한 이론적 토대를 바탕으로 더욱 발전하여, 실험심리학과 응용심리학의 필수적인 영역으로 자리 잡았다.

③ 다양한 분야에서의 응용 가능성

조작적 조건화는 인간과 동물의 행동을 이해하고 수정하는 데 유용한 이론으로, 다양한 실생활 영역에서 폭넓게 응용되고 있다. 특히, 강화와 처벌 원리를 활용하여 학습과 행동 변화를 유도하는 구체적인 방법론을 제공하며, 이는 교육, 심리 치료, 동물 훈련, 산업 관리, 마케팅 등 다양한 분야에서 효과적으로 사용된다. **교육**에서는 학생의 학습 동기와 행동 관리를 위한 교수법에 적용되며, 예를 들어 학생이 올바른 답을 말했을 때 교사가 즉각 칭찬하거나 스티커를 제공하면 학생은 더 자주 질문하거나 답변하려는 동기가 생긴다. **심리 치료**에서는 공포증, 불안 장애, 문제행동 관리 등에 활용되며, 점진적 노출 기법과 보상을 결합해 환자가 공포를 극복하거나 부정적 행동을 줄이고 긍정적 대처 방식을 학습하도록 돕는다. **동물 훈련**에서는 반려동물 훈련과 야생 동물 관리에 활용되어, 강아지가 "앉아" 명령을 수행했을 때 간식을 제공하는 방식으로 명령어 학습을 강화하거나, 특정 행동을 유도하기 위해 긍정적 보상을 사용하는 방식으로 인간-동물 간 상호작용을 개선한다. **산업 및 조직**에서는 직원의 동기 부여, 생산성 향상, 업무 성과 관리를 위해 조작적 조건화가 사용되며, 예를 들어 일정 목표를 달성한 직원에게 보너스를 지급하거나 승진 기회를 제공함으로써 성과를 강화하고, 부적절한 업무 태도를 피드백으로 개선하며 대체 행동을 유도할 수 있다. **마케팅과 소비 행동 분야**에서는 고객의 구매 행동을 유도하기 위해 포인트 시스템, 할인, 보상 프로그램 등이 활용되며, 예를 들어 특정 금액 이상 구매 시 포인트를 적립하거나, 다음 구매에 사용할 수 있는 쿠폰을 제공하여 반복 구매를 강화하거나 한정판 제품이나 특별 할인 이벤트를 통해 소비자의 행동을 유도하고 브랜드 충성도를 높이는 데 기여한다.

④ 실험적 방법론의 발전

조작적 조건화는 스키너 상자(Skinner Box)와 같은 실험 장비를 통해 동물 행동의 세부적인 변화 과정을 체계적으로 관찰하고 정량적으로 분석할 수 있는 실험적 방법론을 제공하였다. 스키너 상자는 동물이 특정 행동(예 레버 누르기)을 수행했을 때 강화(먹이)나 처벌(전기 충격)을 즉각적으로 제공함으로써, 행동의 빈도와 패턴이 어떻게 변화하는지 세밀하게 관찰할 수 있도록 설계되었다. 이 장치는 행동의 원인과 결과를 명확히 연결하고, 반복적이고 통제된 환경에서 실험을 수행할 수 있는 기반을 마련했다. 이를 통해 **심리학은 주관적 관찰에 의존하던 초기 단계에서 벗어나, 실험 데이터를 바탕으로 행동 원리를 검증하고 확립할 수 있는 과학적 정당성**을 갖추게 되었다. 예를 들어, 쥐가 레버를 누르면 먹이를 받는 실험에서는 강화가 행동의 빈도를 어떻게 증가시키는지 실시간으로 확인할 수 있었으며, 변동 강화와 고정 강화의 효과를 비교하는 실험을 통해 강화 일정의 중요성이 밝혀졌다. 이러한 실험적 접근은 인간 행동과 동물 행동 모두를 설명하는 데 중요한 기초가 되었고, 학습 이론의 실질적인 발전을 촉진했다. 나아가, 행동 분석학, 응용 행동 분석(ABA), 동물 훈련, 심리 치료 등 다양한 분야에서 정량적 연구를 가능하게 하며 심리학의 과학적 지위를 한층 높이는 데 기여했다.

연습문제

1. 조작적 조건화 실험에서 스키너가 사용한 대표적인 장치는 무엇인가?

A. 파블로프의 종소리 장치
B. 스키너 상자(Skinner Box)
C. 변별 자극 장치
D. 미로 상자

2. 스키너의 조작적 조건화에서 '정적 강화'는 무엇을 의미하는가?

A. 긍정적 자극을 추가하여 행동을 증가시키는 것
B. 부정적 자극을 제거하여 행동을 증가시키는 것
C. 긍정적 자극을 제거하여 행동을 감소시키는 것
D. 부정적 자극을 추가하여 행동을 감소시키는 것

3. 다음 중 부적 강화를 설명하는 것을 고르시오.

A. 바람직한 행동 후에 긍정적 자극을 제공하는 것
B. 바람직한 행동 후에 부정적 자극을 제거하는 것
C. 바람직하지 않은 행동 후에 긍정적 자극을 제거하는 것
D. 바람직하지 않은 행동 후에 행동 후에 부정적 자극을 추가하는 것

4. 다음 중 스키너가 조작적 조건화를 통해 학문적으로 기여한 핵심 내용으로 가장 적절한 것을 모두 고르시오.

A. 행동의 결과가 그 행동의 발생 빈도에 미치는 영향을 분석하였다.
B. 무조건 자극과 반응 간의 관계를 중심으로 학습을 설명하였다.
C. 단순한 자극의 연합만으로도 모든 행동을 예측할 수 있다고 보았다.
D. 유기체의 자율적 행동이 환경의 결과에 따라 조절될 수 있음을 강조하였다.

5. 조작적 조건화에서 '소거'란 무엇을 의미하는가?

A. 이미 강화된 행동에 더 이상 강화물을 제공하지 않아 행동의 빈도가 감소하는 과정
B. 특정 행동이 강화되어 행동의 빈도가 증가하는 과정
C. 행동이 자극과 연결되지 않는 과정을 설명하는 원리
D. 새로운 자극을 통해 행동을 학습하는 과정

1. B / 2. A / 3. B / 4. A, D / 5. A

연습문제

6. 다음 중 정적처벌에 해당하는 것을 고르시오.

A. 긍정적 자극을 제공하여 행동을 증가시키는 것
B. 부정적 자극을 제거하여 행동을 증가시키는 것
C. 부정적 자극을 제공하여 행동을 감소시키는 것
D. 긍정적 자극을 제거하여 행동을 감소시키는 것

7. 조작적 조건화에서 부적 강화의 예로 가장 적절한 것은 무엇인가?

A. 숙제를 한 아이에게 칭찬하는 것
B. 차 안에서 안전벨트를 매자 경고음을 끄는 것
C. 규칙을 어긴 아이에게 벌을 주는 것
D. 보상을 주지 않아 행동을 줄이는 것

8. 강화의 올바른 정의는 무엇인가?

A. 행동의 빈도수가 변화하는 것
B. 자극을 받아 행동이 약화되는 것
C. 행동이 자주 발생하였으나 어느 순간 행동의 빈도수가 감소하는 것
D. 유기체가 한 행동의 결과가 스스로에게 유리할 시 행동의 빈도수가 증가하는 것

9. 조작적 조건화와 고전적 조건화의 주요 차이점은 무엇인가?

A. 고전적 조건화는 행동 결과에 초점을 둔다.
B. 조작적 조건화는 결과와 반응 간 관계를 강조한다.
C. 고전적 조건화는 능동적 학습 과정을 설명한다.
D. 조작적 조건화는 무조건 자극에 의존한다.

10. 행동 조형(shaping)의 기본 원리는 무엇인가?

A. 행동의 빈도를 일정하게 유지하는 것
B. 행동을 강화하여 점진적으로 목표에 도달하도록 하는 것
C. 특정 자극에만 반응하도록 행동을 제한하는 것
D. 잘못된 행동을 처벌로 줄이는 것

6. C / 7. B / 8. D / 9. B / 10. B

11. 스키너 상자 실험에서 사용된 강화물은 무엇인가?

A. 물
B. 먹이
C. 전기 자극
D. 불빛

12. 처벌이 학습에 부정적인 영향을 미칠 수 있는 이유는 무엇인가?

A. 행동을 강화하는 효과가 있다.
B. 처벌 없이 행동이 유지된다.
C. 처벌 대상자가 회피 행동을 보일 가능성이 있다.
D. 행동을 점진적으로 소거하는 데 적합하다.

13. 스키너의 연구에서 '스키너 상자'의 주요 목적은 무엇인가?

A. 동물의 지능을 측정하기 위해
B. 특정 행동이 결과와 어떻게 연결되는지 분석하기 위해
C. 유기체의 자연적 행동을 관찰하기 위해
D. 인간 행동의 심리적 원인을 연구하기 위해

14. 조작적 조건화에서 '일차 강화물'의 예는 무엇인가?

A. 칭찬과 돈
B. 음식과 물
C. 스티커와 트로피
D. 도장과 점수

15. 조작적 조건화에서 '조건 강화물'이란 무엇인가?

A. 생리적 욕구를 충족시키는 강화물
B. 학습을 통해 강화 효과를 얻은 자극
C. 특정 행동을 감소시키는 강화물
D. 자연적으로 강화 효과를 가지는 자극

11. B / 12. C / 13. B / 14. B / 15. B

토론하기

1. 조작적 조건화에서 정적 강화와 부적 강화의 차이를 예시를 들어 설명하고, 토론하시오.

2. 스키너 상자를 사용한 조작적 조건화 실험에서 나타나는 소거 현상과 자발적 회복에 대해 설명하시오.

3. 조형(Shaping)의 개념을 설명하고, 이를 활용하여 복잡한 행동을 학습시키는 과정을 서술하시오.

4. 정적 강화와 부적 강화 중 어느 것이 더 효과적인 학습 도구일까요? 다양한 사례를 들어 논의하시오.

5. 스키너 상자를 활용한 실험 결과가 인간 행동에 직접적으로 적용 가능한지 여부를 논의하시오, 인간 행동과 동물 행동의 차이를 중심으로 토론하시오.

CHAPTER

06

차징(charging)

CHAPTER 06

차징(charging)

학습목표

- 차징의 정의와 목적을 정확히 이해하고, 클리커 트레이닝에서 차징이 학습의 시작점으로서 어떤 기능을 수행하는지 설명할 수 있다.
- 차징의 주요 단계(클릭-보상 연결)를 학습한 뒤, 이를 실습에 적용할 수 있으며, 차징이 고전적 조건화와 조작적 조건화의 원리와 어떻게 연결되는지 논리적으로 설명할 수 있다.
- 차징 과정에서 발생할 수 있는 혼란, 클릭 타이밍 오류 등 문제 상황을 인식하고 그에 대한 적절한 해결 방안을 제시하며, 다양한 환경과 개체에 맞춰 차징을 효과적으로 응용할 수 있다.

1 차징(charging)의 개념

(1) 차징(charging)의 정의

차징(charging)은 클리커 훈련의 기초 단계로, **클리커 소리(딸깍)와 보상(먹이)를 연결하는 과정**이다. 차징을 통해 동물은 클리커 소리나 특정 신호가 울릴 때마다 보상이 주어진다는 긍정적 의미를 습득하게 된다. 이는 클리커 훈련에서 중요한 역할을 하며, 동물이 특정 행동을 수행할 때마다 클리커 소리만으로도 보상이 주어질 것을 기대하게 만들어 훈련의 효율성을 높인다.

예를 들어, 클리커 소리를 내고 즉시 간식을 제공하는 행동을 반복하면, 반려견은 딸깍 소리가 긍정적인 결과(보상)로 이어진다는 것을 자연스럽게 이해하게 된다. 이 과정은 이후 반려견과의 소통을 원활하게 하고, 효과적인 트레이닝의 기반이 된다. 이렇듯 차징은 훈련 초기 단계에서 동물의 동기와 흥미를 자극하는 데 특히 효과적이며, 신호-보상 연결을 통해 훈련자와 동물 간의 명확한 의사소통을 가능하게 한다. 이 기법은 단순한 조건 형성을 넘어, 동물이 훈련 과정에서 신호에 따른 행동을 자발적으로 선택하게 만들어 준다는 점에서 중요하다.

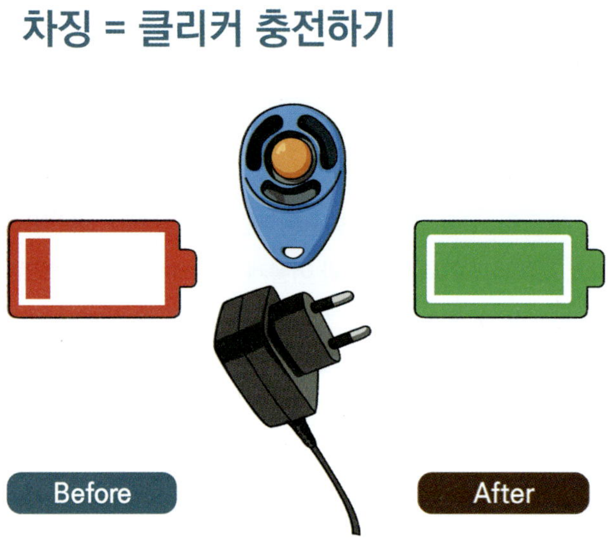

차징(charging)의 의미

(2) 차징의 필요성과 중요성

차징은 클리커 트레이닝의 가장 기초적인 단계로, 이후의 모든 훈련의 성공 여부를 결정짓는 핵심 과정이다. 클리커 소리를 긍정적인 경험으로 연결하면 반려견은 딸깍 소리를 듣는 순간 기대와 흥미를 느끼게 된다. 이는 반려견의 학습 동기를 높이고, 다양한 훈련 기술을 빠르고 효과적으로 익히는 데 도움을 준다. 반대로 차징이 제대로 이루어지지 않으면 반려견은 클리커 소리를 보상과 연관 짓지 못하고 단순한 소음으로 인식할 수 있다. 이는 훈련의 효율성을 떨어뜨릴 뿐 아니라, 반려견과 보호자 간의 의사소통에도 혼란을 초래할 수 있다. 따라서 차징은 반려견이 클리커를 긍정적으로 받아들이게 함으로써, 훈련의 성공을 위한 기본적인 토대를 마련하는 중요한 과정이다.

2 차징(charging)의 원리와 과정

(1) 차징(charging)의 원리

차징의 원리는 자극(클리커 소리)과 보상(먹이)을 긴밀하게 연결하는 데 있다. 반려견이 클리커 소리를 들으면 곧바로 보상이 제공되어야 하며, 이 과정을 여러 차례 반복해야 한다. 이렇게 하면 반려견은 클리커 소리를 보상의 신호로 인식하게 된다. 즉, 클리커 소리는 본래 중립적인 자극이지만, 차징 과정을 통해 보상을 예고하는 조건 자극으로 바뀌게 된다. 중요한 점은 보상이 항상 클리커 소리 뒤에 즉각적으로 이루어져야 하며, 이 일관성이 차징 성공의 핵심이다.

① 클릭 소리와 보상의 연결

클릭 소리는 반드시 보상과 동반되어야 하며, 보상의 전달은 즉각적으로 이루어져야 한다. 클리커 소리가 울린 후 몇 초라도 지체된다면 반려견은 클리커 소리와 보상의 관계를 효과적으로 학습하지 못한다. 이 과정에서 중요한 점은 클릭 소리가 곧 보상을 의미한다는 점을 반려견이 인식할 수 있도록 꾸준히 일관성 있게 실행하는 것이다. 보상은 반려견이 빠르게 먹을 수 있는 크기로 준비하여, 클릭 소리와 보상 사이의 연계가 명확하게 이루어지도록 해야 한다.

② 동물의 조건 반응 형성

차징이 성공적으로 이루어지면 반려견은 클리커 소리만 듣고도 보상이 곧 주어질 것이라고 기대하게 된다. 이러한 조건 반응은 반려견이 클리커 소리를 긍정적인 신호로 받아들이게 하며, 이후의 모든 훈련 기술을 수행하는 데 필수적인 기반이 된다. 이 과정에서 반려견은 "클릭 소리 = 보상"이라는 명확한 연계를 학습하며, 이는 트레이닝 중 보상의 동기 부여 효과를 극대화하고 행동을 강화하는 데 중요한 역할을 한다.

③ 클릭과 보상: 원 클릭 원 보상의 원칙

'원 클릭 원 보상(One Click One Reward)'의 원칙은 차징 과정에서 가장 중요한 규칙이다. 클리커 소리가 울린 후에는 반드시 보상이 제공되어야 하며, 이 원칙을 통해 훈련의 일관성을 유지하고 반려견에게 신뢰감을 심어줄 수 있다. 보상이 제공되지 않는 클릭은 혼란을 초래하고, 반려견이 클리커 소리를 무시하거나 학습 효과가 저하될 가능성이 있다. 따라서 클릭과 보상을 항상 함께 제공하여 클리커가 보상의 신호임을 명확히 학습시키는 것이 중요하다.

④ 조건화가 이루어지는 반복의 중요성

조건화는 반복을 통해 점진적으로 강화되며, 차징 과정의 성공 여부는 이 반복의 정도에 달려 있다. 반려견이 클리커 소리를 정확히 학습하지 못하는 이유 중 하나는 반복 횟수가 충분하지 않거나, 조건화가 일관되지 않게 이루어졌기 때문이다. 차징 과정은 동일한 방법으로 여러 번 반복하며, 반려견이 클릭 소리와 보상의 관계를 명확히 이해하도록 해야 한다. 또한, 차징이 다양한 상황과 장소에서 일관되게 이루어지면, 반려견은 특정 환경에만 반응하는 것이 아니라 다양한 환경에서도 클리커 소리에 반응할 수 있게 된다. 반복의 중요성을 간과하지 않고 충분한 훈련 시간을 확보하는 것이 차징의 핵심이다.

(2) 차징의 단계적 과정

차징의 과정은 간단하면서도 정확한 단계를 포함하며, 각 단계의 세심한 수행이 성공적인 학습의 핵심이다.

1. 클리커를 누르고 즉시 보상을 제공한다.
2. 이 과정을 몇 차례 반복하여 반려견이 소리와 보상을 연결짓도록 한다.
3. 보상 후 반려견이 보호자를 쳐다보면 다시 클리커를 누르고 보상을 제공한다.
4. 반려견이 클릭 소리를 인식하고 기대감을 나타낼 때까지 반복한다.

① 클리커 소리 발생

훈련자는 클리커를 눌러 명확한 소리를 발생시킨다. 이 소리는 짧고 뚜렷해야 하며, 동물이 주의를 기울이기에 충분한 음량과 톤이어야 한다. 클리커 소리는 동물에게 새로운 자극으로 작용하며, 이후 보상과 연결되도록 설계된다.

② 즉각적인 보상 제공

클리커 소리가 난 후 즉시 보상을 제공한다. 보상은 동물이 선호하는 간식이나 장난감이 될 수 있으며, 동물의 기호와 성격에 맞게 선택해야 한다. 중요한 점은 클리커 소리와 보상이 시간적으로 겹치지 않도록 하는 것이다. 클리커 소리 이후 보상이 빠르게 주어져야 소리가 보상의 신호로 학습될 수 있다.

③ 반복 학습

이 과정을 여러 번 반복하여 동물이 클리커 소리와 보상 간의 관계를 학습하게 한다. 초기 세션에서는 약 10~20회의 반복이 적절하며, 동물의 반응에 따라 반복 횟수와 세션 수를 조정한다. 세션은 짧고 집중적으로 구성해야 하며, 동물이 흥미를 잃지 않도록 적절한 시점에 종료한다.

④ 반려견의 기대감 관찰 및 학습 완료

반려견이 클리커 소리를 듣고 보상을 기대하는 행동(예 귀를 기울이거나 보호자를 주시하는 행동)을 보일 때까지 차징 과정을 반복한다. 이러한 반응은 반려견이 클리커 소리와 보상을 연결 지었음을 나타내며, 차징이 성공적으로 이루어졌다는 신호이다. 반려견의 기대감이 명확히 관찰되면, 이후 본격적으로 클리커 트레이닝을 시작할 준비가 된 것이다.

3 성공적인 차징을 위한 방안

(1) 차징의 요소

① 일관성

일관성은 차징 과정에서 가장 중요한 요소 중 하나이다. 클리커 트레이닝에서 일관성이란 **클리커 소리가 난 후 즉각적으로 보상을 제공하는 행동이 항상 동일하게 이루어져야 함을 의미**한다. 훈련자는 클리커를 누르는 순간과 보상을 주는 순간 사이에 지연이 발생하지 않도록 주의해야 한다. 클리커 소리가 난 후 보상이 지연되면 동물은 클리커와 보상 간의 연관성을 명확히 인식하기 어려워지며, 이로 인해 학습 과정에서 혼란을 겪게 된다. 또한, 일관되지 않은 보상은 동물에게 기대를 저하시켜, 클리커 소리에 대해 무관심하게 만들 수 있다. 따라서 훈련자는 차징 과정에서 클리커 소리와 보상이 항상 즉각적으로 연관될 수 있도록, 각 세션에서 동일한 타이밍과 반응을 유지해야 한다. 이를 위해 훈련자는 훈련 과정 중 자신의 반응 속도를 지속적으로 점검하고, 훈련 기록을 통해 보상의 타이밍이 적절했는지를 평가하는 것도 중요하다.

② 환경 설정

환경 설정 역시 차징의 성공 여부를 좌우하는 중요한 요소이다. 차징 과정은 동물이 특정 소리와 보상 간의 연관성을 명확히 학습하는 것이 목표이므로, **조용하고 방해 요소가 없는 환경에서 수행하는 것이 좋다**. 외부 소음, 사람의 왕래, 다른 동물의 소리와 같은 방해 요소들은 동물의 집중을 방해하고, 클리커 소리와 보상 간의 연결을 약화시킬 수 있다. 특히 예민한 동물의 경우 환경의 영향을 더 크게 받을 수 있기 때문에, 방음이 잘된 실내나 동물이 편안하게 느낄 수 있는 공간에서 차징을 진행하는 것이 중요하다. 훈련 장소는 동물이 훈련에만 집중할 수 있도록 조정해야 하며, 환경 내 시각적 자극 또한 최소화하는 것이 좋다. 예를 들어, 창문을 통해 외부의 움직임이 보이거나 밝은 조명이 깜빡이는 것 등이 있다면 이러한 자극을 차단하여 동물이 오직 훈련 자극에 집중할 수 있도록 해야 한다.

또한, 훈련 환경의 변화도 고려해야 한다. 처음에는 방해 요소가 전혀 없는 통제된 환경에서 차징을 시작하되, 동물이 클리커 소리와 보상에 익숙해지면 점차 환경의 복잡성을 높이는 것이 필요하다. 예를 들어, 소음이 조금 있는 장소나 사람이 일부 있는 환경으로 훈련 장소를 변경함으로써, 동물이 다양한 환경에서도 클리커 소리와 보상을 일관되게 연관 지을 수 있도록 훈련한다. 이는 궁극적으로 동물이 실제 생활 속에서도 조건화된 행동을 수행하는 데 도움을 준다.

③ 보상의 가치

보상의 가치는 동물의 학습 동기를 강화하는 데 중요한 역할을 한다. 차징 과정에서 사용하는 보상은 동물이 특별히 선호하는 것이어야 하며, **보상 자체가 동물에게 긍정적이고 즐거운 경험을 제공할 수 있을 만큼의 충분한 가치**가 있어야 한다. 보상의 종류는 각 동물의 개별적인 취향과 필요에 따라 달라질 수 있으므로, 훈련자는 보상을 선택하기 전에 동물이 좋아하는 간식이나 장난감을 파악해야 한다.

간식 보상의 경우, 작지만 맛있는 것을 선택하는 것이 중요하다. 간식은 훈련 중 여러 번 제공되어야 하므로, 너무 크거나 시간이 많이 걸려 섭취해야 하는 것은 부적절하다. 대신, 빠르게 섭취할 수 있는 크기의 간식을 사용하여 훈련 중 보상의 리듬이 끊기지 않도록 하는 것이 바람직하다. 보상의 종류로는 건조 간식, 작은 고기 조각, 치즈 큐브 등이 사용될 수 있으며, 이들 보상은 동물이 맛을 느끼고 좋아할 수 있는 강한 맛을 제공하는 것이 좋다.

장난감 보상의 경우, 보상의 형태로 짧고 강렬하게 놀이할 수 있는 장난감을 사용하는 것이 효과적이다. 예를 들어, 동물이 물고 당길 수 있는 터깅 장난감이나 빠르게 던져주고 받을 수 있는 작은 공 등을 사용하여 훈련의 흐름을 유지하면서도 동물이 보상을 통해 긍정적인 자극을 받을 수 있도록 한다. 이러한 장난감 보상은 동물이 신체적으로 활동할 수 있는 기회를 제공하여, 동물의 신체적 에너지를 발산시키는 데도 도움이 된다.

보상의 변이도 고려해야 한다. 동일한 보상을 반복적으로 사용할 경우, 동물의 반응이 둔화될 수 있으며, 보상의 가치가 점차 떨어질 수 있다. 이를 방지하기 위해 훈련자는 다양한 보상을 준비하고, 훈련 상황에 따라 보상의 종류를 번갈아 가며 사용함으로써 동물이 계속해서 훈련에 대한 흥미를 잃지 않도록 해야 한다. 보상의 변이는 특히 차징이 초기 단계를 지나, 점차 조건화된 반응을 강화하는 단계에서 중요하다.

④ 보상의 타이밍

보상의 타이밍은 차징 과정에서 학습의 성공 여부를 결정짓는 가장 중요한 요소 중 하나이다. **클리커 소리 직후 즉각적으로 보상을 제공하는 것은 동물이 클리커 소리와 보상 간의 관계를 명확하게 학습하는 데 필수적**이다. 이상적인 타이밍은 1초 이내로 보상을 제공하는 것이며, 이 짧은 시간 내에 보상이 제공될 때 동물은 자신이 수행한 행동과 클리커 소리, 그리고 보상 사이의 연관성을 명확하게 인식하게 된다.

보상이 지연되면, 동물은 클리커 소리가 어떤 행동에 대한 보상인지를 혼동할 수 있다. 예를 들어, 클리커 소리 이후 보상까지 시간이 걸린다면, 그 시간 동안 동물이 다른 행동을 할 가능성이 크다. 이 경우, 동물은 어떤 행동이 보상과 연결되었는지 이해하지 못하고, 결국 클리커와 보상 간의 관계가 불명확해진다. 이는 차징 과정에서 필수적인 학습의 기회를 저해하고, 학습의 효율성을 크게 감소시키는 결과를 초래할 수 있다. 결국, 훈련자의 타이밍 실수는 동물에게 혼란을 줄 뿐만 아니라, 목표 행동을 정확하게 강화하는 데 실패하게 될 가능성을 높인다.

이를 예방하기 위해 훈련자는 보상 준비 과정을 미리 철저하게 해야 한다. 훈련 시작 전에 보상을 가까운 곳에 두어, 클리커 소리를 낸 후 빠르게 보상을 제공할 수 있도록 준비해야 한다. 보상을 보관하는 위치는 항상 일정하게 유지하고, 훈련자의 손이 보상에 쉽게 닿을 수 있는 곳에 배치하여 지연 없이 보상을 제공하는 것이 중요하다. 이 과정에서 클리커와 보상을 함께 사용하는 동작의 순서를 반복적으로 연습하여, 실제 훈련 상황에서 망설임이나 지연이 생기지 않도록 훈련자가 스스로의 행동을 훈련하는 것도 필요하다.

또한, 훈련자는 연습을 통해 타이밍 감각을 길러야 한다. 클리커를 사용하는 타이밍은 특정 행동이 일어나는 정확한 순간에 이루어져야 하며, 그 후 즉시 보상이 따라야 한다. 이를 위해 훈련자는 동물의 행동을 면밀히 관찰하고, 클리커를 누를 타이밍을 정확히 파악할 수 있는 능력을 갖추는 것이 중요하다. 이러한 타이밍 감각은 반복적인 훈련과 경험을 통해 발전할 수 있으며, 훈련자의 능숙한 타이밍은 차징 과정의 성공을 결정짓는 중요한 요소가 된다.

⑤ 동물의 상태 파악

차징 과정을 성공적으로 수행하기 위해서는 동물의 신체적, 정서적 상태를 면밀히 파악하는 것이 필수적이다. 동물이 학습 과정에서 최적의 성과를 얻기 위해서는 훈련 중에 스트레스를 받거나 피곤함을 느끼지 않고 긍정적이고 편안한 상태를 유지해야 한다. 훈련자는 동물의 상태를 지속적으로 평가하고 필요한 조치를 취해 동물이 훈련에 집중할 수 있는 환경을 만들어야 한다.

우선, **훈련 세션 전 동물의 상태를 철저히 확인**해야 한다. 동물이 충분한 휴식을 취했는지, 배고프거나 목마르지 않은지, 신체적으로 불편한 부분이 없는지 등 신체적 요구를 충족시켜야 한다. 예를 들어, 동물이 배고플 경우, 보상에 대한 반응이 과도하게 흥분될 수 있어 집중력이 떨어질 수 있고, 반대로 이미 배부른 상태에서는 보상에 대한 동기부여가 충분하지 않아 학습 효과가 감소할 수 있다. 따라서 적절한 시간대에 훈련을 진행하고, 보상의 가치를 최대화하기 위해 훈련 전 동물의 상태를 조절하는 것이 중요하다.

또한, 동물의 정서적 상태도 훈련의 성공 여부에 큰 영향을 미친다. 동물이 스트레스를 받거나 불안한 상태에서는 클리커 소리와 보상 간의 연관성을 명확하게 학습하기 어렵다. 이러한 상황에서는 동물이 새로운 자극에 반응하기보다 현재의 스트레스를 해소하는 데 주의를 기울이기 때문이다. 예를 들어, 훈련 장소가 동물에게 낯선 환경이거나 주변에 동물의 주의를 분산시키는 소음이 있을 경우, 동물은 불안함을 느낄 수 있다. 따라서 훈련자는 훈련 장소를 가능한 한 조용하고 편안한 환경으로 설정하고, 동물이 훈련 환경에 익숙해질 수 있도록 시간을 두어 점진적으로 적응하게 해야 한다.

훈련 중에도 동물의 상태를 지속적으로 관찰하는 것이 필요하다. 훈련자는 동물의 행동적 신호를 통해 현재의 상태를 파악할 수 있어야 하며, 이를 위해서는 동물의 신체 언어와 미묘한 변화를 잘 이해하고 있어야 한다. 예를 들어, 개가 하품을 자주 하거나 몸을 흔드는 동작을 보일 때는 스트레스를 나타내는 신호일 수 있다. 또한, 훈련 도중 동물이 고개를 돌리거나 주의가 산만해지는 모습을 보일 경우, 이는 집중력이 떨어지고 있음을 나타내는 징후일 수 있다. 이러한 상황에서 훈련자가 적절하게 대응하지 않으면 학습의 효율이 떨어질 뿐만 아니라, 동물이 훈련 자체를 부정적인 경험으로 인식하게 되어 이후의 훈련에도 부정적인 영향을 미칠 수 있다.

따라서 훈련자는 동물이 지치거나 집중력이 떨어지는 순간을 빠르게 인지하고, 필요에 따라 훈련을 중단하고 휴식을 제공하는 것이 중요하다. 훈련 세션은 가능한 한 짧고 집중적이어야 하며, 동물이 피로해지기 전에 훈련을 마치는 것이 좋다. 일반적으로 약 5분 정도의 짧은 세션을 유지하고, 이 기간동안 최대한의 학습 효과를 얻을 수 있도록 한다. 또한, 훈련이 끝난 후에는 동물이 충분한 휴식을 취하거나 놀이를 통해 스트레스를 해소할 수 있도록 해주는 것도 중요하다. 이를 통해 훈련이 동물에게 긍정적인 경험으로 남게 하고, 이후 훈련에 대한 동기부여를 높일 수 있다.

⑥ 짧고 집중적인 세션 구성

차징 과정에서 **짧고 집중적인 세션을 구성하는 것은 동물의 학습 효율을 높이고 긍정적인 훈련 경험을 형성**하는 데 필수적이다. 동물의 주의 집중 시간은 제한적이며, 과도한 훈련은 피로와 스트레스를 유발해 학습을 방해할 수 있다. 따라서 훈련은 동물이 지치기 전에 종료되어야 하며, 학습이 즐거운 경험으로 남도록 짧고 명확하게 구성해야 한다.

차징 세션은 일반적으로 5분 미만으로 유지하는 것이 이상적이며, 이 시간 동안 클리커 소리와 보상을 반복적으로 제공해 자극 간의 연관성을 강화한다. 훈련자는 보상의 타이밍을 정확하게 맞춰야 하며, 클리커와 보상 간의 연결이 일관되게 이루어지도록 주의해야 한다.

세션이 끝난 후에는 10~15분의 충분한 휴식을 제공해야 하며, 이 시간 동안 동물은 긴장을 풀고 다음 세션에 대한 준비를 할 수 있다. 또한, 세션 종료 시에는 항상 성공적인 경험으로 마무리하는 것이 중요하다. 마지막 행동이 성공적으로 수행되었을 때 보상을 제공하면, 동물은 훈련을 긍정적으로 기억하게 된다.

(2) 다양한 차징 방식

차징의 실습 사례는 클리커 소리와 보상을 효과적으로 연관 지어 동물이 원하는 행동을 빠르고 명확하게 학습할 수 있도록 하는 중요한 과정이다. 차징을 성공적으로 수행하기 위해 다양한 보상 요소와 환경을 활용한 실습이 필요하다. 이 섹션에서는 간식, 놀이, 터치, 환경 적응 등의 다양한 실습 사례를 통해 차징의 효과를 극대화할 수 있는 방법을 살펴보도록 하자.

① 간식 차징

간식을 보상으로 사용하여 차징을 진행하는 것은 가장 전형적인 형태의 차징 방식이자 가장 명확하고 신속한 강화물이다. 간식은 동물의 주의를 끌고, 목표 행동을 강화하는 데 매우 효과적이다. 훈련자는 클리커 소리와 함께 즉시 작은 간식을 제공해야 하며, 이때 간식의 양은 소량으로 자주 제공하는 것이 중요하다. 보상으로 제공되는 간식이 너무 크거나 먹는 데 시간이 오래 걸리면 훈련의 흐름이 끊어질 수 있으므로, 간식을 한 입 크기로 준비하는 것이 좋다. 또한, 훈련자는 동물이 클리커 소리와 간식을 연결하여 기대감을 표현하는지 관찰해야 한다. 예를 들어, 훈련자가 클리커 소리를 낸 후 동물이 즉시 훈련자에게 시선을 돌리거나 꼬리를 흔들며 기대감을 표현하는 행동을 보인다면, 이는 차징이 잘 이루어지고 있음을 나타낸다.

간식 차징의 실습을 위한 예로, 개를 대상으로 한 간단한 차징 과정을 설명할 수 있다. 훈련자는 개와 마주 보고 앉아 클리커를 준비하고, 손에는 간식을 준비해 둔다. 클리커 소리를 낸 후, 즉시 간식을 개에게 제공하며, 이 과정을 반복적으로 10~15회 정도 수행한다. 이후, 클리커 소리를 내었을 때 개가 즉각적으로 훈련자에게 시선을 돌리거나 입맛을 다시는 등의 반응을 보이는지 관찰한다. 이러한 반응은 개가 클리커 소리를 보상과 연관 지었음을 나타내며, 차징이 성공적으로 이루어지고 있음을 의미한다.

② 놀이 차징

놀이를 보상으로 사용하는 차징은 동물의 놀이 본능을 활용하여 클리커 소리와 긍정적인 경험을 연관시키는 방식이다. 놀이 차징은 간식을 보상으로 사용할 때와 마찬가지로, 클리커 소리 직후에 즉각적으로 놀이를 제공해야 한다. 이러한 방식은 특히 놀이에 대한 동기부여가 높은 개체들에게 효과적이다.

예를 들어, 터깅 장난감을 사용한 놀이 차징을 진행할 수 있다. 훈련자는 개에게 터깅 장난감을 보이지 않는 상태에서 훈련을 시작하고, 클리커 소리가 난 직후 터깅 장난감을 보여주며 개와 터깅 놀이를 시작한다. 터깅 놀이가 약 5~10초 정도 지속된 후에는 장난감을 잠시 숨겨 놓고, 다시 클리커 소리 후 터깅 놀이를 시작하는 과정을 반복한다. 이렇게 하여 동물이 클리커 소리 후 터깅 놀이를 기대하게 되면, 차징이 성공적으로 이루어진 것이다. 이 과정에서 중요한 점은 놀이를 짧고 강렬하게 제공하여 동물이 클리커 소리와 함께 즐거운 놀이 경험을 강하게 연관 짓도록 하는 것이다.

또한, 공을 던지는 놀이를 보상으로 사용할 수도 있다. 이 경우 훈련자는 클리커 소리를 낸 후 공을 즉각적으로 던져 개가 공을 쫓아가게 한다. 개가 공을 가지고 돌아오면, 다시 클리커 소리와 함께 공을 던지는 과정을 반복하여 개가 클리커 소리 후 공놀이를 기대하도록 만든다. 이러한 놀이 차징은 개의 추적 본능을 자극하며, 클리커 소리에 대한 반응을 강화하는 데 효과적이다.

③ 터치 차징

터치 차징은 동물에게 신체 접촉을 보상으로 사용하여 차징을 진행하는 방식이다. 이는 특히 간식이나 놀이에 관심이 없는 동물이나 신체 접촉을 즐기는 동물에게 효과적이며, 클리커 소리와 긍정적인 신체 접촉을 연결하여 동물에게 정서적 안정감을 제공할 수 있다. 예를 들어, 고양이와의 차징 과정에서 훈련자는 클리커 소리를 낸 후 즉시 부드럽게 고양이의 턱 아래를 쓰다듬는다. 이러한 신체 접촉은 고양이에게 매우 긍정적인 경험으로 인식되며, 클리커 소리 후 신체 접촉을 기대하게 만든다. 터치 차징을 통해 고양이는 클리커 소리가 편안하고 긍정적인 상호작용의 신호임을 학습하게 되며, 이는 훈련의 효율성을 높이는 데 큰 도움이 된다.

(3) 차징 시 주의사항

모든 차징 실습 사례에서 중요한 것은 반복과 일관성이다. 동물이 클리커 소리와 보상을 명확히 연결짓기 위해서는 여러 차례의 반복이 필요하며, 이 과정에서 일관된 타이밍으로 보상을 제공하는 것이 중요하다. 차징 실습은 한 번의 세션으로 끝나는 것이 아니라, 동물이 클리커 소리에 대해 확실히 반응할 때까지 여러 차례 반복되어야 한다. 또한, 훈련자는 클리커와 보상을 제공하는 순서와 타이밍을 일관되게 유지하여 동물이 혼란을 겪지 않도록 해야 한다.

결론적으로, 차징은 동물이 클리커 소리와 보상을 연결하여 긍정적인 학습 경험을 쌓는 중요한 과정이며, 다양한 보상 요소와 환경을 활용한 실습을 통해 효과적으로 이루어질 수 있다. 간식, 놀이, 터치, 환경 적응 등 다양한 차징 방법을 활용함으로써, 훈련자는 동물에게 긍정적이고 즐거운 훈련 경험을 제공할 수 있으며, 이를 통해 훈련의 성공 가능성을 크게 높일 수 있다.

4 차징의 학문적 의의

(1) 차징과 고전적 조건화

차징의 학문적 의의는 행동주의 심리학과 학습 이론의 원리들을 실질적으로 응용함으로써 동물 행동 학습의 중요한 기초를 제공한다는 점에 있다. 차징은 조건 형성의 기본 원리를 이용해 동물의 행동을 강화하는 과정으로, 특정 자극과 그 결과를 연관 짓는 능력을 길러준다.

파블로프의 고전적 조건화(Classical Conditioning)와 유사하게, **차징에서는 클리커 소리(조건 자극)가 보상(무조건 자극)과 연결되어 반려견에게 긍정적인 기대(조건 반응)를 유발**한다. 파블로프의 실험에서 종소리와 사료를 연관시켜 개가 침을 흘리는 반응을 이끌어낸 것처럼, 클리커 소리는 보상을 예고하는 신호로 작용한다.

스키너의 조작적 조건화(Operant Conditioning) 또한 차징 과정에 중요한 역할을 한다. 스키너는 동물이 특정 행동을 수행했을 때 강화나 벌의 결과가 그 행동의 빈도를 변화시킨다고 설명했다. 차징은 이 원리를 기반으로 동물이 자발적으로 목표 행동을 반복하도록 돕는다. 클리커 소리는 강화 신호로 작용하며, 적절한 행동이 이루어졌을 때 즉각적인 보상이 뒤따라 행동 빈도를 증가시킨다. 이를 통해 차징은 행동 조건화 이론의 핵심 원리를 실질적으로 구현하는 중요한 역할을 한다.

(2) 차징의 의의

차징은 클리커 트레이닝에서 중요한 출발점일 뿐만 아니라, 동물의 학습 과정 전반에 걸쳐 큰 영향을 미친다. 차징은 단순히 훈련의 시작 단계로서의 의미를 넘어서, 학문적 가치와 실용적 가치를 모두 포함하고 있다.

첫째, **차징은 동물의 학습 준비 태세를 형성하는 중요한 역할을 한다**. 동물이 클리커 소리와 보상을 연결함으로써, 훈련은 단순한 명령의 반복을 넘어서 즐거운 경험이 된다. 이는 동물의 학습 동기를 높이고, 이후 훈련 과정에서도 자발적으로 목표 행동을 시도할 수 있는 기반을 마련한다. 차징이 성공적으로 이루어졌을 때, 동물은 훈련을 스트레스가 아닌 긍정적인 상호작용으로 인식하게 되며, 이는 동물의 학습 태도에 긍정적인 변화를 일으킨다.

둘째, **차징은 훈련의 효율성을 극대화하는 데 기여한다**. 클리커 소리와 보상이 충분히 연관 지어졌을 때, 동물은 특정 행동을 수행하자마자 클리커 소리를 기대하게 되며, 이는 목표 행동에 대한 강한 강화 효과를 만든다. 동물이 올바른 행동을 수행했을 때 클리커 소리가 들리면, 이는 보상이 바로 뒤따를 것이라는 신호로 인식된다. 이 과정에서 동물은 자신의 행동과 그에 따른 결과를 명확히 인식하게 되며, 목표 행동의 빈도가 증가하게 된다. 이러한 조건화 과정은 반복 학습을 통해 더욱 강화되어, 훈련의 전반적인 효율성을 크게 높인다. 동물은 클리커 소리를 긍정적 피드백으로 인식하기 때문에, 목표 행동을 더 자주 시도하고, 이는 훈련의 목표 달성 속도를 가속화하는 중요한 요인으로 작용한다.

셋째, **차징은 부정적 경험을 예방하는 기능을 가지고 있다**. 클리커 소리를 처음 접하는 동물이 이 소리를 긍정적인 경험으로 학습하지 않는다면, 이후 훈련 과정에서 클리커 소리는 동물에게 혼란이나 스트레스를 유발할 수 있다. 차징이 제대로 이루어지지 않았을 때, 동물은 클리커 소리의 의미를 이해하지 못해 불안하거나 스트레스를 받게 되며, 이는 훈련 과정에서 부정적인 영향을 미칠 수 있다. 반면에 차징을 통해 클리커 소리와 보상을 충분히 연결하고, 이를 긍정적인 신호로 학습하게 되면, 동물은 훈련 과정에서의 심리적 부담감을 덜 수 있다. 이러한 준비 과정을 통해 동물은 클리커 소리를 들을 때마다 긍정적인 경험을 예상하게 되며, 이는 훈련에 대한 적극적인 참여를 유도하고 훈련의 효과를 높인다.

연습문제

1. 차징의 주요 목적은 무엇인가?

A. 동물의 행동을 억제하기 위해

B. 동물의 스트레스를 증가시키기 위해

C. 클리커 소리와 보상을 연결하기 위해

D. 훈련의 속도를 늦추기 위해

2. 클리커 트레이닝에서 '원 클릭 원 보상' 원칙이 중요한 이유는 무엇인가?

A. 보상의 양을 늘리기 위해서

B. 보상의 기회를 자주 만들기 위해서

C. 동물이 혼란을 느끼지 않도록 훈련에 일관성을 유지하기 위해서

D. 보상이 없이도 클리커 소리의 구별할 수 있는 변별력을 갖추기 위해서

3. 차징 과정에서 가장 적합한 보상은 무엇인가?

A. 동물이 선호하는 간식

B. 동물이 익숙하지 않은 장난감

C. 멀리 던지면 가져올 수 있는 장난감

D. 오래도록 먹으며 즐길 수 있는 음식

4. 파블로프의 고전적 조건화에서 차징과 유사한 요소는 무엇인가?

A. 조건 자극과 무조건 자극의 연결

B. 보상을 통해 행동을 억제

C. 처벌을 이용한 행동 제어

D. 행동의 빈도를 감소

5. 차징에서 보상 제공의 적절한 타이밍은 언제인가?

A. 클리커 소리 후 즉시

B. 클리커 소리와 동시

C. 클리커 소리 전

D. 보상을 제공하지 않아도 된다.

1. C / 2. C / 3. A / 4. A / 5. A

6. 차징 과정이 제대로 이루어졌음을 나타내는 반응은 무엇인가?

A. 동물이 클리커 소리를 무시한다.

B. 동물이 클리커 소리를 들은 후 보호자를 쳐다본다.

C. 동물이 클리커 소리 없이도 행동한다.

D. 동물이 보상을 거부한다.

7. 차징 과정에서 적합하지 않은 행동은 무엇인가?

A. 클리커 소리 후 보상을 주는 과정을 반복한다.

B. 보상을 간헐적으로 제공한다.

C. 짧은 세션으로 구성한다.

D. 보상을 즉각적으로 제공한다.

8. 차징이 필요한 이유는 무엇인가?

A. 동물의 행동을 처벌하기 위해

B. 훈련 중 보상의 의미를 학습시키기 위해

C. 동물이 스트레스를 받지 않도록 하기 위해

D. 동물이 소리를 무시하도록 하기 위해

9. 차징을 시작하기에 적합한 환경은 무엇인가?

A. 방해 요소가 많은 곳

B. 조용하고 동물이 집중할 수 있는 곳

C. 낯선 동물이 많은 곳

D. 훈련자가 자주 없는 곳

10. 차징 과정에서 동물이 보상에 무관심할 경우 해결 방안은 무엇인가?

A. 보상의 종류를 바꾼다.

B. 보상을 여러개 많이 제공한다.

C. 클리커 소리를 더 자주 낸다.

D. 보상을 제공하지 않는다.

6. B / 7. B / 8. B / 9. B / 10. A

연습문제

11. 차징 과정에서 클리커 소리와 보상 간의 연합이 실패할 수 있는 가장 큰 원인은 무엇인가?

A. 보상이 너무 맛있어 동물이 흥분한다.

B. 클리커 소리가 특이해 동물이 반응한다.

C. 지나치게 조용하고 고요한 환경에서 훈련한다.

D. 클리커 소리 직후 보상이 즉시 주어지지 않는다.

12. 차징의 효과를 높이기 위해 중요한 요소는 무엇인가?

A. 자신의 훈련견이 가장 좋아하는 보상을 활용한다.

B. 클리커 소리를 자주 바꾼다.

C. 보상을 주지 않는다.

D. 훈련 세션을 길게 구성한다.

13. 차징을 통해 동물이 학습하는 것은 무엇인가?

A. 훈련자의 지시를 무시하는 방법

B. 클리커 소리와 강화물 간의 관계

C. 보상 없이 행동을 멈추는 방법

D. 훈련자를 바라보지 않는 방법

14. 차징 세션이 너무 길면 발생할 수 있는 문제는 무엇인가?

A. 동물이 더욱 집중한다.

B. 동물이 지루함을 느끼고 집중력을 잃는다.

C. 훈련 효과가 극대화된다.

D. 동물이 보상을 기대하지 않는다.

15. 차징 중 간식 보상은 어떤 크기가 적합한가?

A. 너무 커서 먹는 데 시간이 걸린다.

B. 작고 한입에 먹을 수 있는 크기

C. 아무 크기나 상관없다.

D. 너무 작아 동물이 알아채지 못한다.

11. D / 12. A / 13. B / 14. B / 15. B

토론하기

1. 차징은 고전적 조건화의 대표적 사례로 설명된다. 차징 과정에서 무조건 자극과 중립 자극의 역할을 각각 설명하고, 이들이 어떻게 조건 자극과 조건 반응으로 변화하는지 토론하시오.

2. 클리커의 차징이 실패할 경우 나타날 수 있는 훈련상 문제점들을 3가지 이상 제시하고, 그 원인과 해결방안을 각각 구체적으로 논의하시오.

3. 클리커 차징이 완료되었는지 여부를 판단할 수 있는 행동학적 지표를 제시하고, 그 신뢰성과 타당성에 대해 논의하시오.

4. '차징은 한 번만 하면 된다'는 주장과 '훈련 초기마다 반복적으로 차징해야 한다'는 주장 사이의 장단점을 비교·분석하시오.

5. 차징 과정에서 보상 타이밍이 부정확하게 이루어졌을 때 동물이 경험할 수 있는 인지적 혼란의 예시를 제시하고, 이를 예방하기 위한 훈련자의 전략을 논의하시오.

6. 클리커가 아닌 다른 중립 자극(예 손가락 튕기는 소리, 말소리 등)을 조건 자극으로 사용하고자 할 때 차징 과정에서 주의해야 할 점과 클리커 대비 장단점을 비교하시오.

CHAPTER

07

캡처링(capturing)

CHAPTER **07**

캡처링(capturing)

학습목표

- 행동주의 및 조작적 조건형성 이론을 바탕으로 캡처링의 개념과 목적을 이해하고, 이를 다양한 훈련 상황에 적용할 수 있는 기초 이론을 습득한다.
- 캡처링의 단계별 훈련 방법을 익히고, 루어링, 쉐이핑 등 다른 훈련 기법과의 차이점을 비교하여 각각의 특성과 활용 상황을 분석할 수 있다.
- 반려견, 고양이, 말 등 다양한 동물 훈련에 캡처링을 적용하는 방법을 학습하고, 훈련 과정에서 발생할 수 있는 문제를 파악하여 적절한 해결방안을 제시할 수 있다.

1 캡처링의 개념

(1) 캡처링의 정의

캡처링(Capturing)은 트레이닝 스킬 중 가장 초보적이고 기초적인 방법으로, 동물의 행동을 관찰하다가 훈련자가 원하는 행동을 하는 순간을 '포착(capture)'하여 클리커로 표시(marking)하고 즉시 보상을 제공하는 훈련 기법이다. 이 과정에서 동물은 우연히 한 행동이지만, 훈련자는 그 행동에 표시와 보상을 덧붙여 조건화시킴으로써 그 행동을 강화하는 것이다.

예를 들어, 강아지가 보호자 앞에서 우연히 앉았을 때, 보호자가 그 순간을 놓치지 않고 클리커로 클릭하여 행동을 표시하고 간식을 주면, 강아지는 앉는 행동이 보상을 가져오는 행동임을 학습한다. 이를 반복하면 강아지는 자발적으로 앉는 행동을 더 자주 수행하게 되고, 이후에는 구두 명령이나 손동작과 같은 신호를 통해 특정 행동을 유도할 수 있다.

캡처링은 주로 동물이 이미 스스로 보이는 행동을 강화하는 데 사용되기 때문에, 다른 훈련 기법에 비해 동물의 자발성을 최대한으로 이끌어낼 수 있다. 이는 동물이 자발적으로 학습할 수 있도록 돕고, 훈련 과정에서 강압적인 방법이나 부적 강화 없이 긍정적인 환경에서 행동을 배우도록 한다. 캡처링의 핵심은 보상의 타이밍과 일관성에 있으며, 훈련자는 동물이 원하는 행동을 수행할 때 그 순간을 정확히 포착하여 즉각적인 보상을 제공해야 한다. 이렇게 함으로써 동물은 특정 행동과 보상 간의 연결을 명확히 인식하고, 그 행동을 더 자주 하게 된다.

(2) 캡처링의 목적과 의의

캡처링(Capturing)은 동물이 자발적으로 보이는 행동을 훈련자가 관찰하고, 그 행동이 일어나는 순간에 보상을 제공함으로써 해당 행동을 강화하는 훈련 기법이다. 이는 훈련자가 특정 행동을 유도하지 않고도 자연스럽게 원하는 행동을 이끌어낼 수 있다는 점에서 긍정적이고 비강압적인 접근법이다.

이 방식의 핵심은 동물이 이미 하고 있는 행동을 기반으로 학습을 유도한다는 점이다. 예를 들어, 개가 스스로 앉는 행동을 했을 때, 그 순간 간식을 주면 '앉기' 행동이 점차 증가하게 된다. 이러한 과정은 동물에게 스트레스를 유발하지 않으며, 훈련에 대한 흥미와 참여도를 높인다. 특히 훈련자의 경험 유무에 관계없이 적용이 가능하다는 점에서 초보자에게도 매우 유용한 방식이다.

캡처링은 단순한 기초 행동 학습을 넘어 복잡한 행동의 기초를 형성하는 데에도 활용된다. 예를 들어, 자발적인 '앉기' 행동을 강화한 후, 이를 '앉아서 기다리기', '앉아서 인사하기' 등으로 확장할 수 있다. 또한 문제행동 수정에도 효과적이다. 짖는 개가 조용히 있는 순간을 포착해 보상하면, 조용한 행동의 빈도가 높아지고 짖는 행동은 자연스럽게 줄어든다. 이는 부정적인 행동을 억제하는 대신 긍정적인 대체 행동을 강화함으로써 문제를 해결하는 접근법이다.

결론적으로, 캡처링은 훈련의 부담을 줄이고 자발성과 긍정성을 기반으로 행동을 강화하는 효과적인 전략이다. 이 기법은 기초 행동에서 고차원 행동까지 자연스럽게 연결할 수 있으며, 문제행동의 교정에도 응용 가능하다. 따라서 캡처링은 동물의 행동을 긍정적이고 유연하게 변화시키는 실용적인 학습 방법으로 매우 중요하다.

2 캡처링의 단계별 훈련

(1) 캡처링의 준비단계

캡처링을 성공적으로 수행하려면 훈련 환경의 조성과 적절한 보상의 준비가 핵심이다. 캡처링의 준비 단계는 동물이 훈련에 집중할 수 있는 환경을 제공하고, 동물이 선호하는 보상을 활용해 학습 동기를 부여하는 것을 목표로 한다. 이를 통해 훈련자의 계획과 동물의 학습이 조화를 이루며, 캡처링의 성공 가능성을 높일 수 있다.

① 훈련 환경의 조성

훈련 환경은 동물이 집중력을 유지하고 방해 요소가 최소화된 공간이어야 한다.

- **조용한 공간**: 외부 소음, 사람의 움직임, 다른 동물 등으로부터 방해 받지 않는 장소가 적합하다.
- **통제 가능한 환경**: 동물이 주의를 산만하게 만드는 자극(예 낯선 물건, 강한 냄새)을 제거하여 훈련에 온전히 집중할 수 있도록 한다.
- **단계적 적응**: 초기에는 통제된 환경에서 훈련을 시작하고, 이후에는 점차 외부 환경으로 훈련을 확장해 다양한 상황에 익숙해지도록 한다.

② 적절한 보상의 준비

캡처링에서 보상은 동물의 학습 동기를 유발하는 핵심 요소이다. 보상은 동물이 선호하는 것으로 준비하며, 제공 시 즉각적이고 일관성이 유지되어야 한다.

- **간식 보상**: 작고 부드러운 간식은 빠르게 섭취할 수 있어 훈련의 흐름을 유지하는 데 적합하다.
- **칭찬 보상**: 긍정적인 음성("잘했어!", "좋아!")과 미소 등으로 동물을 격려한다.
- **놀이 보상**: 터깅, 공 던지기 등 짧고 즐거운 놀이를 통해 동물의 만족감을 높인다.
- **보상 준비**: 훈련 세션이 중단되지 않도록 충분한 양의 보상을 준비하고, 보상의 종류를 상황에 따라 다양화한다.

③ 훈련 계획 수립

훈련자는 동물이 보일 수 있는 자연스러운 행동과 목표 행동을 미리 정의하고, 이를 포착할 시점과 방법을 계획해야 한다.

- 목표 행동을 관찰하기 위해 동물의 일반적인 행동 패턴을 파악한다.
- 보상의 타이밍을 연습해 목표 행동이 나타났을 때 즉시 반응할 수 있도록 준비한다.

(2) 캡처링의 단계별 훈련

① 동물의 행동 관찰

동물의 행동을 관찰하는 과정은 캡처링의 핵심 단계 중 하나이다. 훈련자는 동물이 일상에서 자연스럽게 나타내는 행동을 면밀히 관찰하고, 목표 행동이 나타나는 순간을 놓치지 않도록 주의를 기울여야 한다. 행동 관찰 시, 훈련자는 동물의 움직임, 표정, 신체 언어 등 세부적인 행동 패턴을 분석하여 목표 행동이 나타날 가능성을 예측한다. 예를 들어, 개가 앉으려는 신호를 보일 때 자세를 낮추거나 뒤로 물러나는 등의 동작을 미리 파악하면, 목표 행동을 포착하는 데 유리하다. 이 과정에서 훈련자는 동물의 행동을 방해하지 않고 자연스럽게 관찰해야 하며, 목표 행동이 발생할 때 즉시 표시(marking)와 보상으로 연결하여 행동을 강화할 준비가 필요하다.

② 원하는 행동 포착

훈련자는 동물이 자연스럽게 목표로 하는 행동을 보이는 순간을 놓치지 않고 즉시 표시(marking) 해야 한다. 이때 표시 도구로 클리커를 사용하는 것이 핵심이며, 클리커 소리를 통해 그 행동이 강화될 만한 행동임을 동물에게 명확히 알려준다. 표시 후에는 간식, 칭찬, 놀이 등 적절한 보상을 제공하여 행동과 보상의 연결을 강화해야 한다. 표시의 타이밍과 일관성은 훈련의 성공 여부를 결정짓는 중요한 요소로, 즉각적인 표시와 보상을 통해 동물이 원하는 행동을 더 자주 반복하도록 유도할 수 있다.

③ 즉각적인 보상

동물이 훈련자가 원하는 행동을 보였을 때, 클리커로 즉시 표시(marking) 한 후 반드시 즉각적인 보상을 제공해야 한다. 1클릭 1보상(클리커를 한번 클릭할 때마다 반드시 한 번의 보상을 주어야 한다) 원칙을 준수하여, 클리커 소리와 보상 사이의 연결이 명확히 이루어지도록 해야 한다. 특히 보상은 행동이 나타난 후 5초 이내에 제공되어야 하며, 이 타이밍은 행동과 보상을 연계하는 데 매우 중요한 역할을 한다.

클리커 트레이닝에서 보상의 가장 일반적인 형태는 동물이 선호하는 간식을 주로 사용한다. 간식은 즉시 섭취 후 빠르게 다음 행동으로 이어질 수 있어, 클리커 트레이닝에서 가장 효율적인 보상 방식으로 평가된다. 만약 특정 동물이 간식에 흥미를 보이지 않는다면, 클리커 트레이닝 전, 우선 식이 훈련을 통해 음식을 강화물로 사용할 수 있도록 미리 준비하는 것이 중요하다.

물론, 장난감이나 기타 놀이를 보상으로 활용할 수도 있다. 예를 들어, 짧은 터그 놀이나 공 놀이 등의 활동은 동물에게 보상으로 작용할 수 있다. 하지만 장난감은 동물에게 과도한 흥분을 유발할 가능성이 있기 때문에 주의가 필요하다. 장난감에 대한 흥분이 지나치면 동물이 자신이 방금 어떤 행동으로 보상을 받았는지 망각할 수 있다. 따라서, 짧고 간단한 놀이 방식으로 제한하는 것이 이상적이다.

④ 반복과 강화

훈련자가 목표로 하는 행동이 반복적으로 나타날 때마다 클리커로 즉시 표시(marking)한 후, 보상을 제공함으로써 해당 행동의 빈도를 점차 높여간다. 이 과정에서 반복과 일관성은 행동 학습의 핵심 요소로 작용한다. 훈련자는 동물이 행동을 보일 때마다 주의 깊게 관찰하고, 올바른 타이밍에 클리커와 보상을 제공함으로써 행동과 보상 간의 연관성을 강화해야 한다.

또한, 반복은 행동을 안정적으로 학습하는 데 필수적이다. 처음에는 행동이 우연히 나타나더라도, 클리커와 보상을 통해 행동이 점차 의도적으로 나타나게 된다. 반복 학습 과정에서 동물이 성공적으로 행동을 수행할 때마다 강화가 이루어지며, 행동은 더 자주 나타나게 된다. 이때, 훈련자는 보상의 종류를 다양화하여 동물의 흥미를 유지할 수 있도록 조치해야 한다.

결국, 반복과 강화를 통해 동물은 원하는 행동을 더욱 빈번하고 안정적으로 수행하게 되며, 이는 이후 큐잉(cueing) 단계를 위한 견고한 기초를 마련한다. 훈련의 일관성, 주의 깊은 관찰, 그리고 적절한 보상 제공은 반복과 강화 과정을 성공적으로 이끄는 중요한 요소다.

⑤ 신호 추가

행동이 충분히 강화되어 동물이 그 행동을 자주 수행하게 되면, 그때 특정 신호(예 손짓, 구두 명령어)를 추가하여 행동을 유도할 수 있다. 이 신호는 훈련자가 동물에게 원하는 행동을 수행하도록 하는 지침이 된다. 신호 추가는 동물이 행동과 보상 간의 관계를 잘 이해하고 있을 때 진행하는 것이 효과적이다. 예를 들어, 개가 자발적으로 앉는 행동을 자주 반복하게 된 시점에서 '앉아'라는 구두 신호를 추가하여, 구두 명령어와 행동을 연합시키는 것이다. 이러한 과정을 통해 동물은 특정 신호를 받았을 때, 원하는 행동을 수행하고 보상을 기대하게 된다.

⑥ 신호와 행동의 연결 강화

신호가 추가된 후에는, 신호와 행동 간의 연관성을 강화하는 과정이 필요하다. 이를 위해 훈련자는 신호를 제공하고, 동물이 그에 반응하여 행동을 수행했을 때 즉각적으로 보상을 제공한다. 이 과정에서 중요한 것은 신호와 행동 간의 일관된 연결을 유지하는 것이다. 신호를 주었을 때 행동이 나오지 않더라도 처벌하지 않고, 차분하게 다시 시도하며 동물이 신호를 인식하고 반응할 수 있도록 기회를 제공해야 한다. 이를 통해 동물은 신호가 특정 행동을 요구하는 것임을 점차 학습하고, 신호에 대한 반응이 더욱 강화된다.

⑦ 훈련의 일반화

동물이 신호에 따라 행동을 안정적으로 수행할 수 있게 되면, 이를 다양한 환경과 상황에서 적용할 수 있도록 훈련을 진행한다. 예를 들어, 처음에는 조용하고 방해 요소가 없는 환경에서 훈련을 진행하였으나, 이후에는 다른 사람이나 다른 동물이 있는 환경, 소음이 있는 환경 등에서 같은 훈련을 반복하여 동물이 일반화된 학습을 하도록 돕는다. 이는 동물이 특정 행동을 다양한 상황에서도 동일하게 수행할 수 있도록 만드는 중요한 단계이다. 일반화 과정을 통해 동물은 특정 환경에 국한되지 않고, 어디서나 신호에 반응할 수 있는 능력을 기르게 된다.

캡처링의 단계별 훈련은 동물이 자발적으로 보이는 행동을 포착하고, 이를 점차 목표로 하는 행동으로 발전시키는 것을 목표로 한다. 이러한 과정은 동물의 학습 과정을 존중하고, 자연스러운 행동을 바탕으로 한 학습을 유도함으로써 동물의 심리적 안정과 자발적 학습 동기를 강화하는 데 큰 역할을 한다. 훈련자는 각 단계를 체계적으로 진행하며, 동물의 학습 속도와 개별적인 특성에 맞추어 훈련을 조절해야 한다. 이를 통해 동물은 학습에 대한 긍정적 경험을 쌓고, 훈련에 대한 즐거움과 동기를 갖게 된다.

3 캡처링 활용의 장단점

(1) 캡처링의 장점

① 자연스러운 학습 과정

캡처링은 동물이 이미 자연스럽게 보이는 행동을 강화하는 방식으로 이루어진다. 따라서 동물에게 스트레스를 거의 주지 않으며, 동물이 자발적으로 행동을 하게 되는 과정을 강화하기 때문에 학습이 매우 자연스럽다. 이러한 접근은 강압적이거나 억지로 행동을 유도하는 방식과 달리, 동물의 심리적 안정과 복지를 최우선으로 고려한 학습 방법이다. 예를 들어, 개가 자발적으로 앉는 행동을 할 때 보상을 제공하면, 개는 앉는 행동을 긍정적인 결과로 연결하게 되어 자발적인 학습 동기가 형성된다.

② 의사소통의 개선

캡처링은 훈련자와 동물 간의 의사소통이 부족한 상황에서도 유용하다. 초기 훈련 단계에서 동물은 훈련자가 전달하려는 명령어를 이해하지 못할 수 있다. 이때 캡처링을 활용하면 동물이 스스로 보이는 행동을 강화할 수 있기 때문에, 훈련자가 명령어를 직접적으로 전달하지 않아도 동물은 원하는 행동을 학습할 수 있다. 이러한 방식은 훈련자와 동물 간의 초기 신뢰 구축에 큰 도움이 되며, 점진적으로 의사소통 능력을 향상시킨다. 특히, 의사소통에 어려움을 겪는 동물이나 훈련 경험이 적은 동물에게 효과적이다.

③ 적용 범위의 다양성

캡처링은 다양한 동물 종과 행동에 적용할 수 있는 유연성을 지닌다. 이는 반려동물인 개와 고양이뿐만 아니라, 말, 새, 심지어 해양 포유류와 같은 다양한 동물들에게도 적용 가능하다. 각 동물의 개별적 특성을 고려하여 맞춤형 훈련을 설계할 수 있으며, 이를 통해 동물의 학습 속도와 성향에 맞춘 최적의 훈련 방법을 적용할 수 있다. 예를 들어, 고양이가 자발적으로 특정 장소에 올라가거나 특정 소리를 낼 때 이를 강화하는 방식으로 동물의 행동 특성에 맞춘 맞춤형 훈련을 진행할 수 있다. 또한, 캡처링은 기존 훈련 방법과 병행하여 사용할 수 있어, 훈련의 다양성을 높이고 더 나은 결과를 도출할 수 있다.

④ 동물의 자발적 학습 동기 강화

캡처링은 동물이 자발적으로 보이는 행동을 포착하고 이를 강화하기 때문에, 동물의 자발적 학습 동기를 크게 높인다. 이는 동물이 스스로 학습을 하게끔 유도하는 방식으로, 외부에서 강요하는 것이 아닌 자발적인 행동의 빈도를 증가시켜 학습을 진행한다. 동물에게 학습의 주도권을 주기 때문에, 동물은 학습을 긍정적인 경험으로 받아들이게 되고 학습에 대한 적극성이 증가한다. 이러한 방식은 훈련의 효과를 극대화하며, 동물의 자기 주도적 학습을 가능하게 한다.

(2) 캡처링의 보완 전략

① 훈련자의 인내심 필요

캡처링은 동물이 자발적으로 행동을 할 때까지 기다려야 하는 훈련 기법이다. 이는 동물이 원하는 행동을 스스로 보일 때 이를 포착하고 강화하는 방식이기 때문에, 훈련자의 인내심이 절대적으로 필요하다. 동물이 특정 행동을 자주 보이지 않는 경우, 훈련자는 그 행동이 나타날 때까지 오랜 시간 기다려야 하며, 이 과정에서 조급함을 느낄 수 있다. 특히, 동물이 행동을 보이지 않는 상황이 길어지면 훈련 시간 역시 길어질 수 있으며, 이로 인해 훈련자의 피로도나 스트레스가 증가할 수 있다. 따라서 훈련자는 동물이 자발적으로 행동을 보일 때까지 인내심을 가지고 기다리는 자세를 유지해야 하며, 훈련 과정이 지루하거나 어려워질 수 있다는 점을 인지하고 준비해야 한다.

② 자발적 행동 훈련의 한계와 단계적 훈련 접근법

캡처링은 동물이 자발적으로 보이는 단순한 행동을 강화하는 데 적합하지만, 복잡한 행동을 훈련하는 데는 한계가 있다. 예를 들어, 개가 자발적으로 앉거나 누워 있는 간단한 행동은 캡처링을 통해 강화할 수 있지만, 장애물을 넘거나 특정 루트를 따라가는 복잡한 행동의 경우 동물이 자발적으로 그러한 행동을 보일 확률이 낮기 때문에, 캡처링만으로는 효과적으로 훈련하기 어렵다. 이럴 때는 루어링(Luring)이나 쉐이핑(Shaping)과 같은 다른 훈련 기법을 병행하는 것이 필요하다.

- **루어링**: 음식이나 장난감과 같은 보상을 이용해 동물이 원하는 행동을 하도록 유도하는 방식이다. 예를 들어, 개에게 앉는 행동을 가르치기 위해 간식을 개의 코 위로 천천히 올려 앉는 자세를 유도하는 것이다. 이러한 방식은 복잡한 행동을 보다 직접적으로 유도하고 훈련하는 데 효과적이다.
- **쉐이핑**: 점진적인 접근을 통해 목표 행동에 도달하도록 하는 방식이다. 동물이 목표

행동에 점차 가까워지는 단계별 행동을 할 때마다 보상을 제공하여 복잡한 행동을 단계적으로 학습할 수 있게 한다. 예를 들어, 개에게 장애물을 뛰어넘는 행동을 가르치기 위해 처음에는 장애물 앞에 서기만 해도 보상을 주고, 이후 점점 장애물에 가까이 가거나 뛰어넘는 행동으로 보상을 점차 강화하는 것이다.

(3) 캡처링과 루어링 비교

캡처링과 루어링은 모두 동물 훈련에서 효과적인 방법이지만, 학습 방식과 적용 조건에서 뚜렷한 차이를 보인다.

루어링은 훈련자가 보상(예 간식)을 활용해 동물을 원하는 행동으로 유도하는 기법이다. 예를 들어, 개에게 '앉아' 동작을 가르칠 때 간식을 개의 머리 위로 천천히 움직이면, 개는 자연스럽게 앉게 된다. 이처럼 보상으로 동물의 시선과 행동을 이끌 수 있어 행동을 빠르게 학습시키는 데 효과적이다.

그러나 루어링은 보상 의존도가 높아질 수 있다. 초기 학습 단계에서 보상 없이 행동을 유도하기 어려워지며, 보상이 사라지면 행동의 지속성이 떨어질 수 있다. 따라서 보상을 점진적으로 줄이는 '페이딩(fading)' 과정이 필요하다. 이 과정이 적절히 이루어지지 않으면 동물은 보상이 없을 때 행동을 하지 않게 된다.

반면, 캡처링은 훈련자가 특정 행동을 유도하지 않고, 동물이 자발적으로 보이는 행동을 관찰하고 그 순간에 보상을 제공하여 강화하는 방식이다. 예를 들어, 개가 자발적으로 자리에 앉았을 때 이를 포착해 보상하면, '앉기' 행동의 빈도가 자연스럽게 증가하게 된다. 이 방식은 동물이 행동을 스스로 선택하고 학습하기 때문에 보상에 대한 의존도가 낮고, 학습의 자율성이 높다.

또한 캡처링은 스트레스 없는 훈련 환경을 제공하며, 행동의 지속성이 높아지는 장점이 있다. 보상을 줄이더라도 자발적으로 학습된 행동은 잘 유지되는 경향이 있다. 다만, 원하는 행동이 나타날 때까지 기다려야 하므로 훈련자의 인내심이 필요하며, 자연스럽게 나타나기 어려운 복잡한 행동에는 한계가 있을 수 있다.

결론적으로, 루어링은 빠른 행동 습득에 유리하지만 보상 의존도가 높아 관리가 필요하며, 캡처링은 자율성과 지속성이 높지만 훈련에 시간이 걸릴 수 있다. 따라서 동물의 특성과 훈련 목적에 따라 적절한 기법을 선택하고 활용하는 것이 바람직하다.

4 다양한 캡처링 훈련 방법

캡처링은 동물이 이미 자발적으로 하고 있는 행동을 강화하는 기법으로, 다양한 동물 종에 효과적으로 적용할 수 있다. 개, 고양이, 말, 새와 같은 여러 동물들은 각각의 환경에서 특정 행동을 자발적으로 수행하는 경우가 많으며, 이를 포착하고 강화하는 방식은 훈련에서 매우 중요한 역할을 한다. 캡처링을 통해 동물이 기존에 하고 있던 행동을 목표로 설정한 행동으로 발전시킬 수 있으며, 이는 훈련의 효율성을 극대화하는 효과를 가져온다.

(1) 반려견 훈련 시 활용 방법

① 엎드려 대기하는 행동 강화

반려견이 자발적으로 엎드려 있는 행동을 포착해 보상을 제공함으로써, 훈련자의 명령 없이도 반려견이 편안하게 자발적으로 안정된 자세를 유지하도록 돕는다. 캡처링 기법을 활용하면 반려견은 특정한 자극 없이도 침착한 상태에서 엎드리는 행동을 학습하게 된다.

- **자발적 행동 포착**: 반려견이 자연스럽게 엎드려 있는 순간을 기다렸다가, 그 순간에 간식이나 칭찬을 제공하여 해당 행동을 강화한다.
- **행동 반복 유도**: 자발적으로 엎드린 상태에서 보상을 반복적으로 제공함으로써, 반려견이 이 자세를 긍정적인 경험으로 받아들이고 자주 반복하게 만든다.
- **보상 간격 늘리기**: 엎드려 있는 행동이 안정적으로 유지되면, 보상의 간격을 점차 늘려가면서 오랜 시간 동안 침착한 자세를 유지할 수 있도록 유도한다.
- **상황별 적용**: 산책 중 잠시 멈춰 대기하거나 외부 자극이 있는 상황에서 반려견이 스스로 엎드리는 행동을 보였을 때 강화하여, 다양한 환경에서도 안정적으로 대기할 수 있도록 훈련한다.

② 하품하는 훈련

반려견이 하품이나 스트레칭 같은 릴랙스 행동을 할 때 보상을 제공하여, 이러한 행동을 편안한 환경과 연관시키고 강화한다. 하품 같은 릴랙스 행동이 편안함과 긍정적인 경험으로 연결되도록 유도하여, 반려견이 스트레스를 덜 받고 편안하게 환경을 받아들일 수 있게 돕는다.

- **자연스러운 하품 포착**: 반려견이 하품할 때 그 순간을 포착해 간식을 주거나 칭찬을 하

여, 하품이 긍정적인 경험과 연결되도록 한다.

- **반복적 보상 제공**: 반려견이 자주 하품을 하거나 스트레칭할 때마다 보상을 제공하여, 릴랙스 행동을 편안함과 연관 짓는다.
- **릴랙스 환경과의 연결**: 하품과 같은 행동을 편안한 환경에서 자주 캡처링하여, 반려견이 릴랙스 행동을 긍정적인 상황에서 자주 수행하게 유도한다. 예를 들어, 휴식 시간이나 조용한 장소에서 하품 행동이 자주 나타나도록 한다.
- **자연스러운 반복 학습**: 반려견이 편안한 상황에서 하품을 자주 하게 될 때까지 반복하여 보상함으로써, 하품 행동이 스트레스를 줄이는 데 자연스럽게 연결되도록 한다.

③ "빵!" 동작 가르치기

반려견이 "빵!"이라는 구두 신호에 따라 쓰러지는 척하거나 옆으로 눕는 동작을 학습하게 하여, 재미있는 퍼포먼스를 연출하거나 실생활에서 유용하게 활용할 수 있도록 한다.

- **자연스러운 눕기 포착**: 반려견이 자발적으로 옆으로 눕거나 편안하게 몸을 기울일 때 간식을 주어, 이 동작을 캡처링한다.
- **구두 신호와 연결**: 반려견이 옆으로 눕는 행동을 보일 때 "빵!"이라는 신호를 함께 주어 신호와 행동이 연결되도록 한다.
- **보상 강화**: 반려견이 신호를 듣고 자연스럽게 눕도록 보상과 칭찬을 반복하여 행동을 강화한다.
- **타겟 제거 및 신호에 반응하기**: 타겟 없이도 신호만으로도 동작을 할 수 있도록 반복 훈련한다.

④ "짖어"와 "그만" 동작 가르치기

반려견이 "짖어"라는 신호에 맞춰 짖고, "그만"이라는 신호에 따라 짖는 것을 멈추도록 훈련한다. 이 훈련은 반려견의 반응성을 높이며, 경계가 필요할 때와 조용해야 할 때를 구분하도록 가르쳐 실생활에서 유용하게 활용할 수 있다.

A. "짖어" 훈련 방법

- **짖는 순간 포착하기**: 반려견이 자발적으로 짖는 순간에 간식과 칭찬을 주어 짖는 행동을 긍정적으로 강화한다.
- **구두 신호와 행동 연결**: 반려견이 짖는 순간에 "짖어!"라는 구두 신호를 함께 주어, 신호와 행동이 연결되도록 한다.

- **신호에 맞춰 짖기**: 반려견이 “짖어!” 신호에 따라 짖을 때마다 간식이나 칭찬을 주어 반복적으로 행동을 강화한다.

B. “그만” 훈련 방법

짖는 순간에 “그만” 신호 주기: 반려견이 “짖어” 신호에 따라 짖고 있을 때, 손을 들어 “그만!”이라고 말하며 주의를 끌고, 즉시 간식을 보이거나 냄새를 맡게 하여 짖는 것을 멈추도록 유도한다.

- **행동 중단 보상**: 반려견이 짖는 것을 멈추면 간식과 칭찬을 제공하여 “그만”이라는 신호에 따른 행동 중단을 강화한다.
- **구두 신호에 맞춰 반응 반복**: 짖는 상황에서 “그만” 신호에 따라 즉시 짖음을 멈출 수 있도록 반복하여 훈련한다.

C. 두 신호 연결 훈련

- **상황에 맞는 신호 사용**: “짖어”와 “그만”을 연속으로 훈련하여, 반려견이 한 신호에 따라 짖고, 다음 신호에 따라 멈출 수 있도록 훈련한다.
- **다양한 상황에서 연습**: 방문자 벨 소리, 외부 소음 등 실제 상황에서 두 신호를 활용하여 반려견이 자연스럽게 행동을 조절하도록 유도한다.

⑤ 스킨십 훈련

훈련자가 반려견을 쓰다듬거나 만졌을 때 반려견이 편안하게 반응하는 순간을 포착하여, 신체 접촉에 대한 긍정적인 인식을 형성한다. 신체 접촉이 긍정적인 경험으로 인식되도록 유도함으로써, 반려견이 신체 관리나 검진 과정에서 자연스럽고 편안한 반응을 보이도록 돕는다.

- **편안한 접촉 포착**: 반려견이 훈련자의 손길에 대해 편안하게 반응하거나 긴장을 풀 때 그 순간을 포착하여 간식이나 칭찬으로 보상을 준다.
- **접촉 빈도와 보상 증가**: 반려견이 점차 훈련자의 쓰다듬기에 긍정적으로 반응할 때마다 보상을 제공하여 신체 접촉을 즐거운 경험으로 연결짓는다.
- **다양한 접촉 부위 훈련**: 머리, 몸통, 다리 등 여러 신체 부위를 쓰다듬어도 반려견이 편안하게 느끼도록 다양한 부위에서 캡처링을 반복한다.
- **신체 검진과 연결**: 발톱 손질, 귀 청소, 치아 관리 등 관리와 관련된 신체 접촉 상황에서도 반려견이 편안히 받아들일 수 있도록 캡처링을 통해 긍정적인 경험을 강화한다.

(2) 반려묘 훈련 시 활용 방법

고양이는 독립적이고 자발적인 성향이 강해, 강압적인 훈련보다는 자발적인 행동을 강화하는 방식이 더 효과적이다. 이로 인해 캡처링은 고양이 훈련에서 특히 유용하게 활용된다.

예를 들어, 고양이가 자발적으로 캣 타워에 올라가거나 스크래칭 포스트에서 발톱을 갈 때 간식이나 칭찬을 제공하면, 이러한 행동은 점차 자주 나타나게 된다. 이처럼 자연스러운 행동을 강화하면 훈련이 스트레스를 유발하지 않으며, 고양이가 훈련을 즐겁게 받아들이도록 유도할 수 있다. 또한 고양이가 자발적으로 특정 장난감과 상호작용하는 순간을 포착해 보상을 제공하면, 탐구 행동이 강화되고 새로운 자극에 대한 긍정적 반응이 형성된다. 이는 특히 소심하거나 낯선 환경에 민감한 고양이에게 자신감을 길러주는 데 도움이 된다.

이처럼 캡처링은 특정 명령에 잘 반응하지 않는 고양이의 특성에도 잘 맞는다. 예를 들어, 고양이가 자발적으로 조용히 휴식하거나 특정 자리에 앉는 행동을 할 때 보상을 제공하면, 해당 행동의 빈도를 자연스럽게 높일 수 있다.

① 특정 장소 대기 훈련

고양이가 자발적으로 침대나 특정 장소에서 편히 쉬고 있을 때 보상을 제공하여, 그 장소에서 머무르는 행동을 강화한다. 이 훈련은 고양이가 편안한 대기 습관을 형성할 수 있도록 돕는다.

- **자연스러운 행동 포착:** 고양이가 자발적으로 침대나 특정 장소에 가서 앉아 있거나 누워 있는 순간을 포착해 간식이나 칭찬을 제공한다. 이를 통해 그 장소가 고양이에게 안전하고 편안한 장소임을 인식하게 한다.
- **긍정적인 경험 연결:** 고양이가 지정된 장소에서 보상을 받으면, 해당 장소가 편안하고 긍정적인 경험이 연관된 곳임을 학습하게 된다.
- **반복적 보상 제공:** 고양이가 특정 장소에서 머무르는 행동을 반복할 때마다 보상을 제공하여, 자발적으로 그 장소를 찾아가 편안하게 머무는 습관을 강화한다.
- **환경과의 연결 강화:** 고양이가 안정적으로 특정 장소에 머물 수 있도록, 외출 전이나 손님이 방문하는 상황과 연관시켜 훈련하여 다양한 상황에서 활용가능하게 한다.

② 고양이의 장난감 잡기 행동 훈련

고양이가 자발적으로 장난감을 물거나 잡는 행동을 할 때 보상을 제공하여, 장난감에 대한 흥미를 높이고 사냥 본능을 만족시킬 수 있도록 한다. 이 훈련을 통해 고양이는 놀이와 사냥 본능을 충족시킬 수 있는 활동에 자연스럽게 참여하게 된다.

- **자연스러운 행동 포착**: 고양이가 자발적으로 장난감을 잡거나 물었을 때, 즉시 간식이나 칭찬을 제공하여 해당 행동을 강화한다.
- **긍정적 연관 형성**: 장난감을 잡는 행동이 긍정적인 경험과 연결되도록 반복적으로 보상하여, 고양이가 장난감 놀이를 즐겁게 느끼도록 한다.
- **다양한 장난감 사용**: 다양한 종류의 장난감을 사용하여, 고양이가 잡거나 물고 놀 수 있는 환경을 제공하고, 각각의 장난감과 놀이 방식에 흥미를 느끼도록 한다.
- **사냥 본능 자극**: 깃털 장난감이나 움직이는 장난감 등을 사용하여 고양이의 사냥 본능을 자극하고, 장난감을 잡는 행동이 사냥과 같은 성취감을 느끼게 하여 적극적으로 놀이에 참여하도록 유도한다.

③ 고양이의 과도한 긁기 행동 수정

고양이가 가구나 벽 대신 적절한 스크래처를 사용할 때 보상을 제공하여, 스크래처 사용 습관을 형성한다. 정적 강화를 통해 고양이가 스크래처를 긁는 것이 좋은 경험으로 인식하도록 유도한다.

- **긍정적 보상 포착**: 고양이가 자발적으로 스크래처에 발톱을 긁는 순간을 포착하여 즉시 간식이나 칭찬을 제공한다. 이를 통해 스크래처를 사용하는 행동을 긍정적으로 연결시킨다.
- **보상 반복 제공**: 고양이가 스크래처 사용을 반복할 때마다 보상을 주어, 스크래처를 긁는 행동이 좋은 경험으로 느껴지도록 한다.
- **적절한 위치에 스크래처 배치**: 고양이가 자주 긁는 가구나 벽 근처에 스크래처를 배치하여, 고양이가 자연스럽게 스크래처를 사용하도록 유도한다. 이후, 스크래처의 위치를 고양이의 생활 공간으로 이동시켜 적응시킨다.
- **스크래처 종류 다양화**: 다양한 재질과 형태의 스크래처를 사용하여 고양이에게 적합한 스크래처를 찾고, 고양이가 더 흥미를 느끼는 스크래처로 자연스럽게 유도한다.

④ 고양이의 과도한 울음 행동 수정

고양이가 조용히 있을 때 보상을 제공하여, 과도한 울음소리를 줄이고 고요한 상태를 유지할 수 있도록 한다. 울음소리를 통해 보호자의 주목을 끌려는 행동을 줄이며, 조용히 있는 행동을 강화한다.

- **조용한 순간 포착:** 고양이가 자발적으로 조용히 있을 때 간식이나 칭찬을 제공하여, 고요한 상태가 긍정적인 경험과 연결되도록 한다.
- **울음소리 무시하기:** 고양이가 주의를 끌기 위해 울음소리를 낼 때는 무시하고 반응하지 않아, 울음소리가 주목을 끌 수 없다는 것을 학습하게 한다.
- **조용해진 순간 보상 제공:** 울음소리를 멈추고 조용히 있을 때 즉시 보상을 주어, 고양이가 스스로 차분해지는 행동을 반복할 수 있도록 유도한다.
- **반복 학습:** 고양이가 조용히 있을 때만 보상을 주어, 조용히 있는 행동이 반복적으로 강화되도록 한다.

⑤ 위험한 장소로 높이 점프하는 행동 수정

고양이가 자발적으로 바닥에 머물거나 특정 높은 곳에 오르지 않을 때 보상을 제공하여, 불필요한 점프나 위험한 곳으로 올라가는 행동을 줄인다. 긍정적인 경험을 통해 고양이가 안전한 장소에 머무르는 것을 선호하도록 유도한다.

- **바닥에 머무는 행동 포착:** 고양이가 자발적으로 바닥에 있을 때마다 간식이나 칭찬을 제공하여, 바닥에 머무는 행동을 강화한다.
- **높은 곳에서 관심 줄이기:** 고양이가 높은 곳에 올랐을 때는 주의를 주지 않고 무시하여, 높은 곳에 가는 행동이 보호자의 주목을 끌지 못하게 한다.
- **보상으로 긍정적 연결 강화:** 바닥에 머무르거나 안전한 장소에 있는 동안 간식을 제공하여, 고양이가 바닥에 있는 것이 보상으로 이어진다는 인식을 갖게 한다.
- **안전한 장소 마련:** 고양이가 편안하게 머무를 수 있는 침대나 쿠션 같은 안전한 장소를 제공하여, 고양이가 그곳에서 머무는 것을 즐겁게 느낄 수 있도록 한다.

(3) 말 훈련 시 활용 방법

말 훈련에서 캡처링은 말이 자발적으로 보이는 자연스러운 행동을 강화하는 데 효과적인 기법이다. 말은 민감하고 본능적인 반응이 강한 동물이므로, 강압적인 훈련보다는 자발적 행동을 포착하고 보상하는 방식이 스트레스를 줄이고 신뢰 형성에 도움이 된다.

예를 들어, 말이 훈련 중 자발적으로 편안하게 서 있는 행동을 보일 때 즉시 보상을 제공하면, 말은 이러한 자세를 반복하게 되며 안정적인 기본자세를 자연스럽게 학습하게 된다. 이 자세는 장비 착용이나 관리 시 말의 협조성과 안전성을 높이는 데 중요한 기초가 된다.

또한, 말이 자발적으로 머리를 낮추거나 다리를 드는 행동을 보였을 때 이를 포착하여 보상하면, 해당 행동을 긍정적으로 받아들이고 반복하려는 경향이 강화된다. 이후에는 이러한 기본 행동에 신호를 결합함으로써 굴레 착용, 건강 점검, 편자 갈기 등 실용적 상황에 활용할 수 있는 행동으로 발전시킬 수 있다.

운동성과 민첩성 향상에도 캡처링은 유용하게 활용된다. 말이 자발적으로 균형 있는 움직임이나 도약을 보일 때 즉시 보상을 주면, 해당 자세나 움직임을 더 자주 반복하게 되며, 이는 훈련 말이나 공연 말에게 필요한 고급 기술 습득의 기초가 된다.

불안 완화에도 효과가 있다. 낯선 환경에서 말이 침착하게 서 있는 행동을 보일 때 이를 강화하면, 새로운 상황에서도 안정적인 반응을 보이게 된다. 이러한 방식은 훈련장이나 경기장 등 다양한 환경에서 말이 훈련자에게 집중할 수 있도록 돕는다.

① 말의 보행 방식 변경

캡처링 기법을 활용하여 말이 자발적으로 보행(걸음의 속도와 방식)을 바꾸는 순간을 포착하고 보상하여, 특정 보행 스타일을 학습하거나 교정할 수 있다. 이 훈련은 말의 반응성과 유연성을 높여주며, 상황에 맞는 보행을 선택하는 능력을 길러준다.

말이 자발적으로 보행 속도나 방식을 변화시킬 때 보상을 제공하여, 원하는 보행 스타일을 강화한다. 말이 걸음걸이, 속도(예 걷기, 속보, 구보) 등을 다양하게 선택할 수 있도록 유도하며, 훈련자의 지시에 맞는 보행을 학습하게 돕는다.

- **보행 변화 포착**: 말이 자발적으로 걷기에서 속보로 전환하거나, 속보에서 구보로 전환하는 등 보행 방식을 바꾸는 순간을 포착하여 간식이나 칭찬을 제공한다.
- **목표 보행 스타일 강화**: 훈련자가 원하는 보행 스타일(예 속보나 구보 등)에 맞춰 보상을 주어, 특정 보행 방식이 보상으로 이어지도록 한다. 예를 들어, 구보를 원할 때는 구보로 전환하는 순간 보상을 제공하여 해당 보행을 강화한다.
- **신호와 보행 연결**: 말이 특정 보행을 자발적으로 할 때마다 보상을 제공하면서 동시에 구두 신호(예 "속보", "구보")를 추가하여, 신호와 보행 스타일이 연결되도록 한다.
- **보행 전환 훈련 반복**: 말이 훈련자의 신호에 따라 원하는 보행 스타일을 선택할 수 있도록, 보행 전환 훈련을 반복하여 보행 전환에 대한 반응성을 높인다.

② 과도한 발 구르기 행동 수정

말이 자발적으로 조용히 서 있을 때 보상을 제공하여, 발을 구르거나 쿵쿵거리는 행동을 줄이고 차분히 서 있는 습관을 형성하도록 돕는다. 이는 말이 긴장하거나 주의를 끌기 위해 발을 구르는 행동을 조절하고, 안정적인 자세를 유지하게 하는 데 효과적이다.

- **조용한 상태 포착**: 말이 자발적으로 조용히 서 있는 순간을 포착하여 간식이나 칭찬을 즉시 제공한다. 이렇게 함으로써 조용히 서 있는 상태가 긍정적인 경험으로 연결되도록 한다.
- **발 구르기 행동 무시하기**: 말이 발을 구르거나 주의를 끌기 위해 소리를 낼 때는 반응하지 않고 무시하여, 이러한 행동이 주목받는 행동이 아님을 인식하게 한다.
- **차분한 상태에 대한 지속적 보상**: 말이 조용히 서 있는 상태를 자주 보여줄 때마다 보상을 주어, 차분한 자세가 더욱 강화되도록 한다.
- **점진적 보상 간격 조절**: 말이 자발적으로 차분히 서 있는 상태에 익숙해지면, 보상 간격을 점차 늘려가며 장시간 차분히 서 있는 습관을 형성한다.

③ 말의 물거나 씹으려는 행동 수정

말이 훈련자의 손이나 옷을 물거나 씹으려는 행동을 대신, 입을 조용히 닫고 있을 때 보상을 제공하여 안전한 행동을 강화한다. 이를 통해 물거나 씹는 행동이 줄어들고, 차분하게 있는 습관을 형성하도록 유도한다.

- **차분한 상태 포착**: 말이 자발적으로 입을 다물고 있을 때 간식이나 칭찬을 제공하여, 입을 다물고 있는 상태가 긍정적인 경험과 연결되도록 한다.
- **물려는 행동 무시**: 말이 훈련자의 손이나 옷을 물려고 할 때는 즉시 손을 치우고 반응하지 않아, 물려는 행동이 주목받지 못하도록 한다.
- **차분한 입 상태 지속적 보상**: 말이 입을 다물고 차분히 있을 때마다 보상을 주어, 입을 닫고 있는 상태가 더 좋은 결과를 가져오는 행동임을 학습하게 한다.
- **환경에 따른 적용**: 훈련자의 옷이나 주변 물건을 물고 싶어 할 때마다 동일한 방법을 반복하여, 상황과 상관없이 입을 다물고 차분히 있는 행동이 자연스럽게 이어지도록 한다.

5 캡처링 시 발생 가능한 문제와 해결 전략

(1) 동물이 목표 행동을 하지 않을 경우

① 환경 조성을 통해 자연스러운 행동 유도하기

캡처링은 동물이 자발적으로 행동을 보일 때까지 기다리는 방식이기 때문에, 목표 행동이 잘 나타나지 않으면 훈련이 지연될 수 있다. 이를 해결하기 위해 훈련자는 동물이 자연스럽게 목표 행동을 할 수 있도록 환경을 조성해야 한다. 예를 들어, 개가 자발적으로 앉는 행동을 포착하고자 할 경우, 충분히 산책한 후 편안한 장소에서 쉬는 상황을 유도하면 앉는 행동이 더 자주 나타난다. 고양이의 경우에는 관심을 가질 만한 물건을 특정 위치에 두어 자발적인 점프나 접근 행동을 유도할 수 있다.

② 행동 발생 가능성이 높은 상황과 시기 활용하기

동물이 특정 행동을 자주 보이는 시간대나 상황을 파악하여 그때 훈련을 집중하는 전략도 효과적이다. 예를 들어, 개가 아침에 스트레칭을 자주 한다면, 그 시간대에 훈련을 계획하여 해당 행동을 포착하고 보상하는 식이다. 이는 목표 행동이 자연스럽게 발생할 가능성을 높이며, 훈련의 효율성을 향상시킬 수 있다.

③ 대체 훈련 기법과 병행하여 훈련 효율 높이기

캡처링만으로는 어려운 경우, 쉐이핑이나 루어링과 같은 다른 기법을 함께 활용할 수 있다. 쉐이핑을 통해 목표 행동의 일부부터 점진적으로 강화하거나, 루어링을 통해 보상으로 동물을 유도한 뒤 목표 행동을 유도할 수 있다. 이를 통해 훈련자는 캡처링의 한계를 보완하고, 목표 행동을 보다 빠르게 학습시킬 수 있다.

(2) 보상의 타이밍이 부적절한 경우

① 정확한 타이밍의 중요성 인식하기

캡처링에서 가장 중요한 요소 중 하나는 보상이 주어지는 타이밍이다. 동물이 자발적으로 목표 행동을 보였을 때 즉시 보상하지 않으면, 동물은 어떤 행동 때문에 보상을 받았는지 혼란을 느낄 수 있다. 예를 들어, 개가 앉는 행동을 한 직후에 간식을 주지 않고 몇 초가 지난 뒤에 보상하면, 동물은 보상을 '앉기'가 아닌 '눈 마주침'이나 '머리 흔들기'와 연관 지을 수 있다. 이는 잘못된 행동을 강화할 위험이 있다.

② 보상 타이밍 훈련자의 반응 속도 개선하기

보상의 타이밍을 개선하기 위해 훈련자는 동물의 행동을 정확히 관찰하고, 빠르게 반응하는 연습이 필요하다. 손에는 미리 보상을 준비하고 있어야 하며, 목표 행동이 발생한 순간 클리커를 누르거나 칭찬 후 보상을 제공해야 한다. 이를 통해 동물은 정확히 어떤 행동이 보상을 유발했는지 명확하게 인식하게 된다.

③ 클리커나 신호음 활용으로 보상 타이밍 보완하기

보상을 즉시 제공하기 어려운 상황이라면, 클리커나 짧은 신호음을 사용하여 보상의 타이밍을 보정할 수 있다. 예를 들어, 개가 '엎드리는 행동'을 했을 때 간식을 주기까지 시간이 걸린다면, 엎드린 순간에 클리커를 먼저 눌러 '이 행동이 정확하다'는 신호를 주고, 그 뒤에 보상을 제공한다. 이 방식은 실제 보상이 약간 늦더라도, 클리커가 행동과 보상을 정확하게 연결해주는 역할을 하여 학습의 정확도를 높인다.

(3) 동물이 보상을 무시하는 경우

① 보상의 선호도 점검 및 조정하기

동물이 보상을 무시할 경우, 가장 먼저 확인해야 할 것은 보상 자체가 동물에게 얼마나 매력적인지이다. 모든 동물이 간식이나 장난감을 동일하게 좋아하는 것은 아니므로, 동물의 개별적인 선호도를 파악하는 것이 우선이다. 예를 들어, 어떤 개는 간식보다 칭찬이나 놀이를 더 좋아할 수 있으며, 고양이는 배가 부르면 어떤 간식에도 무관심할 수 있다. 보상이 동물에게 충분히 매력적이지 않다면, 행동을 강화하는 기능을 제대로 할 수 없다.

② 훈련 환경과 동물의 상태 점검하기

동물이 보상을 무시할 때는 환경적 요인이나 동물의 신체·정서 상태를 점검해야 한다. 배가 이미 부르거나, 피로하거나, 스트레스를 받은 상태에서는 아무리 좋은 보상이라도 관심을 가지지 않을 수 있다. 예를 들어, 고양이가 낯선 환경에서 긴장하고 있을 때는 보상을 받을 여유조차 없을 수 있다. 이럴 경우 훈련을 잠시 중단하고, 동물이 편안하고 안정된 상태에서 다시 시도하는 것이 필요하다.

③ 보상의 형태와 제공 방식 다양화하기

항상 같은 보상만 반복해서 사용할 경우, 보상에 대한 기대감이 감소하거나 보상 자체에 싫증을 느낄 수 있다. 이를 예방하기 위해 다양한 종류의 보상을 랜덤하게 섞어서 제공하거나, 보상의 형태를 먹이 → 장난감 → 칭찬 → 놀이처럼 바꿔주는 전략이 효과적이다. 예를 들어, 개가 간식에 무관심해졌다면, 간식을 주는 대신 공이나 터그와 같은 보상을 제공해 볼 수 있다. 이처럼 보상에 대한 반응을 높이기 위해 보상 방식에 유연성을 부여하는 것이 중요하다.

연습문제

1. 캡처링(Capturing)이란 무엇을 의미하는가?

A. 동물이 특정 행동을 수행하도록 유도하는 기법
B. 동물의 자발적인 행동을 포착하여 강화하는 기법
C. 동물이 명령에 따라 행동을 수행하도록 훈련하는 기법
D. 보상 없이 동물의 행동을 관찰하는 기법

2. 캡처링의 목적은 무엇인가?

A. 동물의 모든 행동을 제어하기 위해
B. 동물이 새로운 행동을 자연스럽게 학습하도록 돕기 위해
C. 동물에게 부정적 피드백을 제공하기 위해
D. 동물의 관심을 분산시키기 위해

3. 캡처링 과정에서 가장 중요한 요소는 무엇인가?

A. 행동의 즉각적인 포착과 강화
B. 행동의 억제와 교정
C. 다양한 보상의 사용
D. 명령에 따른 행동 수행

4. 캡처링 과정에서 행동을 포착한 후 수행해야 할 것은 무엇인가?

A. 다른 행동을 유도한다.
B. 보상을 제공하여 행동을 강화한다.
C. 행동을 무시한다.
D. 행동의 빈도를 줄인다.

5. 다음 중 캡처링 기법이 다른 훈련 방법보다 특히 효과적인 상황은 언제인가?

A. 동물이 특정 행동을 자주 자발적으로 수행할 때
B. 동물이 새로운 명령어를 익히는 초기 단계일 때
C. 동물이 하지 말아야 할 행동을 억제해야 할 때
D. 동물이 다른 동물의 행동을 관찰하고 있을 때

1. B / 2. B / 3. A / 4. B / 5. A

연습문제

6. 캡처링과 루어링의 주요 차이점은 무엇인가?

A. 캡처링은 유도 없이 자발적 행동을 강화한다.

B. 루어링은 자발적 행동을 관찰한다.

C. 루어링은 보상을 사용하지 않는다.

D. 캡처링은 명령어와 함께 행동을 유도한다.

7. 캡처링에서 '타이밍'이 중요한 이유는 무엇인가?

A. 훈련자가 원하는 행동과 보상을 정확히 연결하기 위해

B. 보상을 절약하기 위해

C. 동물의 행동을 늦추기 위해

D. 동물의 집중력을 분산시키기 위해

8. 캡처링 과정에서 보상이 효과적이지 않을 경우 해야 할 것은 무엇인가?

A. 보상의 종류를 변경한다.

B. 행동을 억제한다.

C. 클리커 사용을 중지한다.

D. 클리커를 여러 번 사용한다.

9. 캡처링이 유리한 훈련 동물의 특성은 무엇인가?

A. 자발적 행동이 빈번하다.

B. 명령어 학습에 어려움이 있다.

C. 보상을 잘 받지 않는다.

D. 특정 행동만 반복한다.

10. 캡처링의 훈련 시간이 지나치게 길어질 경우 예상되는 문제는 무엇인가?

A. 동물의 행동이 감소한다.

B. 동물이 피로를 느끼고 집중력이 저하된다.

C. 행동의 빈도가 과도하게 증가한다.

D. 보상의 사용 빈도가 자동으로 줄어든다.

6. A / 7. A / 8. A / 9. A / 10. B

토론하기

1. 캡처링(Capturing)의 개념과 목적에 대해 설명하고, 이 기법이 동물 훈련에서 중요한 이유를 서술하시오.

2. 캡처링 훈련의 단계별 과정을 구체적으로 서술하고, 각 단계에서 훈련자가 유의해야 할 점을 설명하시오.

3. 캡처링 기법의 장점과 한계를 서술하고, 이를 보완하기 위한 해결 방안을 제시하시오.

4. 캡처링이 반려견, 고양이, 말 등 다양한 동물 훈련에 어떻게 적용되는지 각각의 사례를 들어 서술하시오.

5. 캡처링과 쉐이핑, 루어링의 차이점을 비교하고, 각 기법의 적합한 상황에 대해 논하시오.

6. 캡처링 훈련에서 "타이밍"과 "보상의 일관성"이 중요한 이유를 서술하고, 훈련자가 이를 효과적으로 실천할 수 있는 방법을 제안하시오.

CHAPTER

08

타겟팅(targeting)

CHAPTER 08

타겟팅(targeting)

학습목표

- 타겟팅의 정의와 목적을 이해하고, 동물이 목표 지점을 인식하고 반응하도록 유도하는 4가지 핵심 원리를 설명할 수 있다.
- 타겟팅의 단계별 훈련 절차를 설명하고, 타겟팅 기법의 장점과 한계를 다양한 훈련 기법과 비교하여 평가할 수 있다.
- 다양한 동물 훈련 상황에 타겟팅 기법을 효과적으로 적용하는 방법을 제시하고, 훈련 중 발생할 수 있는 문제 상황에 대해 해결 방안을 도출할 수 있다.

1 타겟팅의 개념

(1) 타겟팅의 정의

'타겟(target)'은 목표물이라는 뜻이다. 클리커 트레이닝에서 타겟팅(Targeting)은 동물이 신체의 일부(주로 코나 발)를 사용하여 훈련자가 지정한 목표물(예 막대, 손가락, 도구)에 접촉하거나, 그 목표물 쪽으로 이동하게 하는 훈련 방법이다. 타겟팅의 중요한 특징은 동물이 스스로 대상을 향해 행동하게 한다는 점이다. 이는 훈련자가 직접적으로 신체를 조작하지 않고도, 간접적인 방법을 통해 동물을 특정 목표물로 이끌어내는 것을 가능하게 한다.

타겟팅의 핵심은 훈련자가 물리적으로 동물의 행동을 유도하는 것이 아니라, 동물이 자발적으로 목표물을 향해 행동하도록 유도한다는 점이다. 훈련 과정에서 동물은 특정 목표물과 접촉하거나 그 목표물을 따라 이동하는 행동을 반복하면서, 이러한 행동이 긍정적 결과(예 간식, 칭찬, 놀이)로 이어진다는 것을 학습하게 된다. 타겟팅은 동물의 학습 동기를 높이고, 스트레스를 최소화하며, 자연스러운 학습 환경을 제공하는 데 효과적이다.

타겟팅 기법은 간단한 행동(예 손에 코 대기, 특정 지점으로 이동)부터 복잡한 행동(예 어질리티, 도그댄스, 의료 관리 협조)까지 다양한 훈련에 활용될 수 있다. 예를 들어, 타겟 스틱을 활용해 동물을 특정 방향으로 유도하거나, 포스트잇을 목표물로 사용해 특정 지점을 터치하게 훈련할 수 있다. 타겟팅을 통해 동물은 목표물을 인식하고, 그 목표물을 향해 움직이거나 접촉하는 행동을 학습하며, 이를 바탕으로 더 복잡한 동작을 수행할 수 있다.

(2) 타겟팅의 목적과 의의

타겟팅의 주요 목적은 동물이 정확한 위치나 동작을 수행하게 하고, 복잡한 행동을 단계적으로 학습하게 만드는 기반을 제공하는 데 있다. 특히 동물에게 추상적인 명령 대신, 시각적으로 명확한 목표물을 제시함으로써 훈련의 이해도와 효율을 높이는 데 매우 효과적이다.

① 정확한 행동 유도

타겟팅은 특정 동작을 유도할 때 매우 유용하다. 예를 들어, 손 끝, 타겟 스틱, 원형판 등 명확한 지점에 코를 대게 하거나 발을 올리게 유도하면, 동물이 정확하게 어떤 행동을 해야 하는지를 쉽게 이해할 수 있다.

② 복잡한 행동 학습의 기초 형성

타겟팅은 복잡한 행동을 세분화하여 구성하는 데 필수적인 기법이다. 예를 들어, 장애물 넘기, 서커스 동작, 탐지 훈련, 어질리티 훈련 등은 대부분 타겟을 기반으로 구성된다. 동물은 하나의 타겟에서 다음 타겟으로 움직이면서 점차 행동을 확장해 나가게 된다.

③ 위치 지정 훈련

타겟은 동물에게 특정 장소나 위치를 가리키는 데에도 사용된다. 예를 들어, '하우스' 명령 시 타겟 패드를 이용해 지정된 장소로 가도록 하거나, 훈련 중 '대기 위치'를 명확히 알려주는 수단으로 활용할 수 있다.

④ 움직이는 목표를 따르는 행동 유도

타겟 스틱을 사용하면 동물이 움직이는 목표를 따라 움직이도록 유도할 수 있다. 이는 산책 훈련, 회전하기, 점프하기, 뒷발 들기 등의 동작을 유도하는 데 활용되며, 훈련자가 동물의 움직임을 세밀하게 조절할 수 있도록 돕는다.

⑤ 강화 지점의 명확화

타겟팅을 사용하면 어떤 행동을 보상할지 기준이 명확해지기 때문에, 클리커와 함께 사용할 때 더욱 정밀한 타이밍의 보상이 가능하다. 이는 훈련의 일관성과 정확성을 높이고, 동물의 혼란을 줄이는 데 효과적이다.

(3) 타겟팅의 4가지 핵심원리

타겟팅은 특정 행동을 만들기 위해 타겟과의 상호작용 방식을 다르게 하여, 동물이 목표 행동을 수행할 수 있도록 돕는다. 타겟팅의 4가지 핵심 원리는 동물이 타겟을 다양한 방식으로 인식하고 반응하게 하여 구체적인 행동을 완성하도록 한다. 각 원리의 구체적인 적용 방식과 예시를 통해 자세히 알아보자.

① 타겟에 동물의 신체가 닿게 하는 방법

동물이 신체 일부(코, 앞발 등)를 타겟에 접촉하게 하여 특정 행동을 수행하도록 유도한다. 이는 물리적 접촉을 통해 동물이 타겟을 인식하고, 접촉 행동이 보상으로 연결됨을 학습하는 것이다.

A. 적용 방법

- 훈련자는 타겟을 동물의 눈높이에 제시하고, 처음에는 동물이 타겟을 바라보거나 살짝 다가가면 보상을 제공한다.
- 이후 동물이 타겟을 코나 앞발로 터치하는 행동이 나오면, 그때마다 간식을 주어 접촉 행동을 강화한다.

B. 예시

- **악수하기**: 개의 앞발을 훈련자의 손에 올리게 하여 '악수' 행동을 훈련한다.
- **전등 켜기**: 고양이에게 타겟을 이용해 전등 스위치를 발로 누르게 한다.
- **버튼 누르기**: 새에게 타겟 버튼을 부리로 눌러 보상을 얻도록 한다.

② 타겟으로 가게 하는 방법

동물이 타겟을 향해 이동하는 행동을 학습하게 하여, 특정 위치로 가거나 특정 장소에 머무르게 하는 방법이다. 이를 통해 동물이 목표 위치에 가는 것이 보상을 얻는 행동임을 학습하도록 돕는다.

A. 적용 방법

- 훈련자는 타겟을 바닥이나 특정 장소에 놓고, 동물이 그곳을 향해 이동할 때마다 보상을 제공하여 이동 행동을 강화한다.
- 타겟에 가까이 다가가면 보상을 주고, 이후 타겟 위에 머무르도록 하여 목표 위치에서의 반응을 자연스럽게 학습하게 한다.

B. 예시

- **차 타기**: 개를 차량 내부로 유도하여 타겟 위치에서 앉거나 머무르게 한다.
- **배변판에 올라가게 하기**: 강아지를 타겟으로 배변판으로 유도하여 배변판에 올라가는 행동을 학습하게 한다.

③ 타겟에 머무르게 하는 방법

동물이 타겟 위치에 일정 시간 동안 머무르도록 하여 그곳에 머무르는 행동을 학습하게 하는 방법이다. 이 원리를 통해 동물은 지정된 장소에서 기다리거나 특정 행동을 유지할 수 있다.

A. 적용 방법

- 동물이 타겟 위에 올라가면 즉시 보상을 제공하고, 점차 머무르는 시간을 늘려가며 보상을 준다.
- 동물이 타겟 위에 머무르는 시간을 길게 유지할 수 있게 되면, 보상을 주는 간격을 점차 줄여가면서 타겟 위치에서 기다리는 행동을 강화한다.

B. 예시

- **하우스(집에서 기다리기)**: 개가 하우스(집 모양 타겟) 안에서 머무르도록 유도하여, 하우스에 들어가 머무르는 행동을 강화한다.
- **특정 자리에서 머무르기**: 말이 특정 구역에 서서 일정 시간 동안 머무르게 훈련하여, 타겟에서 벗어나지 않고 대기하는 행동을 습득하게 한다.

④ 움직이는 타겟을 따라 이동하게 하는 방법

동물이 움직이는 타겟을 따라가며 반응하도록 하는 훈련 방식이다. 이는 동물에게 유동적인 상황에서도 훈련자의 지시를 따르게 하며, 활동적이고 민첩한 행동을 수행할 수 있도록 돕는다.

A. 적용 방법

- 훈련자는 타겟을 천천히 움직이며 동물이 이를 따라오는지 관찰하고, 동물이 타겟을 따라오면 보상을 제공한다.
- 타겟의 속도와 방향을 조절하여 동물이 민첩하게 반응하게 하고, 점차 타겟을 빠르게 움직여도 따라오는 행동을 강화한다.

B. 예시

- **어질리티 코스**: 개가 움직이는 타겟을 따라 장애물을 통과하거나 점프하는 행동을 학습하도록 한다.
- **스핀**(회전하기): 타겟을 원형으로 움직이며 개가 이를 따라 회전하도록 훈련한다.
- **웨이브**(다리 사이로 이동하기): 훈련자가 타겟을 다리 사이에서 움직이며, 개가 다리 사이를 통과하도록 유도한다.

이와 같은 타겟팅의 네 가지 원리를 통해 동물은 각기 다른 행동을 자연스럽고 체계적으로 학습할 수 있으며, 훈련자는 이를 활용하여 다양한 응용 행동을 유도할 수 있다.

2 타겟의 종류와 단계별 훈련

(1) 타겟팅의 종류 및 활용 사례

① 핸드 타겟(Hand Target)

훈련자의 손을 타겟으로 사용하여 동물이 손에 코를 대도록 유도하는 방식으로 가장 간단하고 직관적인 형태의 타겟이다. 동물이 훈련자의 손에 코나 발을 대도록 훈련하거나, 손을 따라 움직이게 유도할 수 있다. 초기 훈련과 복잡한 행동 유도에 모두 유용하며, 특별한 도구 없이 어디서든 활용 가능하다.

- 활용 사례

- 동물이 훈련자에게 다가오는 행동 유도(리콜 훈련)
- 방향 전환 훈련(좌/우 회전, 이동 유도)
- 예절 교육(산책 중 집중 유지, 점프 방지)

② 바디 타겟(Body Target)

바디 타겟은 훈련자의 몸의 특정 부위(어깨, 무릎, 가슴 등) 를 타겟으로 설정하여, 동물의 신체 일부가 훈련자의 몸에 접촉하도록 유도하는 방식이다. 신체 접촉을 통해 유대감을 형성하거나 특정 감정 상태(편안함, 안정감)를 유도할 수 있으며, 애정 표현이나 심리적 안정 훈련에 효과적이다.

- 활용 사례

- 훈련자의 어깨에 동물의 앞발을 올리도록 유도하여 교감 동작 만들기
- 훈련자의 어깨에 동물의 턱을 닿게 하여 기대는 자세 유도(안정적 기대기 훈련)
- 훈련자의 품에 동물의 몸이 닿도록 유도하여 '안기기' 행동 강화
- 훈련자의 무릎 위에 머리를 올리는 행동 유도로 정서적 안정과 휴식 자세 훈련
- 치료견 훈련에서 신체 접촉을 통해 긴장 완화 유도

③ 타겟 스틱(target stick)

타겟 스틱은 막대기 형태의 훈련 도구로, 끝에 공이나 둥근 장식이 달려 있어 동물이 시각적으로 집중하기 쉽다. 훈련자의 손보다 넓은 범위와 다양한 위치로 유도할 수 있어 유연성이 매우 높으며, 특히 동물의 방향 전환, 점프, 회전, 이동 등 동적인 행동을 훈련할 때 효과적이다. 초보자도 쉽게 사용할 수 있으며, 다양한 종의 동물 훈련에 폭넓게 활용된다.

- 활용 사례

- "돌아", "회전", "따라와" 등 동작을 유도할 때
- 특정 지점이나 위치로 이동 훈련할 때 (예 장애물 통과, 위치 정렬)
- 점프 훈련이나 특정 높이에 신체를 맞추는 동작 훈련
- 크레이트 훈련이나 지정된 장소로 이동하기
- 무대 동작, 공연 훈련 등 정교한 행동 유도 시 사용

④ 포스트잇(Target Sticker)

접착성이 있는 작은 메모지나 스티커를 타겟으로 사용하여, 다양한 표면에 부착할 수 있다.

문, 전등 스위치, 발판 등 원하는 지점에 부착하여 동물이 해당 지점을 코나 발로 터치하거나 머무르도록 훈련할 수 있다. 행동 범위를 확장하거나 구체적인 위치 지정 훈련을 할 때 유용하며, 점진적인 행동 형성(shaping)에도 효과적이다.

- 활용 사례
  - 전등 스위치 누르기 훈련
  - 벽면 터치, 가전제품 조작
  - 특정 위치나 표면에 도달하게 하기

⑤ 플랫폼(Target Platform)

발판, 매트, 작은 스테이지 등 특정 위치에 동물을 머무르게 유도하는 도구이다.

플랫폼에 올라서거나 앉도록 훈련함으로써 고정 동작(스탠딩 자세), 대기 훈련, 장애물 훈련의 기초를 마련할 수 있다.

위치 인식을 명확하게 하고, 동물이 자신의 위치를 스스로 인식하게 만드는 데 유리하다.

- 활용 사례
  - "스테이", "기다려" 명령 훈련
  - 장소 이동 훈련(예 소환 후 대기 위치 유지)
  - 장애물 코스 구성 훈련
  - 동작 전환 시 기준점 역할

⑥ 빛(광원 타겟/Laser Pointer)

레이저 포인터나 조명이 있는 기기를 이용해 빛 자체를 타겟으로 사용한다.

빛은 동물의 시각적 관심을 끌기 쉬우며, 멀리 있는 장소나 높이에도 유도 가능하다는 장점이 있다. 특히 고양이, 족제비, 일부 반려조처럼 빛을 추적하는 성향이 강한 동물에게 효과적이다.

- 활용 사례
  - 실내 공간에서 위치 이동 유도

- 계단 오르기, 장애물 넘기 등 이동성 훈련
- 운동량 조절 및 탐색 본능 자극

⑦ 배변판 및 특정 장소(Target Location)

배변판, 켄넬, 엘리베이터, 방석 등 공간 자체를 타겟으로 삼는 방식이다. 동물이 특정 장소에서 배변을 하거나 머무르도록 유도하며, 행동의 정위성과 공간 인식을 높이는 데 도움을 준다. 이러한 장소 기반 타겟은 일상생활 훈련과 공공장소에서의 예절 교육에도 유용하다.

● 활용 사례

- 배변판에 정확하게 올라가 배변하기
- 켄넬(휴식 공간) 훈련
- 엘리베이터나 병원 대기실에서 정숙히 대기하기
- 지정된 장소에서만 행동하도록 위치 제한하기

(2) 타겟팅의 단계별 훈련 절차

타겟팅 훈련은 단계별로 구조화하여 동물이 점진적으로 목표 행동을 학습하도록 유도하는 방식이다. 각 단계는 동물이 학습하고 적응할 수 있도록 체계적으로 진행되어야 하며, 이는 타겟에 대한 관심을 유도하는 것에서부터 행동의 강화, 신호 추가로 이어진다. 각 단계를 구체적으로 살펴보자.

① 타겟 제시

1단계는 **타겟을 제시하는 것이다**. 훈련자는 막대, 손가락, 특정 물체 등 타겟을 활용해 동물의 관심을 유도하며, 타겟이 훈련에서 중요한 역할을 한다는 점을 동물이 인식할 수 있도록 한다. 타겟은 동물의 눈높이에 맞춰 제시하고, 타겟을 천천히 움직여 동물의 시선을 자연스럽게 이끌어낸다. 냄새나 소리를 더해 호기심을 자극할 수 있으며, 타겟에 다가가거나 쳐다보는 등의 작은 행동에도 보상을 제공하여 자연스럽게 탐색을 유도한다.

② 접촉 유도

2단계는 타겟에 대한 **접촉을 유도하는 단계이다**. 동물이 타겟을 향해 다가가는 행동을 보이면 이를 즉각 강화한다. 코를 가까이 대거나 냄새를 맡는 행동, 앞발로 건드리는 행동 등 다양한 접촉 방식이 포함되며, 이 모든 상호작용은 긍정적으로 보상한다. 이때 보상은 행동 직후 제공되어야 하며, 클릭 소리나 칭찬과 같은 명확한 보상 신호와 함께 이루어져야 한다.

③ 행동 강화

3단계는 행동 강화를 통해 동물이 **타겟에 자발적으로 접근하고 상호작용하는 빈도를 증가시키는 것이다**. 훈련 환경은 편안하고 자극이 적은 곳에서 시작하여 동물이 반복적으로 타겟을 접촉할 수 있도록 한다. 처음에는 모든 접촉 행동에 보상을 제공하고, 이후에는 보상의 간격을 점차 늘린다. 또한, 타겟을 향한 행동의 지속 시간도 점차 늘려가며 도전적인 조건에서도 행동이 유지되도록 훈련한다. 이 단계에서 훈련자는 다양한 위치와 조건에서 타겟 행동을 유지할 수 있도록 환경을 변화시켜야 한다.

④ 신호 추가

4단계는 학습된 **타겟 행동에 신호를 추가하는 단계이다**. 훈련자는 간단한 구두 명령어나 손동작 같은 시각적 신호를 선택해 타겟 행동 직전에 제시하고, 신호에 따라 행동이 이루어졌을 때만 보상을 제공한다. 이렇게 하면 동물은 신호와 행동을 연결짓게 되며, 자발적 행동과 구분하여 신호에 반응하는 능력을 학습하게 된다. 신호가 안정적으로 자리 잡으면 타겟 없이도 신호만으로 행동을 수행하도록 훈련을 진행하고, 실내외 등 다양한 환경에서 일관되게 반응하도록 확장한다. 이후에는 보상의 빈도를 줄이고 보상 방법을 다양화해, 동물이 신호 자체를 긍정적 자극으로 인식할 수 있도록 한다.

이와 같은 타겟팅 훈련 절차는 행동 형성의 핵심 기술 중 하나로, 단순한 접촉 행동에서 시작하여 신호에 반응하는 수준까지 훈련을 확장할 수 있다. 각 단계는 동물의 학습 속도에 맞추어 유연하게 조정되며, 훈련자의 관찰력과 일관성이 성공적인 타겟팅 훈련의 핵심 요소가 된다.

3 다양한 동물 훈련에 타겟팅 활용

(1) 반려견 훈련에서 타겟팅 활용 사례

반려견 훈련에서 타겟팅은 특정 행동을 가르치는 효과적인 방법으로, 반려견의 학습 능력을 키우고 훈련자와의 유대감을 강화하는 데 매우 유용하다. 타겟팅을 활용한 훈련 방안은 단순한 위치 이동부터 특정 물건 사용, 복잡한 퍼포먼스 행동까지 다양하게 적용할 수 있다.

① 특정 위치로 이동 훈련

반려견이 훈련자의 지시에 따라 **특정 장소로 이동하게 하는 훈련**으로, 외출 전이나 특정 상황에서 **지정된 휴식 장소나 대기 장소로 유도하는 데 매우 유용**하다. 이 훈련을 통해 반려견은 지시에 따라 안정된 공간에서 기다리거나 휴식하는 습관을 기를 수 있다.

- 훈련 방법

- **타겟 위치 설정**: 반려견이 쉽게 접근할 수 있는 장소에 침대나 하우스(타겟)를 배치하고, 훈련자가 그곳으로 안내하며 반려견이 타겟에 익숙해지도록 한다.
- **명령어와 타겟 연결**: "침대"나 "하우스"와 같은 구두 명령어를 주면서 반려견을 타겟 위치로 이동시키고, 반려견이 타겟에 도달했을 때 보상을 제공하여 명령어와 타겟 위치의 연관성을 형성한다.
- **대기 훈련 강화**: 반려견이 타겟 위치에 도달하여 앉거나 누워 머무르는 동안에도 간식이나 칭찬을 통해 긍정적인 경험을 쌓도록 한다. 점차 타겟에서 대기하는 시간을 늘려가며 훈련을 반복한다.
- **자율성 높이기**: 반복 학습을 통해 훈련자가 구두 명령어만 주어도 반려견이 자율적으로 타겟 위치로 이동할 수 있도록 한다.

② 물체 접촉 훈련

반려견이 특정 물건을 **코나 발로 접촉**하게 하여, 버튼 누르기, 장난감 작동, 벨 누르기 등 다양한 행동을 학습하게 한다. 이 훈련은 반려견이 환경과 상호작용하면서 간단한 작업을 수행할 수 있도록 돕고, **반려견의 자율성과 응답성을 높이는 데 효과적**이다.

- 훈련 방법

- **타겟 버튼 제시**: 반려견이 쉽게 접근할 수 있는 버튼이나 장난감에 타겟을 지정하고, 반려견이 코나 발로 터치할 때마다 간식을 제공하여 물체에 대한 긍정적인 반응을 형성한다.
- **특정 물체 접촉 유도**: 반려견이 버튼을 누르거나 장난감을 작동시키면 보상을 주어, 물

체를 접촉하는 행동이 보상과 연결되도록 한다. 이를 통해 반려견은 물체 접촉 행동에 흥미를 느끼게 된다.

- **상황과 행동 연결**: 벨이나 버튼을 특정 상황과 연결하여 훈련한다. 예를 들어, 벨을 누르면 문이 열리거나 벨 소리가 울리는 상황을 만들어, 반려견이 벨을 눌러 사람을 부르는 행동을 학습하게 한다.
- **구두 신호 추가**: 훈련이 안정되면 "벨 눌러"와 같은 구두 신호를 추가하여, 훈련자의 지시에 따라 반려견이 원하는 상황에 맞춰 행동을 수행하도록 유도한다.

③ 장난감 및 물건 가져오기 훈련

반려견이 **타겟으로 지정된 장난감이나 물건을 입으로 물고 훈련자에게 가져오도록 훈련**하여, 간단한 물건 전달이나 정리에 도움을 줄 수 있다. 이 훈련은 반려견이 놀이와 함께 **협동적인 행동을 학습**하며, 자율성과 책임감을 높이는 데 효과적이다.

- 훈련 방법

- **타겟 물건 지정**: 반려견이 관심을 가질 만한 장난감이나 물건을 타겟으로 지정하고, 훈련자가 그 물건을 가리키거나 특정 구두 신호(예 "가져와")를 사용해 타겟을 명확히 알려준다.
- **물기 및 가져오기 유도**: 반려견이 타겟 물건을 입으로 물었을 때 간식이나 칭찬을 제공하여 물기 행동을 강화한다. 그 후, 반려견이 물건을 훈련자에게 가져오도록 유도하며, 물건을 전달할 때마다 보상을 제공한다.
- **정리 장소 지정**: 놀이 후 장난감을 정리하는 습관을 들이기 위해 지정된 상자를 타겟으로 설정하고, 반려견이 타겟 상자에 물건을 넣을 때마다 보상을 제공하여 정리 행동을 강화한다.
- **반복 학습**: 반려견이 스스로 장난감을 가져와 정리할 수 있도록 반복 훈련하며, 필요에 따라 "정리해" 같은 구두 신호와 연결해 지속적으로 수행하게 한다.

④ 신호에 따른 움직임 훈련(어질리티)

움직이는 타겟을 통해 반려견이 복잡한 코스를 따라 달리거나 장애물을 넘는 행동을 학습하게 하여, 반려견의 **운동 능력과 반응성을 향상**시키는 훈련에 적합하다. 어질리티 훈련은 반려견의 에너지를 발산하고, 몸의 유연성과 협동 능력을 증진시키는 데 매우 효과적이다.

- **훈련 방법**

- **타겟 위치 설정:** 훈련자는 반려견이 쉽게 따라갈 수 있도록 타겟을 눈에 잘 띄는 장애물 뒤나 점프 지점 근처에 위치시켜, 반려견이 코스를 이해하고 인식할 수 있도록 한다.
- **기본 장애물 훈련:** 타겟을 이용해 반려견이 간단한 장애물을 넘거나 통과하도록 유도하며, 점프나 터널 통과 같은 어질리티 기초 동작을 학습하게 한다. 반려견이 장애물을 넘을 때마다 보상을 제공하여 행동을 강화한다.
- **타겟 이동:** 장애물이나 코스를 따라 타겟을 점진적으로 이동시키며 반려견이 타겟을 따라 움직이도록 유도한다. 점차 난이도를 높여 여러 장애물을 순서대로 넘거나, 터널을 통과하게 한다.
- **구두 신호 및 손짓 추가:** "점프!"나 "통과!" 같은 구두 신호를 함께 사용하여, 훈련자의 지시와 타겟이 반려견의 움직임과 일치하도록 한다. 이 과정에서 반려견의 반응성과 집중력을 강화할 수 있다.

⑤ 문 여닫기 및 전등 켜기 훈련

반려견이 타겟 버튼을 사용해 문을 열거나 전등을 켜고 끄는 동작을 학습하여, 자립적인 행동을 수행하도록 돕는다. 이 훈련은 반려견이 주변 환경과 독립적으로 상호작용할 수 있게 하여, 반려견의 자율성과 문제 해결 능력을 높이는 데 효과적이다.

- **훈련 방법**

- **타겟 버튼 설정:** 반려견이 쉽게 누를 수 있는 스위치나 버튼을 타겟으로 설정하고, 반려견이 코나 발로 버튼을 터치할 때마다 보상을 주어 타겟에 대한 흥미를 유도한다.
- **전등 켜기 훈련:** 벽에 있는 전등 스위치나 낮은 위치의 버튼을 타겟으로 삼아, 반려견이 버튼을 누를 때마다 전등이 켜지거나 꺼지게 하여 전등 조작에 대한 상호작용을 강화한다.
- **문 여닫기 훈련:** 가벼운 문이나 도어 핸들을 타겟으로 사용하여, 반려견이 손잡이를 밀거나 당기면 문이 열리거나 닫히도록 유도한다. 문을 열거나 닫는 행동이 성공할 때마다 간식을 주어 동작을 강화한다.
- **구두 명령어와 연결:** '전등 켜', '문 열어' 등의 명령어를 추가하여, 반려견이 특정 구두 신호에 맞춰 행동을 수행하도록 훈련한다. 타겟 버튼과 명령어가 반려견의 행동과 일

치되도록 지속적인 반복 훈련을 한다.

⑥ 몸 움직임 신호 학습 – 스핀(돌아)

타겟을 따라 원형으로 돌며 '스핀' 동작을 학습하게 하여, 반려견이 재미있는 동작을 통해 **유연성과 운동 능력**을 키울 수 있도록 돕는다. 이 훈련은 반려견의 집중력과 지시 수행 능력을 향상시키며, 공연이나 퍼포먼스에서도 활용할 수 있는 다채로운 동작을 가르치는 데 유용하다.

- 훈련 방법

▪ **타겟 원형 움직임:** 훈련자가 반려견의 눈높이에 맞춰 타겟을 천천히 원형으로 움직인다. 반려견이 타겟을 따라 몸을 돌기 시작하면 간식을 주어 동작을 강화한다.

▪ **반복과 보상 제공:** 반려견이 타겟을 따라 돌면서 원형으로 몸을 회전할 때마다 보상을 제공하여, 타겟을 따라 원형으로 도는 행동이 즐겁다는 인식을 심어준다.

▪ **구두 신호 추가:** 반려견이 타겟을 따라 자연스럽게 도는 행동에 익숙해지면 "스핀"이라는 구두 신호를 추가하여, 신호와 행동이 연결되도록 반복 훈련을 한다.

▪ **타겟 제거 연습:** 반려견이 "스핀" 신호만으로도 스스로 원형 동작을 할 수 있도록 타겟 없이도 반복 훈련하며, 구두 신호에 반응하는 능력을 기른다.

⑦ 점프 훈련

반려견이 **타겟을 따라 점프하는 동작을 학습**하게 하여, 운동 능력과 민첩성을 기르고 다양한 놀이 및 퍼포먼스에서 활발한 동작을 수행할 수 있도록 돕는다. 점프 훈련은 반려견의 **근력과 반사 신경을 향상**시키는 데 유용하다.

- 훈련 방법

▪ **타겟 위치 조정:** 반려견의 시선보다 약간 높은 곳에 타겟을 배치하여, 반려견이 타겟에 도달하기 위해 점프하도록 유도한다.

▪ **점프 유도와 보상:** 반려견이 타겟을 향해 점프하면 간식을 주어 행동을 강화한다. 이때, 점프에 성공할 때마다 보상을 제공하여 점프 동작이 긍정적인 경험이 되도록 한다.

▪ **높이 조절:** 반려견이 낮은 점프에 익숙해지면 타겟 위치를 점차 높여 점프 높이를 높여가며, 반려견의 운동 능력을 단계적으로 향상시킨다.

▪ **구두 신호 추가:** "점프!"와 같은 구두 신호를 사용하여, 신호와 점프 동작이 연결되도록

훈련을 반복한다. 점차 타겟을 제거하고 신호만으로 점프를 수행할 수 있도록 한다.

⑧ 신체 검진과 관리에 활용(발, 코 접촉)

타겟팅을 통해 반려견이 **특정 신체 부위를 훈련자에게 자발적으로 내밀거나 보여주도록 학습**하게 하여, 신체 검진이나 관리가 필요할 때 반려견의 협조를 이끌어낸다. 이 훈련은 발톱 손질, 입 주변 검진 등과 같은 관리 과정에서 **반려견의 스트레스를 줄이고, 신체 검진을 보다 편안하게 진행**하는 데 효과적이다.

- 훈련 방법

- **발 타겟팅 훈련**: 반려견에게 타겟을 제시하여 앞발을 타겟에 올리도록 유도하고, 성공할 때마다 간식으로 보상을 주어 발을 내미는 행동을 강화한다. 반복적으로 훈련하여, 반려견이 발톱 손질 시 자발적으로 발을 내밀도록 한다.
- **코 타겟팅 훈련**: 코 타겟을 통해 반려견이 코를 타겟에 갖다 대도록 유도한다. 코 타겟에 익숙해지면, 입 주변을 점검할 수 있도록 타겟을 가까운 위치에 두어 반려견이 자연스럽게 얼굴을 내밀게 한다.
- **신체 검진과 타겟 연결**: 발이나 코 타겟팅 행동이 안정되면, 발톱 손질, 입 주변 확인 등 검진 상황과 연결하여 훈련자가 타겟을 제시할 때 반려견이 자발적으로 필요한 부위를 내밀도록 유도한다.
- **구두 신호 추가**: '발 보여줘'나 '코 보여줘' 같은 구두 신호를 함께 사용하여, 반려견이 신호에 따라 검진에 필요한 부위를 내밀도록 한다.

⑨ 문 앞 대기 및 방문 손님 알리기

반려견이 문 앞에 대기하거나 방문객이 왔을 때 **타겟을 눌러 훈련자에게 알리는 행동을 학습**하게 하여, 방문 상황에서 효과적인 신호 역할을 수행할 수 있게 한다. 이 훈련은 반려견이 단순한 행동을 넘어 **실생활에서 유용**한 역할을 맡도록 돕고, 반려견의 경계심과 주의력을 활용하여 훈련자의 요구에 반응하도록 훈련하는 데 효과적이다.

- 훈련 방법

- **타겟 위치 설정**: 문 근처에 타겟을 배치하여, 반려견이 문 앞에서 대기하는 행동을 연습할 수 있도록 한다. 훈련자가 타겟을 지시할 때마다 반려견이 타겟 근처에서 대기하도록 유도한다.

- **대기 행동 강화**: 문 앞에 머무르거나 방문객이 나타났을 때 타겟 위치에서 반려견이 대기하도록 보상을 주어, 문 앞에서 기다리는 행동이 강화되도록 한다.
- **타겟 버튼 활용**: 방문 손님이 벨을 누르거나 문을 두드릴 때 반려견이 타겟 버튼을 누르도록 훈련한다. 방문자의 신호 소리에 반려견이 반응하여 타겟 버튼을 눌러 훈련자에게 알리는 동작을 학습할 수 있다.
- **구두 신호 추가**: "기다려" 또는 "알려줘" 같은 구두 명령어를 추가하여, 반려견이 훈련자의 지시에 따라 방문 상황에서 적절한 행동을 취하도록 한다.

(2) 고양이 훈련에서의 타겟팅 활용

고양이 훈련에서의 타겟팅은 고양이의 성향을 반영해, 놀이와 독립적인 행동을 유도하는 다양한 방식으로 활용할 수 있다. 아래는 고양이의 독특한 행동을 학습시키기 위해 타겟팅을 적용할 수 있는 새로운 활용 방안들이다.

① 고양이 스크래처 활용 훈련

고양이가 타겟을 따라 **스크래처에 발톱을 갈도록 유도**하여, 스크래처에서 자연스럽게 스크래칭을 하도록 학습시킨다. 이 훈련은 고양이의 발톱 갈기 욕구를 충족시키면서, 가구나 벽을 긁는 행동을 스크래처로 대체하게 하는 데 효과적이다.

- 훈련 방법

- **초기 단계**: 스크래처 위에 타겟을 놓고, 고양이가 타겟에 흥미를 보이거나 발을 올릴 때마다 보상을 제공한다.
- **강화 단계**: 고양이가 스크래처에 발톱을 갈기 시작하면, 즉시 보상을 주어 긍정적인 강화가 이루어지도록 한다.
- **유도 단계**: 타겟을 다양한 위치에 두면서 스크래처의 다른 부분에서도 발톱을 가는 행동을 학습하게 한다.
- **자연스러운 스크래칭 유도**: 타겟을 제거해도 고양이가 스크래처에서 자발적으로 발톱을 가는 행동을 반복하도록 유도한다.

② 종이 상자에 들어가기

고양이가 **특정 상자에 들어가 편안하게 쉴 수 있는 공간으로 인식**하게 하여, 스스로 숨거나 안정감을 느낄 수 있는 장소를 마련해 준다. 이 훈련은 고양이가 스트레스를 받을 때 숨거나 휴식할 수 있는 공간을 제공하며, 고양이의 심리적 안정에 기여한다.

- 훈련 방법

  - **타겟 상자 배치**: 상자를 바닥에 놓고, 고양이가 호기심을 보이거나 들어가려는 행동을 할 때마다 간식을 제공하여 긍정적인 인식을 형성한다.
  - **보상 제공**: 고양이가 상자에 들어가거나 상자 근처에 있을 때 보상을 주어, 상자가 즐거운 경험을 제공하는 곳임을 학습하게 한다.
  - **유도 요소 추가**: 상자 내부에 고양이가 좋아하는 장난감이나 부드러운 담요를 넣어 고양이가 자발적으로 상자에 들어가도록 유도한다. 상자를 고양이의 선호하는 환경에 맞춰 따뜻하고 편안한 장소로 만든다.
  - **타겟 제거 후 반복 학습**: 타겟이 없이도 고양이가 상자에 들어가고 머무는 행동을 반복하도록 보상 간격을 줄여가며 자연스럽게 습관화한다.

③ '낮은 장애물 넘기' 놀이 훈련

고양이가 **낮은 장애물을 점프하도록 유도하여, 운동 능력과 민첩성**을 기르고 놀이를 통해 에너지를 발산하도록 돕는다. 이 훈련은 고양이가 스스로 즐기면서 다양한 움직임을 익힐 수 있게 하여, 활동적인 놀이 시간을 제공한다.

- 훈련 방법

  - **타겟을 활용한 유도**: 낮은 장애물 너머에 타겟을 두어 고양이가 타겟을 보고 장애물을 넘도록 유도한다.
  - **보상 제공**: 고양이가 장애물을 넘거나 장애물에 발을 올리지 않고 점프할 때마다 간식을 제공하여, 장애물을 넘는 행동을 강화한다.
  - **높이 조절**: 고양이가 낮은 장애물을 수월하게 넘게 되면, 점차 장애물의 높이를 조금씩 높여가며 고양이의 점프 능력을 향상시킨다.
  - **놀이형 반복 훈련**: 장애물의 위치와 높이를 다양하게 조정하며, 고양이가 새로운 장애물을 넘는 놀이를 반복할 수 있도록 한다. 이 과정에서 고양이가 스트레스 없이 편안하게 참여하도록 주의를 기울인다.

④ 신호에 따라 앉거나 다리 꼬기 훈련

타겟팅을 이용해 고양이가 **훈련자의 신호에 맞춰 앉거나 우아하게 다리를 꼬는 동작**을 학습하도록 유도한다. 이 훈련은 고양이의 주의 집중력을 높이고, 자연스러운 자세와 우아한 포즈를 통해 고양이의 신체적 아름다움을 표현할 수 있게 한다.

- 훈련 방법

▪ 앉기 유도: 타겟을 고양이의 시선보다 낮게 위치시켜, 고양이가 타겟을 따라 시선을 내리며 자연스럽게 앉도록 유도한다. 고양이가 앉는 자세를 취하면 보상을 제공하여 앉는 행동을 강화한다.

▪ 다리 꼬기 유도: 한쪽 다리를 살짝 들어 올리는 자세를 유도하기 위해 타겟을 다리 근처에 배치하고, 고양이가 다리를 꼬는 듯한 자세를 취할 때 보상을 준다. 다리를 꼬는 행동이 자연스러워질 수 있도록 타겟 위치를 조금씩 조정하면서, 고양이가 다양한 각도로 다리를 올리거나 꼬는 행동을 하게 한다.

▪ 명령어와 신호 추가: 고양이가 앉거나 다리 꼬기 자세를 반복하면서, "앉아" 또는 "다리 꼬기" 같은 구두 신호와 손동작을 추가하여 신호와 행동을 연결시킨다.

▪ 반복 연습: 고양이가 신호만으로도 앉거나 다리 꼬는 동작을 하도록 반복 연습하며, 각 자세에 익숙해질 때까지 보상을 줄이고 점진적으로 자연스럽게 행동하도록 유도한다.

⑤ 간단한 퍼즐 풀기 훈련

고양이가 **타겟을 움직여 퍼즐을 풀고 보상을 얻도록 하여, 문제 해결 능력과 지적 자극**을 제공한다. 이 훈련은 고양이의 호기심을 자극하며, 놀이를 통해 사고력과 집중력을 기르는 데 도움이 된다.

- 훈련 방법

▪ 퍼즐 상자 준비: 보상이 들어 있는 간단한 퍼즐 상자를 준비하고, 상자 안에 고양이가 좋아하는 간식이나 장난감을 숨겨둔다.

▪ 타겟 위치 설정: 고양이가 퍼즐을 풀기 위해 움직여야 할 타겟을 퍼즐 상자 위에 놓고, 고양이가 타겟을 발로 터치하거나 밀 때 보상을 제공하여 타겟에 대한 흥미를 유도한다.

▪ 퍼즐 풀기 유도: 고양이가 타겟을 움직여 퍼즐을 열거나, 특정 위치로 타겟을 밀어서 문제를 해결하도록 유도한다. 고양이가 스스로 해결하려는 행동을 보이면 보상을 제공

하여 긍정적으로 강화한다.

- **난이도 조절**: 고양이가 퍼즐에 익숙해지면, 타겟을 다른 위치에 두거나 퍼즐의 난이도를 조금씩 높여가며 고양이가 스스로 해결할 수 있도록 유도한다.

(3) 행동 수정 시 타켓팅 활용 방안

① 특정 장소 어지럽히기 행동 개선

반려견이 특정 장소를 반복적으로 어지럽히거나, 물건을 물어뜯고 긁는 행동을 보이는 경우는 여러 요인에서 기인할 수 있다. 이 행동은 단순히 반려견의 본능적인 놀이 욕구를 충족시키려는 행위일 수도 있지만, 심리적 스트레스, 에너지 과잉, 심심함, 또는 주인의 관심을 끌기 위한 행동일 가능성도 있다.

● 훈련 방법

- **타겟 설정**: 반려견이 차분히 머무를 수 있는 물건이나 장소를 타겟으로 설정한다. 예를 들어, 반려견의 침대, 장난감, 매트 등을 타겟으로 선택한다. 타겟은 반려견이 편안함을 느낄 수 있는 곳이어야 하며, 반려견이 쉽게 접근할 수 있어야 한다.
- **타겟 소개**: 반려견이 어지럽히는 행동을 보이기 전에 타겟을 눈에 띄게 제시하여 주의를 끈다. 예를 들어, 장난감을 흔들거나 침대를 가리키며 반려견의 시선을 타겟으로 유도한다.
- **타겟 이동 강화**: 반려견이 타겟(예 침대)으로 이동하면 즉시 간식이나 칭찬을 제공한다. 타겟에 다가가거나 타겟 근처에 머무르는 행동에 대해 반복적으로 보상을 주어, 타겟 장소에서의 긍정적인 경험을 강화한다.
- **차분히 머무르기**: 반려견이 타겟 장소에 도달한 후, 일정 시간 차분히 머무를 때마다 보상을 제공한다. 처음에는 짧게 머무르는 것만으로도 보상을 주고, 점차 머무는 시간을 늘려 나간다.
- **반복 훈련**: 타겟으로 이동하고 머무르는 행동을 반복적으로 연습하여, 반려견이 어지럽히는 행동 대신 타겟 장소로 이동해 머무르는 것을 자연스럽게 선택하도록 만든다. 훈련 세션은 짧고 집중적으로 구성하며, 반려견이 지루해하지 않도록 적절한 휴식 시간을 포함한다.

② 방문객을 향해 뛰어오르는 행동 개선

방문객이 올 때마다 반려견이 흥분하여 뛰어오르는 행동을 보이는 경우가 많다. 이 행동은 방문객에게 놀람이나 불편함을 줄 수 있으며, 특히 어린아이, 노인, 동물을 두려워하는 사람들에게 부정적인 경험을 제공할 가능성이 높다. 이러한 행동은 반려견이 과도한 흥분 상태를 해소하려는 본능적 반응일 수 있지만, 적절히 제어하지 않으면 반복적인 습관으로 굳어질 수 있다. 또한, 반려견이 뛰어오르는 과정에서 넘어뜨리거나 발톱으로 긁는 사고가 발생할 위험도 있다. 이 문제는 단순히 행동을 억제하기보다, 대체 행동을 가르쳐 흥분 상태를 관리할 수 있도록 교정하는 것이 중요하다.

- 훈련 방법

- **타겟 설정**: 반려견이 방문객이 도착했을 때 차분히 기다릴 수 있는 장소(예 방석, 매트, 특정 구역)를 타겟으로 설정한다. 타겟은 반려견이 편안함을 느낄 수 있는 물리적 공간이어야 하며, 방문객과 적당한 거리를 유지할 수 있는 위치에 배치한다.
- **타겟 훈련**: 먼저 방석이나 매트에 반려견을 보내는 기본 훈련을 진행한다. 반려견이 타겟 위에 앉거나 눕는 행동을 보일 때 즉시 간식이나 칭찬을 제공하여, 타겟 장소가 긍정적이고 안전한 공간임을 학습하도록 한다. 반려견이 타겟에 머무르는 시간이 늘어날수록 보상을 제공하며, 점진적으로 머무는 시간을 확장한다.
- **방문 상황과 연결**: 훈련을 실제 상황에 적용하기 위해 방문객이 도착하는 상황을 재현한다. 초인종 소리를 녹음하거나 문을 두드리는 행동을 포함시켜, 방문객 도착과 타겟 이동이 연결되도록 한다. 반려견이 초인종 소리나 방문객의 도착 신호를 듣고 타겟 장소로 이동할 때마다 보상을 제공한다.
- **차분한 대기 강화**: 반려견이 타겟 장소에서 차분히 대기하고 있는 동안 보상을 제공한다. 방문객이 문을 열고 집 안으로 들어올 때까지도 반려견이 타겟에서 움직이지 않는다면 추가 보상을 주어 차분한 행동을 강화한다. 만약 반려견이 흥분하여 타겟을 벗어나려 하면, 행동을 무시하고 반려견이 다시 타겟으로 돌아갔을 때만 보상을 제공한다.
- **반복 학습**: 반복적인 상황 연습을 통해 방문객이 올 때마다 반려견이 타겟 장소로 이동하고 머무르는 행동을 자연스럽게 선택하도록 만든다. 세션은 짧고 집중적으로 구성하며, 방문객의 역할을 바꿔가며 다양한 상황에 적용하도록 한다.

③ 다른 동물에게 공격성 보이기 개선

반려견이 산책 중 다른 동물을 마주쳤을 때 짖거나 으르렁거리는 등 공격적인 반응을 보이는 행동은 주로 두려움, 불안, 과도한 흥분, 또는 사회화 부족에서 비롯된다. 이러한 행동은 동물 간의 충돌로 이어질 수 있으며, 반려견 주인에게도 스트레스를 준다. 특히, 공격적 반응은 다른 반려동물이나 주위 사람들에게 위험을 초래할 수 있다. 이런 행동은 시간이 지남에 따라 강화될 수 있으며, 적절히 교정되지 않으면 반려견이 특정 상황에서 점점 더 공격적인 태도를 보이게 된다. 따라서 공격적인 행동을 대체할 긍정적이고 차분한 행동을 유도하는 것이 중요하다.

- 훈련 방법

- **타겟 설정**: 반려견이 다른 동물을 마주쳤을 때 집중할 수 있는 목표물(예 훈련자의 손, 특정 장난감, 또는 휴대용 타겟 스틱)을 설정한다. 타겟은 반려견이 신뢰하고 안전하게 느낄 수 있는 대상이어야 하며, 훈련 중 쉽게 사용할 수 있어야 한다.
- **타겟 훈련**: 반려견이 평소 상황에서 타겟(예 손이나 장난감)에 코를 대거나 따라가는 행동을 학습하도록 한다. 타겟과 상호작용할 때 간식이나 칭찬을 제공하여, 타겟이 긍정적인 경험과 연결되도록 한다. 반복적인 훈련을 통해 반려견이 타겟과의 상호작용에 익숙해지도록 한다.
- **점진적 노출과 연습**: 안전한 거리에서 다른 동물을 노출시키는 훈련을 진행한다. 이때, 반려견이 흥분하거나 공격적인 반응을 보이기 전, 타겟을 제시하여 주의를 전환시킨다. 처음에는 다른 동물이 멀리 있는 상태에서 시작해, 반려견이 타겟에 집중할 때마다 보상을 제공한다. 점차 다른 동물과의 거리를 줄이며, 반려견이 타겟에 집중하는 시간을 늘려간다.
- **차분한 행동 강화**: 반려견이 다른 동물을 마주쳤을 때 타겟에 집중하며 차분한 상태를 유지하면, 간식이나 칭찬을 제공하여 보상을 강화한다. 반려견이 공격적 반응을 보일 경우 즉시 훈련을 중단하고 거리를 늘려, 반려견이 다시 차분해질 때까지 기다린다. 차분한 상태가 유지될수록 점진적으로 보상의 빈도와 강도를 조정한다.
- **반복 학습**: 다양한 상황에서 훈련을 반복하여, 반려견이 타겟에 집중하는 행동을 자연스럽게 선택하도록 만든다. 훈련 강도를 조절하며, 반려견이 특정 동물(예 고양이, 다른 반려견)을 만나는 상황에서도 타겟팅 행동을 일관되게 유지하도록 연습한다.
- **거리 조절**: 다른 동물과의 거리를 적절히 조절하며, 반려견이 흥분하지 않고 타겟에 집

중할 수 있을 정도의 거리에서부터 훈련을 시작한다. 반려견이 안정된 반응을 보이면 점차 거리를 좁히며 훈련을 이어간다.

④ 과도한 짖음 행동 개선

반려견이 특정 자극(예 초인종 소리, 방문객, 다른 동물, 또는 외부 소음)에 반응해 과도하게 짖는 행동을 보이는 경우가 많다. 이러한 행동은 반려견의 흥분 상태, 불안, 경계심, 또는 주인의 관심을 끌기 위한 행동일 수 있다. 과도한 짖음은 주변 이웃에게 소음 피해를 주거나, 주인에게 스트레스를 유발하며, 반려견 자신도 과도한 스트레스로 인해 심리적 안정을 잃을 수 있다. 이 문제를 해결하려면 반려견이 짖는 원인을 분석하고, 대체 행동을 유도하여 과도한 짖음을 줄이는 훈련이 필요하다.

- 훈련 방법
  - **타겟 설정:** 반려견이 짖음을 멈추고 차분히 집중할 수 있는 구체적인 타겟(예 장난감, 손, 방석, 특정 위치)을 설정한다. 타겟은 반려견이 신뢰할 수 있는 물건이나 장소로, 짖는 원인(예 초인종)과 적당한 거리를 유지할 수 있어야 한다.
  - **타겟 훈련:** 먼저 평소 상황에서 반려견이 타겟에 다가가거나 머무르는 행동을 강화한다. 타겟에 관심을 보일 때마다 간식이나 칭찬을 제공하여, 타겟과의 상호작용이 긍정적인 경험으로 연결되도록 한다. 반려견이 타겟에서 차분히 앉거나 머무르는 행동을 자연스럽게 반복하도록 연습한다.
  - **자극 상황 연습:** 초인종 소리나 방문객 등장 등 짖음 행동을 유발하는 자극을 통제된 환경에서 재현한다. 초인종이 울리거나 방문객이 등장하기 전, 타겟을 제시하여 반려견이 짖기 전에 타겟으로 이동하도록 유도한다. 반려견이 타겟으로 이동하고 짖지 않을 때 즉시 간식이나 칭찬을 제공하여, 타겟에 머무는 행동이 강화되도록 한다.
  - **차분한 행동 강화:** 반려견이 타겟에 머물며 조용히 있을 때 간식, 칭찬, 쓰다듬기 등으로 보상을 제공한다. 반려견이 흥분하거나 짖음을 보이면 타겟 훈련을 잠시 멈추고, 반려견이 차분해질 때까지 기다린다. 차분한 상태가 유지될수록 보상을 강화하며, 점차 자극에 대한 반응이 감소되도록 유도한다.
  - **반복 학습:** 다양한 자극 상황에서 훈련을 반복하여, 반려견이 타겟 장소에서 조용히 머무는 행동을 자연스럽게 선택하도록 만든다. 반려견이 익숙해질수록 자극의 강도를 점진적으로 늘리며, 다양한 상황에 대처할 수 있도록 훈련을 강화한다.

타겟팅을 통한 행동 수정의 장점

- **긍정적인 대체 행동 제공**: 동물이 문제행동을 보일 때, 단순히 행동을 멈추게 하는 것이 아니라 대체할 수 있는 긍정적인 행동을 가르친다.
- **동물의 스트레스 감소**: 문제행동을 억제하는 대신 자연스럽게 다른 행동을 제시하므로, 동물이 스트레스를 덜 받으며 변화에 적응할 수 있다.
- **훈련자와의 상호작용 강화**: 타겟팅을 통해 훈련자와의 관계가 강화되어, 동물이 신뢰를 바탕으로 새로운 행동을 쉽게 받아들인다.

타겟팅은 동물이 상황에 맞는 행동을 학습하도록 도우며, 다양한 문제행동을 긍정적으로 개선하는 데 효과적인 훈련 도구로 활용될 수 있다.

4 타겟팅의 장단점 및 비교 분석

(1) 타겟팅의 장점

① 명확한 행동 유도

타겟팅은 동물에게 구체적인 목표를 제공함으로써, **행동의 방향성을 분명히 제시**해 준다. 시각적으로 뚜렷한 타겟(예 손, 스틱, 특정 물체)을 통해 동물은 혼란 없이 행동을 수행할 수 있으며, 학습 속도도 빠르다. 예를 들어, 반려견에게 침대나 방석으로 이동하는 행동을 가르칠 때 타겟을 활용하면 이동 경로가 명확해져 단순 명령보다 더 효과적인 학습이 가능하다.

② 동물의 자발성 강화

타겟팅은 동물이 자발적으로 타겟에 반응하며 **내재적인 동기를 형성**하게 돕는다. 훈련자가 행동을 강요하지 않고 **자연스럽게 타겟과 상호작용**하게 하기 때문에 스트레스가 줄고, 학습에 대한 긍정적인 경험이 형성된다. 예를 들어, 코끼리 발 관리 훈련에서 발을 내밀도록 타겟으로 유도하면 동물이 스스로 협조하는 행동을 보인다.

③ 복잡한 행동 학습에 적합

타겟팅은 행동을 작은 단계로 나누어 **점진적으로 학습**하게 하므로, **복잡한 행동 형성**에 매우 효과적이다. 예를 들어, 장애물을 넘는 행동을 훈련할 때 타겟의 위치를 조금씩 높이며 점차적인 학습을 유도할 수 있다.

④ 다양한 동물 종에 활용 가능

타겟팅은 반려견이나 반려묘뿐 아니라 **동물원 동물, 해양 포유류, 조류 등 다양한 종의 동물들에게 적용 가능**하다. 이는 조작적 조건화 실험이나 동물 행동 연구 등 학문적 목적으로도 활용된다. 예를 들어, 돌고래에게 특정 신호에 반응하여 수면 위로 뛰어오르는 행동을 가르칠 때 타겟이 사용된다.

⑤ 행동 수정에 활용 가능

타겟팅은 문제행동을 직접 억제하기보다, **대체 가능한 긍정적 행동을 유도하는 방식**으로 행동을 변화시킨다. 예를 들어, 초인종 소리에 반려견이 짖는 행동을 줄이고자 할 때, 초인종 소리와 동시에 방석으로 이동하는 행동을 타겟팅을 통해 강화하면 문제행동을 자연스럽게 줄일 수 있다.

(2) 타겟팅 시 발생가능한 문제점

① 훈련 초기 단계의 어려움

일부 동물은 타겟에 대한 흥미를 보이지 않거나, 타겟의 의미를 이해하지 못해 훈련 초기 단계에서 반응을 유도하기 어려울 수 있다. 이로 인해 학습 속도가 느려질 수 있으며, 훈련자에게 인내심이 요구된다. 이를 극복하기 위해 타겟에 간식 냄새를 묻히거나 장난감처럼 흥미로운 요소를 더해 관심을 유도하고, 차징 과정을 통해 타겟을 긍정적인 경험과 연결시킨 수 있다.

② 타겟 의존성

타겟에 과도하게 의존하게 되면, 타겟이 없을 때 행동을 수행하지 않는 문제가 발생할 수 있다. 이는 타겟을 지시 신호와 결합하는 과정이 생략되거나 충분히 반복되지 않았을 때 자주 나타난다. 이를 방지하기 위해 타겟 사용을 점진적으로 줄이고, 구두 명령어나 손동작과 같은 신호를 병행하여 행동을 유도하도록 해야 한다.

③ 훈련자의 기술 요구

타겟팅 훈련은 보상의 정확한 타이밍, 타겟 위치의 조정, 동물의 미세한 행동 변화를 관찰하는 능력 등 훈련자의 기술이 중요하다. 숙련도가 낮을 경우 동물이 혼란을 느끼거나 잘못된 행동이 강화될 위험이 있다. 따라서 훈련자는 타겟팅 기법의 원리를 충분히 이해하고, 훈련 전 연습을 통해 타이밍과 신호 사용에 익숙해져야 한다.

④ 훈련 시간의 한계

복잡한 행동을 타겟팅으로 훈련할 경우, 행동을 세분화하여 각 단계를 반복해야 하므로 시간이 많이 소요될 수 있다. 특히 훈련 동물의 집중 시간이 짧은 경우 더 많은 세션이 필요하다. 이러한 점을 고려하여 세션을 짧고 집중적으로 구성하고, 각 단계별 목표를 명확히 설정하는 것이 효율적인 진행에 도움이 된다.

(3) 타겟팅과 루어링의 비교 분석

타겟팅(Targeting)**은 훈련자가 특정 목표물(예 손가락, 막대기, 공 등)을 제시하여 동물이 이를 향해 움직이거나 접촉하도록 유도하는 훈련 방식**이다. 동물은 이 목표물을 따라가면서 훈련자의 의도를 자연스럽게 이해하고 행동으로 옮기게 된다. 타겟팅은 특히 시각적으로 명확한 목표를 제시하기 때문에, 동물은 혼란 없이 행동을 수행할 수 있으며, 복잡한 행동을 단계적으로 학습시키는 데 매우 효과적이다. 예를 들어, 타겟 스틱을 따라 이동하거나 특정 위치에 머무르는 행동을 유도하는 데 활용할 수 있다. 하지만 타겟에 지나치게 의존하는 경우, 타겟이 사라지면 행동을 수행하지 않으려는 문제가 발생할 수 있기 때문에, 훈련자는 타겟 없이도 행동이 이어지도록 신호 전환과 일반화 과정을 병행해야 한다.

반면, **루어링**(Luring)**은 보상 자체(예 간식, 장난감 등)를 눈앞에 제시하여 동물이 그 보상을 따라 움직이도록 유도하는 훈련 방식**이다. 동물이 즉각적으로 반응하기 때문에 기본적인 행동(앉기, 엎드리기, 따라오기 등)을 빠르게 가르칠 수 있으며, 훈련 초기 단계에서 매우 효과적이다. 그러나 보상을 직접적으로 제시하기 때문에, 동물이 보상이 없을 경우 행동을 하지 않으려는 의존성이 발생할 수 있다. 또한, 복잡한 행동을 세분화하거나 응용하기에는 한계가 있으며, 보상이 항상 시야에 있어야 한다는 점에서 훈련 범위가 제한된다.

기법	타겟팅	루어링
특징	타겟을 제시하여 행동을 유도	보상을 사용해 특정 위치나 동작으로 유도
장점	명확한 목표 제공, 다양한 행동 유도 가능, 복잡한 행동에도 효과적	빠른 학습, 즉각적인 반응 유도, 간단한 동작 훈련에 유리
단점	타겟 의존성, 일부 동물은 타겟에 익숙해지는 데 시간이 필요함	보상 의존성, 복잡한 행동 훈련에 제한적
예시	손가락이나 물체를 타겟으로 사용하여 이동을 유도	간식으로 유도하여 앉기, 특정 방향으로 이동하기

5 타겟팅 사용 시 주의사항

(1) 타겟팅에서 발생할 수 있는 문제와 해결 방안

타겟팅 훈련 중에는 동물이 타겟에 반응하지 않거나 훈련 진행에 어려움을 겪는 경우가 발생할 수 있다. 이러한 문제를 미리 이해하고, 적절한 해결 방안을 적용함으로써 훈련의 성공률을 높일 수 있다.

① 타겟에 대한 관심 부족

동물이 타겟에 흥미를 보이지 않거나 무관심한 경우, 타겟팅 훈련을 진행하기 어렵다. 이로 인해 훈련자가 원하는 목표 행동을 유도하기가 어려워질 수 있다.

- 해결 방안 제시
  - **타겟 변경:** 동물이 좋아하거나 흥미를 가질 만한 물건으로 타겟을 변경한다. 예를 들이, 동물이 자주 가지고 노는 장난감, 특유의 냄새가 나는 물건, 또는 색상이 눈에 띄는 물건을 타겟으로 사용하면 흥미를 유도하는 데 효과적일 수 있다.
  - **긍정적 경험 제공:** 타겟에 대한 긍정적인 경험을 지속적으로 제공한다. 타겟을 바라보거나 타겟에 다가가기만 해도 간식이나 칭찬을 제공하여, 동물이 타겟을 흥미롭고 긍정적인 대상으로 인식하도록 한다. 타겟과의 작은 상호작용에도 보상을 제공해 동물이 타겟을 자연스럽게 주목하게 한다.

- **단계적 흥미 유도:** 타겟을 처음에는 동물의 가까운 곳에 두어 접근을 쉽게 한 후, 점차 거리를 넓히며 흥미를 유도한다. 타겟을 향해 한 발자국씩 다가가거나, 타겟과 시선을 마주치는 등 작은 상호작용마다 보상을 주어 타겟과의 관계를 긍정적으로 강화한다.

② 타겟에 대한 과도한 의존

동물이 타겟에 지나치게 의존해 타겟이 없으면 행동을 하지 않으려는 경향이 생길 수 있다. 이는 훈련의 유연성을 제한하며, 상황에 따라 타겟 없이도 행동을 수행할 수 있도록 하는 데 방해가 된다.

- 해결 방안 제시

- **타겟 단계적 제거:** 훈련이 진행됨에 따라 타겟의 크기나 눈에 띄는 정도를 점차 줄여간다. 타겟을 작게 만들거나, 색을 덜 눈에 띄는 색상으로 바꾸는 등 점진적으로 타겟에 대한 의존을 줄인다. 마지막 단계에서는 타겟을 완전히 제거해도 동물이 행동을 지속할 수 있도록 한다.
- **신호와 결합:** 타겟을 사용한 행동이 충분히 강화되면, 구두 신호(예 "앉아", "손")나 손 동작과 같은 추가 신호와 함께 행동을 연습한다. 구두 신호나 손동작과 타겟을 함께 사용해 훈련한 후, 점차 타겟을 줄이고 훈련자의 신호에만 의존하여 행동을 수행할 수 있도록 유도한다. 이렇게 하면, 타겟 없이도 훈련자의 지시에 따라 행동을 이어갈 수 있게 된다.

③ 타겟을 향해 뛰거나 과도한 반응을 보임

동물이 타겟에 대해 지나치게 흥분하거나 빠르게 반응해 통제하기 어려운 상태가 될 수 있다. 과도한 흥분은 훈련의 효과를 떨어뜨리고, 목표 행동을 정확하게 학습하는 데 방해가 될 수 있다.

- 해결 방안 제시

- **차분한 상호작용 강화:** 동물이 타겟에 차분하게 접근하거나 조용히 반응할 때만 보상을 제공하여, 차분한 상태에서의 행동을 강화한다. 예를 들어, 동물이 천천히 타겟에 다가가거나 타겟에 가만히 집중할 때만 간식과 칭찬을 제공해, 흥분하지 않고도 타겟을 다룰 수 있도록 유도한다.
- **타겟과의 거리 조절:** 처음에는 타겟을 멀리 두어 동물이 점진적으로 차분히 접근하도

록 한다. 훈련을 통해 동물이 타겟에 대한 흥분을 줄여가면서 가까이 다가갈 수 있도록 거리를 조절해 나간다. 이렇게 하면 동물은 점차 차분하게 타겟을 향해 다가가는 법을 배우게 된다.

- **짧은 훈련 세션:** 과도한 흥분을 방지하기 위해 훈련 세션을 짧고 집중적으로 운영하고, 그 사이에 충분한 휴식 시간을 제공한다. 훈련 시간을 짧게 유지하여 동물이 흥분을 진정시키는 시간을 갖게 하고, 차분하게 행동을 반복 학습할 수 있도록 한다.

④ 타겟을 무는 행동

동물이 타겟을 보거나 따라가기보다는 물어버리는 경우, 타겟의 본래 목적에 맞지 않게 사용되어 훈련이 방해될 수 있다. 타겟을 물거나 장난감처럼 여기는 경우, 원하는 행동을 유도하기 어려워질 수 있다.

- 해결 방안 제시

- **물기 어려운 타겟 사용:** 타겟을 동물이 물기 어렵거나 덜 흥미롭게 느끼는 형태로 변경한다. 예를 들어, 막대기 끝부분이나 부드러운 공과 같은 물기 어려운 재질의 타겟을 사용하여, 동물이 타겟을 무는 대신 바라보거나 따라가도록 유도한다. 타겟의 질감이나 크기를 조절하여 물고 싶다는 충동을 줄일 수 있다.
- **타겟과 물기 행동 분리 훈련:** 동물이 타겟을 물려고 할 때는 무시하고, 타겟을 따라가거나 가볍게 터치할 때만 보상을 제공하여 행동을 구분한다. 동물이 타겟을 무는 것에 대한 관심을 잃고, 대신 따라가거나 터치하는 행동을 강화한다. 타겟에 관심을 가지는 동안 물지 않도록 유도하고, 정확한 행동이 보일 때만 긍정적인 강화(보상)를 제공한다.

⑤ 타겟에 대한 혼란이나 공포감

동물이 타겟에 대해 불안하거나 공포감을 느끼는 경우, 타겟과 상호작용하려 하지 않거나 훈련 자체를 거부할 수 있다. 타겟을 무서워하면 훈련이 제대로 진행되지 않으며, 스트레스와 거부 반응을 보일 수 있다.

- 해결 방안 제시

- **부드러운 소개:** 타겟을 서두르지 않고 천천히 소개하여, 동물이 타겟과 익숙해질 시간을 충분히 제공한다. 처음에는 타겟을 동물의 안전 거리 내에 두고 관찰하게 하며, 타겟에 대한 호기심을 유도한다. 타겟을 급하게 다가오게 하지 않고, 동물이 스스로 타겟

에 다가가도록 유도한다.

- **긍정적인 경험 축적**: 동물이 타겟을 멀리서 바라보거나 천천히 다가갈 때마다 보상을 제공해, 타겟이 긍정적인 경험과 연결되도록 한다. 타겟과의 거리를 천천히 줄여가면서, 타겟에 대한 공포 대신 편안함과 호기심을 느낄 수 있도록 한다. 긍정적인 경험이 쌓이면서 동물은 타겟을 안전한 대상으로 인식하게 된다.
- **타겟 디자인 변경**: 타겟의 색상, 크기, 질감 등을 조정하여 동물이 불안해하지 않는 형태로 변경한다. 예를 들어, 작은 크기나 부드러운 색상의 타겟을 사용하거나, 반짝이는 소재 대신 무광택의 재질로 바꾸는 등 타겟의 외형을 조정해 공포감을 줄인다. 동물이 편안해하는 타겟을 선택함으로써 타겟과의 상호작용을 더 쉽게 시작할 수 있다.

연습문제

1. 타겟팅 훈련에서 사용되는 도구로 적절한 것을 모두 고르시오.

A. 타겟 스틱

B. 발판

C. 훈련자의 손

D. 캔넬

2. 타겟 스틱을 활용한 타겟팅 훈련의 주요 목적은 무엇인가?

A. 동물을 억지로 움직이게 하는 것

B. 동물이 목표물을 따라 움직이게 하는 것

C. 동물이 목표물을 무는 행동을 하도록 하는 것

D. 목표물을 보고 멈추게 하는 것

3. 타겟팅의 첫 번째 단계에서 무엇을 해야 하는지 고르시오.

A. 동물에게 목표물을 던진다.

B. 동물이 목표물에 관심을 보일 때까지 기다린다.

C. 목표물에 특정한 소리를 추가한다.

D. 동물을 목표물로 억지로 끌고 간다.

4. 타겟팅 훈련에서 '포스트잇'을 사용하는 이유는 무엇인가?

A. 목표물을 가리기 위해

B. 동물이 특정 위치를 터치하도록 훈련하기 위해

C. 목표물의 크기를 확대하기 위해

D. 훈련 중 동물을 혼란스럽게 하기 위해

5. 타겟팅 훈련에서 목표물은 어떤 역할을 하는지 고르시오.

A. 동물이 피해야 할 물체

B. 동물이 접촉하거나 이동하도록 유도하는 지점

C. 동물이 불안감을 느끼게 하는 도구

D. 훈련자가 멀리서 관찰하는 도구

1. A, B, C, D / 2. B / 3. B / 4. B / 5. B

연습문제

6. 타겟팅의 주요 장점 중 하나는 무엇인가?

A. 동물의 자발적 행동 유도

B. 훈련 속도의 감소

C. 행동의 단순화

D. 훈련자의 부담 증가

7. 타겟팅 훈련은 어떤 동물들에게 사용될 수 있는지 고르시오.

A. 개와 고양이만

B. 말과 새만

C. 모든 동물

D. 수족관의 동물에만

8. 타겟팅 훈련에서 동물이 특정 행동을 배울 때, 무조건적인 강화 요소는 무엇인가?

A. 목표물의 위치

B. 훈련자의 목소리 톤

C. 즉각적인 보상

D. 훈련 환경의 색상

9. 타겟팅 훈련에서 사용하는 보상의 종류는 무엇인가?

A. 간식

B. 칭찬

C. 장난감

D. 모두 해당

10. 타겟팅의 응용 사례로 가장 적합하지 않은 동작은 무엇인가?

A. 전등 스위치 켜기

B. 짖기

C. 어질리티 훈련

D. 장애물 넘기

6. A / 7. C / 8. C / 9. D / 10. B

11. 타겟팅 훈련이 동물에게 주는 효과는 무엇인가?

A. 스트레스를 줄이고 학습 동기 부여

B. 행동의 복잡성 증가

C. 신체적 활동 감소

D. 훈련 속도 저하

12. 타겟팅 훈련에서 '거리 확장'은 무엇을 의미하는가?

A. 훈련 장소를 장거리로 이동하는 것

B. 목표물과 동물 사이의 거리를 점차 늘리는 것

C. 더 큰 타겟을 사용하는 것

D. 훈련 시간을 늘리는 것

13. 클리커 트레이닝이 복잡한 행동을 학습하는 데 유용한 이유는 무엇인가?

A. 동물이 스스로 행동을 선택하도록 하기 때문

B. 훈련자가 행동을 강제로 유도하기 때문

C. 목표물의 크기가 크기 때문

D. 보상을 사용하지 않기 때문

11. A / 12. B / 13. A

토론하기

1. 타겟팅 훈련에서 포스트잇, 타겟 스틱, 손과 같은 다양한 타겟 도구 중에서 가장 효과적인 도구는 무엇인지 비교하고 논의하시오.

2. 타겟팅 훈련을 통해 동물이 자연스럽게 배울 수 있는 행동의 예를 세 가지 이상 들고, 그 행동을 강화하는 과정을 단계별로 토론하시오.

3. 타겟팅을 이용한 복잡한 행동 학습의 원리를 설명하고, 이를 통해 실제로 가르칠 수 있는 고급 행동의 예를 설명하시오.

4. 타겟팅 훈련이 의료 관리와 동물 복지에 어떤 기여를 할 수 있는지 구체적인 사례와 함께 토론하시오.

5. 타겟팅 훈련에서 훈련 환경의 중요성을 설명하고, 효과적인 훈련 환경을 조성하기 위한 방법을 토론하시오.

6. 타겟팅 훈련 전 준비해야 할 사항과 훈련자가 유의해야 할 점에 대해 논의하시오.

CHAPTER

09

쉐이핑(shaping)

CHAPTER 09

쉐이핑(shaping)

학습목표

- 쉐이핑의 정의와 목적을 이해하고, 이를 통해 행동 형성과정에서의 학습 원리를 설명할 수 있다.
- 쉐이핑의 단계별 훈련 과정을 구체적으로 익히고, 다양한 동물 훈련 및 문제행동 수정에 효과적으로 적용할 수 있다.
- 쉐이핑과 캡처링, 타겟팅, 루어링 등의 기법을 비교하여 적절한 상황에 맞게 활용할 수 있으며, 훈련 과정에서 발생할 수 있는 문제를 논리적으로 해결할 수 있다.

1 클리커 트레이닝의 개념

(1) 쉐이핑의 정의

① 쉐의핑의 개념과 정의

쉐이핑(Shaping)은 **복잡한 목표 행동을 가르칠 때, 그 행동을 여러 개의 작은 단계로 나눈 뒤 각 단계를 점진적으로 강화해가며 최종 목표에 도달하게 하는 훈련 기법**이다. '조형' 또는 '조성(造成)'이라고도 하며, 동물이 점차적으로 학습에 참여하고 능동적으로 행동을 익힐 수 있도록 돕는 방식이다. 이 기법은 **동물 훈련뿐 아니라 대부분의 학습 과정**에도 폭넓게 활용된다.

예를 들어 악기를 배울 때는 간단한 음계를 연습한 뒤 점차 복잡한 곡으로 나아가고, 수학을 배울 때도 덧셈과 뺄셈 같은 기초부터 시작해 방정식이나 미적분과 같은 고급 개념을 익히게 된다. 운전은 기본 조작법을 배우는 것에서 출발해 점점 복잡한 도로 주행으로 이어지고, 읽기나 쓰기 학습도 알파벳과 단어부터 시작해 점차 문장, 글, 에세이로 발전한다. 수영을 배울 때도 처음엔 물에 뜨는 방법과 발차기 같은 기초 기술을 익힌 후 이를 연결해 자유형을 완성하며, 외국어를 배울 때 역시 단어와 간단한 문장을 시작으로 문법과 대화를 익혀가며 자연스럽게 의사소통 능력을 갖추게 된다.

이처럼 쉐이핑은 단순한 행동보다는 여러 동작이 결합된 복잡한 행동을 가르치는 데 특히 효과적이다. 이 기법은 동물이 목표 행동을 처음부터 완전히 이해하지 못하더라도, 훈련 과정에 적극적으로 참여할 수 있도록 유도한다. 동물이 목표에 조금씩 가까워질 때마다 그 작은 변화들을 포착해 보상을 제공함으로써, 동물이 스스로 학습하고 단계적으로 행동을 완성해 갈 수 있도록 돕는 것이다.

쉐이핑을 효과적으로 진행하려면 '중간 행동'을 잘 설정하는 것이 중요하다. 훈련자는 목표 행동으로 가는 여정에서 나타나는 작은 행동 변화들을 관찰하고, 동물이 쉽게 시도할 수 있도록 여러 중간 단계를 마련한다. 예를 들어 반려견에게 링 통과를 가르친다고 할 때, 첫 단계는 단순히 링을 바라보는 것일 수 있다. 그다음은 링에 가까이 다가가는 행동, 낮게 위치한 링을 통과하는 행동, 마지막으로 제 위치에 있는 링을 완전히 통과하는 것까지 단계를 세분화할 수 있다. 이처럼 자연스럽고 세심하게 구성된 중간 행동들은 목표 행동을 이루는 데 중요한 디딤돌이 된다.

쉐이핑의 마지막 단계에서는 모든 중간 행동이 하나로 연결되며, 결국 처음 의도한 목표 행동이 완성된다. 이때부터는 중간 행동에 대해서는 더 이상 보상을 주지 않고, 완전한 목표 행동에 대해서만 보상을 제공한다. 이렇게 하면 동물은 자연스럽게 전체 행동을 하나로 수행하게 되며, 쉐이핑 과정은 성공적으로 마무리된다.

(2) 쉐이핑의 목적과 의의

쉐이핑의 목적은 단순히 목표 행동을 가르치는 것을 넘어, 복잡하고 세밀한 행동을 동물이 점진적으로 학습할 수 있도록 돕는 데 있다. 쉐이핑은 동물이 일련의 작은 단계를 통해 목표 행동으로 이동하도록 유도하며, 각각의 단계에서 성공을 경험하도록 한다. 이를 통해 동물은 단순히 행동을 모방하는 것이 아니라, 학습 과정 속에서 스스로 행동을 시도하고 조정하며 최종 목표를 향해 나아가게 된다.

① 점진적 학습

쉐이핑의 첫 번째 목적은 **점진적 학습**이다. 쉐이핑은 하나의 복잡한 행동을 여러 작은 단계로 나누어, 동물이 각 단계에서 조금씩 성공을 경험하게 한다. 동물에게 매우 어려운 복잡한 행동을 한 번에 요구하는 대신, 훈련자는 **동물이 도달할 수 있는 작은 단계로 행동을 세분화하여 학습 부담을 줄여준다**. 예를 들어, 서커스의 반려견 링 통과 훈련에서 처음부터 완벽한 링 통과를 요구하는 대신, 첫 단계로 링을 바라보거나 그 주변으로 접근하는 행동을 강화하여 훈련의 시작을 쉽게 하고, 점진적으로 다음 단계로 나아가게 한다. 이러한 접근은 동물이 점진적으로 복잡한 행동을 익히도록 돕는 효과적인 방법이다. 각 단계에서 동물이 성공을 경험하며 자신감을 얻고, 이 성공 경험이 쌓여 최종 목표 행동을 성취하는 데 큰 동기부여가 된다.

또한, 점진적 학습은 훈련 과정을 동물에게 긍정적인 경험으로 만들어 주는 중요한 역할을 한다. 작은 단계에서부터 성취를 경험함으로써 동물은 새로운 과제에 대한 스트레스를 덜 받으며, 목표 행동에 도달할 때까지 학습의 과정을 즐길 수 있다. 이 과정은 결과적으로 동물의 학습 속도를 높이고, 훈련 과정에 대한 긍정적인 태도를 형성하도록 돕는다.

② 세밀한 행동 학습

쉐이핑의 두 번째 목적은 **세밀한 행동 학습**이다. 이는 동물이 복잡한 행동을 정확히 이해하고 수행할 수 있도록, 자발적 시도와 행동 수정 과정을 통해 세부적인 행동을 학습하도록 돕는 것이다. 쉐이핑은 **작은 단계별 학습을 통해 동물이 새로운 행동을 시도하고 수정할 기회를 제공하여, 보다 정교한 행동을 터득하게 만든다**. 이를 통해 동물은 단순히 행동을 흉내 내는 것을 넘어서, 훈련자가 제시하는 각 단계를 이해하고 능동적으로 반응하게 된다.

세밀한 행동 학습은 특히 동물이 자발성과 유연성을 갖춘 학습을 하게 만드는 데 중요한 역할을 한다. 쉐이핑은 동물에게 자발적인 행동 기회를 제공함으로써, 주어진 목표 행동을 수행하는 여러 방식을 실험할 수 있도록 장려한다. 예를 들어, 반려견에게 물체를 잡아오게 하는 훈련을 진행할 때, 훈련자는 쉐이핑을 통해 반려견이 어떤 방식으로 물체에 접근하고 잡아오는지 관찰할 수 있다. 반려견은 이 과정에서 목표 행동에 도달하기 위해 여러 방식을 시도할 수 있으며, 최종적으로 효과적인 방법을 찾아내어 행동을 완성하게 된다. 이러한 학습 과정에서 동물은 목표 행동을 강압적으로 따르는 것이 아니라 스스로 결정하고 조정하는 능력을 기르게 된다.

2 조형(shaping)의 이론적 배경

쉐이핑의 이론적 배경은 행동주의 심리학의 중요한 개념 중 하나인 조작적 조건화(Operant Conditioning)에 기반하고 있다. 쉐이핑은 조작적 조건화에서 유도된 학습 원리를 응용하여, 복잡한 행동을 일련의 작은 단계로 나누고 각 단계에서 강화물을 제공함으로써 목표 행동에 점진적으로 도달할 수 있도록 한다. 이 접근법은 동물이 목표 행동을 더 쉽게 성취할 수 있도록 돕고, 목표 행동을 수행하기 위해 동물이 일련의 행동을 학습하도록 유도하는 데 효과적이다.

(1) 조형(shaping)과 조작적 조건화

조작적 조건화에서 조형(shaping) 기법은 동물에게 복잡한 행동을 빠르고 효과적으로 학습시키는 데 매우 중요한 역할을 한다. 조작적 조건화는 동물이 특정 행동을 수행하고 그에 대한 결과로 보상을 받는 과정을 통해 학습이 이루어지도록 하는 원리를 기반으로 하며, 쉐이핑은 이 과정에서 행동을 단계별로 세분화하여 목표 행동을 완성하는 데 중점을 둔다. 이러한 쉐이핑 기법을 통해 동물은 점차 목표 행동에 다가가며, 복잡한 행동을 보다 쉽게 익히게 된다.

스키너의 조작적 조건화 실험에서는 쉐이핑 기법이 동물 학습에 얼마나 효과적인지를 잘 보여준다. 스키너는 상자 안에 있는 쥐가 특정한 행동을 통해 보상을 얻도록 훈련하는 실험을 진행했는데, 실험 초기에는 목표 행동인 레버 누르기를 쥐가 이해하지 못했기 때문에, 스키너는 이 목표 행동을 단계별로 나누어 진행했다. 첫 단계에서는 쥐가 레버 근처를 바라보기만 해도 보상을 주었다. 이후 다음 단계에서는 쥐가 레버 가까이 다가가는 행동을 했을 때 보상을 제공했고, 이후에는 쥐가 레버에 접촉하는 행동을 할 때만 보상을 주었다. 마지막 단계에서는 쥐가 레버를 눌렀을 때 보상을 제공하여, 목표 행동인 레버 누르기까지 자연스럽게 유도했다. 이러한 방식으로 쥐는 점진적으로 목표 행동을 학습하게 되었으며, 보상을 통해 레버를 누르는 행동이 강화되었다.

이 과정에서 **스키너는 쉐이핑 기법을 활용하여 쥐가 한 번에 복잡한 목표 행동을 이해하도록 강요하지 않고, 목표 행동을 작은 단계로 나누어 각 단계마다 보상을 주며 목표에 도달하도록 했다**. 덕분에 쥐는 혼란 없이 목표 행동을 향해 점진적으로 접근하게 되었고,

스키너 상자 실험은 조작적 조건화와 쉐이핑 기법의 효과성을 잘 보여주는 사례로 자리잡았다.

반면, 스키너 이전에 손다이크가 수행한 퍼즐 박스 실험에서는 쉐이핑 기법이 사용되지 않았기 때문에 학습 과정이 더디고 효과적이지 않았다. 손다이크는 고양이가 박스에서 탈출하기 위해 특정 레버를 당겨야 하는 목표 행동을 설정했으나, 목표 행동으로 이어지는 중간 단계에 대해 별도의 보상을 제공하지 않았다. 그 결과 고양이는 목표 행동을 수행하기 전까지 박스 안에서 스스로 행동을 탐색해야만 했고, 우연히 목표 행동을 수행해야만 보상을 얻을 수 있었다. 이러한 방식에서는 고양이가 최종 목표 행동을 완전히 이해하지 못한 채 오랜 시간이 걸릴 수밖에 없었다. 또한, 목표 행동을 끝내 알아내지 못한 고양이는 굶주림으로 인해 위험에 처할 가능성도 있었다.

스키너의 실험에서 쉐이핑 기법을 사용한 결과는 손다이크의 실험과 대조적이었다. 쉐이핑을 통해 쥐는 레버 누르기 이전에도 각 중간 행동에 대한 보상을 받았기에, 중간 단계에서 보상을 받지 못한 고양이와 달리 쥐는 점진적으로 목표 행동을 이해하며 빠르게 학습할 수 있었다. 이러한 비교를 통해 쉐이핑 기법은 동물의 학습에 효과적으로 개입하여 복잡한 목표 행동을 단계적으로 유도함으로써 동물이 보다 신속하고 안정적으로 학습할 수 있도록 돕는 강력한 훈련 기법임을 확인할 수 있다.

(2) 차별 강화와 점진적 접근

차별 강화와 점진적 접근은 쉐이핑 과정에서 핵심적인 역할을 한다. 쉐이핑 과정에서 차별적 강화가 중요하다. **차별 강화는 목표 행동에 점진적으로 접근하는 작은 변화에 대해서만 보상을 제공하고, 목표와 무관한 행동에는 보상을 주지 않는 것을 의미한다**. 이러한 방식을 통해 동물은 보상이 제공되는 특정 행동에 집중하게 되며, 목표 행동에 접근하는 각 단계에서 보상받는 경험을 통해 그 행동을 더욱 발전시킨다. 차별 강화는 동물이 목표에 점진적으로 접근하도록 유도하는 쉐이핑의 핵심 요소로, 이를 통해 동물은 주어진 목표에 집중하고 이를 향해 나아가는 방법을 학습하게 된다.

예를 들어, 반려견에게 박수 소리에 맞춰 앞발을 드는 행동을 가르치기 위해 훈련자는 쉐이핑 기법을 활용한다. 이 과정에서 중요한 원리는 차별 강화이며, 이는 훈련자가 점진적으로 기준을 높여가며 특정 행동에만 보상을 주고 나머지 행동은 무시하는 방식이다. 예를 들어, 훈련 초기에는 반려견이 어떤 반응이든 보일 수 있으나, 훈련자는 그중 박수 소리에 반응하여 앞발을 살짝 드는 행동에만 보상을 제공하고, 고개를 돌리거나 짖는 등 다른 반응에는 일절 보상하지 않는다. 시간이 지나면, 앞발을 살짝 드는 행동도 보상의 대상에서 제외되고, 앞발을 더 높이 드는 행동에만 보상을 제공한다. 이후에는 앞발을 높이 들고 유지하는 반응에 대해서만 보상을 주는 식으로 점점 강화 기준이 좁혀진다. 이처럼 훈련자는 매 단계에서 오직 목표에 더 가까운 반응만을 강화하고, 나머지는 강화하지 않음으로써 반려견이 스스로 '보상을 받는 정확한 행동'을 구별하게 만든다. 이러한 방식의 반복이 바로 차별 강화이며, 이는 쉐이핑 전 과정에서 동물이 목표 행동에 집중하고 불필요한 행동은 줄이도록 유도하는 핵심 전략이다.

이때 **점진적 접근은 동물이 목표 행동을 수행하기 위해 필요한 중간 단계를 조금씩 나아가는 방식으로 설계하는 접근법을 의미한다**. 동물이 목표에 다가가기 위한 모든 행동을 작은 단계로 나누어 강화하면서 목표 행동에 점진적으로 접근할 수 있도록 한다. 점진적 접근은 동물이 너무 큰 변화를 시도할 필요 없이, 스스로 할 수 있는 작은 단계에서부터 목표 행동으로 나아가게 한다. 이러한 점진적 접근 방식은 동물의 학습 부담을 줄여주고, 목표 행동에 대한 자신감을 키워주는 데 효과적이다.

쉐이핑에서 차별 강화와 점진적 접근은 상호 보완적인 역할을 하여, 동물이 단계별로 목표 행동에 가까워지도록 돕는 훈련 기법으로 자리 잡는다. 이 두 가지 기법을 통해 동물은 자신이 수행하는 행동의 결과를 통해 목표에 다가가는 방향성을 얻으며, 학습 과정에서 혼란을 줄이고 점진적으로 학습 목표에 도달할 수 있게 된다.

3 쉐이핑의 단계별 훈련과 장단점 분석

(1) 쉐이핑의 단계별 훈련

쉐이핑의 단계별 훈련은 동물에게 복잡한 목표 행동을 가르칠 때, 목표 행동을 작은 단계로 나누어 점진적으로 접근하는 과정이다. 이 과정은 각 단계를 설정하고, 행동을 강화하며, 최종 목표로 연결하는 일련의 단계를 포함하여 동물이 자연스럽게 목표 행동을 익히게 만든다.

① 기초 행동 관찰

훈련의 첫 단계는 동물의 **기본적인 행동을 세심하게 관찰하여, 목표 행동과 관련된 초기 반응을 파악하는 것이다**. 훈련자가 동물의 자연스러운 행동을 파악하는 과정은 동물이 목표 행동에 다가갈 수 있는 가장 기본적인 출발점을 결정하는 데 도움이 된다. 예를 들어, '장애물 넘기' 훈련을 계획하고 있다면, 동물이 장애물 근처를 바라보거나 **자연스럽게 접근하는 행동을 관찰하는 것부터 시작한다**. 이러한 기초 행동을 통해 동물의 기본 반응을 이해하고, 훈련의 첫 단계를 결정할 수 있다.

② 중간 단계 설정

두 번째 단계는 **목표 행동에 이르기까지 필요한 중간 단계를 세분화하여 설정하는 것**이다. 목표 행동이 단번에 이루어지기 어려운 복잡한 행동이라면, 이를 여러 작은 행동 단계로 나누어 동물이 하나씩 학습할 수 있도록 한다. 예를 들어, '장애물 넘기' 훈련에서 중간 단계를 설정한다면, 첫 번째 단계로 장애물 가까이 가기, 두 번째로 장애물에 발을 대기, 마지막으로 장애물을 점프하여 넘기기 등으로 세분화할 수 있다. 이처럼 **중간 단계를 설정하는 것은 동물이 부담 없이 각 단계에 집중할 수 있도록 돕는다**.

③ 각 단계별 강화

중간 단계를 설정한 후에는 **각 단계에서 동물이 목표 행동에 가까워질 때마다 강화를 제공하는 과정이 필요하다**. 동물이 첫 단계의 행동을 성공적으로 수행하면 즉시 보상을 주어 행동을 강화한다. 이후 두 번째 단계로 나아갔을 때는 첫 번째 단계에 대한 보상은 중단하고, 두 번째 단계에서만 보상을 제공하여 행동의 변화를 유도한다. 이처럼 각 단계에서 새로운 행동에 보상을 제공하는 방식으로 동물은 자신이 목표에 점차 가까워지고 있음을 인식하게 되고, 다음 단계로의 행동 변화를 스스로 시도하게 된다.

④ 최종 행동으로 연결

모든 중간 단계를 성공적으로 수행할 수 있을 때, 마지막으로 최종 목표 행동으로 각 단계를 연결하는 과정이 필요하다. 이 단계에서는 **모든 중간 행동이 자연스럽게 연속적으로 이루어질 수 있도록 유도하여, 최종 목표 행동을 완성한다**. '장애물 넘기' 훈련에서는 동물이 한 번에 장애물 근처로 가서, 발을 대고, 점프하여 넘는 일련의 행동을 연결하도록 하며, 이 최종 행동을 수행했을 때만 보상을 주어 훈련을 마무리한다. 이를 통해 동물은 중간 단계를 넘어서 최종 목표 행동을 명확하게 이해하고 수행하게 된다.

쉐이핑의 단계별 훈련은 각 단계를 세심하게 계획하고 보상을 통해 동물을 목표로 유도하는 방식으로 이루어진다. 이 과정을 통해 동물은 자연스럽게 목표 행동을 익히며, 훈련자와의 긍정적인 상호작용을 경험하게 된다.

(2) 쉐이핑의 장점

① 복잡한 행동 학습에 적합

쉐이핑은 **복잡하고 정교한 행동을 학습시키는 데 매우 유리하다**. 목표 행동을 여러 작은 단계로 나누어 점진적으로 접근할 수 있어, 새로운 묘기나 다양한 복합 동작을 동물에게 가르칠 때 효과적이다. 예를 들어, 반려동물에게 특정 물건을 가져오거나 여러 장애물을 넘는 복잡한 동작을 가르칠 때, 쉐이핑을 통해 각 단계를 세분화하고 순차적으로 강화해 주면, 동물이 하나씩 학습하면서 목표 행동을 완성할 수 있다. 이러한 점에서 쉐이핑은 복잡한 행동을 수행하도록 돕는 데 적합한 기법이다.

② 동물의 스트레스 감소

쉐이핑은 **각 단계에서 성공 경험을 쌓아가며 학습을 진행하는 방식이기 때문에 동물의 스트레스를 최소화**할 수 있다. 동물은 작은 목표를 성공적으로 달성할 때마다 보상을 받게 되어 학습 과정에서 긍정적인 태도를 유지하고, 목표 행동에 대해 자연스럽고 즐거운 경험을 쌓는다. 이러한 점진적인 학습은 동물이 한꺼번에 부담스러운 행동을 시도하지 않아도 되도록 해주므로, 전체적인 학습 과정이 덜 스트레스받는 경험으로 바뀌게 된다. 이는 동물이 훈련을 통해 긍정적인 감정을 가지게 하여, 장기적인 행동 학습에 유리한 환경을 제공한다.

(3) 쉐이핑의 한계

① 훈련자의 숙련도 요구

쉐이핑은 각 단계를 세분화하고 적절한 순간에 보상을 제공해야 하는 등, 훈련자의 높은 숙련도를 요구한다. 성공적인 쉐이핑을 위해서는 동물이 목표에 도달하는 데 필요한 단계를 정확하게 설정하고, 보상 타이밍을 세밀히 조절해야 한다. 훈련자가 보상의 타이밍을 놓치거나 부적절한 행동에 보상을 제공하면, 동물은 혼란스러워하고 목표 행동에 도달하는 데 방해를 받을 수 있다. 따라서 훈련자의 경험과 판단이 부족할 경우, 쉐이핑이 오히려 학습에 방해가 될 수도 있다.

② 세분화 과정의 시간 소모

쉐이핑은 행동을 여러 단계로 세분화하여 학습시키는 방식이기 때문에, 시간이 오래 걸릴 수 있다는 단점이 있다. 세분화된 각 단계를 일일이 훈련하고 강화하는 데 시간이 많이 소요되며, 이로 인해 동물이 훈련 중 지루함을 느낄 위험이 있다. 따라서 훈련자는 동물의 집중력과 흥미를 유지하면서 쉐이핑을 진행할 수 있도록 신중하게 계획을 세워야 한다. 특히, 훈련 시간이 길어질수록 동물이 지루해하지 않도록 다양한 강화 방법을 활용하고, 훈련 속도를 조절하는 것이 중요하다.

요약하자면, 쉐이핑은 복잡한 행동 학습에 매우 효과적이고 동물의 스트레스를 줄일 수 있는 장점이 있지만, 훈련자의 숙련도와 세심한 단계 설정이 필수적이며, 세분화로 인한 시간 소모가 발생할 수 있다. 이러한 한계점을 염두에 두고 훈련 계획을 세워야 쉐이핑의 효과를 최대화할 수 있다.

4 다양한 분야에서 쉐이핑 기법의 활용

쉐이핑 기법은 다양한 동물 종에 걸쳐 매우 유용하게 활용되고 있으며, 각각의 환경과 상황에 맞게 행동을 세분화하여 단계적으로 학습시키는 방식으로 동물의 협조를 이끌어 내고 목표 행동을 완성하는 데 효과적이다.

(1) 반려동물의 일상 훈련

① 엘리베이터 앞에서 대기하기

반려견이 엘리베이터를 기다릴 때 흥분하거나 움직이지 않고, 지정된 위치에서 조용히 대기할 수 있도록 훈련한다. 이 훈련은 실내 공용 공간에서의 예절 교육뿐만 아니라, 반려견의 자기조절력 향상과 외부 자극에 대한 반응 조절에 도움이 된다.

- 훈련 방법(쉐이핑 기법 적용)

- **엘리베이터 주변 환경 적응:** 반려견이 엘리베이터 앞 공간을 인식하고, 문 쪽을 바라보

거나 다가가는 행동을 보일 때 보상을 제공한다. 훈련 초기에는 엘리베이터가 없는 시간대를 활용해 조용한 환경에서 시작한다.

- **지정 위치 접근 유도**: 훈련자가 원하는 위치(예 엘리베이터 문 옆 벽면, 표시된 매트 등)에 반려견이 다가가거나 발을 올리는 행동이 나타날 때 보상을 제공한다. 이때는 자리를 정확히 지키는 것보다는 그 방향으로 이동하는 행동 자체를 강화한다.
- **정지 행동 강화**: 반려견이 지정된 위치에서 정지한 상태로 1~2초 정도 머무르면 즉시 보상을 제공한다. 이 동작을 통해 '기다리는 것'이 보상으로 연결된다는 개념을 학습시킨다.
- **앉기 혹은 엎드리기 강화**: 반려견이 지정된 위치에서 앉거나 엎드리는 행동을 보이면 강하게 보상한다. 이 자세는 대기 상태로 안정감을 유지하는 데 도움이 되며, 다음 행동으로 나아가기 전 멈춤 상태를 강화할 수 있다.
- **머무는 시간 점진적 확장**: 엘리베이터 도착 전까지 자리를 지키는 시간을 점차 늘려간다. 처음에는 몇 초 동안 대기하는 것부터 시작해, 벨 소리나 문 열림 소리에도 움직이지 않고 대기할 수 있도록 연습한다.
- **중간 행동 소거 및 상황 일반화**: 중간 행동에 대한 보상은 줄여가며, '자리를 지키고 있는 완전한 대기 행동'에만 보상한다. 다양한 시간대와 상황에서 훈련을 반복해, 실제 엘리베이터 이용 시에도 자리를 벗어나지 않고 대기할 수 있도록 일반화한다.

② 담요 위에 올라가기

반려견이 특정 담요 위에 올라가 편안하게 쉴 수 있는 공간으로 인식하게 하여, 스스로 진정하거나 휴식을 취할 수 있는 장소를 마련해 준다. 이 훈련은 반려견이 스트레스를 받을 때 조용한 공간에서 스스로 감정을 조절할 수 있도록 도우며, 반려견의 심리적 안정과 생활 습관 형성에 기여한다.

- 훈련 방법

- **행동 유도 환경 구성**: 바닥에 담요를 펼쳐 놓고, 반려견이 담요를 바라보거나 주변을 맴도는 등 가장 초기 단계의 행동을 보일 때 즉시 보상을 제공하여, 담요에 대한 긍정적인 관심을 유도한다.
- **단계적 접근 강화**: 반려견이 담요에 조금씩 가까워지거나 앞발을 올리는 등 담요와의 신체 접촉이 증가하는 중간 행동들을 포착하여 강화한다. 이때는 완전한 목표 행동이

아닌 점진적인 접근 자체가 훈련의 핵심이다.

- **목표 행동 도달**: 반려견이 전신을 담요 위에 올리고 앉거나 엎드리는 자세를 취할 때 보상을 제공한다. 이 단계에서는 담요 위에서의 '머무는 행동'이 최종 목표 행동으로 간주되며, 편안한 환경과 함께 충분한 강화를 통해 행동을 정착시킨다.
- **중간 행동 소거 및 습관화**: 반려견이 담요 위에 올라가기까지의 중간 행동(바라보기, 앞발 올리기 등)에 대해서는 점차 보상을 줄이고, 완전한 목표 행동에만 보상을 제공한다. 이를 통해 담요 위에서 스스로 머무는 행동을 자연스럽게 습관화하도록 돕는다.
- **일상 속 일반화**: 훈련이 안정되면 담요의 위치나 주변 환경을 조금씩 바꾸며 훈련을 반복하고, 여러 상황에서도 담요 위에서 쉬는 행동이 유지될 수 있도록 일반화를 시도한다. 이는 외부 자극이 많은 상황에서도 반려견이 스스로 감정을 조절할 수 있는 안전기지를 제공하는 효과를 가진다.

(2) 둔감화 기법을 활용한 훈련

① 동물병원 진료를 위한 훈련

반려견이 동물병원 진료 상황에서 긴장하거나 저항하지 않고, 보호자 및 수의사의 손길을 침착하게 받아들일 수 있도록 도와주는 훈련이다. 이 훈련은 진료 상황에서의 스트레스를 줄이고, 반려견이 낯선 환경이나 접촉에 대해 점진적으로 익숙해지도록 도와준다.

- 훈련 방법

- 진료 상황에 대한 훈련은 집이나 익숙한 환경에서부터 시작하며, 목표 행동을 작게 나누어 점진적으로 강화해 나간다.
- 진료 테이블 또는 매트에 올라가는 행동을 목표로 할 경우, 처음에는 반려견이 해당 장소를 바라보거나 근처로 다가가는 행동에 보상을 제공한다. 반려견이 그 장소에 대해 긍정적인 인식을 가질 수 있도록 유도한다.
- 점차 반려견이 발을 올리거나 몸의 일부가 닿는 행동을 보일 때 보상을 주고, 전신이 올라간 뒤에도 편안하게 앉거나 엎드리는 자세를 취하면 강화한다. 이 과정을 통해 반려견은 진료 공간 자체를 불안한 장소가 아닌, 보상이 주어지는 안전한 공간으로 인식하게 된다.
- 이후에는 사람 손에 대한 반응을 중심으로 훈련을 진행한다. 처음에는 손이 가까이

다가가는 것만으로도 보상을 제공하고, 점차 손이 몸에 닿는 행동, 짧은 터치, 길게 만지는 행동 순으로 난이도를 높인다. 귀를 살짝 만지거나 발을 잡는 것처럼 진료에서 자주 다루는 부위에 대해 순차적으로 훈련을 이어간다.

- 반려견이 가만히 있는 시간도 점차 늘려간다. 처음에는 1~2초 동안 접촉을 허용하면 보상을 제공하고, 점차 시간을 늘려가며 반려견이 움직이지 않고 진료 상황을 받아들이도록 돕는다.
- 최종적으로는 수의사 역할을 하는 사람이 청진기, 체온계 등의 도구를 가까이 대거나 짧게 접촉해보는 연습도 포함한다. 이때는 실제 진료처럼 강제하지 않고, 반려견이 자발적으로 받아들이는 행동을 유도하는 것이 중요하다.
- 중간 행동에 대한 보상은 점차 줄여가며, 조용히 서서 진료를 받는 완전한 목표 행동에 대해 일관된 보상을 제공한다. 익숙한 장소에서 훈련이 잘 정착되면, 병원 대기실이나 검진실 근처 등 실제 환경에서도 짧은 시간부터 반복적으로 연습하며 일반화를 진행한다.

② 그루밍을 위한 훈련

반려견이 빗질, 발바닥 털 손질, 발톱 다듬기, 귀 청소 등 그루밍 과정에서 불안해하지 않고 조용히 협조할 수 있도록 도와주는 훈련이다. 이 훈련은 일상적인 위생 관리뿐만 아니라, 반려견이 접촉에 대한 예민함을 줄이고 신체 손질에 익숙해지는 데 도움이 된다.

● 훈련 방법(쉐이핑 기법 적용)

- 훈련은 일상적인 놀이처럼 편안한 분위기에서 시작하며, 그루밍에 사용되는 도구와 손길에 대한 긍정적인 인식을 형성하는 것부터 출발한다.
- 처음에는 빗, 발톱깎이, 귀 세정면봉 등의 도구를 보여주기만 해도 보상을 제공하여 도구에 대한 경계심을 낮춘다. 도구를 가까이 가져가는 행동만으로도 간식을 주며, 도구와의 거리감을 좁히는 연습을 반복한다.
- 반려견이 도구에 대한 불안 반응을 보이지 않게 되면, 도구가 몸에 닿는 짧은 접촉에 대해 보상을 제공한다. 예를 들어, 브러시가 털에 살짝 닿는 정도의 자극부터 시작하여 점차 실제 빗질로 이어가되, 한 번의 브러시 후 바로 간식을 주는 식으로 점진적인 접촉 강화를 해 나간다.
- 발을 잡거나 귀를 만지는 훈련도 같은 방식으로 진행한다. 손이 발에 가까이 갈 때 보

상, 짧게 스치는 접촉에 보상, 손으로 감싸 쥐었을 때 보상 등으로 단계를 나누어 쉐이핑한다. 반려견이 발을 당기거나 귀를 피하지 않고 편안하게 두도록 유도한다.

- 이후에는 각 부위별로 조작되는 시간이나 강도를 늘려가며 훈련한다. 빗질은 한두 번에서 시작해 10초 이상으로, 발 만지기도 몇 초간 유지하도록 시간을 늘려간다. 반려견이 몸을 움직이지 않고 조용히 협조할 수 있을 때 가장 큰 보상을 제공하여 목표 행동을 명확하게 강화한다.
- 훈련이 안정되면 장소나 상황을 다양화하여 실제 미용 상황과 유사한 조건에서도 행동이 유지되도록 일반화한다. 보호자 외의 다른 사람(훈련사, 미용사)이 진행하거나, 미용실처럼 조용하지 않은 환경에서도 연습을 이어간다.

(3) 도우미견 훈련

① 물건 가져오기

도우미견이 사용자의 요청에 따라 특정 물건을 주워 전달하는 행동을 학습하도록 하여, 일상생활에서 사용자의 신체적 제약을 보완할 수 있도록 돕는다. 이 훈련은 기본적인 물건 회수 능력을 키우는 데 초점을 두며, 도우미견으로서의 역할 수행의 기초가 된다.

- 훈련 방법

- 훈련은 물건에 대한 호기심 유도부터 시작하며, 물건을 물고 전달하는 목표 행동까지를 작은 단계로 나누어 점진적으로 강화해 나간다.
- 먼저 바닥에 물건(예 수건, 리모컨, 장난감 등)을 놓고, 반려견이 물건을 바라보거나 가까이 다가가는 행동을 할 때 보상을 제공한다. 물건에 대한 긍정적인 인식을 형성하는 단계이다.
- 그다음 물건에 코를 대거나 앞발로 건드리는 행동을 유도하고, 이와 같은 신체 접촉 행동이 강화되면 점차 입으로 물건을 가볍게 무는 행동으로 넘어간다. 이때는 물건을 완전히 물지 않아도 되며, 짧게 물고 놓기만 해도 보상을 준다.
- 물건을 입으로 잡는 동작이 안정되면, 물건을 든 채로 몇 초간 유지하는 행동으로 단계를 높인다. 이후 물건을 들고 보호자 쪽으로 이동하거나 보호자의 손에 물건을 내어주는 행동이 자연스럽게 이어질 수 있도록 유도한다.
- 처음에는 반려견이 물건을 물고 보호자 쪽으로 한두 걸음 다가오는 행동만으로도 보

상하고, 점차 보호자의 손에 직접 전달하는 행동까지 연결한다. 이때 보호자는 손을 낮게 내밀어 쉽게 전달받을 수 있도록 돕는다.

- 최종적으로는 보호자의 지시에 따라 특정 물건을 찾아 주워주는 상황까지 확장할 수 있다. 지시에 반응하여 물건을 찾아가고, 물어오며, 정확한 위치에 전달하는 전체 행동을 쉐이핑 방식으로 하나씩 강화해 나간다.
- 훈련이 완성되면 다양한 물건과 장소, 사용자의 자세 변화(의자에 앉아 있을 때, 휠체어에 앉아 있을 때 등)에 따라 훈련을 일반화하며, 도우미견으로서 실생활에 필요한 기능들을 점차 확장해나간다.

② 조명 스위치 누르기

도우미견이 보호자의 요청에 따라 벽에 설치된 조명 스위치를 앞발로 눌러 불을 켜거나 끄는 행동을 익히도록 한다. 이 훈련은 정확한 위치 인식, 동작의 타이밍, 적절한 힘 조절이 필요한 행동이며, 도우미견으로서 실생활 보조 능력을 기르는 데 중요한 역할을 한다.

• 훈련 방법

- 훈련 초기에는 스위치가 있는 벽면이나 벽판 근처를 바라보거나 다가가는 행동만으로 보상을 제공한다. 반려견이 스위치라는 개체에 자연스럽게 관심을 갖도록 유도한다.
- 반려견이 스위치 쪽 벽을 코로 밀거나 앞발을 들고 벽 쪽에 접촉하는 행동이 나타날 때 보상을 제공한다. 처음에는 정확히 스위치에 닿지 않아도 되며, 벽면에 앞발을 올리는 것 자체를 강화한다.
- 반복 훈련을 통해 반려견이 앞발로 벽을 치는 행동을 확실히 익히게 되면, 스위치에 정확히 닿는 동작으로 기준을 높인다. 이때 반려견의 크기에 따라 스위치 위치를 일시적으로 낮추거나, 연습용 큰 버튼을 사용하는 것도 도움이 된다.
- 반려견이 스위치에 앞발을 댈 때 실제로 불이 켜지거나 꺼지는 반응이 나타나도록 설정해, 행동과 결과가 연결되는 경험을 만든다. 스위치를 누르는 행동이 곧 환경을 바꾸는 일이라는 점을 인식하게 한다.
- 스위치 누르기에 성공하면 즉시 보상을 제공하고, 반복적으로 연습하여 행동을 정착시킨다. 보호자가 특정 신호(예 "불", "불 켜")를 줄 경우, 반려견이 곧바로 스위치로 다가가 앞발로 누를 수 있도록 지시어와 행동을 연계한다.
- 최종적으로는 스위치의 위치를 점점 실제 높이와 환경으로 옮겨가며, 다양한 위치나

공간에서도 행동을 안정적으로 수행할 수 있도록 일반화한다. 문 옆, 복도 끝, 침대 옆 등 다양한 장소에서 훈련을 반복하며 실전 응용력을 높인다.

5 쉐이핑 사용 시 주의사항

(1) 쉐이핑에서 발생할 수 있는 문제와 해결 방안

① 단계 설정의 문제

쉐이핑은 목표 행동에 도달하기 위해 행동을 세분화하고 각 단계를 강화하는 기법이지만, 단계 간의 난이도 차이가 크거나, 동물이 이해하기 어려운 방식으로 설정되었을 경우 학습이 지연되거나 좌절, 회피 반응이 나타날 수 있다.

- **문제**: 첫 번째 단계는 너무 쉬운데, 두 번째 단계부터 갑자기 동물이 수행하기 어려운 과제로 바뀜

→ **해결**: 현재 단계와 다음 단계 사이의 난이도 차이가 크다면, 그 사이에 중간 단계를 새로 설정한다. 예를 들어, 담요 위에 올라가는 행동을 훈련할 때, 앞발을 올리는 단계와 몸 전체를 올리는 단계 사이에 '앞발과 가슴까지 올라간 상태'와 같은 세분화된 중간 단계를 추가하여 자연스럽게 연결되도록 한다.

- **문제**: 중간 단계가 빠져 있어 행동이 자연스럽게 연결되지 않음

→ **해결**: 훈련자의 관찰력을 바탕으로 동물이 보여주는 자연스러운 행동 변화를 기준으로 단계 조정을 시도한다. 미리 정한 단계에 얽매이지 않고, 개인차에 따라 적절한 중간 단계를 유연하게 설정하여 행동 흐름이 끊기지 않도록 한다.

- **문제**: 동물이 특정 단계를 반복해도 다음 단계로 넘어가지 못하고 정체되는 현상 발생

→ **해결**: 동물이 반복적으로 실패하거나 회피하는 경우에는 한두 단계 이전으로 되돌아가 성공 경험을 제공한다. 이를 통해 동물의 동기를 회복시키고, 다시 점진적으로 다음 단계로 이동할 수 있도록 유도한다. 또한 훈련 과정을 동영상으로 기록하거나 훈련일지를 활용해 어떤 단계에서 문제가 발생했는지 확인하고, 그에 맞게 훈련 계획을 조정한다.

② 반복 학습에 따른 지루함

쉐이핑 과정에서 훈련자가 세분화된 중간 단계를 지나치게 많이 설정하거나, 이미 완성된 행동임에도 계속해서 강화 자극을 주어 행동의 완성 시점을 놓치는 경우를 말한다. 이로 인해 반려동물은 행동의 기준을 혼란스러워하거나, 반복적인 강화에 지루함을 느껴 학습에 대한 집중력이 떨어질 수 있다.

- **문제**: 반려견이 정확한 위치에 앉았음에도 훈련자가 "조금 더 정확한 자세"를 유도하려 계속 기다리다 결국 보상을 놓침

→ **해결**: 훈련 전 목표 행동의 명확한 기준을 정하고, 그 기준에 도달했을 때는 더 이상의 미세 조정을 기대하지 말고 즉시 보상해야 한다. 완성된 행동 이후에는 중간 행동에 대해서는 보상을 제공하지 않아야 한다.

- **문제**: 이미 목표 행동을 성공적으로 수행했음에도 훈련자가 다음 단계를 더 끌어내려다 이전 행동조차 불안정해지는 경우

→ **해결**: 훈련자의 '조금 더 잘하게 만들고 싶다'는 욕심으로 인해 보상이 지연되지 않도록 주의한다. 훈련에서는 완벽함보다 일관성이 더 중요하다는 점을 인식하고, 동물이 확실히 익힌 행동을 먼저 안정시키는 것이 우선이다.

- **문제**: 반복적인 강화로 인해 동물이 혼란을 느끼고, 일관된 행동 대신 다양한 변형된 행동을 시도함

→ **해결**: 목표 행동이 나타난 순간 정확하게 클릭하거나 보상을 제공하고, 이후의 변형된 행동은 클릭하지 않는다. 이를 통해 목표 행동을 정확히 하면 강화가 끝난다는 개념을 동물에게 분명히 전달해야 한다. 또한, 동일한 행동을 과도하게 반복하지 않도록 훈련 세션의 길이와 반복 수를 조절하고, 몇 차례 성공 후에는 즉시 휴식하거나 다른 과제로 전환하여 지루함과 혼란을 방지한다.

(2) 쉐이핑 기법의 의의

① 대체 행동 학습

쉐이핑은 문제행동을 단순히 억제하는 것이 아니라, 그 대신 선택할 수 있는 더 바람직한 대체 행동을 단계적으로 가르치는 데 효과적이다. 예를 들어, 반려견이 가구나 신발을 물어뜯는 행동을 보일 때, 그 행동을 직접적으로 제지하기보다는, 씹을 수 있는 장난감이나

씹는 용품에 관심을 갖고 물고 노는 행동을 점진적으로 강화함으로써 문제행동을 바람직한 행동으로 전환시킬 수 있다.

훈련 초기에는 반려견이 장난감을 바라보거나 냄새를 맡는 등의 단순한 행동에 대해 보상을 제공하고, 이후에는 장난감을 입에 물거나 가지고 노는 행동만을 선택적으로 강화하여 점점 기준을 높여간다. 이러한 방식은 목표 행동을 향해 점진적으로 접근하는 쉐이핑의 전형적인 구조를 따르며, 동물이 자연스럽게 더 적절한 행동을 '선택'하게 만드는 학습 경험을 제공한다.

② 환경 내 기능적 행동 형성

쉐이핑은 동물이 새로운 환경에서 기능적이고 안정적인 행동을 형성할 수 있도록 돕는 데 유용하다. 예를 들어, 낯선 장소에서 긴장해 움직이지 않으려는 반려견에게 단순히 '편안함'을 학습시키는 둔감화 접근과 달리, 쉐이핑은 그 장소 안에서 바람직한 행동을 설계하고 형성해 나가는 것에 초점을 둔다.

예를 들어, 반려견이 새로운 공간 안으로 걸어 들어가 자리에 앉거나 누워 머무는 것을 목표로 한다면, 훈련자는 먼저 입구에 접근하는 행동부터 강화하고, 다음 단계로는 한 발짝 들어서는 행동, 공간 안에서 짧게 머무는 행동 등으로 단계를 점차 세분화하여 목표 행동을 스스로 수행할 수 있게 만든다. 이처럼 쉐이핑은 자극에 대한 둔감화를 넘어 새로운 환경 속에서 동물이 기능적으로 행동할 수 있도록 행동 자체를 구성하는 데 의의가 있다.

③ 사회적 행동 훈련

쉐이핑은 사회화 과정에서도 유용하게 활용될 수 있다. 특히 타인이나 다른 동물과의 적절한 상호작용 행동을 구체적으로 설계하고 유도하는 데 효과적이다. 예를 들어, 반려견에게 '사람을 향해 달려들지 않고 조용히 다가가 앉는 행동'을 가르치고자 할 때, 단순히 사람에 대한 긴장을 줄이기 위한 둔감화가 아니라, 구체적인 사회적 행동의 구성요소를 단계별로 강화하는 방식으로 접근한다.

훈련자는 먼저 반려견이 사람을 인식하고 바라보는 행동에 보상을 제공한 뒤, 사람에게 다가가는 단계, 일정 거리에서 멈추는 행동, 마지막으로 조용히 앉는 행동 등으로 목표 행동을 세분화하여 단계적으로 강화한다. 이처럼 쉐이핑은 사회적 맥락 속에서 동물이 보이기를 바라는 '특정 행동'을 형성해 나가는 데 적합하며, 사회화 훈련의 질을 높이는 데 기여한다.

구분	쉐이핑	체계적 둔감화
목적	새로운 행동을 단계적으로 형성하기 위함	두려움이나 불안 자극에 대한 민감도를 줄이기 위함
중심 원리	목표 행동에 가까운 반응만 선택적으로 강화	약한 자극부터 점차 노출하며 침착한 반응을 유도
단계 설정	목표 행동에 얼마나 가까운가	자극의 강도와 거리 등 불안 수준에 따라
적용 예시	반려견이 점점 더 높은 장애물을 넘도록 유도하여 훈련하는 과정	반려견이 천둥 소리에 대한 공포를 줄이기 위해 처음에는 작은 녹음된 소리부터 노출

이와 같이 쉐이핑은 단순한 자극에 대한 적응을 유도하는 둔감화 기법과 달리, 목표 행동을 명확하게 설정하고 그 행동을 이루기 위한 단계적 접근과 선택적 강화 전략을 통해 행동을 능동적으로 형성해 나간다는 점에서 훈련에 매우 중요한 의미를 갖는다.

연습문제

1. 쉐이핑(Shaping)의 정의로 올바른 것은 무엇인가?

A. 목표 행동을 단번에 가르치는 방법
B. 행동을 여러 작은 단계로 나누어 점진적으로 목표 행동을 완성하는 방법
C. 동물이 자연적으로 하는 행동만 강화하는 방법
D. 문제행동을 억제하는 벌의 사용

2. 쉐이핑의 핵심 원리 중 중요한 요소는 무엇인가?

A. 행동의 일관성
B. 목표 행동의 세부 단계 설정
C. 문제행동의 즉각적인 처벌
D. 목표 행동의 무조건적인 강화

3. 쉐이핑에서 "차별 강화"란 무엇을 의미하는가?

A. 모든 행동을 동일하게 강화하는 것
B. 바람직한 행동에만 강화를 제공하고, 나머지 행동은 무시하는 것
C. 목표 행동을 억제하기 위해 벌을 사용하는 것
D. 행동의 빈도를 기록하는 것

4. 다음 중 쉐이핑 기법이 가장 적합한 상황은 무엇인가?

A. 간단한 행동을 가르칠 때
B. 복잡하거나 다단계의 행동을 가르칠 때
C. 동물이 이미 알고 있는 행동을 강화할 때
D. 문제행동을 즉시 제거할 때

5. 쉐이핑 과정에서 중요한 '보상의 즉시성'이란 무엇을 의미하는가?

A. 보상을 계획 없이 주는 것
B. 행동이 나타난 후 즉시 보상을 제공하는 것
C. 행동과 보상 간의 시간을 길게 두는 것
D. 모든 행동에 보상을 제공하는 것

1. B / 2. B / 3. B / 4. B / 5. B

연습문제

6. 다음 중 쉐이핑의 단계별 과정을 올바르게 설명한 것은 무엇인가?

A. 목표 행동을 한 번에 가르친다.

B. 보상은 행동이 완전히 끝난 후에 제공한다.

C. 복잡한 행동은 제외한다.

D. 목표 행동에 점진적으로 접근하며 중간 단계를 강화한다.

7. 쉐이핑 기법을 사용하지 않아도 되는 상황은 무엇인가?

A. 복잡한 행동을 가르칠 때

B. 다단계의 행동을 필요로 할 때

C. 이미 학습된 행동을 반복할 때

D. 난이도 있는 새로운 행동을 가르칠 때

8. 쉐이핑(Shaping) 과정에서 '중간 단계'는 어떤 역할을 하는가?

A. 최종 목표 행동을 한 번에 도달하여 유지하는 역할

B. 최종 목표 행동에 점차 도달하도록 돕는 역할

C. 목표 행동을 무작위로 시도하게 만드는 단계

D. 보상을 사용하지 않고 행동을 유도하는 단계

9. 쉐이핑에서 보상 타이밍이 중요한 이유는 무엇인가?

A. 동물이 행동과 보상의 연관성을 명확히 이해하도록 하기 위해

B. 보상을 나중에 제공하기 위해

C. 행동과 보상을 분리하기 위해

D. 보상의 중요성을 감소시키기 위해

10. 다음 중 쉐이핑과 가장 관련이 있는 심리학적 이론은 무엇인가?

A. 고전적 조건형성

B. 조작적 조건형성

C. 인지 심리학

D. 게슈탈트 이론

6. D / 7. C / 8. B / 9. A / 10. B

11. 쉐이핑에서 "행동 확장"이란 무엇을 의미하는가?

A. 동물이 학습한 행동을 더 복잡한 행동으로 발전시키는 것

B. 학습된 행동을 줄이는 것

C. 행동을 단일 단계로 제한하는 것

D. 행동과 상관없이 보상을 주는 것

12. 쉐이핑 기법을 사용할 때, 훈련자는 무엇을 가장 먼저 해야 하는가?

A. 목표 행동을 정하고 중간 단계를 설정

B. 모든 행동에 보상을 제공

C. 행동을 무작위로 관찰

D. 복잡한 행동을 무시

13. 쉐이핑 과정에서 중간 단계를 생략하면 어떤 결과가 발생할 수 있는가?

A. 동물이 목표 행동에 도달하기 쉬워진다.

B. 행동 학습이 방해받거나 혼란을 일으킬 수 있다.

C. 목표 행동이 즉시 달성된다.

D. 보상의 효과가 증대된다.

14. 쉐이핑에서 목표 행동을 효과적으로 가르치기 위해 훈련자가 해야 할 일은?

A. 행동을 관찰하고 단계별로 세분화

B. 모든 행동에 무작위로 보상

C. 목표 행동에 이르는 과정에서 벌을 사용

D. 동물의 자연스러운 행동만 강화

15. 쉐이핑 기법에서 "점진적 접근"이란 무엇을 의미하는가?

A. 동물이 목표 행동에 도달하기 위해 작은 단계를 차례로 학습하는 것

B. 행동을 한 번에 학습하는 것

C. 모든 행동을 무작위로 강화하는 것

D. 목표 행동과 관계없는 행동을 제거하는 것

11. A / 12. A / 13. B / 14. A / 15. A

토론하기

1. 쉐이핑의 정의와 목적에 대해 설명하고, 쉐이핑이 필요한 이유를 구체적인 예시를 들어 설명하시오.

2. 조작적 조건형성과 쉐이핑의 관계를 설명하고, 스키너(B. F. Skinner) 조작적 조건화의 실험이 쉐이핑 개념 확립에 어떻게 기여했는지 논하시오.

3. 차별강화(differential reinforcement)와 점진적 접근(successive approximation)의 개념을 설명하고, 이 두 가지 원리가 쉐이핑 과정에서 어떻게 적용되는지 기술하시오.

4. 쉐이핑 과정에서의 단계별 훈련을 구체적인 사례를 들어 설명하시오. (예 반려견이 특정 행동을 학습하는 과정)

5. 쉐이핑 기법이 강화 스케줄과 행동 유지에 미치는 영향을 설명하고, 연속 강화와 부분 강화가 쉐이핑 과정에서 어떻게 사용될 수 있는지 논하시오.

6. 쉐이핑(shaping)과 체계적 둔감화(systematic desensitization)는 모두 단계적으로 진행하는 훈련 방법이다. 하지만 두 기법은 목적과 사용하는 방식이 다르다. 두 기법이 어떻게 다른지 사례를 들어 토론하시오.

CHAPTER

10

큐잉(queing)

CHAPTER **10**

큐잉(queing)

학습목표

- 큐잉의 개념과 다양한 유형(언어적, 시각적, 신체적 큐 등)을 이해하고, 각 유형의 특징을 설명할 수 있다.
- 큐잉의 단계별 훈련 절차를 설명하고, 효과적인 큐 도입과 전환 방법을 정리할 수 있다.
- 큐잉 과정에서 발생할 수 있는 문제 상황(큐의 혼동, 오사용 등)을 분석하고, 적절한 해결 전략을 제시할 수 있다.

1 큐잉의 개념

(1) 큐잉의 정의

큐잉(Cueing)은 이미 강화된 행동에 특정한 신호(큐, cue)를 부여하여, 동물이 그 신호를 인식하면 스스로 행동을 수행하도록 만드는 훈련 과정이다. 즉, 동물이 자발적으로 보여준 행동에 신호를 덧붙이고 이를 반복적으로 연결함으로써, 나중에는 신호만으로도 행동을 유도할 수 있게 되는 것이다.

큐는 훈련자가 동물에게 보내는 시각적, 청각적, 촉각적 신호일 수 있으며, 특정 행동을 일으키는 촉진 역할을 한다. 예를 들어, 개가 스스로 앉았을 때 그 순간에 "앉아"라는 말을 들려주고 보상을 제공하면, 개는 점차 "앉아"라는 소리만 듣고도 앉는 행동을 하게 된다. 이 과정에서 중요한 점은 행동과 신호가 일관성 있게 연결되어야 한다는 것이다. 신호가 매번 다르거나 타이밍이 일관되지 않으면, 동물은 어떤 신호가 어떤 행동을 뜻하는지 혼란을 느낄 수 있다.

기존의 복종 훈련은 명령어를 먼저 제시하고 그에 맞는 행동을 억지로 가르치는 방식이 많았기 때문에, 원하는 반응이 나오지 않을 경우 언어적 교정이나 신체적 처벌이 사용되기도 했다. 그러나 큐잉은 이미 자발적으로 수행된 행동에 이름을 붙이는 방식이기 때문에 불필요한 교정이나 처벌 없이도 학습이 가능하며, 보다 긍정적이고 스트레스가 적은 훈련 방법으로 평가된다.

구분	명령어 기반 훈련	클리커 트레이닝의 큐잉 훈련
학습 순서	신호(명령어) → 행동 학습	행동 학습 → 신호(큐) 부여
강화 방식	교정 및 처벌을 사용할 수도 있음	보상(간식, 칭찬)을 주로 사용함
동기의 차이	처벌을 피하기 위해 행동	보상을 얻기 위해 행동

이처럼 큐잉은 훈련자가 동물과 효과적으로 소통할 수 있게 해주는 핵심적인 훈련 기법으로, 반려견 훈련은 물론 탐지견, 도우미견, 군견, 말 훈련 등 다양한 분야에서 널리 활용된다. 체벌 없이 동물의 자연스러운 행동을 이끌어낼 수 있다는 점에서 매우 긍정적인 방법이며, 신호와 행동 사이의 명확한 연결을 통해 동물이 안정적으로 행동을 수행할 수 있도록 돕는다.

(2) 큐잉의 목적과 의의

① 강화된 행동에 이름 부여하기 → 행동 시작 신호 제공

큐잉의 가장 기본적인 목적은 **이미 강화된 행동에 이름을 붙이는 것**이다. 동물은 **특정한 신호(큐, cue)를 들으면 그 신호가 행동을 시작하라는 신호라는 것**을 배우게 된다. 신호가 주어질 때만 행동이 시작되도록 훈련함으로써, 동물은 단순히 자발적으로 행동하는 것이 아니라 훈련자의 의도에 따라 반응하게 된다.

예를 들어, 반려견이 스스로 자주 앉는 행동을 보이고, 그때마다 보상을 받아 앉는 행동이 자주 반복되기 시작했다면, 이제 훈련자는 반려견이 앉을 것 같은 타이밍에 맞춰 "앉아"라는 단어를 덧붙인다. 이 신호는 처음에는 단순히 이미 일어나는 행동에 '이름을 붙이는 것'에 불과하지만, 반복 훈련을 통해 반려견은 "앉아"라는 소리를 들을 때마다 곧이어 앉는 행동을 하게 되고, 그에 대한 보상을 경험한다. 이 과정을 여러 차례 반복하면, 반려견은 "앉아"라는 언어적 큐가 행동을 유도하는 신호라는 것을 학습하게 된다.

결국 반려견은 앉는 행동 자체를 먼저 학습하고 강화한 뒤, 그 행동에 신호가 반복적으로 연합됨으로써 훈련자의 지시에 따라 행동을 하게 되는 구조로 전환된다. 이러한 방식은 단순히 명령을 가르치는 것이 아니라, 자연스럽게 학습된 행동에 의도적으로 의미 있는 신호를 부여함으로써 정확하고 일관된 반응을 끌어내는 큐잉의 대표적인 원리다.

② 신호를 통한 행동 구별 → 행동이나 물건 구별하기

큐잉의 또 다른 중요한 목적은 동물이 **여러 행동이나 대상 사이를 구별할 수 있도록 돕는 것**이다. 신호가 단순히 행동을 시작하라는 의미를 넘어서, 어떤 행동을 해야 하는지, 어떤 물건과 상호작용해야 하는지를 명확히 알려주는 역할을 하게 된다. 이는 특히 다양한 과제를 가르칠 때, 행동 간 혼동을 줄이고 정확한 반응을 유도하는 데 핵심적인 역할을 한다.

예를 들어, 반려견에게 "앉아"와 "엎드려"라는 두 가지 행동을 가르친 경우, 각각의 행동이 명확하게 구별된 신호(언어적 큐)와 연합되어 있어야 한다. 만약 훈련자가 "엎드려"라고 말했는데 반려견이 앉는 행동을 한다면, 이는 신호의 구별이 제대로 이루어지지 않았거나, 신호와 행동 간 연합이 불분명하다는 것을 의미한다. 이럴 때 훈련자는 각 신호에 대응하는 행동을 반복적으로 명확히 강화함으로써, 신호에 따라 서로 다른 행동을 구별해서 수행할 수 있도록 조정한다.

또한, 큐잉은 행동뿐 아니라 물체나 사람, 장소 등 특정 대상과의 연결에도 사용된다. 예를 들어, "공 가져와"라는 신호는 여러 장난감 중에서 공이라는 특정 물건을 구별해서 가져오도록 유도하며, 이는 신호와 대상의 인식을 연결하는 큐잉의 확장된 형태라 할 수 있다.

이처럼 큐잉은 훈련자가 원하는 행동이나 대상을 명확히 지정하고, 혼동 없이 정확한 반응을 이끌어내기 위한 도구로 기능한다. 단순히 반응을 유도하는 것에서 나아가, 동물이 다양한 자극 속에서도 정확히 구별하고 반응할 수 있도록 학습을 체계화하는 데 중요한 의의를 가진다.

③ 불필요한 행동 방지 → 보상을 얻기 위한 반복 행동 차단

큐잉의 또 다른 중요한 기능은 **동물이 임의로 행동을 반복하며 보상을 얻으려는 시도를 차단**하고, 훈련자의 **신호가 있어야만 행동을 해야 한다는 원칙을 학습시키는 것**이다. 이는 동물 훈련에서 매우 중요한 요소로, 행동의 통제력을 높이고 학습의 정확성을 유지하는 데 핵심적인 역할을 한다.

예를 들어, 반려견이 훈련 중 보상을 얻기 위해 자발적으로 "앉기", "엎드리기", "돌기" 등 다양한 행동을 계속 시도하는 경우가 있다. 이러한 상황은 처음엔 귀엽고 적극적으로 보일 수 있지만, 훈련자가 원하지 않는 행동을 계속 강화하게 될 위험이 있다. 만약 아무 신호 없이도 원하는 행동을 계속 시도하면, 반려견은 신호 없이 행동해도 보상을 받을 수 있다고 잘못 학습할 수 있다.

이때 훈련자는 신호가 주어진 후에만 행동이 유효하며, 그 외의 행동은 무시된다는 기준을 명확히 설정해야 한다. 즉, 자발적으로 행동을 했더라도 훈련자가 큐를 주지 않은 상태라면 보상을 주지 않음으로써, "신호가 있어야 행동을 해도 된다"는 룰을 학습시키는 것이다. 이렇게 하면 동물은 보상을 얻기 위한 임의적 행동 시도는 무의미하다는 것을 깨닫고, 훈련자의 지시에 집중하게 된다.

이러한 훈련 방식은 동물에게 행동의 시작 시점을 임의로 선택하는 것이 아니라, 신호에 따라 행동해야 한다는 개념을 확립시켜, 훈련의 효율성과 정확성을 높이는 데 매우 효과적이다. 큐잉은 단지 행동을 유도하는 수단이 아니라, 행동을 적절히 제한하고 질서를 부여하는 기제로서도 중요한 의미를 지닌다.

(3) 신호(que)의 유형

큐는 동물이 훈련자의 의도를 이해하고 특정 행동을 수행할 수 있도록 돕는 다양한 형태의 신호를 의미한다. 신호는 구두적 신호, 시각적 신호, 환경적 신호, 촉각적 신호, 후각적 신호로 구분할 수 있으며, 각각은 동물에게 행동을 유도하는 방식에서 차이를 보인다.

① 구두적 신호(Verbal Cue)

구두적 신호는 **사람의 언어를 통해 음성으로 전달되는 지시 신호를 말한다**. "앉아", "기다려", "이리 와", "물어와"와 같은 말이 이에 해당한다. 훈련자가 자신의 목소리를 사용해 지시를 전달하는 이 방식은 가장 일반적이고 널리 사용되는 훈련법이다. 음성의 톤, 강세, 말하는 속도에 따라 신호의 의미가 더 분명해지거나 약화되기도 한다. 동물은 반복적인 연습을 통해 특정 단어를 특정 행동과 연결하게 되며, 신호가 일관되게 사용될수록 반응도 안정적으로 유지된다. 또한 구두적 신호는 손짓이나 몸짓 같은 비구두적 신호와 함께 사용할 경우, 학습 효과가 더욱 높아진다. 시각적 요소와 음성 신호를 동시에 제시하면 동물이 신호의 의미를 더 빠르고 쉽게 이해할 수 있기 때문이다.

다만, 훈련 대회에 참가하거나 자격증 취득을 준비할 경우, 최종 목표는 한 가지 형태의 신호만으로 행동을 유도하는 것이 중요하다. 특히 복종 훈련에서는 훈련자의 음성 신호만으로 개가 정확히 행동을 수행하는 것이 최종 단계로 간주된다.

- 구두적 신호의 특징

- 사람의 언어를 이용한 가장 일반적인 형태의 훈련 신호
- 반복을 통해 단어와 행동 간의 연관성을 학습
- 다양한 환경에서도 동일한 단어를 사용해 반응을 이끌어낼 수 있음
- 목소리의 높낮이, 억양, 감정 등을 통해 신호의 강도를 조절할 수 있음

- 구두적 신호의 예시

- "앉아" → 개가 엉덩이를 바닥에 붙이고 앉는 행동 수행
- "엎드려" → 개가 몸을 낮춰 바닥에 엎드리는 행동 수행
- "이리 와" → 개가 훈련자에게 다가오는 행동 수행
- "기다려" → 개가 움직이지 않고 자리를 유지하는 행동 수행

② 시각적 신호(Visual Cue)

시각적 신호는 **훈련자의 손짓, 몸짓, 자세, 시선 방향 등 시각적으로 인지할 수 있는 신호를 통해 동물에게 행동을 유도하는 방식이다**. 예를 들어, 손바닥을 위로 올려 들어 올리는 동작은 "앉아", 손바닥을 아래로 내리면 "엎드려", 손으로 몸 쪽을 가리키면 "이리 와"와 같은 의미로 사용될 수 있다. 시각적 신호는 거리가 있는 상황이나 소음이 많은 환경에서도 유용하게 사용되며, 청각이 예민하지 않거나 노령인 개에게도 효과적이다. 반려견은 사람의 표정과 몸짓에 매우 민감하게 반응하기 때문에, 훈련자가 의도적으로 만든 시각적 신호를 비교적 쉽게 학습하고 기억할 수 있다. 또한 시각적 신호는 구두적 신호와 병행하여 사용할 경우, 동물의 행동을 더욱 정확하게 유도할 수 있으며, 신호에 대한 이해도를 높이는 데 도움이 된다.

단, 시각적 신호는 훈련자의 신체 움직임과 구분이 어려울 수 있기 때문에, 명확하고 일관된 동작으로 사용하는 것이 중요하다. 무의식적인 손짓이나 몸 움직임이 잘못된 신호로 인식되지 않도록 주의가 필요하다.

- 시각적 신호의 특징

- 손짓, 몸짓, 눈짓 등 시각적으로 인식이 가능한 신호를 통해 전달
- 거리나 소음 환경에서도 효과적이며, 청각적 민감도가 낮은 개에게도 유리
- 신체 표현에 민감한 개들이 빠르게 반응할 수 있음
- 무의식적인 움직임이 혼동을 줄 수 있어, 신호는 항상 명확하고 일관되게 사용해야 함

- 시각적 신호의 예시

- 손바닥을 위로 들어 올리기 → "앉아"
- 손바닥을 아래로 내리기 → "엎드려"
- 손으로 몸 쪽을 가리키기 → "이리 와"
- 손바닥을 내밀고 고정하기 → "기다려"

③ 환경적 신호(Environmental Cue)

환경적 신호는 **동물 주변에 존재하는 공간, 물건, 소리, 위치, 상황 등 환경 자체가 신호의 역할을 하는 경우**를 말한다. 즉, 훈련자의 직접적인 신호 없이도 특정한 환경 조건이나 상황을 인식하고 자발적으로 행동을 수행하는 것이 환경적 신호에 해당한다. 예를 들어, 문 앞에 서 있는 상황이 '기다려야 하는 상황'이라는 것을 의미하거나, 엘리베이터 앞 매트에 올라가면 '앉아 있어야 한다'는 것을 배우는 것이 환경적 신호의 대표적인 예다. 또한, 훈련용 도구(예 콘, 터널, 매트, 테이블 등)를 보는 것만으로도 특정 행동을 유도할 수 있다.

환경적 신호는 일상생활 속 자연스러운 상황이나 공간 구조를 활용할 수 있기 때문에, 실생활 응용력이 매우 높다. 훈련자가 **별도의 신호를 주지 않더라도, 동물은 반복적인 학습을 통해 특정 장소나 상황과 특정 행동을 연결하게 된다**. 다만, 환경적 신호는 훈련자가 의도하지 않아도 동물이 스스로 신호로 해석할 수 있기 때문에, 훈련자가 환경적 조건을 잘 설계하고 관리하는 것이 중요하다. 잘못된 조건에서 우연히 형성된 행동이 고정되면, 이후 교정이 어려울 수 있다.

- 환경적 신호의 특징

- 장소, 사물, 상황, 소리 등 환경 자체가 신호로 작용
- 훈련자의 지시 없이도 동물이 특정 조건에서 자발적으로 행동을 수행
- 실생활 상황과 연결되기 때문에 응용력과 실용성이 높음
- 무의식적으로 형성된 잘못된 신호에 주의가 필요하며, 환경 조건 설계가 중요

- 환경적 신호의 예시

- 엘리베이터 앞 매트에 올라가면 자동으로 앉기
- 수건을 보면 입 닦기 자세로 준비
- 켄넬 문이 열리면 캔넬 안으로 들어가 대기
- 방석에 올라가면 엎드려 쉬기
- 문 앞에 서 있으면 '기다리기' 행동 수행

④ 촉각적 신호(Tactile Cue)

촉각적 신호는 훈련자가 **동물의 몸에 직접적인 접촉을 통해 전달하는 신호를 의미한다**. 손으로 살짝 밀거나, 눌러주거나, 특정 부위를 터치하는 등의 방식으로 동물에게 행동을 유도하며, 주로 시각이나 청각에 제한이 있거나 초기 학습 단계에서 보조 수단으로 활용된다.

촉각적 신호는 특히 청각 장애가 있는 동물, 또는 나이가 많아 인지 능력이 떨어진 동물에게 효과적이며, 동물과의 신체적 교감을 통해 신호 전달의 명확성을 높이는 데에도 도움을 준다. 또한, 강아지 훈련 초기 단계에서 자세나 위치를 알려주는 용도로 쓰이기도 하며, 도우미견 훈련에서는 사용자의 다리나 손을 살짝 터치하는 방식으로 신호를 전달받도록 훈련하는 경우도 있다. 단, 촉각적 신호는 훈련자와 동물 간의 신뢰가 충분히 형성되어 있어야 하며, 강압적이거나 갑작스러운 접촉은 동물에게 스트레스나 회피 반응을 유발할 수 있으므로, 부드럽고 예측가능한 방식으로 전달하는 것이 중요하다.

- 촉각적 신호의 특징

- 신체 접촉을 통해 전달되는 훈련 신호
- 청각이나 시각에 제한이 있는 동물에게 유용
- 초기 자세 유도, 교감 강화, 특수 훈련(도우미견 등)에서 효과적
- 부드럽고 일관된 접촉을 통해 전달되어야 하며, 불쾌한 자극이 되지 않도록 주의 필요

- 촉각적 신호의 예시

- 엉덩이를 살짝 눌러서 앉히는 자세 유도
- 앞다리를 잡아 '손' 동작 유도
- 훈련자가 무릎을 툭 치면 반려견이 주인을 바라보는 행동 수행
- 도우미견이 사용자의 손 터치에 따라 특정 행동 수행
- 몸통을 부드럽게 감싸안아 진정 상태 유도

⑤ 후각적 신호(Olfactory Cue)

후각적 신호는 **냄새를 이용해 동물에게 특정 행동을 유도하거나 특정 반응을 끌어내는 신호**를 말한다. 개와 같은 후각이 뛰어난 동물에게 특히 효과적이며, 훈련자가 의도적으로 사용한 특정 냄새에 반응하도록 학습시키는 경우가 이에 해당한다. 대표적인 예로는 탐지견 훈련에서 사용되는 마약, 폭발물, 인체 냄새, 질병 표본(코로나, 암 등)의 냄새가 있다. 후각적 신호는 훈련자가 직접 언어나 제스처로 전달하지 않아도, 동물이 냄새만으로 행동을 결정하게 만들 수 있어 비언어적이고 간접적인 신호 방식이라고 할 수 있다.

또한, 후각적 신호는 일상생활 속에서도 무의식적으로 형성될 수 있다. 예를 들어, 보호자의 특정 향수 냄새나 간식 냄새, 사용된 도구의 냄새만으로도 동물은 특정 상황을 예측하고 반응할 수 있다. 다만, 냄새는 시각이나 청각 신호에 비해 통제하기 어렵고, 주변 환경에 따라 쉽게 확산되거나 약해질 수 있기 때문에, 훈련 시에는 표준화된 조건과 정확한 표본 관리가 중요하다.

• 후각적 신호의 특징

- 냄새를 통해 동물의 행동을 유도하는 신호 방식
- 후각 능력이 뛰어난 동물(개, 쥐 등)에게 특히 효과적
- 탐지 훈련, 의료 탐지견, 수색견 훈련 등 전문 분야에서 많이 활용
- 냄새의 변질, 혼합, 환경 변화에 민감하므로 훈련 환경의 관리가 중요함

• 후각적 신호의 예시

- 마약 냄새에 반응해 앉는 탐지 행동
- 특정 암 세포 냄새에 코를 대고 머무는 행동
- 보호자의 옷 냄새를 따라 방향을 찾는 행동
- 훈련사가 놓은 표준 냄새 표본을 구별해내는 행동
- 훈련용 수건 냄새에 반응해 가져오는 행동 수행

(4) 올바른 신호(que)의 조건

① 명확성(Clearness)

- 큐는 짧고 간결해야 하며, 동물에게 혼동을 주지 않도록 일관성을 유지해야 한다.
- 예 '앉아'라는 음성 지시어는 짧은 단어로 명확하게 전달되며, 말투와 억양이 변하지 않도록 반복적으로 유지해야 한다.

큐는 동물이 쉽게 이해할 수 있도록 짧고 간결해야 하며, 혼동을 방지하기 위해 일관성을 유지해야 한다. 명확한 큐는 훈련 과정에서 동물에게 정확한 정보를 전달하며, 이를 통해 행동 학습이 더 빠르고 정확하게 이루어진다.

예를 들어, 구두적 신호인 '앉아'라는 큐는 단어 자체가 짧고 명료해야 하며, 훈련자가 큐를 전달할 때 말투와 억양을 일관되게 유지해야 한다. 만약 훈련자가 '앉아'를 다양한 톤이나 방식으로 말하면 동물은 혼란을 느껴 행동을 정확히 수행하지 못할 수 있다. 따라서 명확성은 큐 전달의 가장 기본적이고 중요한 요소이다.

② 구체성(Specificity)

- 각 큐는 특정 행동과만 연결되어야 하며, 하나의 큐가 여러 행동을 지시하지 않도록 한다.
- 예 '엎드려'와 '기다려'를 명확히 구분하여 동물이 두 행동을 혼동하지 않도록 훈련한다.

하나의 큐는 하나의 행동 또는 반응과 정확히 연결되어야 하며, 여러 행동에 모호하게 사용되어서는 안 된다. 예를 들어, "앉아"라는 신호는 오로지 앉는 행동을 의미해야 하며, 같은 신호를 엎느리는 상황이나 기다리는 행동에 혼용하면 동물은 혼란을 느끼게 된다. 큐가 구체적일수록 동물은 훈련자의 의도를 정확히 파악할 수 있고, 행동의 선택도 명확해진다.

또한 구체성은 비슷한 행동들을 구분할 때 더욱 중요해진다. "손"과 "하이파이브", "이리와"와 "옆에"처럼 행동의 차이는 작지만 의미가 다를 경우, 각각의 큐를 분명하게 구분하여 사용해야 동물이 각 행동을 정확히 인식하고 반응할 수 있다. 훈련자가 일관된 큐로 구체적인 행동을 지정하지 않으면, 동물은 큐의 의미를 추측하거나 스스로 판단하게 되며, 이는 훈련의 정확도와 신뢰도를 떨어뜨리는 원인이 된다. 따라서 하나의 큐는 항상 하나의 행동에만 대응되도록 구성하고, 새로운 행동을 가르칠 때는 반드시 새로운 큐를 부여해야 한다.

③ 적합성(Relevance)

- 큐는 훈련 상황과 동물의 능력 수준에 적합해야 한다.
- 예 초보 단계에서는 간단한 시각적 신호를 사용하고, 숙련 단계로 갈수록 음성적 신호나 환경적 신호로 유도한다.

적합한 큐는 동물이 집중할 수 있는 방향에서, 인지 가능한 방식으로 주어져야 하며, 동물의 나이, 성격, 훈련 경험, 환경 자극 등에 따라 선택적으로 조정될 필요가 있다. 예컨대, 어린 강아지에게는 부드럽고 반복적인 시각적 큐가 적합할 수 있고, 실내에서 훈련된 개가 야외 소음 속에서도 반응할 수 있으려면 보다 명확한 동작이나 환경적 단서를 활용해야 한다.

큐가 적절하지 않으면 동물은 신호를 무시하거나 다른 자극에 주의를 빼앗기기 쉽고, 훈련 자체가 비효율적으로 진행될 수 있다. 따라서 훈련자는 신호의 적절성을 항상 점검하고, 동물의 반응을 바탕으로 큐의 전달 방식과 조건을 유연하게 조절할 수 있어야 한다.

④ 일관성(Consistency)

- 같은 행동을 유도할 때 큐가 동일한 방식으로 전달되어야 한다.
- 예 '앉아'라는 큐를 항상 같은 톤과 억양으로 전달하여 동물이 혼란을 느끼지 않도록 한다.

큐는 항상 동일한 방식으로 사용되어야 하며, 하나의 행동에 대해 여러 신호를 혼용하거나, 같은 신호를 여러 행동에 사용하는 일이 없어야 한다. 일관성은 동물이 신호의 의미를 혼동하지 않고 정확히 학습하도록 돕는 핵심 조건이다.

예를 들어, "앉아"라는 신호를 어떤 날은 높은 톤으로, 또 어떤 날은 낮고 빠르게 말하거나, 때로는 "앉으세요"처럼 바꾸어 말하면, 개는 신호의 경계와 의미를 분명하게 인식하지 못하게 된다. 이렇게 되면 반응이 점점 불안정해지고, 학습 속도도 느려지게 된다.

또한, 훈련자가 손짓을 통해 시각적 큐를 사용하는 경우에도 매번 같은 방향, 같은 높이, 같은 속도로 제시해야 한다. 같은 행동을 유도하면서도 제스처가 계속 달라진다면, 동물은 어느 것이 정확한 신호인지 혼란을 느끼게 된다. 특히 여러 사람이 함께 훈련을 진행할 경우, 훈련자 간에도 큐의 형태와 사용 방식을 통일해야 한다. 훈련자의 수가 많아질수록 일관된 큐의 중요성은 더욱 커지며, 작은 변화도 동물에게는 전혀 다른 의미로 인식될 수 있다.

일관성 있는 큐는 동물에게 신뢰와 예측 가능성을 제공하며, 안정적인 행동 수행과 장기적인 학습 유지에 큰 도움이 된다. 따라서 훈련자는 큐를 사용할 때마다 항상 동일한 단어, 손동작, 타이밍을 유지하도록 주의해야 한다.

2 큐잉의 원리와 단계별 훈련

(1) 큐잉의 핵심 원리

① 행동이 먼저 학습된 후, 신호를 부여한다.

큐잉의 핵심 원리는 **동물이 이미 자발적으로 수행하고 있는 행동에 신호를 붙이는 것**이다. 기존의 복종 훈련처럼 명령을 먼저 주고 행동을 유도하는 방식이 아니라, 자연스럽게 일어난 행동에 신호를 연결함으로써 강제적인 교정 없이도 학습이 가능하다. 이 방식은 학습 속도가 빠르고, 동물이 스트레스를 덜 느끼며 긍정적인 태도로 훈련에 참여할 수 있도록 돕는다.

② 신호와 행동을 연계하여 강화한다.

큐잉에서는 단순히 신호를 부여하는 것에 그치지 않고, **신호와 행동을 명확하게 연결한 뒤 이를 즉시 강화하는 과정이 매우 중요**하다. 신호가 주어졌을 때 동물이 올바른 행동을 수행하고, 그에 대해 적절한 보상이 따라올 때, 동물은 신호의 의미를 정확히 학습하게 된다. 이러한 신호 → 행동 → 보상의 반복 구조는 동물에게 신호의 가치를 높여주고, 행동의 예측 가능성과 안정성을 높이는 데 큰 역할을 한다. 신호에 반응했을 때마다 일관되게 보상이 주어지면, 동물은 신호만으로도 자신 있게 행동을 선택하게 된다.

③ 체벌 없이 긍정적 방식으로 학습한다.

큐잉은 **강제나 체벌 없이, 동물의 자발적인 행동을 바탕으로 신호를 연결하고 강화하는 긍정적인 학습 방식**이다. 기존의 복종 훈련에서는 명령에 따르지 않으면 꾸짖거나 신체적으로 교정하는 경우가 많았지만, 큐잉은 이미 자연스럽게 일어난 행동에 이름을 붙이고, 그 행동을 신호와 연결한 뒤 보상하는 방식이기 때문에 스트레스나 저항 없이 학습이 이루어진다.

이러한 접근은 동물의 신뢰와 훈련에 대한 긍정적인 태도를 형성하는 데 매우 효과적이며, 강압적인 방식 없이도 훈련 목표를 충분히 달성할 수 있다. 또한, 신호를 주었을 때만 행동을 강화하는 차별 강화 원칙을 적용함으로써, 동물은 신호의 의미를 분명히 이해하게 되고, 불필요한 행동 반복이나 혼란 없이 안정된 반응을 보이게 된다.

① 원하는 행동을 먼저 형성하고 강화하기

큐잉 훈련의 첫 단계는 훈련자가 원하는 목표 행동을 동물이 스스로 수행하도록 유도하고, 그 **행동을 충분히 강화하는 것**이다. 신호(cue)를 붙이기 전에 해당 행동이 자발적으로 안정되게 반복되어야 하며, 그래야만 신호와 행동이 효과적으로 연합될 수 있다.

이때 사용하는 대표적인 기법은 쉐이핑(shaping), 타겟팅(targeting), 유도법(luring) 등이다. 훈련자는 동물이 목표 행동을 보이는 순간마다 즉각적인 보상을 통해 행동을 강화하고, 그 행동이 신호 없이도 자주 발생할 수 있도록 만든다. 신호보다 먼저 행동이 형성되어 있어야, 큐잉은 의미 있게 작동한다.

예를 들어, 반려견이 스스로 자주 앉는 행동을 보인다면, 그때마다 보상을 주어 '앉기' 행동을 자주 반복하도록 만든다. 또는, 손에 든 간식으로 반려견의 머리를 뒤로 유도하여 자연스럽게 앉는 자세를 유도한 뒤, 그 자세가 만들어지는 즉시 간식을 제공함으로써 앉기 행동을 형성할 수도 있다. 이와 같이 훈련자가 원하는 행동이 신호 없이도 명확하고 자주 나타나는 상태가 되어야만 다음 단계인 '신호 부여'가 가능해진다. 만약 이 단계가 충분하지 않으면, 이후 신호를 붙이더라도 행동과 신호의 연결이 불안정해지고 훈련 결과가 흐려질 수 있다. 따라서 이 단계에서는 훈련자의 정확한 타이밍과 일관된 보상이 중요하며, 목표 행동이 자연스럽고 반복적으로 나올 때까지 기초 강화 훈련을 충실히 반복하는 것이 핵심이다.

② 신호(큐)를 행동에 연결하기

목표 행동이 충분히 형성되고, 동물이 그 행동을 자발적으로 안정적으로 반복하기 시작했다면, **이제 그 행동에 신호(cue)를 부여**할 수 있다. 이 단계의 핵심은 신호가 행동보다 앞서 제시되어야 하며, 동물이 그 신호가 주어질 때만 행동을 해야 한다는 개념을 학습하게 만드는 것이다. 신호는 언어적 신호(예 "앉아"), 시각적 신호(예 손짓), 촉각 신호 등 어떤 형태든 사용 가능하지만, 항상 동일한 방식과 정확한 타이밍으로 제시되어야 한다. 행동이 일어나기 직전의 타이밍에 신호를 덧붙이면, 동물은 그 신호와 특정 행동을 연합하기 시작하고, 반복을 통해 "이 신호가 나오면 이 행동을 하면 된다"는 규칙을 학습하게 된다.

예를 들어, 반려견이 앉으려는 동작을 보일 때 "앉아"라는 신호를 함께 주고, 행동이 완료되었을 때 보상을 제공하면, 반려견은 '앉는 행동'과 '앉아'라는 신호를 연결하게 된다. 또는, 탐지견이 냄새를 찾아 멈추는 순간 "찾았어!"라는 신호를 덧붙이고 보상을 주면, 멈추는 행동과 신호가 연합되기 시작한다. 마찬가지로, 도우미견이 보호자의 옆에 자연스럽게 멈추는 행동을 자주 보일 때 "옆에"라는 신호를 붙이고 보상을 주면, 해당 위치에서의 행동이 특정 신호와 결합된다.

이 단계에서 가장 중요한 것은 신호를 주는 정확한 타이밍이다. 신호가 너무 일찍 또는 너무 늦게 제시되면, 동물은 어떤 행동과 신호가 연결되는지 혼란을 느낄 수 있다. 따라서 훈련자는 동물의 움직임을 세심하게 관찰하며, 행동 직전에 신호를 주고 행동이 완료된 즉시 보상을 제공하는 명확한 구조를 반복적으로 적용해야 한다. 이와 같은 훈련을 통해 동물은 점차 훈련자의 신호에 따라 정확한 행동을 선택하여 수행하게 되며, 이는 큐잉의 핵심 원리이자 훈련의 효율성을 결정짓는 중요한 전환점이 된다.

③ 신호에 반응한 행동만 강화하기

행동이 충분히 형성되고 신호와의 연합이 반복되어 어느 정도 연결이 이루어졌다면, 이제부터는 **신호에 반응하여 발생한 행동만을 강화**하는 단계로 넘어간다. 이 단계의 핵심은 동물이 임의로 행동했을 때는 보상을 제공하지 않고, 훈련자의 신호에 따라 행동이 일어났을 때만 보상하는 원칙을 확립하는 것이다. 훈련 초기에는 동물이 큐와 관계없이 행동을 자발적으로 반복하며 보상을 기대하는 경우가 많다. 예를 들어, "앉아"라는 신호가 없었음에도 스스로 앉는 행동을 보이며 보상을 요구할 수 있다. 그러나 이 시점에서는 자발적 행동은 무시하고, 신호가 주어진 후에만 행동이 유효하다는 기준을 명확히 세우는 것이 중요하다.

예를 들어, 반려견이 훈련자에게 앉는 행동을 자주 시도하더라도 "앉아"라는 신호가 없는 상태라면 보상하지 않고 무시한다. 반면, "앉아"라는 신호를 들은 뒤 앉는 행동을 했을 때는 즉시 보상을 제공한다. 이러한 반복을 통해 동물은 "신호가 있어야 행동하고, 그래야만 보상을 받을 수 있다"는 규칙을 학습하게 된다.

또한, 다양한 신호에 따른 행동을 훈련할 경우, 신호 간 구별력을 기르는 훈련도 함께 진행되어야 한다. 예를 들어 "앉아", "엎드려", "돌아" 등의 신호가 각각 다른 행동을 유도할 수 있도록 구분하여 보상해야 하며, 잘못된 반응이나 신호 없는 행동에는 일관되게 무반응으로 대응해야 한다. 이 단계는 행동의 정확성, 통제력, 신호에 대한 집중력을 키우는 핵심 구간이다. 신호와 무관한 임의적 행동을 강화하는 실수를 피하고, 신호에 대한 명확한 반응만 선택적으로 강화함으로써 동물은 훈련자의 지시를 기다리고 따르는 태도를 형성하게 된다.

④ 다양한 상황에서 일반화하기

신호에 반응한 행동이 일관되게 형성되었다면, 이제 그 행동이 특정 장소나 조건에만 제한되지 않고 **다양한 환경에서도 동일하게 수행될 수 있도록 일반화**하는 훈련 단계가 필요하다. 이 단계의 목적은 동물이 낯선 공간, 다양한 사람, 새로운 자극 속에서도 훈련된 신호에 안정적으로 반응하도록 만드는 것이다. 훈련 초기에는 조용한 실내나 훈련장처럼 방해요소가 적은 환경에서 훈련이 이루어지기 때문에, 동물은 한정된 상황 속에서만 행동을 잘 수행하는 경우가 많다. 하지만 실생활에서는 환경이 늘 동일하지 않기 때문에, 큐에 대한 반응을 다양한 맥락 속에서도 확장시키는 과정이 필요하다.

예를 들어, 실내에서 "앉아" 신호에 잘 반응하던 반려견이 바깥 산책길, 카페, 동물병원 등 낯선 장소에서는 집중하지 못하고 반응하지 않는 경우가 있을 수 있다. 이럴 때는 기존과 동일한 신호를 사용하되, 환경 자극의 난이도를 낮은 곳부터 시작해 점차 높여가며 훈련을 확장한다. 예를 들어, 집 앞 마당 → 조용한 공원 → 사람이 드문 거리 → 사람이 많은 장소 순으로 훈련 장소를 변화시키며 반복 학습을 통해 행동을 일반화한다.

또한, 훈련자 외의 다른 사람이 동일한 신호를 주었을 때도 동물이 반응할 수 있도록 해야 한다. "앉아"나 "기다려" 같은 신호를 다양한 목소리, 제스처, 거리 조건에서 반복하여 훈련함으로써, 신호에 대한 민감성과 반응의 일관성을 높일 수 있다. 이 단계에서는 성급한 기대보다는 단계적 확장과 반복이 중요하다. 만약 반응이 흐려진다면 이전 단계로 되돌아가 성공 경험을 쌓게 한 뒤 다시 새로운 환경에 도전하는 방식으로 진행해야 한다. 즉 일반화 단계에서는 훈련된 행동이 현실 세계에서도 안정적으로 유지되도록 전이(generalization) 시키는 과정이며, 실제 생활에서 동물과의 의사소통이 자연스럽고 신뢰롭게 이루어질 수 있도록 돕는 마지막 핵심 단계이다.

3 큐잉의 장단점 분석

(1) 큐잉의 장점

① 행동을 명확하게 구분하고 학습 속도를 높인다

큐잉은 각 행동에 고유한 신호를 부여함으로써, 동물이 다양한 행동을 명확하게 구분할 수 있도록 도와준다. **하나의 신호는 하나의 행동에만 연결되므로, 동물은 혼동 없이 훈련자의 의도를 이해하고 정확하게 반응**하게 된다.

신호와 행동이 일관되게 연결될수록 동물은 무작위적인 반응이나 추측 없이, 무엇을 해야 할지 빠르게 파악할 수 있으며, 이는 곧 학습 속도의 향상으로 이어진다. 또한 반복적으로 신호를 듣고 행동한 경험이 축적되면, 동물은 점차 적은 반복만으로도 새로운 신호에 반응하는 능력을 갖추게 된다.

② 불필요한 행동을 방지하고 명령에 행동하게 한다.

큐잉은 훈련자가 신호를 주었을 때만 행동을 강화하는 원칙에 따라, 동물이 무작위로 행동을 반복하는 것을 방지하고, 정해진 타이밍에만 행동을 수행하도록 유도한다. 이는 '차별 강화'의 원리에 기반하며, 신호가 없을 때는 보상이 주어지지 않는다는 학습을 통해 동물은 임의로 행동하지 않고, 오직 훈련자의 지시에 따라 움직이게 된다.

이 방식은 훈련자가 행동을 정밀하게 통제할 수 있게 해주며, **훈련 중 불필요한 동작이나 주의 끌기 행동을 줄이는 데 매우 효과적**이다. 특히 보상을 얻기 위해 자주 행동을 시도하거나, 훈련자를 시험하듯 반복적으로 행동하는 경향이 있는 동물에게 큐잉은 안정적인 행동 패턴을 만들어준다.

③ 행동 간 구별을 명확하게 도와준다.

큐잉은 각기 다른 행동마다 고유한 신호를 부여하기 때문에, 동물이 **서로 유사한 행동을 혼동하지 않고 정확하게 구분할 수 있도록 돕는다**. 특히 앉기, 엎드리기, 회전하기처럼 형태가 비슷하거나 연속적으로 연결되는 행동일수록, 큐를 통해 행동의 기준을 분명히 설정해주는 것이 중요하다. 신호가 명확하게 분리되어 있을수록, 동물은 "지금은 어떤 행동을 해야 하는지"를 혼란 없이 인식할 수 있으며, 이는 훈련자의 의도를 보다 정확하게 반영한 반응으로 이어진다. 큐 없이 여러 행동을 섞어서 훈련할 경우, 동물은 어떤 행동에 보상이 따랐는지 구별하지 못하고 혼란을 느끼기 쉬워진다.

④ 동물의 자발성을 유도하고 스트레스를 줄인다.

큐잉은 동물이 **스스로 선택한 행동에 신호를 부여하는 방식이기 때문에, 동물의 자발성과 참여 의욕을 높이는 데 매우 효과적이다.** 기존의 복종 훈련처럼 명령을 강제로 따르게 하는 방식이 아니므로, 훈련에 대한 부담감이나 스트레스가 크게 줄어든다.

동물이 먼저 행동을 보여주고, 훈련자가 그 행동에 신호를 덧붙여 보상을 제공하면, 동물은 "내가 선택한 행동이 옳았고, 보상을 받았다"는 긍정적인 경험을 하게 된다. 이런 방식은 동물의 학습 동기를 강화하고, 훈련에 대한 거부감 없이 즐겁게 참여할 수 있는 환경을 만든다.

(2) 큐잉의 한계

① 신호가 불명확하거나 일관되지 않으면 혼란을 유발한다.

큐잉의 효과는 신호의 명확성과 일관성에 크게 의존한다. 훈련자가 같은 행동에 서로 다른 신호를 사용하거나, 말투와 억양이 매번 달라질 경우 동물은 신호의 의미를 정확히 구분하지 못하고 혼란스러워할 수 있다. 이는 행동의 정확도를 떨어뜨리고, 훈련에 대한 신뢰감을 저하시킬 수 있다.

② 행동이 충분히 형성되지 않은 상태에서 신호를 붙이면 연결이 약해진다.

큐잉은 이미 학습된 행동에 신호를 부여하는 방식이므로, 행동이 충분히 강화되지 않은 상태에서 신호를 연결하면 신호-행동 간의 관계가 불안정해지고 학습이 지연될 수 있다. 훈련자가 조급한 마음에 신호를 먼저 부여하면, 오히려 훈련이 혼란스럽고 비효율적으로 흘러갈 수 있다.

③ 신호 없이도 행동을 반복하려는 경향이 생기면 구분이 어려워진다.

동물이 보상을 기대하며 신호 없이 행동을 반복할 경우, 신호에만 반응하는 습관이 무너지고, 훈련자가 원하는 타이밍과 상관없이 행동이 나타날 수 있다. 이 경우, 신호와 행동 사이의 연결이 약해지고 차별 강화의 원리가 제대로 작동하지 않게 된다.

④ 실생활에서 너무 많은 신호가 혼용되면 일반화에 어려움이 생긴다.

하나의 행동에 여러 사람이 다른 신호를 사용하거나, 상황에 따라 큐가 바뀌면 동물은 일관된 반응을 보이지 않게 되고, 학습이 일반화되지 못한다. 특히 가족 모두가 함께 훈련에 참여하는 경우, 큐의 통일이 이루어지지 않으면 오히려 혼란만 가중될 수 있다.

⑤ 복잡한 행동 연쇄를 큐만으로 구성하기에는 한계가 있다.

큐잉은 단일 행동이나 짧은 반응에서는 효과적이지만, 연속적인 행동 체인을 구성하거나, 높은 난도의 작업을 요구하는 경우에는 추가적인 쉐이핑, 백 체이닝(back chaining), 타겟팅 등의 훈련 기법과 병행되어야 한다. 큐만으로 모든 훈련이 해결되지는 않는다.

(3) 루어링(Luring)과 큐잉(Cueing)의 비교

구분	루어링(Luring)	큐잉(Cueing)
개념	동물이 따라가고 싶어 하는 보상(간식 등)을 이용해 행동을 직접 유도하는 방식	이미 학습된 행동에 신호를 붙여, 신호만으로 행동을 유도하는 방식
사용 시기	행동 학습 초기 단계(행동 형성 단계)	행동이 어느 정도 형성된 후(신호 연결 및 구별 단계)
훈련자의 역할	보상물로 동물의 움직임을 직접 유도	신호만으로 동물이 자발적으로 행동하도록 유도
특징	훈련자는 보상 도구를 사용해 동물의 행동을 물리적으로 유도하며, 초기 학습이 빠름	훈련자는 신호를 제공하고, 동물은 신호 학습 후 자발적으로 행동을 수행한다. 신호를 통해 의사소통이 가능
한계	행동과 신호의 연결이 부족해 신호 없이 보상만을 반복적으로 기대하게 될 가능성이 높다. 장기적인 행동 유지가 어려움	초기 학습 단계에서는 행동과 신호 간의 연합을 만들기 위해 반복 훈련과 강화물이 필수적
장점	행동을 빠르게 유도할 수 있어 초보 훈련자가 쉽게 사용 가능하며, 즉각적인 결과를 얻을 수 있음	행동과 신호를 연결하여 훈련자의 의도를 명확히 전달할 수 있으며, 행동의 일반화와 환경적 응용에 매우 적합

단점	보상 도구 의존도가 높아 행동이 신호 없이 지속되기 어려우며, 행동과 신호 연결이 불완전함	신호 학습 초기에는 행동과 신호 간 안정적인 연합을 위해 반복적이고 체계적인 훈련이 요구되며 시간이 소요됨
예시	간식을 손에 들고 위로 올려 강아지가 앉는 행동을 하도록 유도	'앉아'라는 명령어를 주면 강아지가 신호에 반응하여 스스로 앉는 행동을 하도록 유도

루어링은 동물이 새로운 행동을 처음 배울 때 매우 효과적인 방법이다. 예를 들어, 간식을 코 앞에서 위로 천천히 들어 올리면, 개는 자연스럽게 머리를 들고 엉덩이를 내리며 앉는 자세를 취하게 된다. 이처럼 보상을 직접적으로 이용해 행동을 유도하면, 동물은 별도의 훈련 없이도 즉각적인 반응을 보일 수 있다. 그러나 루어링을 너무 오래 사용하면, 동물은 간식이나 장난감 같은 보상물이 눈앞에 있을 때만 행동을 하려는 의존성을 갖게 된다. 신호 없이 보상만 따라가게 되면, 훈련자는 매번 보상을 들고 있어야 하고, 행동의 자발성과 안정성이 떨어질 수 있다.

반면, 큐잉은 보상 없이도 훈련자의 신호만으로 행동이 유도되도록 만드는 과정이다. 행동이 충분히 강화된 후에는, 그 행동이 나타날 때 신호를 부여하고 반복적으로 연결함으로써, 신호만으로 행동을 수행할 수 있도록 한다. 이렇게 학습된 행동은 보상이 점차 줄어들거나 사라져도 유지되며, 실생활에서도 자연스럽게 활용할 수 있게 된다.

실제 훈련에서는 먼저 루어링을 통해 동물이 행동을 익히도록 도와주고, 행동이 안정적으로 반복되기 시작하면 큐잉 단계로 전환하는 것이 이상적이다. 예를 들어, "앉아"라는 구두 신호를 개가 자연스럽게 앉을 때마다 반복적으로 부여하고 보상을 제공하면, 점차 신호만으로도 행동이 유도되고, 보상이 없어도 반응하는 상태로 발전할 수 있다.

4 큐잉을 활용한 다양한 훈련 방법

(1) 반려견 훈련의 활용 방법

① 방향 구별 훈련

방향 구별 훈련의 목적은 반려견이 "왼쪽"이라는 말을 들으면 보호자의 왼편에, "오른쪽"이라는 말을 들으면 보호자의 오른편에 위치하도록 훈련하는 것이다. 이 방향 개념은 일상생활이나 산책 중 도로 상황이나 장애물을 피할 때 응용할 수 있다.

- 1단계: 방향 개념 이해시키기 - 고정된 위치에서 시작

- 조용한 실내 또는 훈련장 바닥에 보호자가 정면을 향한 상태에서 개를 옆에 앉히는 훈련부터 시작한다.
- 개를 왼쪽에 앉히고 "왼쪽!"이라는 큐를 주며 보상한다.
- 오른쪽에 앉히고 "오른쪽!"이라는 큐를 주며 보상한다.
- 이때 개가 자리를 바꿔 움직이게 유도하는 것이 아니라, 보호자가 직접 유도하거나 리드줄로 위치를 가볍게 조정한다.

- 2단계: 방향에 따라 이동 유도하기

- 보호자가 앞을 보고 서 있는 상태에서, 리드줄 또는 간식으로 개를 왼쪽으로 유도하면서 "왼쪽!"이라는 큐를 반복한다.
- 반대편으로 이동시킬 때는 "오른쪽!" 큐를 사용한다.
- 개가 이동 중 큐에 따라 방향을 전환하는 연습을 통해 큐-행동 연결을 강화한다.
- 예 A. "왼쪽!" → 보호자의 왼편으로 이동 → 간식 보상
  B. "오른쪽!" → 반대 방향으로 돌아 보호자의 오른편으로 이동 → 보상

※ 큐 신호를 줄 땐 명확하고 일관된 톤과 억양 유지

- 3단계: 보행 훈련과 연결하기(산책 걷기와 방향 유지)

- 보호자와 반려견이 '왼쪽 보행'을 기본 자세로 걷기 시작한다.
- 일정 시간 후 "오른쪽!"이라고 큐를 주고, 개가 보호자의 반대편으로 돌아 이동하면 보상
- 다시 "왼쪽!" 큐를 주며 원위치로 전환한다.
- 이 과정을 반복하여 보호자의 보행 중에도 반려견이 위치를 바꿀 수 있도록 훈련한다.

- 4단계: 실제 응용 - 골목길 산책 중 오토바이가 빠르게 접구하는 상황

- 산책 중 개는 보호자의 왼쪽에서 걷고 있었다. 이때 좁은 골목길에서 오토바이가 빠르게 접근하는 상황이 발생하자, 보호자는 즉시 "오른쪽!"이라고 지시하며, 손가락으로 오른쪽 방향을 가리켰다.
- 개가 신호에 반응하여 오른쪽으로 자리를 이동하자, 보호자는 즉시 칭찬과 간식을 제공하여 반응을 강화했다.
- 오토바이가 지나간 후에는 다시 "왼쪽!"이라고 지시하며 원래의 보행 위치로 돌아오도

록 안내하였다.

- 반복 훈련하면서, 개는 보행 중에도 보호자의 방향 지시 큐에 안정적으로 반응하게 되었고, 실제 생활 환경에서도 유연하고 안전하게 행동할 수 있는 능력을 갖추게 되었다.

- 주의사항

- 한 번에 왼쪽/오른쪽을 모두 가르치지 말고, 하나씩 구별 훈련한 뒤 병합해야 혼동이 적다.
- 큐 단어는 간단하고 발음이 확실한 것으로 사용(예 "왼쪽", "오른쪽" 또는 "레프트", "라이트")
- 보상 타이밍은 정확하게 개가 자리를 바꾸는 순간에 주어야 한다.
- 도로에서 실전 응용을 위해 위치 전환 후 잠시 머무는 훈련도 포함시켜야 한다.
- 산책 중 실습 시에는 반드시 리드줄을 짧게 조정하여 개가 안전하게 이동할 수 있도록 유도해야 한다.

② 짖기/멈추기 훈련

짖기/멈추기 훈련의 목적은 "짖어"라는 큐를 들으면 짖고, "그만"이라는 큐를 들으면 짖음을 멈추도록 훈련하는 것이다. 이 두 가지 큐를 명확히 구별하게 되면, 추후 불필요한 짖음을 스스로 제어할 수 있다. 특히 흥분하거나 경계심이 높아지는 상황에서도 보호자의 '그만' 신호에 따라 행동을 조절할 수 있게 된다.

- 1단계: "짖어" 큐와 행동 연결하기

- 반려견이 자연스럽게 짖을 때(예 벨소리, 방문자 등), 그 순간을 포착하여 "짖어!"라는 큐를 반복적으로 덧붙인다.
- 반려견이 짖는 동시에 큐를 들으며 짖는 행동과 언어를 연결 짓게 된다.
- 짖자마자 간식이나 칭찬("잘했어! 짖어!")을 제공하여 긍정적으로 강화한다.
- 이후에는 조용한 상황에서 보호자가 먼저 "짖어!"라고 말해 유도하고, 개가 짖을 때만 보상한다.
- 이 과정을 통해 반려견은 "짖어"라는 단어가 짖는 행동과 연결된다는 것을 인식하게 된다.

- 2단계: "그만" 큐와 짖음 멈추는 동작 연결

- 반려견이 짖는 도중, "그만"이라는 큐를 안정적인 목소리로 전달한다.
- 반려견이 짖음을 멈추는 순간 즉시 강화물(간식, 칭찬)을 제공한다.
- 이때 '그만'이라는 단어와 짖음 멈춤 행동을 명확하게 연계시키는 것이 중요하다.

- 개가 멈추는 순간과 보상이 맞물려야 큐의 의미를 정확히 이해한다.
- 처음엔 손바닥을 들어 보이는 제스처와 함께 진행하고, 점차 구두 신호만으로 진행한다.

- 3단계: 큐 구별 훈련 - 상황 전환 연습

- 개 앞에서 "짖어!" → 짖으면 보상한다.
- "그만!" → 멈추면 보상한다.
- 두 큐를 번갈아 제시하여 개가 각 큐에 따라 서로 다른 행동을 수행하도록 만든다.
- 실내 조용한 공간에서부터 시작하고, 점차 벨소리, 외부 자극 등 실제 상황과 유사한 환경으로 확장한다.

- 4단계: 응용 - 짖으면 안 되는 상황에서 "그만" 사용

- 외부 사람이 지나가거나 초인종이 울릴 때 개가 짖기 시작하면, "그만"이라는 큐를 사용한다.
- 이때 이미 "그만"의 의미를 알고 있기 때문에, 짖음을 스스로 조절하게 된다.
- 짖음이 멈추면 간식, 칭찬 제공/멈추지 않으면 무반응 → 멈춘 순간에만 보상한다.
- 반복적인 노출과 강화를 통해 개는 짖지 않아야 할 상황에서 "그만" 신호에 자연스럽게 반응하게 된다.

- 실제 사례 시나리오 - 방문자가 벨을 누르고 개가 흥분하며 짖기 시작함

- 방문자가 초인종을 누르자, 개는 흥분하여 크게 짖기 시작했다. 이때 보호자는 "그만"이라고 지시하며, 손바닥을 내미는 시각적 신호를 동시에 사용하여 짖음을 멈추도록 지시했다.
- 개가 짖음을 멈추는 순간, 보호자는 즉시 간식과 칭찬을 제공하여 조용한 상태를 강화하였다.
- 이후 몇 분 뒤, 보호자는 "짖어!"라고 지시하여 의도적으로 짖게 한 다음, 다시 "그만!"이라는 신호를 주고, 짖음을 멈췄을 때 다시 한 번 보상하였다.
- 이러한 방식으로 '짖기'와 '그만하기'라는 두 행동을 신호에 따라 명확히 구분하고, 각각의 반응을 조절할 수 있도록 반복 훈련을 진행하였다.
- 훈련이 누적되자, 개는 "그만"이라는 신호만으로도 외부 자극 상황에서 짖음을 스스로 멈출 수 있게 되었고, 흥분 반응을 안정적으로 통제할 수 있는 능력을 갖추게 되었다.

- 주의사항

- 큐 신호의 발음, 억양, 반복성이 중요하다. 보호자는 항상 동일한 말투를 유지해야 한다.
- 두 큐를 혼용하거나 감정적으로 말하면 혼란이 생긴다.
- 보상은 행동 직후에 정확히 주어야 학습 효과가 크다.
- 체벌은 절대 금지: 특히 짖음을 멈추지 않는다고 소리치거나 위협할 경우, 큐 자체에 대한 반감이 생길 수 있다.
- 훈련 시간은 짧고 자주: 하루 5~10분씩 여러 번 나누어 꾸준히 연습한다.

(2) 안내견 훈련의 활용 방법

① 사물 식별 훈련

안내견은 시각장애인의 생활을 보조하기 위해, 보호자의 언어 지시에 따라 일상에서 자주 사용하는 사물을 인식하고, 해당 위치로 정확히 안내할 수 있어야 한다. "휴대폰", "모자", "지팡이" 등의 물건 이름을 인식하고, 해당 물건이 놓인 곳으로 정확히 이동하거나 앞에서 멈춰 보호자에게 위치를 알리는 행동을 수행한다.

- 1단계: 훈련 대상 사물 선정 및 큐 신호 정하기

- 우선 하나의 실용적인 사물부터 선택하여 시작한다. 예 휴대폰
- 해당 사물을 지칭할 짧고 명확한 구두 신호(큐)를 정한다. 예 "휴대폰!"
- 큐는 보호자가 실제 생활에서 사용할 말 그대로 적용해야 하며, 억양과 발음을 일정하게 유지한다.
- 사물은 시각 정보가 아닌 질감, 냄새, 형태 등으로 인식 가능해야 하며, 보호자 주변에서 자주 사용하는 물건이어야 한다.

- 2단계: 큐 신호와 사물 연결 훈련(1개 사물)

- 안내견을 실내 공간에 두고, '휴대폰'만 특정 위치에 배치한다.
- 보호자가 "휴대폰!"이라고 말하면, 훈련자는 안내견을 해당 물체 쪽으로 유도한다.
- 안내견이 휴대폰 앞으로 이동해 코로 냄새를 맡거나 정지 상태로 서 있을 때 보상(간식, 칭찬)한다.
- 일관된 신호-반응 패턴을 반복하며 "휴대폰"이라는 말이 그 사물 위치를 뜻한다는 점을 학습시킨다.

- 보호자가 손을 뻗으면 안내견이 정확한 위치로 안내할 수 있도록 유도한다.

- 3단계: 구별 훈련 - 2가지 사물 간 비교

- 다음 단계로, 두 번째 사물(예 모자)을 추가한다.
- 바다이나 테이블에 휴대폰과 모자를 각각 다른 방향에 배치한다.
- 보호자가 "모자!"라고 말하면, 안내견이 해당 사물이 있는 방향으로 이동하거나 앞에 멈춘다.
- 정확하게 반응할 때만 보상을 제공하고, 오답 시에는 무반응으로 일관한다.
- 이후 "휴대폰!", "모자!"를 번갈아 사용하며 언어 신호를 정확히 구별하는 능력을 훈련한다.

- 4단계: 세 번째 사물 추가 및 일반화

- 세 번째 사물(예 지팡이)을 추가한다.
- 세 가지 사물이 동시에 놓인 상태에서, 보호자의 큐에 따라 정확히 해당 사물 앞으로 안내하는 행동을 유도한다.
- 장소를 거실, 침실, 복도 등으로 바꾸고, 사물의 위치도 매번 달리하여 환경 변화에 적응하며 일반화를 진행한다.
- 훈련이 충분히 진행되면, 보호자의 신호만 듣고도 혼동 없이 해당 물건을 식별하고, 그 물건을 보호자에게 가져다주는 것을 추가로 학습한다.

- 실제 사례 시나리오 - 거실에 '휴대폰', '모자', '지팡이'를 서로 다른 위치에 놓음

- 거실 곳곳에 '휴대폰', '모자', '지팡이' 등 여러 물건이 각각 다른 위치에 놓여 있는 상황에서, 보호자는 안내견에게 "모자!"라고 지시하였다.
- 보호자의 지시에 안내견은 모자가 놓인 방향으로 이동하여 정확히 모자를 집은 뒤, 보호자에게 가져다주었다.
- 훈련자는 "잘했어, 모자!"라고 말하며 칭찬과 함께 간식 보상을 제공하였다.
- 이어서 "휴대폰!"이라고 지시하자, 안내견은 휴대폰이 놓인 위치로 이동하여 그것을 집어 보호자에게 전달하였다.
- 훈련을 반복하면서, 안내견은 음성 신호에 따라 여러 물건의 이름을 정확히 구별하고, 해당 물건의 위치로 스스로 이동하여 보호자에게 가져오는 능력을 안정적으로 수행할 수 있게 되었다.

- 주의사항

▪ 보상 타이밍은 정확하게 해야 한다. 정확한 위치 안내 직후 즉시 보상해야 큐와 행동이 잘 연결될 수 있다.

▪ 지시어는 생활에서 실제 사용하는 표현으로 통일(예 "핸드폰" vs "휴대폰" 혼용 금지)하도록 한다.

▪ 사물은 냄새, 질감, 위치 등을 기준으로 구분 가능해야 하며, 자주 바뀌는 사물보다는 고정된 구조의 물건으로 구성한다.

▪ 환경 일반화: 훈련 장소를 점차 다양화하며 어떤 환경에서도 정확히 반응하도록 확장한다.

▪ 안전 우선: 사물 근처에 넘어질 위험이 있는 구조물이 없도록 항상 확인한다.

② 신호등 색깔 식별 훈련

도우미견은 시각장애인 보호자 대신 신호등의 색을 시각적으로 식별하고, 그에 따라 정지하거나 도로를 건너는 행동을 수행해야 한다. 이 훈련은 언어적 명령이나 보호자의 지시에 의존하지 않고, 오직 시각적 큐(신호등 색깔)만으로 행동을 결정하도록 설계된다. 이는 실제 환경에서 보호자가 신호등을 볼 수 없기 때문에 도우미견이 스스로 판단하여 안전한 보행을 유도할 수 있도록 하는 핵심 기술이다.

- 1단계: 훈련 환경 구성 - 시각 자극 명확화

▪ 실내에 훈련용 LED 신호등 모형을 설치하거나, 실제 신호등이 잘 보이는 훈련 횡단보도 구역을 활용한다.

▪ 신호등은 도우미견의 눈높이에서도 명확히 보이도록 설치하며, 색상 대비가 확실하고 직관적이어야 한다.

▪ 빨간불 = 정지, 초록불 = 이동 허용이라는 규칙을 훈련자가 먼저 명확히 알고 있어야 한다.

- 2단계: 빨간불(정지) 반응 훈련

▪ 도우미견을 정지선 근처에 앉힌 후, 신호등에 빨간불만 점등한다.

▪ 개가 신호등을 바라볼 수 있는 위치에서 움직이지 않고 정지 상태를 유지하도록 유도한다.

▪ 훈련자는 줄 당김, 리드 동작 없이 행동 유도 없이 기다린다.

- 개가 자발적으로 자리에 머물고 정지 상태를 유지하면 조용히 간식 또는 칭찬 제공한다.
- 이 과정을 반복해, 개가 빨간불이 켜져 있으면 '움직이지 않는다'는 시각 규칙을 습득하게 된다.

- 3단계: 초록불(이동) 반응 훈련

- 다음 단계로, 신호등이 초록불로 전환되었을 때 도우미견이 앞걸음을 시작하도록 유도한다.
- 처음에는 훈련자가 천천히 함께 움직이며 개가 초록불일 때만 전진하는 것을 반복 훈련한다.
- 훈련자가 빨간불에서 억제 → 초록불에서 자연스럽게 보행 시작으로 전환되는 행동을 강화한다.
- "신호등이 바뀌었다" = "지금이 이동할 수 있는 타이밍"이라는 시각 기반 판단을 형성한다.

- 4단계: 색상 구별 명확화 및 혼동 방지 훈련

- 훈련 중간에 신호등을 빨간 → 초록 → 다시 빨간으로 수시 전환한다.
- 도우미견이 시각적 신호만 보고 정지와 이동을 스스로 판단할 수 있도록 훈련한다.
- 신호등이 빨간불로 돌아오면, 걷다가도 즉시 멈추는 반응도 추가 훈련한다.
- 반응을 보였을 때마다 간식, 칭찬, 쓰다듬기 등 즉각적인 강화물 제공한다.

- 5단계: 실제 환경 일반화

- 충분한 실내 반복 후, 교통량이 적고, 훈련 가능한 실제 횡단보도 구간으로 이동한다.
- 훈련자는 신호등을 직접 조작하거나, 신호 주기에 맞춰 보조를 한다.
- 도우미견이 신호등을 시각적으로 보고 스스로 판단하여 정지/이동하는지를 관찰한다.
- 훈련자 또는 보호자는 절대 먼저 리드를 당기거나 음성으로 유도하지 않는다.
- 개가 신호등을 응시하고 머뭇거리거나 판단하려는 행동을 보일 경우 기다리며 학습 기회를 준다.

- 실제 사례 시나리오 - 횡단보도 앞에 도우미견과 함께 서 있음

- 보호자와 도우미견이 횡단보도 앞에 도착했을 때, 신호등에 빨간불이 켜져 있는 것을 본 도우미견은 멈춰 서서 조용히 기다렸다.

- 일정 시간이 흐른 뒤 초록불로 바뀌자, 도우미견은 신호에 맞춰 보행을 시작하였다.
- 이 과정에서는 단순히 신호등 색에 따른 보행뿐 아니라, 보행 중 차량이 갑작스럽게 접근할 경우 스스로 멈추는 보조 판단 훈련도 함께 이루어졌다.
- 도우미견이 정확한 판단을 하고 안전하게 반응했을 때, 보호자는 즉시 칭찬과 간식 보상을 제공하여 행동을 강화하였다.
- 이후에는 언어적 지시 없이도 신호등의 색 변화만으로 도우미견이 판단하고 행동할 수 있도록 반복 훈련이 실시되었으며, 이 과정을 통해 도우미견은 실제 거리 환경에서도 신호등만을 기준으로 자율적이고 안전한 판단을 할 수 있는 능력을 갖추게 되었다.

● 주의사항

- 시각 자극 외 개입 금지: 음성 명령이나 줄 당김 없이 훈련해야 스스로 판단하는 능력을 기른다.
- 반응 강화는 조용하게, 즉시 제공: 말보다는 간식, 쓰다듬기, 긍정적 터치 등으로 즉각적 반응을 강화한다.
- 색맹 테스트: 도우미견이 색상 구별 능력이 충분한지 사전에 평가하는 것이 중요하다.
- 외부 변수 대처 훈련 병행: 초록불이라도 차량 접근 시 정지하는 '교차적 자극 판단 능력'도 병행하여 강화한다.
- 횡단보도 접근 거리 유지: 개가 신호등을 명확히 볼 수 있도록 항상 적절한 정지 위치를 지키는 습관도 함께 훈련한다.

연습문제

1. 큐잉(Cueing)이란 무엇을 의미하는가?

A. 새로운 행동을 가르치는 과정
B. 기존에 강화된 행동에 신호를 부여하는 과정
C. 반려견에게 체벌을 통해 행동을 교정하는 과정
D. 강화된 행동을 무시하는 과정

2. 큐잉이 기존의 명령어 기반 훈련과 가장 큰 차이점은 무엇인가?

A. 행동을 먼저 학습한 후 신호를 부여한다.
B. 명령어를 먼저 제시하고 행동을 강요한다.
C. 행동을 강화시키지 않고 신호만 주는 방식이다.
D. 신호 없이도 동물이 스스로 행동할 수 있도록 한다.

3. 다음 중 큐잉과 관련이 없는 것은?

A. 시각적 신호
B. 청각적 신호
C. 후각적 신호
D. 체벌을 통한 학습

4. 시각 큐(Visual Cue)의 대표적인 예시는?

A. 손으로 특정한 신호를 보내는 것
B. 휘슬을 불어 소리를 내는 것
C. 특정한 냄새를 맡게 하는 것
D. 촉각을 이용하여 훈련하는 것

5. 청각 큐(Acoustic Cue)의 대표적인 예시는?

A. 개가 신호등을 보고 길을 건너도록 훈련하는 것
B. 개에게 특정한 휘슬 소리를 들려주는 것
C. 특정한 촉감을 느끼게 하는 것
D. 특정한 색을 보여주는 것

1. B / 2. A / 3. D / 4. A / 5. B

연습문제

6. 큐잉 훈련을 할 때 가장 중요한 요소는?

A. 일관된 신호 제공하기

B. 보상 없이 학습시키기

C. 다양한 신호를 섞어서 사용하기

D. 행동이 강화되기 전 신호를 생략하기

7. 큐잉의 단계에서 가장 먼저 해야 할 일은?

A. 행동을 먼저 강화한 후 신호를 부여한다.

B. 먼저 신호를 주고 행동을 강화한다.

C. 무작위로 신호를 주고 행동을 강화한다.

D. 반려견이 스스로 신호를 알아서 찾게 한다.

8. 큐잉을 사용할 때 주의해야 할 사항은?

A. 신호를 항상 일관되게 사용해야 한다.

B. 여러 신호를 동시에 사용하여 훈련해야 한다.

C. 신호를 매번 다르게 바꿔야 한다.

D. 다른 사람이 알 수 없는 자신만의 신호를 사용해야 한다.

9. 큐잉 훈련에서 반려견이 신호를 헷갈리지 않도록 하기 위해 필요한 것은?

A. 신호를 명확하게 구별할 수 있도록 한다.

B. 신호의 의미를 수시로 바꿔준다.

C. 신호를 무작위로 주면서 연습시킨다.

D. 반려견이 실수하면 체벌을 준다.

10. 큐잉을 통해 반려견에게 새로운 행동을 가르칠 때, 가장 효과적인 방법은?

A. 행동을 강화한 후 신호를 부여하는 것

B. 명령어를 먼저 주고 행동을 강요하는 것

C. 신호를 무작위로 변경하여 훈련하는 것

D. 체벌을 통해 행동을 유지시키는 것

6. A / 7. A / 8. A / 9. A / 10. A

토론하기

1. 큐잉(Cueing)의 정의를 설명하고, 기존의 명령어 방식과 비교하여 큐잉이 가지는 차이점을 토론하시오.

2. 시각 큐와 청각 큐의 개념을 정의하고, 두 가지 큐의 장점과 단점에 대해 비교하여 설명하시오.

3. 반려견 훈련에서 시각 큐와 청각 큐를 함께 활용하는 방법을 설명하고, 특정한 훈련 상황에서 어떤 큐를 사용하는 것이 더 효과적인지 논하시오.

4. 바람직한 큐의 조건(일관성, 명확성, 독특성, 범용성)을 설명하고, 이 원칙을 지키지 않았을 때 발생할 수 있는 문제점을 토론하시오.

5. 큐잉 과정에서 발생할 수 있는 문제점과 해결방안은 토론하시오.

6. 특정 장애를 가진 반려견(청각 장애 또는 시각 장애)을 훈련할 때 큐잉 기법을 어떻게 조정해야 하는지 설명하고, 이러한 반려견을 위한 효과적인 신호 전달 방법을 논하시오.

CHAPTER

11

고급훈련기법 3D 모델

클리커
트레이닝 개론

CHAPTER 11

고급훈련기법 3D 모델

학습목표

- 3D 훈련 모델의 개념(Distance, Distraction, Duration)과 각 요소가 훈련에 미치는 영향을 이해하고 설명할 수 있다.
- 거리 조절, 방해 요소 극복, 지속 시간 확장 훈련의 단계별 적용 방법을 실습하고, 상황에 맞는 훈련 전략을 계획할 수 있다.
- 3D 훈련 모델을 반려견, 특수목적견, 도그 스포츠 및 행동 수정 사례에 적용하고, 행동 치료 기법(둔감화, 역조건화 등)과의 연계 활용 방안을 분석할 수 있다.

1 3D 모델의 개념

(1) 3D 모델의 정의

현대의 동물 훈련은 단순히 특정 행동을 가르치는 초기 단계에서 벗어나, **다양한 환경과 조건에서도 일관되게 행동을 수행할 수 있도록 훈련의 깊이를 확장**하는 방향으로 발전해왔다. 이는 훈련된 행동이 훈련실이나 제한된 공간에서만 나타나는 것이 아니라, 실제 생활 속에서도 안정적이고 효과적으로 작동해야 한다는 요구에서 비롯된 흐름이다. 이러한 고차원적 훈련 접근의 중심에 있는 것이 바로 3D 훈련 모델이다.

3D 훈련이란 동물 훈련에서 행동의 **거리**(Distance), **방해 요소**(Distraction), **유지**(Duration)라는 세 가지 주요 요소를 체계적으로 통합하여 동물이 다양한 조건과 환경에서도 안정적으로 훈련 신호에 반응하도록 하는 고급 훈련 기법이다. 이 훈련은 단순히 행동을 학습시키는 것을 넘어, 동물이 환경적 제약을 극복하고 행동의 범위와 지속성을 확장하며, 방해 요소가 많은 상황에서도 안정적으로 신호에 응답할 수 있도록 돕는 데 중점을 둔다. 즉, 3D 훈련은 가까운 거리에서 짧은 시간 동안 간식에 의존해 이루어지던 기본 행동 수준을 넘어

서, 더 먼 거리에서도, 더 긴 시간 동안, 더 복잡한 환경 속에서도 안정적이고 정확하게 행동을 수행할 수 있도록 만드는 과정을 의미한다.

이러한 고차원적 훈련은 단순한 기초 훈련을 넘어, 훈련의 실용성과 응용력을 높이기 위한 핵심 전략으로 간주된다. 특히 3D 훈련은 초급 및 중급 단계를 넘어 고급 수준의 훈련으로 진입하기 위한 필수 과정으로, 실생활에서의 행동 수행력을 향상시키는 데 중요한 역할을 한다. 예를 들어, '앉아'라는 명령을 학습한 개가 훈련실 안에서만 반응하는 것이 아니라, 공원이나 복잡한 도심 환경에서도 일정한 거리, 긴 시간, 다양한 방해 자극 속에서도 보호자의 신호에 따라 정확하게 행동을 유지하도록 돕는 것이 바로 3D 훈련의 목표이다.

(2) 3D 모델의 주요 요소

3D 훈련은 행동의 고급화를 위해 반드시 고려해야 할 세 가지 핵심 요소로 구성된다. 이 요소들은 거리(Distance), 방해 요소(Distraction), 유지(Duration)로, 각각 동물의 행동이 다양한 환경과 조건에서도 안정적이고 일관되게 유지될 수 있도록 돕는다. 이 요소들은 독립적으로 적용되기보다는 서로 상호작용하며, 훈련의 깊이를 더하고 실생활에서의 적용 가능성을 극대화한다.

3D =

Distraction	방해요소
Duration	지 속 성
Distance	거 리

① 거리(Distance)

거리는 훈련자가 동물과 물리적으로 떨어져 있는 상황에서 신호를 전달하고 행동을 유도하는 능력을 의미한다. 동물이 훈련자와 가까운 거리에서만 행동을 수행한다면, 실제 상황에서 행동의 응용성이 제한될 수 있다. 거리를 점진적으로 늘려가며 훈련하면, 동물은 멀리 떨어져 있는 상황에서도 신호를 인식하고 수행할 수 있다.

예를 들어, 반려견이 1m 거리에서 '앉아' 신호를 따랐다면, 이를 3m, 5m, 그리고 더 먼 거리로 점차 늘려가며 안정적으로 수행하도록 훈련한다. 이는 동물이 물리적 거리에 구애받지 않고 행동을 수행하도록 만드는 데 필수적이다.

② 방해 요소(Distraction)

방해 요소는 훈련 중 동물의 주의를 산만하게 할 수 있는 외부 자극을 뜻한다. 방해 요소 훈련은 동물이 소음, 움직이는 물체, 낯선 사람, 다른 동물 등 다양한 자극에 노출되었을 때에도 신호에 집중하고 행동을 수행할 수 있도록 돕는다.

예를 들어, 공원에서 뛰노는 아이들이나 주변의 소음이 있는 상황에서도 반려견이 '기다려' 신호를 유지하도록 훈련한다. 방해 요소를 점진적으로 추가하고, 동물이 안정적으로 반응할 때마다 강화물을 제공하여 행동의 집중력을 높인다.

③ 유지(Duration)

유지는 특정 행동을 오랜 시간 동안 지속하도록 만드는 능력을 개발하는 것을 의미한다. 단순히 '앉아'와 같은 행동을 순간적으로 수행하는 데 그치지 않고, 신호가 종료될 때까지 행동을 유지하도록 훈련하는 과정이다. 이는 행동의 신뢰성을 높이고, 실제 상황에서 긴 시간 동안 안정적으로 동물을 통제할 수 있도록 돕는다.

예를 들어, 반려견이 10초 동안 '앉아' 상태를 유지했다면, 이를 점차 30초, 1분, 10분으로 늘려가며 훈련한다. 이 과정에서 강화물은 점차 줄이고, 행동의 질과 지속성에 따라 보상이 제공되도록 한다.

2 Distance(거리) 확장 훈련

(1) Distance 훈련의 이해

① Distance 훈련의 정의

Distance 훈련은 동물이 훈련자의 신호를 멀리 떨어진 거리에서도 정확히 인식하고 반응하도록 훈련하는 과정이다. 이 훈련의 핵심은 동물이 가까운 거리에서만 행동을 수행하는 것을 넘어, 다양한 거리와 환경에서도 동일한 행동을 일관되게 수행할 수 있도록 만드는 것이다. Distance 훈련은 기본적인 행동 학습을 넘어서, 행동의 자율성과 신뢰성을 강화하는 고급 훈련 기법으로 분류된다.

초급 훈련에서는 일반적으로 동물과 훈련자가 가까운 거리에서 훈련이 이루어지며, 동물은 훈련자의 신체 움직임이나 보상 도구에 의존하는 경향이 크다. 그러나 Distance 훈련을 통해 신체적 유도 없이도 동물이 신호를 정확히 인식하고 반응할 수 있도록 하면, 행동의 독립성과 훈련 효과가 크게 향상된다.

예를 들어, 반려견이 '앉아'라는 명령을 근거리에서만 수행할 수 있다면, 훈련자가 멀리 떨어진 경우에는 효과적인 통제가 어렵다. 하지만 Distance 훈련을 통해 10m, 20m 이상의 거리에서도 동일한 신호에 반응하도록 훈련한다면, 이는 실생활에서 매우 유용하게 적용될 수 있다. 특히, 야외 활동, 공원에서의 산책, 탐지견·경비견·도우미견 훈련 등에서 필수적인 요소로 작용한다. 또한, Distance 훈련은 동물이 외부 자극(소음, 낯선 환경 등)에 흔들리지 않고 훈련자의 신호에 집중하도록 돕기 때문에, 훈련의 완성도를 높이는 중요한 과정이 된다.

② Distance 훈련의 필요성

Distance 훈련은 동물이 훈련자와 물리적으로 떨어진 거리에서도 신호를 정확히 인식하고 행동을 수행할 수 있도록 훈련하는 과정이다. 이는 단순히 가까운 거리에서 행동을 반복하는 수준을 넘어, 환경의 제약 없이 훈련자의 의도를 안정적으로 수행할 수 있는 능력을 기르는 데 중점을 둔다. 반려견뿐 아니라 탐지견, 경비견, 도우미견과 같은 특수 목적의 동물에게도 핵심적으로 요구되는 능력이다.

• 행동의 신뢰성과 일관성 확보

Distance 훈련을 통해 동물은 훈련자의 직접적인 신체 개입 없이도 멀리서 전달되는 신호에 반응할 수 있게 된다. 이는 예기치 못한 상황이나 갑작스러운 거리 변화 속에서도 동물이 정확하게 반응할 수 있는 신뢰성과 일관성을 확보하게 해 준다. 훈련자와 물리적 거리가 벌어졌다고 해서 반응이 흐트러지거나 무시되는 일이 없도록, 행동의 품질을 높이는 데 결정적인 역할을 한다.

• 실생활 적용력 강화

현실 속에서 훈련자와 반려동물은 항상 가까이 있지 않다. 공원, 도심, 산책길, 야외 활동 장소 등에서는 동물과 훈련자 간의 거리가 자연스럽게 벌어지는 상황이 빈번하다. 이때 Distance 훈련을 통해 멀리 떨어진 위치에서도 "기다려", "이리 와" 등의 신호를 안정적으로 수행할 수 있다면, 보호자는 보다 효과적으로 반려동물을 통제하고 안전을 확보할 수 있다.

- 집중력과 주의력 강화

거리가 멀어질수록 동물은 주변 자극에 더 쉽게 주의를 빼앗길 수 있다. Distance 훈련은 신호 인식 능력뿐 아니라 자극 속에서도 집중력을 유지하는 훈련이기도 하다. 멀리서도 훈련자의 신호를 알아보고 반응하게 하기 위해서는 시각적 또는 구두적 신호를 명확히 전달하고, 자극 수준을 점진적으로 높이는 방식의 훈련이 필요하다. 나아가, 훈련자가 일시적으로 시야에서 벗어난 상황에서도 신호 기억과 반응력이 유지되도록 훈련을 확장할 수 있다.

(2) Distance 훈련의 단계별 과정

Distance 훈련은 가까운 거리에서 시작하여 점진적으로 거리를 늘리면서, 훈련자가 멀리 있어도 동물이 정확하게 신호를 인식하고 행동을 수행하도록 훈련하는 과정이다.

① 초기 단계: 가까운 거리(1~2m)에서 신호-행동 연결 확립 → 즉각 보상
② 중간 단계: 거리를 2m → 5m → 10m 이상으로 확장 → 보상 간격 조정
③ 고급 단계: 20m 이상에서도 신호 수행 → 장거리에서 일반화 훈련

① 초기 단계: 근거리 훈련

- **목표: 동물이 명령을 완벽히 이해하고 근거리에서 수행할 수 있게 한다.**

- 훈련자와 동물이 가까운 거리(1m 이내)에서 시작한다.
- 기본 명령(예 "앉아", "기다려", "와라")을 사용한다.
- 명령을 내린 후 동물이 올바르게 수행하면 즉각적으로 보상(간식, 칭찬 등)을 준다.
- 동일한 명령을 반복해서 동물이 명령과 행동을 연결하도록 한다.

② 중급 단계: 점진적 거리 증가

- **목표: 동물이 훈련자와의 거리가 점점 멀어져도 명령을 수행할 수 있게 한다.**

- 근거리 훈련이 완료되면, 거리를 조금씩 늘려간다(예 1m → 3m → 5m).
- 각 거리에서 명령을 내리고 동물이 반응하는지 확인한다.
- 동물이 명령을 수행하면 즉각적으로 보상을 준다.

- 거리를 늘릴 때마다 동물이 혼란스러워하지 않도록 천천히 진행한다.

③ 고급 단계: 장거리 행동 유지 및 일반화

- 목표: 동물이 멀리 떨어진 거리에서도 명령에 즉각적으로 반응하도록 한다.

- 공원이나 넓은 공간에서 훈련을 진행한다.
- 훈련자와 동물 사이의 거리를 점차 늘려가며(예 10m, 20m) 명령을 내린다.
- 동물이 명령을 수행하면 즉각적으로 보상을 준다.
- 장거리에서도 다양한 신호에 반응할 수 있도록 반복 연습한다.

3 Distraction(방해물) 극복 훈련

(1) Distraction 훈련의 이해

① Distraction 훈련의 정의

Distraction 훈련은 동물이 시각적, 청각적, 후각적 방해 요소가 존재하는 환경에서도 훈련자의 신호에 집중하고 정확히 행동을 수행하도록 돕는 고급 훈련 기법이다. 방해 요소는 새로운 사람, 소음, 움직이는 물체, 다른 동물 등 다양하게 나타날 수 있으며, 이러한 자극은 동물의 주의를 분산시켜 행동 수행에 어려움을 초래할 수 있다.

초급 훈련은 대체로 조용하고 단순한 환경에서 진행되어, 동물이 방해 요소 없이 신호와 행동을 학습하도록 설계된다. 그러나 이러한 훈련은 실제 생활에서 동물이 직면하게 될 복잡한 상황이나 예측할 수 없는 자극에 대처하기에는 한계가 있다. 예를 들어, 반려견이 훈련실에서는 '기다려' 명령에 잘 반응하더라도, 공원에서 자전거가 지나가거나 다른 동물이 접근하는 상황에서는 동일한 명령을 무시하거나 행동을 실패할 가능성이 높다.

Distraction 훈련은 동물이 다양한 방해 요소에 노출되더라도 신호를 정확히 인식하고 안정적으로 반응할 수 있도록 체계적으로 설계된 훈련이다. 이는 훈련자가 원하는 행동을 실내뿐만 아니라 공원, 도심, 여행지와 같은 다양한 실제 환경에서도 수행할 수 있도록 만드는 데 초점을 맞춘다.

구분	개념	예시	훈련방법
시각적 요소	동물이 주변 움직임이나 시각적 자극에 주의를 빼앗기지 않고 신호에 집중하도록 훈련	▪ 지나가는 자전거, 자동차, 스케이트보드 ▪ 갑자기 나타나는 사람, 동물 ▪ 반짝이는 불빛, 움직이는 장난감	▪ 단계적 노출: 멀리서 방해 요소를 보여주고 점차 거리를 좁힘 ▪ 시각적 자극 차단: 초점 유지가 어려울 때 방해 요소를 차단하거나 동물의 시선을 다른 방향으로 유도
청각적 요소	주변 소음이나 갑작스러운 소리에도 동물이 집중력을 유지하도록 훈련	▪ 경적 소리, 사이렌, 폭죽 소리 ▪ 천둥 번개 소리 ▪ 웃음소리, 박수 ▪ 음악, 방송 음향	▪ 백색소음 활용: 초기에는 백색소음으로 시작, 점차 다른 소리를 추가 ▪ 단계적 노출: 조용한 환경에서 시작하여 소리의 강도와 다양성을 점차 높임
후각적 요소	강한 냄새(음식, 다른 동물의 체취 등)에 방해받지 않고 신호를 수행하도록 훈련	▪ 음식 냄새 ▪ 발정기 개체의 췌취 ▪ 다른 동물의 체취 ▪ 향수, 화학물질 냄새	▪ 둔감화: 방해 요소가 되는 냄새를 점진적으로 노출하여 민감도를 낮춤 ▪ 냄새와 행동 연결: 특정 냄새 속에서도 신호와 행동이 연관되도록 보상 제공
촉각적 요소	물리적 접촉(사람의 손길, 다른 동물의 접촉 등)에 신경 쓰지 않고 신호를 수행하도록 훈련	▪ 다른 동물의 접촉 ▪ 특정 표면(잔디, 모래, 타일)의 감촉 ▪ 훈련자 혹은 타인의 스킨십	▪ 촉각 자극 통제: 초기에는 접촉을 제한한 상태에서 시작 후 점진적 자극 추가 ▪ 촉각 적응 훈련: 반복적 노출과 보상을 통해 특정 접촉에 익숙해지도록 훈련

② Distraction 훈련의 필요성

Distraction 훈련은 동물이 다양한 외부 자극과 방해 요소가 있는 환경에서도 훈련자의 신호에 집중하고, 안정적으로 행동을 수행할 수 있도록 만드는 과정이다. 이는 훈련된 행동이 실제 환경에서도 흐트러지지 않고 유지될 수 있는 실질적인 안정성을 확보하기 위한 핵심 훈련이다.

- **실제 환경은 방해 요소로 가득하다.**

훈련실처럼 조용하고 통제된 환경에서는 반응이 정확했던 동물도, 실제 생활에서는 갑작스러운 소리, 사람, 동물, 냄새, 움직임 등의 자극에 쉽게 반응이 흐트러질 수 있다. Distraction 훈련은 이러한 자극 속에서도 훈련자의 신호에 집중하는 능력과 자기조절력을 강화하는 데 목적이 있다.

예를 들어, 산책 중 자전거가 빠르게 지나가거나, 낯선 개가 다가올 때도 반려견이 훈련자의 "앉아"나 "기다려" 신호에 따라 자리를 유지할 수 있어야 한다. 이는 위험 상황에서도 안전을 확보하고, 동물의 반응을 예측 가능하게 만드는 데 필수적이다.

- 자기조절력과 충동 억제 능력 향상

Distraction 훈련은 단순한 집중력 강화에 그치지 않고, 동물이 유혹이나 위협이 되는 자극 앞에서 충동을 조절하고 안정적인 반응을 선택할 수 있도록 돕는다. 특히 소리, 음식, 장난감, 다른 동물, 움직이는 사람 등 다양한 종류의 방해 자극을 단계적으로 노출시키며, 동물이 신호 이외의 자극에 반응하지 않도록 차별 강화 원칙을 적용한다.

이를 통해 동물은 훈련자의 신호를 행동의 기준으로 인식하게 되며, 훈련 외적인 자극에는 반응하지 않는 일관된 행동 반응을 형성해나갈 수 있다.

- 문제행동 예방과 대처 능력 강화

Distraction 훈련은 짖음, 도약, 추격, 흥분, 도망 등의 문제행동을 사전에 예방하는 데에도 효과적이다. 예기치 못한 자극에 과잉 반응하지 않고 훈련자의 신호에만 집중하도록 훈련함으로써, 훈련자가 언제 어디서든 반려동물을 통제할 수 있는 기반을 제공한다.

특히 둔감화(desensitization)와 병행할 경우, 자극에 대한 민감도를 조절하면서 점진적으로 더 강한 방해 요소를 견디는 능력을 키울 수 있다.

(2) Distraction 훈련의 단계별 과정

① **초기 단계:** 방해 요소 없는 환경에서 집중력 훈련 → 기본 명령 수행 학습
② **중급 단계:** 주변 소음, 사람의 이동 등 방해 요소 추가 → 환경 적응 훈련
③ **고급 단계:** 강한 방해 요소 속에서도 신호 수행 → 다양한 환경에서 일반화

① 초기 단계: 방해 요소 없는 환경에서 시작

- 목표: 방해 요소가 적은 환경에서 동물이 훈련자의 신호에 집중할 수 있도록 학습한다.

- 훈련자와 동물이 조용하고 안정된 환경(예 집 안)에서 시작한다.
- 기본 명령(예 "앉아", "기다려", "와")을 사용한다.

- 명령을 내린 후 동물이 올바르게 수행하면 즉각적으로 보상(간식, 칭찬 등)을 준다.
- 동일한 명령을 반복해서 동물이 명령과 행동을 연결하도록 한다.

② 중간 단계: 복합적 방해 요소 추가

- 목표: 동물이 약한 외부 자극이 있는 환경에서도 명령을 수행할 수 있게 한다.

- 초기 단계가 완료되면, 약한 자극(예 TV 소리, 가족의 움직임)이 있는 환경으로 이동한다.
- 동일한 명령을 사용해서 훈련을 반복한다.
- 동물이 명령을 수행하면 즉각적으로 보상을 준다.
- 자극을 점차 늘려가면서 동물이 혼란스러워하지 않도록 천천히 진행한다.

③ 고급 단계: 고강도 자극 환경 및 일반화

- 목표: 동물이 강한 외부 자극이 있는 환경에서도 명령에 즉각적으로 반응하도록 한다.

- 공원, 거리, 카페 등 외부 자극이 많은 환경에서 훈련을 진행한다.
- 다른 동물, 사람, 소음, 냄새 등이 있어도 명령에 집중하도록 유도한다.
- 동물이 명령을 수행하면 즉각적으로 보상을 준다.
- 다양한 환경과 자극에서도 명령에 반응할 수 있도록 반복 연습한다.

4 Duration(유지) 극복 훈련

(1) Duration 훈련의 이해

① Duration 훈련의 정의

Duration 훈련은 동물이 특정 행동을 일정 시간 동안 유지하도록 훈련하는 과정이다. 일반적인 훈련에서는 동물이 특정 행동을 즉각적으로 수행하는 것이 목표지만, Duration 훈련에서는 동물이 단순히 행동을 수행하는 것을 넘어, 일정 시간 동안 해당 행동을 유지하도록 한다.

초급 훈련에서는 동물이 신호를 받으면 즉시 반응하는 것을 목표로 한다. 그러나 실제 생활에서는 행동의 지속성이 필요할 때가 많다. 예를 들어, 반려견이 '기다려' 명령을 받았을 때 몇 초 동안만 머물다가 스스로 행동을 종료하면, 훈련자의 통제가 어려워질 수 있다.

Duration 훈련은 이러한 문제를 해결하여, 동물이 훈련자의 명령을 일정 시간 동안 유지하고 신호가 해제될 때까지 행동을 멈추지 않도록 만든다.

이 훈련은 실생활에서 매우 중요한 역할을 한다. 예를 들어, 반려견이 '앉아' 명령을 받았을 때 즉시 앉는 것뿐만 아니라, 훈련자가 추가적인 신호를 주기 전까지 자리를 유지하도록 만드는 것이 Duration 훈련의 핵심이다. 탐지견이 특정한 냄새를 찾았을 때 즉시 떠나는 것이 아니라, 일정 시간 동안 그 자리에 머물러야 하는 경우도 Duration 훈련이 적용되는 대표적인 예다.

Duration 훈련은 반려견뿐만 아니라, 도우미견·경비견·탐지견·공연견 등 다양한 역할을 수행하는 동물들에게 필수적인 요소다. 이 훈련을 통해 동물은 신호를 받은 후 단순히 행동하는 것이 아니라, 신호가 유지되는 동안 일관된 반응을 보일 수 있도록 훈련된다. 또한, 동물이 자신의 행동을 지속하는 과정에서 외부 방해 요소(소음, 움직이는 물체 등)에 쉽게 영향을 받지 않도록 하며, 행동의 안정성과 신뢰성을 높이는 데 기여한다.

② Duration 훈련의 필요성

Duration 훈련은 동물이 훈련자의 신호에 따라 하나의 행동을 일정 시간 이상 안정적으로 유지할 수 있도록 만드는 과정이다. 이는 단순히 행동을 '하는 것'에서 나아가, 그 행동을 '지속하는 능력'을 기르는 훈련으로, 실생활과 고급 훈련에서 매우 중요한 요소로 작용한다.

• 행동 신뢰도와 자기통제력 강화

대부분의 초기 훈련은 동물이 짧은 시간 동안만 행동을 수행하도록 구성된다. 하지만 실제 환경에서는 훈련자가 원하는 행동을 오랜 시간 동안 유지해야 하는 상황이 자주 발생한다. 예를 들어, 반려견이 "기다려" 신호에 따라 몇 분간 그 자리에 머물거나, "엎드려" 자세를 유지해야 할 때가 있다. 이러한 지속 능력은 단순한 훈련 수준을 넘어, 훈련자의 의도를 정확히 따르는 자기조절력과 집중력을 강화하는 데 큰 도움이 된다.

• 실용성과 안전 확보

Duration 훈련은 실생활에서도 높은 실용성을 가진다.

- 엘리베이터 앞에서 기다릴 때
- 도로 횡단 전 멈춰서 대기할 때
- 카페, 동물병원, 외출 장소에서 일정 시간 자리에 머물러야 할 때

이처럼 지속적인 행동 유지가 필요한 순간에 반려견이 움직이지 않고 안정적으로 머무를 수 있어야 동물의 안전과 보호자의 통제력이 확보된다.

- 전문 목적 훈련에서의 필수 조건

안내견, 도우미견, 군견, 탐지견 등 특수 임무를 수행하는 동물들은 하나의 자세나 반응을 긴 시간 동안 유지하는 능력이 필수적이다. 예를 들어, 안내견은 도심 속에서 보호자가 다가올 때까지 멈춰 있어야 하며, 탐지견은 냄새를 감지한 위치에서 정지 상태를 오래 유지하면서 신호를 보내야 한다. 이러한 고난이도 행동은 Duration 훈련 없이는 절대로 완성될 수 없으며, 훈련의 완성도와 실전 활용도에 큰 영향을 미친다.

(2) Duration 훈련의 단계별 과정

① 초기 단계: 짧은 시간 동안 동작 유지 → 즉각 보상
② 중급 단계: 몇 초씩 지속 시간 점진적 증가 → 동기 부여 강화
③ 고급 단계: 장시간 유지, 훈련자 부재 상황에서도 유지→ 다양한 상황에서 일반화

① 초기 단계: 짧은 지속 시간 훈련(1~3초 유지)

- 목표: 동물이 기본 행동을 수행하고 짧은 시간 동안 유지할 수 있도록 한다.

- 훈련자는 동물이 '앉아', '기다려' 등의 행동을 수행한 직후 1~3초 동안 유지하도록 유도한다.
- 지속 시간이 짧아도 행동을 유지하는 것에 집중하며, 유지 성공 시 즉각 보상(간식, 칭찬 등)을 제공한다.
- 지속 시간을 점진적으로 1초씩 늘리면서, 행동을 유지하는 습관을 형성한다.
- '기다려' 명령을 내린 후 3초 동안 동물이 움직이지 않도록 유도하고 성공하면 보상한다.

② 중급 단계: 지속 시간 확장(5~30초 유지)

- 목표: 동물이 행동을 일정 시간(5~15초) 동안 지속하도록 유도한다.

- 초기 단계가 완료되면, 행동 유지 시간을 점차 늘려간다(예 5초 → 10초 → 30초).

- 각 시간 동안 명령을 내리고 동물이 행동을 유지하는지 확인한다.
- 동물이 행동을 유지하면 즉각적으로 보상을 준다.
- 시간을 늘릴 때마다 동물이 혼란스러워하지 않도록 천천히 진행한다.

③ 고급 단계: 장시간 행동 유지(30초 이상 유지 및 일반화)

- 목표: 동물이 장시간(30초 이상) 행동을 지속하고, 다양한 환경에서도 명령을 유지할 수 있도록 한다.
  - 지속 시간을 30초, 1분, 3분까지 점진적으로 늘려 동물이 장시간 유지할 수 있도록 유도한다.
  - 훈련자가 동물에게서 멀어지거나 주변에 방해 요소가 있어도 지속 시간을 유지할 수 있도록 일반화한다.
  - 훈련자가 눈에 보이지 않는 상황에서도 지시한 자세를 그대로 유지할 수 있도록 훈련한다.

5 3D 모델의 활용 방법

(1) 물건 가져오기 훈련

① 훈련 목표: 원격 물건 가져오기

일상에서 3D(거리 Distance, 방해 Distraction, 지속 Duration) 훈련을 적용하면 반려견의 인지 능력, 신체 능력, 문제 해결력을 더욱 발전시킬 수 있다. 이번 훈련에서는 반려견이 일정 거리에서 보호자의 신호를 듣고 장애물이 있는 환경 속에서도 물건을 찾아 가져오는 행동을 수행하도록 한다.

- 반려견이 멀리 떨어진 곳에서도 보호자의 신호를 듣고 행동 수행
- 주변 방해 요소(소음, 다른 동물, 새로운 환경 등) 속에서도 정확하게 행동 수행
- 일정 시간 동안 집중력을 유지하면서 목표를 수행하는 능력 강화
- 실생활에서 유용한 기술(예 신발 가져오기, 리모컨 찾기 등) 활용

② 훈련 단계 및 방법

- 1단계: 목표물과 신호 연계하기

▪ 반려견이 특정 목표물(예 원형 매트, 특정 색상의 콘, 특정 장난감)과 신호를 연계하도록 한다.

▪ 목표물 위에 간식을 두고 반려견이 자연스럽게 접근하도록 유도한다.

▪ 목표물 위에서 멈춰야 보상을 받을 수 있도록 한다.

▪ 구두 신호(예 "찾아!")와 시각적 신호(손짓 또는 목표물 가리키기)를 함께 사용하여 신호 인식을 강화한다.

- 2단계: 거리 확장 훈련

▪ 초기에는 가까운 거리(1~2m)에서 목표물을 찾아가도록 유도한다.

▪ 반려견이 목표물을 인식하고 도달할 때마다 즉시 보상을 제공하여 행동을 강화한다.

▪ 점차 거리(5m → 10m → 15m 이상)를 늘려가며 신호에 대한 반응성을 높인다.

▪ 훈련자는 목표물 근처에 서 있지 않고 멀리 떨어진 상태에서 신호를 보내도록 한다.

- 3단계: 방해 요소 추가

▪ 실내에서 훈련이 성공하면, 실외(공원, 마당 등)에서 훈련하여 주변 환경에 적응하도록 한다.

▪ 목표물 근처에 방해 요소(낯선 사람, 다른 반려견, 소음 등)를 추가하여 반려견이 집중할 수 있도록 유도한다.

▪ 반려견이 방해 요소에 주의를 빼앗기지 않고 목표물에 도달하면 보상을 제공한다.

▪ 방해 요소의 강도를 조절하며 훈련을 반복한다.

- 4단계: 행동 지속성 강화

▪ 목표물에 도달한 후, 일정 시간 동안 미무르는 훈련을 추가한다.

▪ 목표물 위에서 일정 시간(5초 → 10초 → 30초 이상) 기다릴 수 있도록 신호를 추가한다(예 "머물러!").

▪ 반려견이 목표물에 도착한 후 곧바로 돌아오지 않고, 훈련자의 신호가 있을 때까지 기다릴 수 있도록 한다.

▪ 최종적으로 목표물 찾기 → 목표물 근처에서 머무르기 → 훈련자의 신호에 따라 돌아

오기까지 일련의 행동을 연결한다.

③ 훈련 효과 및 활용

- **실생활 활용**: 공원에서 물건을 찾아오게 하거나, 도우미견 훈련의 기초 기술로 활용 가능
- **Distance 강화**: 훈련자의 신호를 멀리서도 인식하고 행동할 수 있도록 훈련
- **Distraction 극복**: 주변 방해 요소 속에서도 집중할 수 있는 능력 향상
- **Duration 훈련**: 목표물 근처에서 머무르는 시간을 늘려 훈련자의 추가 지시를 기다릴 수 있도록 유도

(2) 빨래감 바구니에 넣기

① 훈련 목표: 원격으로 빨래를 바구니에 넣기

일상에서 3D(거리 Distance, 방해 Distraction, 지속 Duration) 훈련을 적용하면 반려견의 문제 해결 능력과 집중력을 높일 수 있다. 이번 훈련에서는 반려견이 바닥에 있는 빨래를 물고 바구니까지 가져가 넣는 행동을 수행하도록 한다. 이를 통해 반려견은 보호자의 신호에 따라 멀리 떨어진 목표까지 이동하고, 방해 요소 속에서도 정확한 행동을 수행하며, 일정 시간 동안 집중을 유지하는 능력을 기르게 된다.

- 반려견이 보호자의 신호를 듣고 바닥에 있는 빨래를 찾아 물고 가기
- 방해 요소(소음, 낯선 환경, 다른 동물 등) 속에서도 정확하게 행동 수행
- 빨래를 바구니 안에 넣을 때까지 집중력을 유지하는 능력 강화
- 실생활에서 유용한 기술(예 장난감 정리, 물건 가져오기 등) 활용

② 훈련 단계 및 방법

- **1단계: 물건 물기**

- 반려견이 특정 물건(수건, 양말, 옷 등)을 입에 무는 행동을 학습하도록 한다.
- 물건을 바닥에 놓고, 반려견이 자연스럽게 다가가서 입에 무는 것을 유도한다.
- 처음에는 물건을 물기만 해도 보상을 제공하여 긍정적인 연관을 형성한다.
- 신호(구두: "물어!", 시각적: 손짓 또는 물건 가리키기)를 사용하여 행동을 강화한다.

- 2단계: 물건 놓기

- 반려견이 물건을 물었을 때, 특정 위치에서 놓을 수 있도록 유도한다.
- "놓아!"라는 신호를 추가하여, 반려견이 물건을 내려놓으면 즉시 보상을 제공한다.
- 다양한 위치에서 훈련하여, 신호를 들으면 반려견이 물건을 안정적으로 내려놓을 수 있도록 한다.
- 짧은 거리에서 연습한 후 점차 이동 거리를 늘린다(예 1m → 3m → 5m).

- 3단계: 바구니에 물건 넣기

- 반려견이 물건을 물고 이동한 후, 바구니 안에 정확히 넣도록 훈련한다.
- 처음에는 보호자가 바구니 가까이에 서서 손짓과 신호(예 "넣어!")를 사용하여 반려견이 물건을 놓을 위치를 안내한다.
- 바구니 근처에서 물건을 놓으면 보상을 제공하고, 점차 바구니 안에 정확히 넣도록 유도한다.
- 목표는 보호자의 신호에 따라 반려견이 스스로 물건을 바구니에 넣도록 하는 것이다.

- 4단계: 물건을 찾아서 가져와 바구니에 넣기

- 이번 단계에서는 반려견이 바닥에 놓인 물건을 찾아 보호자에게 가져오고, 바구니에 넣도록 훈련한다.
- 초기에는 가까운 위치(1~2m)에서 물건을 놓고 "가져와!" 신호를 주어 반려견이 물건을 물고 이동하도록 한다.
- 점차 거리를 늘려서(5m → 10m 이상) 반려견이 먼 거리에서도 물건을 찾아와 바구니에 넣을 수 있도록 유도한다.
- 방해 요소(낯선 소리, 새로운 환경, 다른 사람의 움직임 등)를 추가하여 실생활에서도 적용 가능하도록 연습한다.

③ 훈련 효과 및 활용

- **실생활 활용**: 빨래뿐만 아니라 장난감 정리, 특정 물건 정리 등의 응용 가능
- **Distance 강화**: 훈련자의 신호를 멀리서도 인식하고 행동할 수 있도록 훈련
- **Distraction 극복**: 주변 방해 요소 속에서도 집중력을 유지하는 능력 향상
- **Duration 훈련**: 빨래 바구니에 닿기 전까지 물건을 입에 물고 유지하는 능력 강화

(3) 어질리티의 위브폴 통과하기

① 훈련 목표: 위브폴(Weave Pole) 통과 훈련

위브폴(Weave Pole) 훈련은 반려견이 연속적으로 배치된 폴(기둥) 사이를 지그재그로 빠르게 이동하는 어질리티 훈련이다. 이번 훈련에서는 반려견이 장애물을 효율적으로 통과하는 방법을 학습하고, 거리(Distance), 방해 요소(Distraction), 지속(Duration)에 대한 집중력을 높이는 것을 목표로 한다.

- 반려견이 신속하고 정확하게 슬라럼 코스를 통과하는 능력 향상
- 훈련자의 신호 없이도 자율적으로 장애물을 인식하고 수행
- 방해 요소 속에서도 집중력을 유지하며 행동을 수행
- 지속적인 훈련을 통해 체력과 민첩성 강화

② 훈련 단계 및 방법

- **1단계: 기초 슬라럼 유도 훈련**

- 반려견이 처음 슬라럼을 배우도록 폴 사이에 간식을 사용하여 유도한다.
- 훈련자는 반려견과 함께 걸으며, 손짓이나 장난감을 이용해 폴 사이를 따라가도록 한다.
- "의브폴" 또는 "슬라럼" 등의 명령어를 사용하여 신호를 연결한다.
- 반려견이 처음에는 천천히 이동할 수 있도록 하고, 성공하면 즉시 보상한다.

- **2단계: 독립적인 슬라럼 수행 훈련**

- 보호자의 직접적인 유도 없이 반려견이 슬라럼을 스스로 통과할 수 있도록 한다.
- 거리를 점차 늘려 보호자가 반려견을 멀리서 지시할 수 있도록 한다.
- 폴 사이를 정확히 통과할 수 있도록 반복 연습을 진행하며, 실수 시 다시 처음부터 시작하게 한다.
- 보상은 슬라럼을 끝까지 완주했을 때 제공하여 행동을 강화한다.

- **3단계: 방해 요소 추가 및 속도 향상**

- 주변 환경을 바꿔(실내 → 실외) 다양한 환경에서 훈련을 진행한다.
- 반려견이 슬라럼을 통과할 때 방해 요소(예 다른 반려견, 사람, 소리)를 추가하여 집중력을 유지할 수 있도록 한다.

- 반려견이 속도를 내면서도 정확한 코스를 유지할 수 있도록 유도한다.
- 보호자가 움직이지 않아도 반려견이 신호에 따라 슬라럼을 통과할 수 있도록 독립적인 행동 수행을 강화한다.

- **4단계: 연속 동작 연결 및 응용 훈련**

- 슬라럼 이후 다른 장애물(예 허들, 터널)과 연결하여 훈련한다.
- 반려견이 하나의 신호로 여러 동작을 연속적으로 수행할 수 있도록 한다.
- "슬라럼 → 점프 → 터널" 등의 코스를 설정하여 빠르고 정확하게 수행하도록 유도한다.
- 최종적으로 반려견이 보호자의 최소한의 신호로도 장애물 코스를 완주할 수 있도록 한다.

③ 훈련 효과 및 활용

- **실생활 응용**: 반려견의 방향 전환 능력과 신체 컨트롤 능력 향상
- **Distance 강화**: 훈련자가 멀리 있어도 신호를 인식하고 행동 수행
- **Distraction 극복**: 소음, 다른 반려견 등 방해 요소 속에서도 집중력 유지
- **Duration 훈련**: 빠른 속도로 슬라럼을 수행하면서도 정확성을 유지

(4) 마약 탐지 훈련

① 훈련 목표: 마약 탐지견 장애물 탐색 훈련

마약 탐지견 훈련은 특수목적견이 다양한 환경에서 마약류를 신속하고 정확하게 탐지할 수 있도록 하는 과정이다. 이 훈련에서는 탐지견이 장애물이 있는 복잡한 환경 속에서도 목표물을 탐색하고, 탐지 후 훈련자에게 명확한 신호를 보낼 수 있도록 한다.

- 탐지견이 특정 마약류의 냄새를 정확하게 인식하고 탐색 능력 강화
- 다양한 장애물과 방해 요소 속에서도 집중력을 유지하며 마약을 탐지
- 탐지 후 신뢰성 높은 신호(앉기, 짖기, 코로 특정 지점 터치 등)로 보호자에게 알림
- 장시간 탐색 수행 후에도 높은 정확도를 유지

② 훈련 단계 및 방법

- **1단계: 목표물(마약 냄새) 인식 및 탐색 기본 훈련**

▪ 특정 마약 냄새와 보상을 연결하여 탐지견이 해당 냄새를 맡으면 긍정적 강화를 받을 수 있도록 한다.

▪ 훈련 초기에는 작은 공간에서 마약류(모형 냄새 포함)를 숨기고 탐지견이 찾아내도록 유도한다.

▪ 탐지견이 냄새를 맡고 목표물을 찾으면 즉시 보상(간식, 장난감, 칭찬)을 제공하여 학습을 강화한다.

▪ 목표물을 발견하면 '앉기', '짖기' 등의 특정 신호를 보내도록 훈련한다.

- **2단계: 장애물 탐색 및 거리 확장**

▪ 탐색 공간에 장애물(예 가방, 가구, 벽장, 차량 내부 등)을 배치하여 탐지견이 다양한 조건에서도 목표물을 찾을 수 있도록 한다.

▪ 훈련 초기에는 쉽게 접근할 수 있는 장애물 뒤에 목표물을 숨기고, 점차 복잡한 구조 속에서 탐색하도록 난이도를 높인다.

▪ 보호자가 가까운 거리(3~5m)에서 신호를 주다가 점점 멀어지면서 탐지견이 독립적으로 탐색할 수 있도록 한다.

▪ 좁은 공간(비행기 화물칸, 차량 트렁크) 및 개방된 공간(공항, 항만, 화물창고)에서 훈련을 진행하며 다양한 환경에 적응시킨다.

- **3단계: 방해 요소 속 탐색 훈련**

▪ 다양한 환경(공항, 기차역, 행사장 등)에서 사람들이 많고 소음이 심한 상태에서도 탐색을 수행하도록 한다.

▪ 목표물 주변에 강한 향(커피, 향수, 음식 냄새 등)을 배치하여 마약 냄새를 구별하는 능력을 강화한다.

▪ 여러 개의 가방, 컨테이너, 서랍 속에 마약류 모형을 숨기고 탐지견이 정확하게 특정 지점을 표시하도록 한다.

▪ 탐지견이 방해 요소에 주의를 빼앗기지 않고 목표물에 집중할 수 있도록 반복 훈련을 진행한다.

- 4단계: 행동 지속성 및 실전 훈련
  - 장시간 탐색 훈련을 통해 탐지견이 피로 상태에서도 신뢰성 높은 탐지력을 유지하도록 한다.
  - 마약이 없는 상황에서도 탐지견이 거짓 탐지를 하지 않도록 보상 전략을 조정한다.
  - 실제 공항, 세관, 경찰 훈련 센터 등에서 실전 훈련을 수행하여 실전 감각을 익힌다.
  - 탐지 후 보상 시간을 점진적으로 줄이며 탐지견이 보상 없이도 탐색을 지속할 수 있도록 훈련한다.

③ 훈련 효과 및 활용

- **실생활 응용:** 마약 탐지견의 후각 감지 능력을 극대화하여 공항, 항만, 국경 검문소, 경찰 작전에서 마약 탐지 수행
- **Distance 강화:** 탐지견이 훈련자로부터 멀리 떨어진 상태에서도 신호를 인식하고 탐색 임무를 수행할 수 있도록 훈련
- **Distraction 극복:** 공항, 항만, 도심 등 소음이 많고 사람이 붐비는 환경에서도 방해받지 않고 탐색을 수행할 수 있도록 집중력 유지
- **Duration 훈련:** 훈련자가 올 때까지 발견한 목표물 앞에서 특정 동작('앉기', '짖기') 유지

6 3D 훈련 모델과 행동치료 기법의 상호작용

3D 훈련 모델은 거리(Distance), 방해 요소(Distraction), 유지(Duration)라는 세 가지 요소를 통해 동물의 행동을 안정적으로 강화하고, 다양한 환경에서도 신뢰할 수 있는 행동을 수행하도록 돕는다. 행동치료 기법(둔감화, 역조건화, 일반화, 변별 등)은 문제행동을 수정하고 적응적 행동을 강화하는 데 주로 사용된다. 3D 훈련 모델과 행동치료 기법의 상호작용은 행동의 안정성, 적용 가능성, 그리고 학습 효과를 극대화하는 데 중요한 역할을 한다.

(1) 둔감화(Desensitization)

둔감화(Desensitization) 훈련은 동물이 특정 자극(예 소음, 시각적 자극, 낯선 사람, 새로운 환경 등)에 대해 느끼는 두려움, 불안, 또는 과도한 흥분 반응을 점진적으로 감소시키는 훈련

기법이다. 이 기법은 동물이 자극에 점차 익숙해지도록 하여, 자극에 대한 부정적인 반응을 긍정적이거나 중립적인 태도로 바꾸는 것을 목표로 한다.

둔감화는 동물이 특정 자극에 대한 부정적 반응을 줄이고 긍정적 또는 중립적 반응을 보이도록 훈련하는 기법으로, 다양한 접근법이 있다. 주요 기법은 체계적 둔감화, 홍수법으로 구분한다.

① 체계적 둔감화(Systematic Desensitization)

동물을 자극에 점진적으로 노출시키며, 자극의 강도를 서서히 높여 적응을 유도하는 방식이다. 이 과정은 동물이 불안을 느끼지 않는 상태에서 진행되며, 자극 강도를 단계적으로 증가시킨다.

예를 들어 물에 대한 공포가 있는 반려견에게 체계적 둔감화를 이용하여 물에 대한 두려움 극복하는 방법은 다음과 같다.

- **1단계: 자극의 최소화**
  - 물에 대한 두려움을 낮추기 위해, 반려견이 물을 멀리서 보도록 한다.
  - 예 목욕탕 입구 근처에 앉히고, 반려견이 안정적인 상태를 유지하면 간식과 칭찬으로 보상한다.
- **2단계: 점진적 접근**
  - 반려견이 물 근처로 스스로 다가오게 유도한다.
  - 예 물이 담긴 작은 대야를 바닥에 놓고, 반려견이 냄새를 맡거나 가까이 다가가면 보상한다.
  - 점차 대야의 크기를 늘리고, 물의 양을 천천히 증가시킨다.
- **3단계: 가벼운 접촉**
  - 반려견의 발을 살짝 적시는 단계로 진행한다.
  - 예 손으로 물을 떠서 발에 뿌려주고, 반려견이 차분히 반응하면 간식을 준다.
  - 두려움 없이 발을 적시는 데 익숙해지면, 점차 물에 들어가게 유도한다.
- **4단계: 전체 노출**
  - 반려견이 몸통까지 차는 물에 들어가 몸을 적시는 것에 점차 적응하도록 한다.
  - 예 얕은 물에서 놀게 하거나, 물놀이 장난감을 활용해 긍정적인 경험을 쌓는다.

② 홍수법(Flooding)

동물을 자극에 한 번에 강하게 노출시켜, 초기에는 큰 스트레스를 경험하게 하지만 결국 자극에 익숙해지도록 만드는 방식이다. 동물이 자극을 회피할 수 없게 함으로써 불안을 극복하도록 유도한다.

예를 들어 물에 대한 공포가 있는 반려견에게 홍수법을 이용하여 물에 대한 두려움 극복하는 방법은 다음과 같다.

- 1단계: 강한 자극 노출
  - 반려견을 바로 몸통까지 차는 물에 넣어 두려움 자극에 직접적으로 노출한다.
  - 예 얕은 물이 담긴 욕조나 수영장에 반려견을 안고 들어간다.
  - 반려견이 물에 적응할 때까지 상황을 유지하며, 물 밖으로 나오지 못하게 한다.
- 2단계: 자극의 지속적 노출
  - 반려견이 물 속에서 심한 두려움 반응(떨림, 짖음 등)을 보일 경우에도, 물에서 벗어나지 못하도록 한다.
  - 시간이 지나면서 반려견이 두려움을 완화하고 안정적인 상태를 찾도록 한다.
- 3단계: 정적 강화 추가
  - 반려견이 물 속에서 차분한 행동을 보이면 칭찬과 간식으로 보상한다.
  - 두려움 반응이 줄어들수록 물에 대한 긍정적인 경험을 강화한다.

③ 체계적 둔감화와 홍수법의 비교

항목	체계적 둔감화	홍수법
접근 방식	자극의 강도를 점진적으로 높이며 두려움을 단계적으로 완화함	두려움을 유발하는 자극에 즉각적이고 강하게 노출함
훈련 강도	자극의 강도가 낮으며 동물의 반응에 따라 점차 상향 조정됨	초기부터 높은 강도로 자극에 노출됨
스트레스 정도	동물의 스트레스 스트레스가 최소화되며, 훈련이 긍정적 경험으로 이어짐	높은 스트레스를 유발할 수 있으나, 효과는 빠를 수 있음
훈련 시간	비교적 긴 시간이 필요하나 안정적이고 지속적인 결과를 얻음	짧은 시간 내에 결과를 볼 수 있으나, 트라우마가 생기는 등의 리스크가 있음
예시	물을 멀리서 관찰 → 발 적시기 → 얕은 물에서 놀기	처음부터 매번 물에 들어가게 하여 두려움을 극복하게 함

(2) 둔감화(Desensitization)와 3D 훈련

둔감화는 동물이 특정 자극(소음, 시각적 자극, 냄새 등)에 대해 느끼는 두려움이나 불안을 점진적으로 감소시키는 기법으로, 3D 훈련의 방해 요소(Distraction) 극복과 밀접하게 연결된다. 특히 3D 훈련의 점진적 접근 방식은 둔감화의 체계적 노출 기법을 보완하며, 동물이 자극 속에서도 안정적으로 행동을 유지할 수 있도록 한다. 이를 통해 동물은 단순히 자극을 견디는 수준을 넘어, 자극 속에서도 훈련자의 신호에 일관되게 반응하는 능력을 얻게 된다.

① 청소기 극복 훈련: 체계적 둔감화와 3D 훈련의 통합 사례

- 1단계: 초기 노출(체계적 둔감화 초점)

▪ **청소기와 거리 두기**: 꺼진 청소기를 반려견과 충분히 떨어진 곳(약 3~5m)에 배치한다. 반려견이 청소기를 바라보거나 냄새를 맡으려는 행동을 보이면 칭찬과 간식을 제공한다. 청소기 자체를 안전한 대상으로 인식하도록 유도한다.

▪ **소리에 대한 낮은 노출**: 청소기를 5m 이상 거리에서 켜고, 최소한의 소음(저속 모드)만 발생시킨다. 반려견이 차분히 있을 때 간식과 칭찬을 제공한다. 반려견이 긴장하거나 도망치려 하면 소음을 중단하고, 거리를 더 늘려 재시도한다.

▪ **점진적 접근**: 반려견이 차분히 반응할 때마다 청소기와의 거리를 점차 줄여나간다. (예 3m → 2m → 1m)

- 2단계: 소리와 거리 확장(3D 훈련 – Distance 적용)

▪ **근거리 훈련 시작**: 청소기에서 2m 떨어진 상태에서 '앉아' 신호를 준다. 반려견이 소리와 가까운 거리에서도 신호를 수행하면 보상한다.

▪ **거리 확장**: 청소기에서 멀어지며 동일한 신호('앉아', '기다려')를 준다. 훈련자는 5m, 10m 이상으로 점차 거리를 늘려나간다. 반려견이 청소기 소리와 훈련자 간의 물리적 거리에도 불구하고 신호를 수행하도록 학습한다.

- 3단계: 방해 요소 강화(3D 훈련 – Distraction 적용)

▪ **청소기의 움직임 추가**: 청소기를 저속으로 이동시키며, 반려견에게 '기다려' 신호를 준다.

▪ 반려견이 움직이지 않고 행동을 유지하면 간식을 제공한다.

▪ **소리 강도 조절**: 청소기의 소리를 점점 더 높여가며 훈련을 진행한다. 예 중속 → 고속

모드로 전환하며 반려견의 안정성을 확인한다.

- **혼합 방해 요소 도입:** 청소기 소리와 함께 주변 자극(예 가족의 발소리, 문 닫히는 소리)을 추가한다. 반려견이 신호에 따라 차분히 행동을 유지할 때만 보상을 제공한다.

- 4단계: 행동 지속 훈련(3D 훈련 – Duration 적용)

- **짧은 시간 유지:** 청소기가 작동하는 동안 '기다려' 신호를 주고 10초 동안 행동을 유지하도록 한다. 성공하면 간식과 칭찬으로 보상한다.
- **시간 점진적 확장:** 행동 유지 시간을 30초, 1분, 5분으로 점차 늘려간다. 반려견이 성공적으로 행동을 유지하면 보상의 강도를 높인다(더 맛있는 간식, 놀이 등).
- **장시간 작동 상황 훈련:** 청소기가 10분 이상 작동하는 동안 반려견이 안정적으로 '기다려'를 유지하도록 훈련한다. 동물의 집중력이 떨어지지 않도록 중간에 보상을 간헐적으로 제공한다.

② 청소기 극복 훈련: 목표와 결과

- 두려움 극복

체계적 둔감화를 통해 반려견이 청소기 소리에 대한 두려움을 극복하고, 안정적인 상태를 유지하도록 한다.

- 실생활 적용

3D 훈련을 통해 방해 요소가 있는 상황에서도 신호 수행을 가능하게 하여, 청소기 소리가 나는 환경에서 반려견이 차분히 행동하도록 훈련한다.

- 행동의 일반화

훈련 환경을 실내에서 실외로 확장하여, 다양한 자극 속에서도 행동이 유지되도록 한다.

(3) 역조건화(Counter-Conditioning)

역조건화(Counter-Conditioning)은 동물이 특정 자극에 대해 느끼는 부정적인 감정(두려움, 불안, 공격성 등)을 긍정적인 감정으로 전환시키는 학습 기법이다. 기존의 조건화를 역으로 적용하여, 동물이 자극과 연관된 부정적 경험을 대체하고 새로운 긍정적 반응을 학습하도록 돕는다.

이 기법은 부정적 감정을 유발하는 자극(예 큰 소음, 낯선 사람, 특정 환경)을 강화물(예 간식, 칭찬, 장난감)과 반복적으로 연합시켜, 자극을 긍정적이거나 중립적인 것으로 재해석하도록 유도한다.

- **대체 감정 학습**: 동물이 기존 자극에 대해 가지고 있는 부정적 감정을 새로운 긍정적 경험으로 교체.
- **자극과 강화물의 연합**: 부정적 자극이 나타날 때마다 긍정적 자극(보상)을 함께 제공하여 긍정적 연합 형성.
- **점진적 진행**: 동물이 자극에 대한 긍정적 반응을 보일 때까지 반복적으로 강화.

① 역조건화의 발생 배경

고전적 조건화(Classical Conditioning)는 이반 파블로프(Ivan Pavlov)가 개의 침 분비 실험을 통해 제안한 학습 이론으로, 특정 자극에 대한 반응이 학습될 수 있음을 설명한다. 이 이론은 자극과 반응의 연합을 통해 새로운 행동을 학습시키는 과정을 보여준다. 예를 들어, 무조건 자극(UCS)인 음식은 침 분비(UCR)와 같은 본능적 반응을 유발한다. 그러나 조건 자극(CS)인 종소리가 음식(UCS)과 반복적으로 연합되면, 종소리(CS)만으로도 조건 반응(CR)인 침 분비를 유발할 수 있다. 이러한 고전적 조건화의 원리는 인간의 학습과 정서 반응에도 적용될 수 있다는 점에서 큰 학문적 의의를 가진다.

존 B. 왓슨(John B. Watson)과 로절리 레이너(Rosalie Rayner)는 1920년, 고전적 조건화의 원리를 인간의 정서적 반응에 적용하기 위해 '앨버트 실험(Little Albert Experiment)'을 수행했다. 이 실험에서는 생후 9개월 된 유아 앨버트가 대상이었다. 초기에는 앨버트가 흰 쥐(CS)에 대해 아무런 공포 반응을 보이지 않았다. 그러나 흰 쥐를 만질 때마다 쇠막대를 두드려 큰 소리(UCS)를 들려주는 과정을 반복한 결과, 흰 쥐와 큰 소리의 연합이 형성되었다. 이후 앨버트는 흰 쥐만 보아도 공포 반응(CR)을 보였고, 이는 토끼, 털 달린 물체, 심지어 산타클로스 가면에도 일반화되었다. 이 실험은 공포와 같은 정서적 반응도 학습될 수 있음을 보여주었고, 정서 학습 연구에 중요한 기틀을 마련했다.

그러나 앨버트 실험은 학습된 공포를 제거하거나 수정하는 방법에 대해서는 다루지 않았다. 메리 커버 존스(Mary Cover Jones)는 이를 해결하기 위해 역조건화(Counter-

Conditioning)을 개발하였다. 역조건화는 특정 자극에 대한 부정적 반응(공포, 불안 등)을 긍정적 반응으로 대체하는 기법으로, 고전적 조건화의 원리를 역으로 활용한 것이다. 예를 들어, 흰 쥐와 같은 공포 자극을 간식이나 놀이와 같은 긍정적 자극과 연합시키는 방식으로, 대상이 더 이상 공포를 유발하지 않도록 한다. 이 접근법은 학습된 공포를 줄이거나 완진히 제거하는 데 효과적임을 보여주었다.

메리 커버 존스의 연구는 이후 조셉 월프(Joseph Wolpe)의 체계적 둔감화(Systematic Desensitization)로 확장되었다. 체계적 둔감화는 공포 자극에 대한 점진적 노출을 통해 공포를 줄이는 기법이다. 낮은 강도의 자극에서 시작해 점차 강도를 높여가는 방식으로, 동물이 공포 자극을 점진적으로 받아들이도록 돕는다. 이는 고전적 조건화와 역조건화의 원리를 결합하여, 공포와 같은 정서적 반응을 안정적으로 수정하는 데 효과적이다.

② 메리 커버 존스(Mary Cover Jones)와 그녀의 연구

메리 커버 존스(1897-1987)는 행동주의 심리학을 기반으로 한 행동치료(Behavior Therapy)의 선구자이자, '행동치료의 어머니'로 불린다. 그녀는 공포와 불안과 같은 부정적인 정서 반응을 다루기 위해 역조건화(Counter-Conditioning) 기법을 개발하고 이를 실험적으로 적용한 것으로 유명하다. 이는 심리치료와 행동치료의 발전에 기초를 제공한 획기적인 기여였다. 메리 커버 존스는 행동주의 심리학의 대표자인 존 B. 왓슨(John B. Watson)의 연구를 이어받아 공포 반응을 조작적으로 수정할 수 있는 방법을 모색했다. 왓슨의 연구는 공포가 학습될 수 있다는 점을 증명했으나, 이를 치료하는 방법까지는 다루지 않았다. 이에 커버 존스는 실험을 통해 공포와 불안의 반응을 긍정적인 반응으로 변화시키는 치료적 접근법을 개발했다.

그녀의 대표적인 연구인 '피터와 토끼' 실험은 역조건화(Counter-Conditioning)의 초기 사례로 꼽힌다. 이 연구에서 그녀는 토끼에 대한 극심한 공포를 가진 3살 소년 피터를 대상으로, 공포 반응을 긍정적 반응으로 변화시키는 과정을 탐구했다.

실험은 피터가 공포 자극인 토끼와 가까워질 수 있도록 점진적으로 노출하는 방식으로 이루어졌다. 처음에는 피터가 좋아하는 간식을 제공하며, 토끼를 멀리서 관찰하게 했다. 이후 피터가 안정적인 상태를 유지하는 한, 토끼를 점차 가까이 다가오게 했다. 이러한 과정을 통해 피터는 간식과 토끼를 연합하여, 토끼를 위협적인 대상으로 인식하지 않게 되었다. 마지막 단계에서는 피터가 토끼를 직접 만질 수 있을 정도로 긍정적인 반응을 보였다. 이 실험은 공포와 같은 부정적 반응이 행동적 개입을 통해 수정될 수 있음을 실질적으로 입증했다.

메리 커버 존스는 이 연구를 통해 역조건화라는 새로운 치료 기법을 개발했다. 이 기법은 부정적 감정을 유발하는 자극을 긍정적 자극과 연합시켜, 부정적 정서를 긍정적 또는 중립적 반응으로 대체하는 방식이다. 그녀는 공포 자극과 긍정적 자극을 반복적으로 연합함으로써, 공포를 체계적으로 줄이고 새로운 감정을 학습하도록 만들었다. 이 기법은 현대 심리치료와 행동치료의 중요한 기반이 되었으며, 이후 체계적 둔감화로 발전하는 데 기초를 제공했다.

메리 커버 존스의 연구는 단순히 공포 반응의 수정 가능성을 보여준 데 그치지 않았다. 그녀는 심리학을 과학적이고 실험적인 학문으로 발전시키는 데 기여했다. 기존 심리치료는 철학적이고 주관적인 방법론에 의존하는 경우가 많았으나, 그녀는 실험적이고 실증적인 접근을 통해 심리학이 실질적인 치료와 개입으로 확장될 수 있음을 보여주었다. 특히 그녀의 연구는 행동치료의 기초를 확립하며, 공포와 불안 같은 정서적 문제를 효과적으로 다룰 수 있는 과학적 방법론을 제공했다.

메리 커버 존스의 기여는 심리학의 학문적 영역을 넘어 현대 심리치료와 동물 훈련 분야에도 지대한 영향을 미쳤다. 그녀의 역조건화 기법은 공포와 불안을 다루는 데 있어 실용성과 효과를 입증했으며, 인간뿐만 아니라 동물의 행동 수정에도 광범위하게 응용되고 있다. 이러한 연구는 심리학이 단순히 이론적 탐구에 그치지 않고, 실제 문제를 해결하는 데 기여할 수 있다는 가능성을 열어주었다. 메리 커버 존스는 공포와 불안이라는 정서적 반응을 다루는 행동치료의 탄생을 이끈 선구자로, 그녀의 연구는 오늘날까지 심리학과 행동치료에 중요한 지침을 제공하고 있다.

(4) 역조건화(Counter-Conditioning)과 3D 훈련

역조건화는 동물이 특정 자극(예 소음, 낯선 사람, 두려움을 유발하는 대상)에 대해 느끼는 부정적인 감정을 긍정적 감정으로 전환시키는 기법이다. 이는 새로운 강화 자극(예 간식, 장난감)과 기존의 자극을 연합시켜 두려움, 불안, 공격성을 감소시키는 데 사용된다.

3D 훈련의 Distraction(방해 요소)와 Distance(거리) 요소는 역조건화의 효과를 극대화하는 데 기여하며, 두 기법은 동물이 자극 속에서도 신호에 안정적으로 반응할 수 있도록 상호 보완적인 역할을 한다.

① 미용 트라우마 극복 훈련: 역조건화와 3D 훈련의 통합 사례

• 1단계: 초기 노출(역조건화 초점)

- **미용 도구와 거리 두기**: 꺼진 이발기를 반려견과 일정 거리(약 2~3m)에 두고, 반려견이 도구를 바라보거나 가까이 다가갈 때 간식과 칭찬을 제공한다. 반려견이 미용 도구를 위협적인 대상이 아닌 중립적 대상으로 인식하도록 한다.
- **미용 도구의 비활성 노출**: 이발기나 가위를 손에 들고 움직이지 않은 상태에서 반려견이 도구를 탐색하도록 유도한다. 도구와의 상호작용(냄새 맡기 등)이 있을 때 보상을 제공한다. 반려견이 긴장하거나 회피하려는 경우, 도구를 치우고 더 멀리서 재시작한다.
- **적극적 노출과 보상 연계**: 이발기를 반려견의 가까운 곳에서 천천히 움직이게 하거나 빗질 동작을 시뮬레이션하며, 차분한 반응에 보상을 제공한다. 예 빗질을 시뮬레이션하며 '기다려' 신호를 준 뒤, 반려견이 안정적으로 행동을 유지하면 간식을 제공한다.

• 2단계: 도구 사용과 거리 확장(3D 훈련 - Distance 적용)

- **근거리에서 도구 사용 연습**: 꺼진 이발기를 반려견 가까이에 가져가고, '앉아' 신호를 준 뒤 차분히 반응했을 때 즉각적인 보상을 제공한다. 반려견이 도구의 물리적 접근에 익숙해지도록 한다.
- **거리 확장과 동작 추가**: 이발기를 켜지 않은 상태에서 2m 거리에서 천천히 움직이며 반려견이 차분한 반응을 유지하도록 훈련한다. 이후 거리를 점차 줄이며 도구와의 상호작용 강도를 높인다. 예 훈련자가 이발기를 움직이며 반려견의 몸에 가깝게 가져가고, '기다려' 신호를 준다.
- **도구 소리와 접촉 노출**: 이발기를 켜고 3~5m 거리에서 소리를 들려준 뒤, 차분한 반응을 보일 때 보상을 제공한다. 이후 거리를 점차 줄이며 이발기를 살짝 몸에 대거나 진동을 느끼게 한다. 예 이발기를 반려견의 다리에 살짝 접촉한 뒤 안정적인 반응에 간식을 제공한다.

• 3단계: 복합적 방해 요소 훈련(3D 훈련 - Distraction 적용)

- **소음과 동작 결합 훈련**: 이발기 소음과 빗질 동작을 동시에 진행하며, 반려견이 '앉아' 신호를 유지할 수 있도록 한다. 예 이발기와 가위를 함께 사용하는 상황에서 반려견이 안정적으로 행동을 유지하면 간식을 제공한다.
- **복합 자극 훈련**: 이발기 소리, 빗질 동작, 주변의 방해 요소(사람의 움직임, TV 소리 등)를 결

합하여 훈련한다. 반려견이 복합적 방해 요소 속에서도 신호를 수행하도록 한다.

- **모의 미용 상황 설정:** 미용 테이블 위에서 실제 미용 상황을 재현하며, 반려견이 다양한 자극 속에서도 '기다려' 신호를 유지하도록 훈련한다. 예 훈련자가 빗질과 털 다듬기 동작을 반복하며 반려견의 안정성을 강화한다.

- **4단계: 행동 지속 훈련(3D 훈련 - Duration 적용)**

- **짧은 행동 유지 훈련:** 10초 동안 '기다려' 신호를 유지하도록 한 뒤, 성공 시 간식과 칭찬을 제공한다. 점진적으로 시간을 늘려간다. 반려견이 짧은 시간 동안 안정적으로 행동을 유지할 수 있도록 한다.
- **장시간 행동 지속 훈련:** 미용 과정의 길이에 맞춰 신호 지속 시간을 10분, 20분으로 점차 늘려간다. 예 훈련자가 털 정리, 발톱 손질 등 다양한 미용 동작을 연속적으로 진행하며, 반려견이 차분히 행동을 유지하면 보상을 제공한다.
- **훈련 일반화:** 훈련 장소를 가정, 미용실, 공원 등으로 변경하며, 반려견이 다양한 환경에서도 미용 행동을 수행할 수 있도록 한다. 반려견이 환경 변화에도 안정적으로 미용 과정을 수용하도록 한다.

② 미용트라우마 극복 훈련: 목표와 결과

- **목표: 미용 도구에 대한 부정적 반응을 줄이고, 긍정적인 인식을 형성한다.**

→ **결과:** 역조건화 기법을 통해 빗, 바리캉, 드라이기 등 미용 도구를 볼 때마다 회피하거나 긴장하던 반려견이, 도구를 인식하면서도 차분하게 머물 수 있게 되었고, 도구를 접한 상황에서도 간식을 받아먹거나 보호자 지시에 집중하는 반응을 보였다.

- **목표: 소리, 공간, 낯선 사람 등 다양한 방해 요소 속에서도 행동을 안정적으로 유지할 수 있도록 한다.**

→ **결과:** 3D 훈련을 적용한 결과, 낯선 환경이나 주변의 말소리, 드라이기 소음 등 복합적인 방해 자극이 있는 상황에서도 훈련된 자세(예 서기, 앉기, 기다리기)를 일정 시간 유지할 수 있었고, 외부 자극에 대한 반응 강도가 현저히 줄어들었다.

- **목표: 다양한 장소와 상황에서도 장시간 동안 미용 관련 행동을 유지할 수 있는 능력을 기른다.**

→ **결과:** 가정 내 거실, 낯선 실내 공간, 실외 테이블 등 다양한 장소에서 일정 시간 이상

바르게 서 있거나 눕는 자세를 유지하며 털 손질과 같은 접촉 자극에도 크게 동요하지 않았고, 전반적으로 미용 전반에 대한 협조적인 태도를 보였다.

(5) 일반화(Generalization)

일반화란 학습된 행동이 특정한 자극뿐만 아니라 비슷한 자극에도 동일하게 나타나는 현상을 의미한다. 이는 학습된 행동의 범위를 확장하여, 동물이 다양한 환경이나 상황에서 동일한 반응을 보이게 만드는 데 기여한다.

예를 들어, 반려견이 '앉아'라는 명령어에 반응하도록 훈련받았다면, 일반화가 이루어진 경우 훈련자의 음성이 약간 달라지거나 억양이 변하더라도, 반려견은 동일한 행동을 수행할 수 있다. 또 다른 예로, 특정 공을 물어오는 행동을 학습한 반려견이 색상이나 크기가 다른 공에도 동일한 행동을 보이는 것은 일반화의 결과이다.

① 일반화의 효과와 필요성

- **일반화의 촉진**: 초기에는 동일한 자극(예 같은 목소리와 억양)에서 행동을 강화한 뒤, 점진적으로 유사한 자극(다른 억양, 다른 목소리 등)을 추가하여 행동을 수행하도록 유도한다.
- **실생활 적용**: 일반화는 실생활에서 훈련된 행동이 유용하게 사용될 수 있도록 보장한다. 예를 들어, 반려견이 실내뿐 아니라 공원, 도심 등 다양한 환경에서도 동일한 명령어에 반응하도록 하는 것은 일반화의 목표 중 하나이다.
- **유익성**: 일반화는 학습의 유연성을 증대시키고, 동물이 특정 상황에만 행동을 제한하지 않도록 하여 실질적인 적용 가능성을 높인다.

② 사례

반려견이 '손'이라는 명령어에 반응하도록 훈련받았다면, 이 명령어가 가족 구성원 모두에 의해 동일하게 사용될 때, 반려견은 각각의 사람의 명령에도 동일하게 행동을 수행할 수 있다. 이는 일반화의 전형적인 사례다.

경찰견이 특정 냄새(예 마약)를 탐지하도록 훈련받은 경우, 마약의 종류나 농도가 달라지더라도 동일한 탐지 반응을 보이는 것은 일반화 덕분이다.

(6) 변별(Discrimination)

변별이란 비슷한 자극들 중에서 특정 자극에만 반응하도록 동물이 학습하는 과정을 의미한다. 이 과정은 행동의 정확성을 높이고, 혼동되기 쉬운 상황에서도 올바른 자극에만 반응하게 만드는 데 핵심적인 역할을 한다.

예를 들어, 보호자가 바닥에 공, 인형, 밧줄 장난감을 나란히 놓고 "공 가져와"라고 했을 때, 반려견이 세 가지 중에서 정확히 '공'만 선택해 가져온다면, 이는 변별 학습이 잘 이루어진 결과이다. 만약 반려견이 "공"이라는 말을 듣고 매번 다른 장난감을 가져온다면, 아직 변별 능력이 부족한 것이다. 또 다른 예로, 같은 손 모양으로 "앉아"라는 신호를 줄 때, 손을 머리 위로 들었을 때만 앉고, 허리 높이로 들었을 때는 반응하지 않도록 훈련했다면, 이것도 시각적 자극에 대한 변별이다. 이처럼 변별은 유사한 자극 속에서도 정확히 반응해야 할 조건을 구분하는 능력을 길러주는 훈련이며, 실생활에서 신호 혼동을 방지하고 행동의 일관성을 유지하는 데 필수적이다.

① 변별의 효과와 필요성

- **변별 훈련**: 초기에는 목표 자극(예 특정 명령어)과 비목표 자극(유사한 명령어)을 명확히 구분하여 반응을 강화한다. 목표 자극에 반응하면 보상을 제공하고, 비목표 자극에 반응하면 보상을 제공하지 않는다.
- **정확성 증대**: 변별은 동물이 불필요한 자극에 반응하지 않도록 하여, 훈련된 행동의 정확성과 효율성을 높인다.
- **오류 방지**: 변별 학습은 유사한 자극이 많을수록 중요하다. 예를 들어, 작업견이 '찾아'라는 명령어와 '기다려'라는 명령어를 혼동하지 않도록 변별 훈련을 받는 것이 필요하다.

② 사례

탐지견이 특정 냄새(마약)에는 반응하지만, 유사한 냄새(강한 향수나 음식 냄새)에는 반응하지 않는 것은 변별 훈련의 결과이다. 반려견이 특정 사람(훈련자)의 명령에는 반응하지만, 낯선 사람의 유사한 명령에는 반응하지 않도록 하는 것도 변별의 한 예이다.

(7) 일반화(Generalization)와 3D 훈련의 상호작용

일반화는 학습된 행동이 특정한 자극에만 한정되지 않고, 다양한 환경, 자극, 상황에서도 동일하게 수행되는 능력을 말한다. 반면, 3D 훈련은 거리, 방해 요소, 유지라는 세 가지 요소를 체계적으로 훈련하여, 동물이 다양한 조건에서도 안정적이고 일관된 행동을 수행하도록 만드는 고급 훈련 기법이다. 이 두 가지는 서로 상호작용하며, 학습의 적용성과 정교함을 동시에 달성하는 데 기여한다.

① Distance와 일반화

Distance 훈련은 동물이 다양한 거리에서 훈련자의 신호를 인식하고 반응할 수 있도록 하는 데 초점을 둔다. 이는 특정 거리에서만 행동을 수행하는 제한적 학습을 넘어, 거리와 상관없이 일관된 반응을 보이도록 일반화를 유도한다.

예 반려견이 가까운 거리에서 '앉아' 명령에 반응하도록 학습한 뒤, 점차 5m, 10m, 20m까지 거리를 늘리며 동일한 신호에 반응하도록 훈련한다. 이는 반려견이 특정 거리 조건에 제한되지 않고, 다양한 거리에서 행동을 수행하도록 일반화를 가능하게 한다.

② Distraction와 일반화

Distraction 훈련은 방해 요소가 많은 환경에서도 동물이 신호에 집중하도록 돕는다. 이는 동물이 특정한 조용한 환경에만 의존하지 않고, 다양한 환경 자극 속에서도 동일한 행동을 수행할 수 있도록 일반화를 촉진한다.

예 '기다려' 명령을 조용한 실내에서 훈련한 후, 공원, 도로변, 쇼핑몰 등 점점 복잡한 환경으로 장소를 옮기며 동일한 명령어에 반응하도록 훈련한다. 이는 반려견이 환경적 변화에도 신호를 인식하고 반응하는 능력을 개발하게 한다.

③ Duration와 일반화

Duration 훈련은 동물이 특정 행동을 장시간 유지하도록 학습하는 과정을 포함한다. 이는 특정 시간의 한계를 넘어, 다양한 상황에서 행동의 지속성을 일반화하는 데 기여한다.

예 반려견이 1분 동안 '기다려' 상태를 유지하도록 훈련한 뒤, 점차 5분, 10분, 30분으로 행동 지속 시간을 늘린다. 이는 반려견이 단시간이 아닌 다양한 시간 조건에서도 행동을 유지할 수 있도록 만든다.

7 3D 사용 시 주의사항

(1) Distance 훈련에서의 주의사항

① 동물의 집중력 유지와 피로 관리

- 장거리 훈련은 동물의 주의 집중과 체력을 소모시키는 과정이다. 동물이 지나치게 피로하거나 훈련에 흥미를 잃게 되면, 학습 효과가 저하되고 훈련 실패로 이어질 수 있다.

장거리 훈련은 동물의 주의 집중과 체력을 요구하는 도전적인 과정이다. 훈련이 지나치게 길어지거나 동물이 흥미를 잃게 되면, 학습 효과가 급격히 떨어지고 훈련 실패로 이어질 수 있다. 따라서 훈련자는 동물의 피로 신호를 관찰하고 적절한 휴식과 보상을 통해 동물이 긍정적인 상태에서 훈련을 지속할 수 있도록 관리해야 한다.

- 훈련 세션의 길이 조절

초기 훈련 단계에서는 짧고 간단한 세션으로 시작한다. 예를 들어, 1~2분 동안 간단한 거리 훈련을 진행한 뒤 성공적으로 마쳤을 때 보상을 제공하고 종료한다. 훈련 시간이 길어지면 동물의 집중력이 저하되므로, 동물이 훈련 과정에 익숙해지고 자신감을 얻을수록 점진적으로 훈련 시간을 늘린다.

- 피로 신호 관찰

훈련 중 동물이 하품을 하거나, 산만해지고, 자리를 돌아다니는 등 집중력이 저하된 신호를 보일 경우 훈련을 중단해야 한다. 이와 같은 신호는 동물이 과도한 피로를 느끼고 있음을 나타낸다. 훈련자는 이러한 신호를 놓치지 않고 즉각적으로 반응하여 동물의 상태를 조정해야 한다.

- 적절한 보상과 휴식 제공

세션 사이에 간식, 장난감, 또는 긍정적인 상호작용을 통해 동물의 에너지를 회복시킨다. 예를 들어, 2~3회의 거리 훈련 세션 후 짧은 휴식 시간을 제공하거나 간단한 놀이를 통해 훈련의 단조로움을 줄이고, 동물이 훈련에 대한 흥미를 잃지 않도록 한다. 효과적인 피로 관리는 단순히 훈련 성공률을 높이는 것에 그치지 않고, 동물이 훈련 과정을 긍정적으로 받아들이고 지속적으로 동기부여를 받을 수 있도록 돕는다.

② 신호 전달 오류 방지 방법

■ Distance 훈련에서 신호 전달의 명확성은 행동 수행의 성공 여부를 결정짓는 중요한 요소다. 신호 전달이 불명확하거나 일관성이 없으면, 동물은 혼란을 느끼고 신호를 무시하거나 잘못 반응할 수 있다.

Distance 훈련에서 신호 전달의 명확성은 행동 수행 성공 여부를 결정짓는 핵심 요소다. 신호가 불명확하거나 일관성이 없으면, 동물은 혼란을 느끼고 신호를 무시하거나 잘못된 반응을 보일 수 있다. 이를 방지하기 위해, 신호의 명확성과 일관성을 유지하며, 동물의 인식 능력을 보완하는 방법이 필요하다.

- **일관성 유지**

신호는 모든 거리에서 동일한 억양, 속도, 그리고 제스처로 전달되어야 한다. 예를 들어, 가까운 거리에서는 차분하고 명확한 억양으로 '기다려' 신호를 주고, 먼 거리에서는 갑작스럽게 큰 소리로 신호를 전달하는 방식은 동물을 혼란스럽게 만든다. 일관된 신호 전달은 동물이 훈련 환경에 상관없이 신호를 인식하고 반응할 수 있도록 돕는다.

- **시각적 신호 병행**

소리 전달이 어려운 먼 거리에서는 손짓, 깃발, 또는 다른 시각적 신호를 병행하여 동물이 신호를 명확히 인식할 수 있도록 해야 한다. 예를 들어, '앉아'라는 구두 신호와 함께 손을 아래로 내리는 시각적 신호를 병행하면, 소리가 들리지 않는 상황에서도 동물이 행동을 수행할 수 있다.

- **혼린 방지**

여러 훈련자가 함께 동물을 훈련할 경우, 동일한 신호가 각기 다른 방식으로 전달되지 않도록 해야 한다. 예를 들어, 한 훈련자가 '앉아'를 높은 억양으로 명령하고, 다른 훈련자가 같은 신호를 낮은 억양으로 전달하면, 동물은 신호를 혼동할 수 있다. 팀 훈련에서는 훈련자 간의 신호 사용 방식을 사전에 통일하고, 동일한 표현과 제스처를 사용해야 한다.

③ 훈련 단계에서의 과도한 거리 확장의 부작용

- 초기에는 방해 요소가 없는 조용한 환경에서 시작하여, 점차 외부 환경으로 전환한다.
- 훈련 장소를 자주 변경함으로써, 동물이 특정 장소에만 행동을 국한하지 않도록 한다.

Distance 훈련의 성공은 점진적이고 체계적인 거리 확장에 달려 있다. 그러나 준비되지 않은 상태에서 급격히 거리를 늘리면, 동물은 신호를 무시하거나 행동 수행에 실패하게 될 가능성이 높다. 이러한 실패는 단순히 행동 수행의 실패로 끝나는 것이 아니라, 학습 과정에서 신호와 행동 간의 연결을 약화시키고 동물의 자신감을 저하시키는 부정적 결과를 초래할 수 있다.

- 적절한 거리 조정

거리 확장은 동물의 현재 학습 상태를 고려하여 천천히 진행해야 한다. 예를 들어, 한 번에 1~2미터씩 거리를 늘리며, 동물이 해당 거리에서 신호를 명확히 인식하고 행동을 성공적으로 수행했을 때만 다음 단계를 진행한다. 이 과정을 통해 동물은 자신감을 갖고 점진적으로 도전할 수 있다.

- 실패에 대한 대응

동물이 새로운 거리에서 신호를 무시하거나 행동을 수행하지 못할 경우, 거리를 다시 줄여 안정적인 행동 수행이 가능한 지점으로 돌아가는 것이 중요하다. 예를 들어, 10미터에서 행동에 실패했다면, 7미터로 거리를 줄여 성공 경험을 축적한 후 다시 10미터로 확장한다. 이를 통해 동물은 실패로 인해 좌절하지 않고, 안정적인 학습 경험을 쌓을 수 있다.

- 환경 변화 고려

거리 확장은 단순히 물리적 거리만의 문제가 아니라, 환경적 변수와도 밀접하게 연결되어 있다. 예를 들어, 방해 요소가 추가되거나, 조용한 훈련실에서 소음이 많은 공원으로 훈련 장소가 바뀌는 경우, 동물이 새로운 조건에 적응하지 못해 신호를 인식하지 못할 가능성이 있다. 이러한 경우, 한 번에 하나의 변화만 도입하는 방식으로 훈련의 안정성을 유지하며, 환경 변화와 거리 확장을 동시에 진행하지 않도록 해야 한다.

(2) Distraction 훈련에서의 주의사항

① 방해 요소의 강도 조절

- 방해 요소의 강도를 점진적으로 높이는 것은 동물의 적응력과 자신감을 키우는 데 중요하다.
- 무리한 강도 상승은 학습 효과를 저하시킬 수 있으므로, 동물의 상태를 세심히 관찰하며 훈련을 진행해야 한다.

● 강도 조절 원칙

- 방해 요소의 강도는 훈련 초기에는 낮게 설정하여 동물이 신호와 행동을 안정적으로 연결할 수 있도록 한다.
- 강도를 점진적으로 높이되, 동물이 자극을 견디고 신호를 수행할 수 있는 수준에서 조절한다.
- **낮은 강도에서 시작**: 동물이 훈련 초기 단계에서 성공 경험을 쌓아 자신감을 가질 수 있도록, 조용한 환경에서 소리, 움직임 등 자극의 강도를 낮게 설정한다.
- **강도의 점진적 상승**: 동물이 낮은 강도의 자극에 적응하면, 자극의 강도를 조금씩 높이며 새로운 수준으로 도전하게 한다.

● 주의사항

- 지나치게 강한 자극을 갑작스럽게 도입하면 동물이 놀라거나 신호를 무시할 수 있다. 이는 학습 의욕을 저하시키고, 부정적인 경험으로 이어질 수 있다.
- 예를 들어, 초기에는 사람의 낮은 대화 소리로 훈련을 시작하고, 이후 음악 소리, 자동차 경적 소리로 점차 자극 강도를 높인다.

② 스트레스 관리

- 스트레스 신호를 적시에 관찰하고 적절히 관리하는 것은 성공적인 훈련의 필수 요소다.
- 훈련자는 관찰자, 환경 조정자, 그리고 안정감을 제공하는 지원자로서의 역할을 수행해야 한다.
- 동물이 훈련을 긍정적인 경험으로 받아들이도록 세심한 관찰과 적절한 휴식을 제공해야 한다.

- **피로 신호 관찰**

▪ 훈련 중 동물이 스트레스를 받는 신호를 보이면, 즉각적으로 훈련을 중단해야 한다.
▪ 스트레스 신호는 하품, 귀를 뒤로 젖히기, 시선 회피, 혀로 입술을 핥기 등으로 나타날 수 있다.
▪ **훈련 중단의 필요성**: 스트레스 신호를 무시하고 훈련을 계속 진행하면 동물은 훈련에 대한 부정적 경험을 쌓게 되어 학습 의욕이 떨어진다.
▪ 즉각적인 중단과 휴식을 통해 동물이 긴장을 풀고 훈련에 대한 긍정적인 감정을 유지할 수 있도록 해야 한다.

- **스트레스 관리 방법**

▪ **휴식 제공**: 동물이 스트레스를 느낀다면, 간단한 놀이나 산책과 같은 휴식을 제공하여 긴장을 풀어준다.
▪ 예 공원 훈련 중 동물이 시선 회피와 같은 스트레스 신호를 보일 경우, 간식을 제공하거나 간단한 놀이를 통해 분위기를 전환한다.

③ 자극 적응과 신호 강화의 균형

▪ **보상의 일관성 유지**: 신호 수행에 대해 항상 긍정적인 피드백을 제공해야 한다.
▪ **방해 요소의 적절한 강도 조절**: 동물이 자극에 압도되지 않도록, 자극의 강도를 서서히 증가시켜야 한다.
▪ **반복 학습**: 동물이 성공적인 경험을 지속적으로 쌓아 신호 수행에 대한 자신감을 갖도록 돕는다.

- **신호 수행 후 보상 제공**

▪ 방해 요소가 클수록 동물이 성공적으로 신호를 수행했을 때 강한 보상을 제공해야 한다.
▪ 보상은 즉각적이고 긍정적이어야 하며, 행동 수행에 대한 동물의 동기를 강화하는 데 중점을 둔다.
▪ 예 공원에서 '앉아' 신호를 수행한 후, 간식을 제공하고 칭찬하거나 짧은 놀이 시간을 제공해 신호 수행의 긍정적 경험을 강화한다.

- 균형 잡힌 자극 노출

▪ 동물이 방해 요소에 점진적으로 적응할 수 있도록, 자극의 강도와 빈도를 조절한다.

▪ 자극에 적응하기 전에 신호를 수행하도록 요구하면 동물이 혼란스러워하거나 스트레스를 느낄 수 있다.

▪ 예 사람이 적은 공원에서 훈련을 시작하고, 점차 사람이 많은 곳이나 다른 동물이 있는 환경으로 옮겨 방해 요소를 추가한다.

- 신호 강화와 자극 적응의 상호작용

▪ 동물이 방해 요소에 집중하지 않고 신호에 반응하도록, 신호와 보상을 연결하는 과정을 반복적으로 수행한다.

▪ 방해 요소가 클수록 신호에 대한 보상의 강도와 빈도를 증가시켜, 동물이 신호를 선택적으로 따르도록 한다.

▪ 예 자전거가 지나가는 소음 속에서도 '기다려' 신호를 수행하면, 간식과 칭찬을 동시에 제공해 신호를 선택할 이유를 강화한다.

(3) Duration 훈련에서의 주의사항

① 행동 지속 시간의 점진적 증가

▪ 행동 지속 시간(Duration)은 짧은 시간에서 시작하여 점진적으로 늘려야 하며, 무리한 지속 시간 증가는 학습 효과를 저하시킬 수 있다.

▪ 동물이 훈련 과정에서 좌절하거나 집중력을 잃지 않도록 지속 시간을 신중하게 조정해야 한다.

- 지속 시간 조절 원칙

▪ 훈련 초기에는 행동 지속 시간을 1~2초로 설정하여 성공 경험을 제공한다.

▪ 점진적으로 지속 시간을 5초 → 10초 → 30초 이상으로 늘려가며 훈련한다.

▪ 동물이 쉽게 성공할 수 있는 범위 내에서 행동 지속 시간을 연장한다.

▪ 초기에는 짧은 지속 시간으로 시작: 동물이 지루해하거나 집중력을 잃지 않도록, 행동 지속 시간을 매우 짧게 설정한다.

▪ **점진적 증가:** 동물이 일정한 지속 시간을 견딜 수 있으면, 1~2초씩 증가시키면서 훈련한다.

- **훈련 중 실패 시 조정**: 동물이 지속적으로 행동을 유지하지 못할 경우, 지속 시간을 다시 줄여 성공률을 높인다.

• 주의사항

- 행동 지속 시간을 급격히 증가시키면 동물이 스트레스를 받아 훈련을 거부할 가능성이 있다.
- 예를 들어, "기다려" 훈련에서 처음부터 1분을 요구하면 동물은 중간에 포기할 수 있다.
- 처음에는 3초 동안 기다리게 한 후 점차 시간을 늘려가는 방식이 효과적이다.

② 스트레스 관리 및 집중력 유지

- 동물이 장시간 행동을 유지할 때 스트레스 반응을 보이지 않도록 세심하게 관리해야 한다.
- 훈련자가 동물의 피로 신호를 감지하고, 필요 시 휴식을 제공해야 한다.

• 스트레스 신호 관찰

- 하품, 귀를 뒤로 젖히기, 시선 회피, 혀를 핥는 행동은 스트레스의 징후일 수 있다.
- 훈련 도중 동물이 초조해하거나 산만해지면 지속 시간을 줄이고 휴식을 제공해야 한다.
- **훈련 중단의 필요성**: 스트레스 신호를 무시하고 훈련을 지속하면, 동물은 훈련에 대한 부정적 경험을 쌓게 되어 학습 의욕이 떨어질 수 있다.
- **즉각적인 중단과 휴식**: 훈련이 어려워지면, 짧은 산책이나 간단한 놀이를 제공하여 분위기를 전환한다.

• 스트레스 관리 방법

- **휴식 제공**: 장시간 집중력을 요구하는 훈련에서는 중간중간 짧은 휴식을 제공한다.
- **보상 활용**: 스트레스 해소를 위해 간식, 장난감, 긍정적 피드백을 제공하여 동물이 훈련을 즐길 수 있도록 한다.

• 실제 적용 예시

- **스트레스 신호 관찰**: 30초 이상 '기다려' 훈련 중 반려견이 시선을 피하거나 하품하는

경우 즉시 훈련을 중단한다.

- **휴식 제공**: 반려견에게 간단한 놀이를 제공하여 긴장을 완화한 후, 지속 시간을 줄여 다시 훈련을 재개한다.
- **훈련 재개**: 방해 요소가 적은 환경에서 다시 지속 시간 훈련을 수행한다.

연습문제

1. 3D 훈련 모델에서 3D가 의미하는 요소가 아닌 것은 무엇인가?

A. Distance(거리)

B. Distraction(방해 요소)

C. Dominance(지배성)

D. Duration(지속 시간)

2. 3D 훈련 모델을 활용하는 가장 큰 목적은 무엇인가?

A. 반려견이 다양한 환경과 상황에서도 목표 행동을 수행하기 위해

B. 반려견이 주인을 지배하는 행동을 학습하도록 하기 위해

C. 반려견의 공격성을 증가시키기 위해

D. 반려견이 특정한 명령어에 대새 선택적 반응을 유도하기 위해

3. 3D 훈련 모델에서 Distance 훈련이 의미하는 것은 무엇인가?

A. 개가 훈련 장소를 기억하는 능력을 기르는 과정

B. 개와 훈련자 사이의 거리 조절을 통해 반응성을 높이는 훈련

C. 특정한 환경에서의 행동 지속 시간을 연장하는 훈련

D. 주변 소음이나 방해 요소를 극복하는 훈련

4. Distance 훈련의 주된 목적은 무엇인가?

A. 개가 훈련자로부터 멀어져도 신호에 반응할 수 있도록 하기 위해

B. 개가 특정한 방해 요소에 더 민감해지도록 하기 위해

C. 훈련자가 개의 행동을 직접 제어하지 않도록 하기 위해

D. 개가 새로운 장소에서 훈련을 받지 않도록 하기 위해

5. Distance 훈련을 효과적으로 진행하기 위해 가장 중요한 요소는 무엇인가?

A. 점진적으로 거리 증가

B. 처음부터 최대한 먼 거리에서 훈련 시작

C. 보상 없이 훈련을 진행

D. 신호를 무작위로 변경

1. C / 2. A / 3. B / 4. A / 5. A

6. Distance 훈련 시 가장 먼저 해야 할 일은 무엇인가?

A. 개가 가까운 거리에서 확실하게 행동을 수행할 수 있도록 만드는 것
B. 개가 방해 요소에 더 민감하도록 훈련하는 것
C. 훈련 장소를 매일 바꾸는 것
D. 훈련 강도를 무작위로 조절하는 것

7. Distraction 훈련의 가장 큰 목적은 무엇인가?

A. 개의 반응 속도를 늦추기 위해
B. 개가 훈련자가 원하는 행동을 반복적으로 수행하도록 하기 위해
C. 개가 주변 환경에 더욱 민감하게 반응하도록 하기 위해
D. 개가 다양한 방해 요소 속에서도 집중력을 유지하도록 하기 위해

8. Distraction 훈련을 시작할 때, 방해 요소를 적용하는 올바른 방법은 무엇인가?

A. 처음부터 강한 방해 요소를 사용하여 훈련 강도를 높인다.
B. 방해 요소의 강도를 점진적으로 증가시키며 훈련한다.
C. 방해 요소를 무작위로 변경하여 개가 혼란스럽도록 한다.
D. 방해 요소가 없는 환경에서만 훈련한다.

9. 3D 훈련 모델이 반려견 훈련에 유용한 이유는 무엇인가?

A. 다양한 환경에서도 훈련된 행동을 수행할 수 있도록 돕는다.
B. 개의 본능적 반응을 억제하는 데 사용된다.
C. 개의 공격성을 증가시키는 훈련 방식이다.
D. 개가 특정 장소에서만 훈련을 수행하도록 제한한다.

10. 다음 중 특수목적견(탐지견, 도우미견) 훈련에서 3D 모델이 중요한 이유는 무엇인가?

A. 개가 특정한 환경에서만 행동하도록 제한하기 위해
B. 개의 행동을 예측할 수 없도록 하기 위해
C. 개가 훈련자와 멀어질수록 반응성을 줄이기 위해
D. 개가 방해 요소 속에서도 안정적인 임무 수행이 가능하도록 하기 위해

6. A / 7. D / 8. B / 9. A / 10. D

연습문제

11. Duration 훈련의 주요 목표는 무엇인가?

A. 개가 특정 행동을 일정 시간 동안 유지할 수 있도록 하는 것

B. 개가 훈련자의 신호에 최대한 빠르게 반응하도록 하는 것

C. 개가 다양한 환경에서 자유롭게 행동하도록 하는 것

D. 개가 새로운 행동을 빠르게 배울 수 있도록 하는 것

12. Duration 훈련이 필요한 대표적인 상황은 무엇인가?

A. 개가 순간적으로 반응해야 하는 상황

B. 개가 한 자세를 유지해야 하는 상황 (예 대기, 기다려)

C. 개가 반복적으로 움직여야 하는 상황

D. 개가 짧은 행동을 여러 번 수행해야 하는 상황

13. Duration 훈련에서 시간을 연장하는 올바른 방법은 무엇인가?

A. 처음부터 긴 시간을 요구한다.

B. 개가 지쳐도 계속 훈련을 진행한다.

C. 개가 실패할 경우 즉시 훈련을 중단한다.

D. 점진적으로 시간을 늘려가며 보상을 제공한다.

14. Duration 훈련을 할 때 개가 집중력을 유지할 수 있도록 돕는 방법은 무엇인가?

A. 보상을 점진적으로 줄여나간다.

B. 개가 지칠 때까지 반복 연습한다.

C. 다양한 장소에서 반복 훈련을 진행한다.

D. 처음에는 짧게 시작하고 점차 시간을 늘려간다.

11. A / 12. B / 13. D / 14. D

토론하기

1. 3D 훈련 모델(Distance, Distraction, Duration)이 반려견 훈련에서 중요한 이유는 무엇인지 토론하시오.

2. Distance(거리) 훈련의 목적과 필요성을 설명하고, 개가 훈련자의 신호에 멀리서도 반응할 수 있도록 훈련하는 과정에 대해 단계별로 서술하시오.

3. Distraction(방해 요소) 훈련이 반려견의 행동 안정성에 미치는 영향을 설명하고, 효과적인 방해 요소 조절 방법을 서술하시오.

4. Duration(지속 시간) 훈련에서 개가 일정한 행동을 유지하도록 하는 방법을 단계적으로 설명하고, 훈련 중 발생할 수 있는 문제점과 해결 방안을 제시하시오.

5. 3D 훈련 모델을 활용하여 반려견이 "앉아" 명령을 다양한 환경에서 수행할 수 있도록 훈련하는 방법을 구체적으로 설명하시오.

6. 특수목적견(도우미견, 경찰견, 탐지견 등) 훈련에서 3D 훈련 모델이 중요한 이유를 설명하고, 일반 반려견 훈련과의 차이점을 비교하여 토론하시오.

CHAPTER

12

강화 계획

CHAPTER 12

강화 계획

학습목표

- 강화 계획의 개념과 원리를 이해하고, 다양한 강화 계획 유형(고정간격, 변동간격, 고정비율, 변동비율)의 차이점을 비교 · 분석할 수 있다.
- 각 강화 계획의 정의와 특징을 설명하고, 동물 훈련에서의 적용 방법과 활용 사례를 제시할 수 있다.
- 강화 계획을 설계할 때, 동물의 행동 특성에 맞는 적절한 전략을 선택하고, 훈련 과정에서 강화방식을 단계적으로 전환하는 방법을 논의할 수 있다.
- 실생활에서 강화 계획이 어떻게 적용되는지 다양한 사례(반려동물 훈련, 교육, 조직관리 등)를 통해 설명하고, 효과적인 응용 방법을 제안할 수 있다.

1 강화 계획의 개념

(1) 강화 계획의 정의

강화 계획(강화 일정, Reinforcement Schedule)이란 조작적 행동이 학습되고 유지될 수 있도록 강화물을 제공하는 빈도와 간격을 조절하는 규칙이다. 즉, 특정 행동이 발생할 때마다 강화를 제공할 것인지, 일정한 간격이나 비율에 맞춰 강화를 제공할 것인지를 결정하는 방식이다. 강화 계획의 핵심은 행동과 그에 따른 결과(강화물 또는 처벌) 간의 관계를 구체적으로 정의하는 것이다. 강화 계획은 크게 연속적 강화(Continuous Reinforcement)와 간헐적 강화(Intermittent Reinforcement)로 나뉘며, 간헐적 강화 계획은 일정 간격에 맞춰 주느냐 일정 비율에 맞춰 주느냐에 따라 고정간격강화, 변동간격강화, 고정비율강화, 변동비율강화로 구분한다.

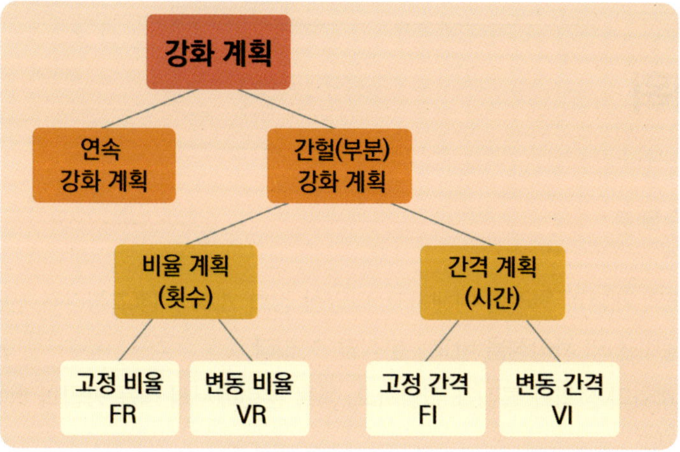

① 연속적 강화(Continuous Reinforcement)

연속적 강화(Continuous Reinforcement)는 행동이 발생할 때마다 강화물을 제공하는 방식이다. 이는 학습 초기 단계에서 특히 효과적이며, 행동과 강화물 간의 관계를 명확하게 이해시키는 데 적합하다. 행동이 발생할 때마다 즉각적으로 보상을 제공함으로써, 동물은 목표행동을 빠르게 파악하고 새로운 행동을 형성할 수 있다.

- 연속적 강화의 장점

▪ **빠른 학습 속도**: 연속적 강화는 학습 초기 단계에서 행동을 빠르게 형성하는 데 탁월하다. 예를 들어, 강아지가 '앉아'라는 명령에 반응하여 앉는 행동을 보일 때마다 간식을 제공하면, 강아지는 이 행동과 보상 간의 관계를 쉽게 이해한다.

▪ **명확한 피드백 제공**: 행동이 보상을 받을 수 있는 정확한 조건을 동물이 명확히 인식하게 된다. 이는 동물의 혼란을 줄이고, 목표 행동을 명확히 규정하는 데 도움을 준다.

▪ **초기 동기 부여 강화**: 학습 초기 단계에서 연속적 강화는 동물의 동기를 극대화한다. 보상이 자주 제공되기 때문에 동물은 행동을 지속할 이유를 분명히 느끼게 된다.

- **연속적 강화의 단점**

▪ **소거(Extinction)의 위험성**: 연속적 강화는 행동이 강화물에 지나치게 의존하게 만들 수 있다. 만약 강화물이 갑작스럽게 중단된다면, 동물은 행동을 지속할 이유를 잃고 행동이 빠르게 소거될 가능성이 높다.

- **비효율적인 자원 사용**: 매번 보상을 제공하는 방식은 학습이 진전된 이후에도 자원을 과도하게 소모할 수 있다. 이는 특히 대규모 학습 환경이나 자원이 제한된 상황에서는 비효율적으로 작용한다.
- **자율성 부족**: 행동이 외부 보상에 지나치게 의존하게 되어, 동물이 스스로 행동을 유지할 동기를 잃을 수 있다. 이는 학습된 행동이 내재적으로 유지되기 어렵게 만든다.

② 간헐적 강화(Intermittent Reinforcement)

간헐적 강화(Intermittent Reinforcement)는 행동이 발생할 때마다 강화가 제공되는 것이 아니라, 특정한 패턴이나 확률에 따라 간헐적으로 강화가 제공되는 방식이다. 이 방식은 행동과 강화 간의 연계를 명확히 하지 않음으로써, 동물이 보상이 언제 제공될지 예측할 수 없게 만들어 행동의 지속성을 높이고 소거에 대한 저항성을 강화한다. 간헐적 강화는 학습 초기보다는 학습된 행동을 유지하고 강화물에 대한 의존도를 줄이는 학습의 후기 단계에서 효과적이다.

이 방식은 보상이 불규칙하게 주어지기 때문에 동물은 지속적으로 행동을 반복하려는 경향을 보이며, 강화가 중단되더라도 행동이 쉽게 사라지지 않는다. 또한, 자원의 효율적인 사용이 가능하며, 동물이 행동을 내재화하도록 도울 수 있다. 간헐적 강화는 고정 강화와 변동 강화의 두 가지 패턴으로 나뉘며, 각각 시간 간격(Interval)과 행동 횟수(Ratio)를 기준으로 네 가지 세부 유형(고정간격, 변동간격, 고정비율, 변동비율)으로 구분된다. 각 유형은 학습 상황에 따라 다른 방식으로 행동에 영향을 미치며, 강화 빈도와 보상의 불확실성 조절을 통해 학습의 효과를 극대화한다.

• 간헐적 강화의 장점

- **행동 지속성 강화**: 행동이 강화물 없이도 지속되도록 만들어 학습된 행동이 더 오래 유지되도록 돕는다. 이는 동물이 언제 보상이 제공될지 예측할 수 없는 상황에서 행동을 계속 수행하게 만드는 심리적 효과 때문이다.
- **소거 저항성 증가**: 간헐적 강화는 강화물이 중단되더라도 행동의 소멸을 지연시키는 데 효과적이다. 특히, 변동 강화는 동물이 보상의 불확실성에 적응하도록 하여 행동을 더욱 안정적으로 유지한다.
- **효율적 자원 활용**: 행동이 매번 보상을 요구하지 않으므로, 제한된 자원으로도 장기적인 행동 유지를 가능하게 한다.

- 간헐적 강화의 단점

- **학습 속도 저하**: 행동과 강화 간의 관계가 명확히 드러나지 않기 때문에 학습 초기 단계에서는 효과가 떨어질 수 있다. 이는 행동을 새롭게 형성하는 데 시간이 더 걸릴 수 있음을 의미한다.
- **복잡한 설계 필요**: 간헐적 강화는 적절한 패턴과 빈도를 설정해야 하므로 설계와 실행 과정이 연속적 강화에 비해 복잡하다. 강화 패턴이 지나치게 불규칙하면 동물이 혼란을 느낄 수 있다.
- **간헐적 강화의 세부 유형**: 간헐적 강화는 시간과 행동 횟수를 기준으로 다음 네 가지 방식으로 구분된다.

③ 간헐적 강화 계획의 유형과 비교

간헐적 강화는 학습된 행동을 장기적으로 유지하고 강화물에 대한 의존도를 줄이는 데 매우 유용하며, 학습의 후기 단계에서 자주 활용된다. 간헐적 강화는 크게 고정 강화(Fixed Schedule)와 변동 강화(Variable Schedule)로 나뉘며, 각각의 패턴은 시간 간격(Interval)과 행동 횟수(Ratio)를 기준으로 네 가지 세부 유형으로 나뉜다.

■ 간헐적 강화 계획의 유형 비교

유형	강화 기준	행동 빈도	소거 저항성	특징	예시
고정 간격강화	일정한 시간	낮음	낮음	시간이 가까워질수록 행동 빈도 증가(스캘럽 효과)	▪ 중간고사 ▪ 정기 급여
변동 간격강화	불규칙한 시간	꾸준함	중간	강화 시점을 예측할 수 없어 꾸준한 행동 유지	▪ 낚시 ▪ 쪽지시험
고정 비율강화	일정한 횟수	높음	중간	목표 행동 수행 후 잠시 중단(강화 후 중단)	▪ 포인트 카드 ▪ 쿠폰 적립
변동 비율강화	불규칙한 횟수	매우 높음	매우 높음	행동 빈도가 가장 높고 소멸에 가장 강한 저항성	▪ 슬롯머신 ▪ 로또

(2) 강화 계획의 목적과 의의

강화 계획은 학습 및 행동 조작의 핵심 원리로, 다음과 같은 이유로 중요하다.

첫째, **행동의 안정성을 유지하는 데 필수적이다**. 강화 계획은 행동의 빈도와 강도를 일정하게 조절하며, 동물이 목표 행동을 지속할 수 있도록 돕는다. 이는 특히 간헐적 강화에서 두드러지며, 강화물이 제거되더라도 행동의 소멸 저항성을 높여 장기적으로 안정된 행동 패턴을 유지한다. 예를 들어, 반려동물 훈련에서 간헐적 강화는 명령에 따라 행동이 일관되게 유지되도록 돕는다.

둘째, **학습 속도를 조절하여 효과적인 행동 학습을 가능하게 한다**. 고정 강화는 초기 학습 단계에서 빠른 행동 습득을 유도하며, 변동 강화는 학습된 행동을 유지하는 데 적합하다. 예를 들어, 새로운 기술을 가르칠 때는 연속적 강화나 고정비율 강화를 사용하여 학습 속도를 높이고, 이후 변동비율 강화로 전환하여 지속성을 강화할 수 있다.

셋째, **행동의 일반화와 변별을 촉진한다**. 강화 계획은 특정 환경이나 자극에서 학습된 행동이 다양한 환경에서도 유지되도록 돕는다. 변동간격 강화는 특히 다양한 상황에서 일관된 행동을 유지하는 데 유리하다. 예를 들어, 서비스견 훈련에서는 강화 계획을 통해 개가 특정 명령에 꾸준히 반응하도록 훈련하며, 이를 다양한 환경에서 적용 가능하게 만든다.

넷째, **훈련 효율성을 제고한다**. 적절한 강화 계획을 통해 동물은 불필요한 시행착오를 줄이고 목표 행동을 보다 효과적으로 학습할 수 있다. 이는 훈련자가 제한된 자원(시간, 보상 등)을 효율적으로 활용할 수 있도록 하며, 행동의 지속성과 안정성을 극대화한다. 예를 들어, 학교 교육에서 동물이 성과를 유지하도록 격려하기 위해 점진적으로 강화 빈도를 줄이는 방식이 사용된다.

응용 사례는 매우 광범위하다. 강화 계획은 반려동물 훈련, 학교 교육, 스포츠 훈련, 재활 치료, 직업 훈련, 조직 관리 등 다양한 분야에서 활용된다. 예를 들어, 스포츠 훈련에서는 고정비율 강화를 사용하여 운동 선수가 목표를 명확히 이해하도록 돕고, 변동비율 강화로 전환하여 성과를 지속적으로 유지하게 한다. 또한, 조직 관리에서는 직원의 성과를 강화하기 위해 고정간격강화(예 월간 보너스)와 변동간격 강화(예 예고 없는 포상)를 적절히 조합하여 활용할 수 있다. 결론적으로, 강화 계획은 행동의 안정성과 지속성을 확보하고 학습의 효율성을 극대화하는 데 필수적인 도구로, 학습 목표와 상황에 따라 설계와 응용을 적절히 조정하는 것이 중요하다.

2 고정간격강화(Fixed Interval Schedule)

(1) 고정간격강화의 정의와 특징

항목	내용
정의	강화가 일정한 시간 간격으로만 주어지는 강화 스케줄로, 정해진 시간이 경과한 후 처음 발생한 행동에 대해서만 보상이 주어진다.
강화 기준	일정한 시간이 흐른 뒤, 그 이후 처음 발생한 반응에 대해 강화가 제공된다. 예 매 5분마다 첫 반응 강화
특징	강화 직후에는 행동 빈도가 낮고, 시간이 가까워질수록 행동 빈도가 증가하는 '벼락치기 효과(Scalloping Effect)'가 나타난다. 동물이 강화 주기를 예측하게 된다.
예시	시험 일정이 정해진 상황에서 학생들이 시험 직전에는 공부량이 늘고, 시험 직후에는 학습량이 줄어드는 패턴
장점	예측 가능한 구조로 동물이 일정한 생활 패턴을 형성할 수 있다. 시간에 기반한 행동 조절에 효과적이다.
단점	강화 직후 반응이 급감하고, 강화가 임박했을 때만 행동이 증가하는 경향이 있다. 동물이 시간에만 의존하여 지속적인 행동을 유지하지 못할 수 있다.

① 시간 기반 강화

고정간격강화는 시간의 경과를 기준으로 강화가 제공되는 방식이기 때문에 동물은 시간이 지나야만 강화물을 얻는다는 사실을 인지하게 된다. 이로 인해 동물은 행동을 수행할 시점에 대해 시간의 흐름을 고려하며, **강화가 가능한 시점에 집중적으로 행동을 수행하려는 경향**을 보인다. 이러한 특징은 행동이 시간과 연결되도록 유도하며, 강화가 주어지기 전과 후의 행동 빈도 변화에 영향을 미친다. 예를 들어, 동물이 정해진 시간보다 한참 전에는 거의 행동하지 않다가, 시간이 가까워질수록 행동을 자주 하게 되는 경우가 있다. 이런 패턴은 시간이 기준이 되는 보상 방식에서 자주 나타나는 특징이다.

② 스캘로핑 효과(Scalloping Effect)

고정간격강화에서는 강화가 제공되는 **시간 간격을 동물이 예측하게 되면서, 행동 빈도가 시간 경과에 따라 변화하는 독특한 패턴이 나타난다.** 강화 직후에는 행동 빈도가 감소하거나 일시적으로 멈추는 경향을 보이며, 시간이 점차 경과함에 따라 강화 시점이 가까워질수록 행동 빈도가 서서히 증가한다. 이러한 패턴을 스캘로핑 효과(Scalloping Effect)라고 한다.

이 효과는 동물이 강화가 제공될 시간을 예상하며 행동의 빈도와 강도를 조정하기 때문에 발생한다. 예를 들어, 시험 준비를 하는 학생이 시험 날짜가 가까워질수록 공부 시간을 늘리다가, 시험이 끝난 후에는 학습 빈도가 급격히 감소하는 것과 같은 현상이다. 이처럼 스캘로핑 효과는 고정간격강화의 전형적인 특징으로, 행동 빈도가 시간과 강화의 상호작용에 따라 변화하는 양상을 보여준다.

③ 예측 가능한 패턴

고정간격강화에서는 강화가 일정한 시간 간격 후에 제공되기 때문에 동물은 강화가 이루어질 시점을 쉽게 예측할 수 있다. 이러한 **예측 가능성은 동물이 행동을 수행하는 빈도와 시점을 조정하게 만든다**. 특히, 강화 시점이 가까워질수록 동물은 행동 수행에 집중하며, 그 결과 행동 빈도가 급격히 증가하는 경향을 보인다.

예를 들어, 학생이 매주 금요일에 과제를 제출해야 한다면, 동물은 과제 마감일이 가까워질수록 집중적으로 작업에 몰두하지만, 제출 직후에는 다시 행동 빈도가 감소할 가능성이 높다. 이처럼 고정된 패턴은 동물이 강화의 시점을 예상하고 행동을 조절하게 하며, 강화 직전에 행동이 집중적으로 이루어지는 특성을 나타낸다.

④ 규칙적인 행동 유도

고정간격강화는 일정한 시간 간격에 따라 강화가 제공되므로, 동물이 특정 행동을 규칙적으로 수행하도록 유도하는 데 적합하다. 강화가 정해진 간격으로 이루어지기 때문에, 동물은 보상을 기대하며 행동 수행을 반복하며, 결과적으로 행동의 일정한 리듬이 형성된다. 이러한 특성은 정기적인 작업이나 주기적인 활동 수행이 요구되는 과제에 특히 유용하다.

예를 들어, 직장에서 직원들이 매일 정해진 시간에 작업을 완료하면 검토와 피드백이 이루어지는 구조를 통해, 작업 완료가 규칙적으로 이루어지도록 강화할 수 있다. 또한, 의료 현장에서 환자의 정기적인 일일 검진 수행이나 학교에서 정해진 시간마다 반복적으로 숙제를 제출하는 과제에도 활용할 수 있다. 고정된 시간 간격으로 행동을 강화함으로써, 행동의 일관성과 규칙성을 유지하며 장기적으로 지속 가능한 행동 패턴을 만들어낸다.

(2) 고정간격강화 훈련 시 주의사항

① 강화 간격 설정의 적절성

고정간격강화에서는 보상이 정해진 시간 간격 후에만 제공되기 때문에, 강화 간격을 너무 짧거나 길게 설정하면 학습에 방해가 될 수 있다. 간격이 너무 짧으면 동물은 자주 보상을 받게 되어 보상에 대한 의존도가 높아지고, 간격이 너무 길면 동물은 보상을 기다리다가 지루해하거나 동기를 잃을 수 있다. 적절한 시간 간격을 설정하여, 동물이 일정 시간 후에 보상을 예측할 수 있도록 유도하는 것이 중요하다.

② 강화 후 휴지기(Post-Reinforcement Pause) 관리

고정간격강화에서 강화 직후 행동을 잠시 멈추는 현상이 나타날 수 있다. 이는 강화 직후 보상이 너무 자주 주어지거나, 간격이 너무 짧게 설정되었을 때 나타날 수 있다. 이 현상을 최소화하려면, 너무 자주 보상을 제공하지 않도록 하고 점진적으로 간격을 늘려가며, 동물이 보상을 받는 시점을 예측하면서 행동을 계속할 수 있도록 유도해야 한다.

③ 보상의 예측 가능성

고정간격강화에서는 보상이 일정한 시간 간격 후에 제공되므로, 동물은 보상을 예측할 수 있게 된다. 보상의 예측 가능성이 높기 때문에 동물은 보상이 제공되기 직전에 집중적으로 행동을 수행하려는 경향을 보인다. 이를 활용하여 동물은 목표 행동을 주기적으로 반복하게 되고, 보상을 받는 직전까지 집중하게 된다. 그러나 예측 가능성이 너무 강하면 동물이 보상을 기다리다 지쳐 행동을 중단할 수 있으므로, 적절한 보상 간격 설정이 필요하다.

④ 강화 비율 점진적 증가

고정간격강화에서는 훈련 초기에는 짧은 간격으로 보상을 제공하는 것이 유효하지만, 학습이 진행되면 점진적으로 강화 간격을 늘려야 한다. 너무 많은 보상을 자주 제공하면 동물이 보상에 의존하게 되며, 장기적으로 행동을 유지하기 어려워질 수 있다. 초기에는 예를 들어, 2분마다 보상을 주고, 점차 5분, 10분 등 간격을 늘려 나가면서 동물이 보상 없이도 행동을 유지할 수 있도록 돕는다.

⑤ 과도한 보상 제공 피하기

고정간격강화에서는 보상을 과도하게 자주 제공하면 동물이 보상에 의존하게 되어 자율적인 행동 유지가 어려워질 수 있다. 너무 자주 보상을 제공하면 동물은 보상 없이는 행동을 계속하지 않을 수 있으며, 보상의 가치를 점차 낮출 수 있다. 따라서 보상은 일정한 간격을 두고 제공해야 하며, 동물이 목표 행동을 충분히 반복하고 행동을 자율적으로 유지할 수 있도록 훈련해야 한다.

⑥ 동물의 개체차 고려

고정간격강화는 동물의 반응에 따라 적절한 간격을 설정해야 한다. 예를 들어, 훈련의 대상이 초보적이거나 행동을 처음 배우는 경우, 간격을 짧게 설정하여 빠르게 보상을 제공함으로써 초기 학습을 촉진할 수 있다. 반대로 훈련 수준이 높은 동물에게는 간격을 길게 설정하여 보상에 대한 의존도를 줄이고 자율적인 행동을 촉진할 수 있다. 동물의 수준과 반응을 고려하여 개별화된 강화 계획을 수립하는 것이 중요하다.

⑦ 보상의 다양성 유지

고정간격강화에서는 보상이 단일한 형태로 계속 제공되면 동물이 지루함을 느낄 수 있다. 예를 들어, 반려견 훈련에서 간식만 제공하는 대신, 간식과 함께 칭찬이나 장난감 등 다양한 보상을 제공함으로써 동물의 흥미를 유지할 수 있다. 다양한 보상은 동물이 계속해서 행동을 지속하도록 유도하며, 보상에 대한 흥미를 높일 수 있다.

⑧ 강화 간격 변화에 대한 유연성

훈련 중 동물의 반응을 유연하게 조정하여 강화 간격을 변화시킬 필요가 있다. 만약 동물이 보상에 대한 의존도가 높아지거나 행동의 지속성이 약해지면, 간격을 다시 짧게 설정해 행동을 강화할 수 있다. 반대로, 동물이 목표 행동을 안정적으로 수행할 수 있을 때는 강화 간격을 늘려 자율적인 행동을 유도할 수 있다. 따라서 훈련 중 동물의 반응을 살펴보면서 강화 간격을 조정하는 것이 중요하다.

3 변동간격강화(Variable Interval Schedule)

(1) 변동간격강화의 정의와 특징

항목	내용
정의	강화가 제공되는 시간 간격이 일정하지 않고 불규칙하게 변동되는 강화 스케줄로, 무작위로 설정된 평균 시간 간격을 기준으로 강화가 주어진다.
강화 기준	일정하지 않은 시간 간격이 지나고 처음 나타난 행동에 대해 강화가 제공된다. 평균 간격 기준으로 설정되며, 각 강화 간격은 무작위로 결정된다.
특징	강화 시점을 예측할 수 없기 때문에 행동이 일정하고 꾸준히 유지된다. 강화 간격이 길어질 경우 행동 빈도는 다소 감소할 수 있으나, 전반적으로 안정적인 반응을 유도한다.
예시	예고 없이 진행되는 쪽지시험이나 불시에 이루어지는 업무 점검처럼, 강화 시점을 예측할 수 없는 상황은 꾸준한 행동을 유지하는 데 도움이 된다.
장점	강화 시점을 예측할 수 없으므로 행동의 꾸준한 유지를 유도할 수 있고, 강화 직후 행동이 감소하는 현상이 거의 없다.
단점	강화 간격이 불규칙하므로 초기 학습 단계에서는 혼란을 줄 수 있으며, 동물이 강화에 대한 명확한 기대를 형성하기 어렵다.

① 시간 간격의 불규칙성

변동간격강화는 강화가 제공되는 시간 간격이 불규칙적으로 변동하기 때문에 동물이 강화 시점을 예측할 수 없다. 이 **불확실성은 동물에게 보상이 언제 제공될지 모른다는 기대감을 주며, 이러한 기대감은 동물이 행동을 지속적으로 수행하도록 유도한다**. 결과적으로, 동물은 행동을 꾸준히 유지하게 되고, 이는 행동의 안정성을 높이는 데 효과적이다.

예를 들어, 이메일 답장이 언제 올지 모르는 상황에서는, 동물은 지속적으로 이메일을 확인하게 된다. 이처럼 강화 시점의 불규칙성은 동물이 행동을 멈추지 않고 일관되게 수행하도록 만들어, 행동이 강화되지 않는 상황에서도 꾸준히 유지되는 결과를 가져온다.

② 꾸준한 행동 유지

변동간격강화는 **강화 시점이 예측되지 않기 때문에, 동물이 강화를 기대하며 행동을 지속적으로 수행하도록 유도한다**. 이는 고정간격강화와는 달리, 특정 시간에 행동 빈도가 집중되지 않고, 비교적 꾸준히 일정한 행동 빈도를 유지하는 특징이 있다. 강화의 불확실성은 동물이 행동을 멈추지 않도록 동기를 부여하며, 행동의 지속성과 안정성을 높인다.

예를 들어, 쪽지시험이 예고 없이 주기적으로 행해지는 상황에서는 학생들이 특정 시점에 몰두하기보다는, 꾸준히 학습을 유지하는 경향을 보인다. 이처럼 변동간격강화는 동물이 행동을 예측 가능한 시간보다 지속적으로 수행하게 만드는 데 효과적이다.

③ 학습 초기와 후기의 적합성

변동간격강화는 학습 초기 단계보다는 학습 후기에 더 적합하다. **이미 학습된 행동을 유지하고 강화물에 대한 의존도를 줄이는 데 효과적이며, 동물이 자율적으로 행동을 수행하도록 돕는다**. 강화가 주어지는 시점이 일정하지 않고 불규칙하게 주어지기 때문에, 동물은 언제 보상이 주어질지 모른다는 기대감으로 행동을 꾸준히 반복하게 된다. 이로 인해 강화가 중단되더라도 행동이 쉽게 사라지지 않고 소거에 대한 저항성이 높아지는 특징을 보인다.

예를 들어, 반려견 훈련에서 이미 '앉아' 명령에 대한 반응이 학습된 상태라면, 변동간격강화를 통해 강화 시점을 불규칙하게 만들어 행동이 자연스럽게 유지되도록 할 수 있다. 이처럼 변동간격강화는 학습 후기에 행동을 장기적으로 유지하고 내재화하는 데 매우 유리한 방식이다.

④ 강화 간격이 너무 길 때의 한계

변동간격강화는 강화 간격이 불규칙하게 설정되지만, 강화 간격이 지나치게 길어질 경우 동물의 행동 빈도가 감소할 수 있는 한계가 있다. 강화가 너무 드물게 제공되면 동물은 행동을 수행하는 데 흥미를 잃거나, **강화와 행동 간의 연관성을 인식하지 못할 가능성이 높아진다**. 이는 동물이 강화 시점을 예측할 수 없는 변동간격강화의 장점이 오히려 약점으로 작용하는 상황을 초래할 수 있다.

예를 들어, 반려견에게 명령 수행 후 강화(간식 제공)를 너무 오랜 시간 간격으로 제공하면, 반려견은 명령 수행과 강화 간의 관계를 이해하지 못하고 행동을 중단할 가능성이 있다. 따라서 변동간격강화는 강화 간격을 적절히 설계하여 동물이 행동을 지속할 수 있도록 유지하는 것이 중요하다. 강화 간격이 너무 길어지는 것을 방지하려면, 동물의 수준과 목표에 맞는 시간 간격을 설정해야 한다.

(2) 변동간격강화 사용 시 주의사항

① 강화 간격의 적절한 설정

변동간격강화에서는 강화 간격이 불규칙적으로 설정되기 때문에, 강화 간격이 너무 길거나 짧으면 안 된다. 강화가 너무 드물게 제공되면 동물은 행동을 멈추거나 보상에 대한 기대감을 잃을 수 있고, 반대로 너무 자주 제공되면 강화의 효과가 감소할 수 있다. 적절한 평균 강화 간격을 설정하고, 이를 기반으로 불규칙성을 유지하도록 하다. 예를 들어, 처음에는 짧은 간격으로 보상을 제공하고, 점차 평균 강화 간격을 늘려가면서 불규칙성을 강화하는 방식으로 훈련을 진행하라.

② 강화의 변동성 유지

변동간격강화에서 강화의 예측 불가능성이 중요한 요소이므로, 강화 간격을 불규칙하게 유지하도록 하다. 예를 들어, 반려견이 특정 행동을 수행할 때마다 보상이 제공되는 횟수나 시점이 예측될 수 없도록 하라. 예측이 가능한 패턴을 만들면 변동간격강화의 효과가 줄어들므로, 강화의 변동성을 계속해서 유지하도록 하다.

③ 동물의 적응 속도에 맞춘 점진적 조정

변동간격강화는 동물의 적응 속도에 맞추어 점진적으로 간격을 조정해야 한다. 초반에는 상대적으로 짧은 간격으로 보상을 제공하여 동물이 변동간격강화의 규칙을 이해하고 행동을 반복하게 하라. 그러나 점차적으로 강화 간격을 늘려가며, 동물이 불규칙한 보상 시스템에 적응할 수 있도록 하다. 동물이 보상에 적응하기 전에 너무 갑작스럽게 간격을 길게 설정하면, 동물이 보상 없이 행동을 지속할 동기를 잃을 수 있다.

④ 초기 단계에서의 과도한 변동성 피하기

변동간격강화의 핵심은 예측할 수 없는 보상이다. 하지만 훈련 초기에는 너무 많은 변동성을 주면 동물이 보상 시점을 이해하지 못하고 혼란스러워할 수 있다. 특히 새로운 행동을 형성하려는 초기 단계에서는 보상 간격을 너무 자주 변화시키지 말고, 일정한 평균 간격을 유지하면서 불규칙성을 조금씩 추가하는 것이 중요하다. 처음부터 과도한 변동성을 주면 동물이 보상에 대한 예측을 할 수 없어 동기 부여가 약해지거나 목표 행동을 포기할 수 있다.

⑤ 변동간격강화의 목표 설정

변동간격강화는 주로 장기적인 행동 유지를 목표로 할 때 효과적이다. 즉, 초기에는 고정간격강화나 고정비율강화를 통해 행동을 빠르게 학습시키고, 이후 변동간격강화로 전환하여 지속 가능한 행동을 유도하는 방식으로 훈련하라. 변동간격강화는 행동을 반복적으로 지속하게 하지만, 초반부터 변동간격강화만으로 훈련을 시작하면 보상이 너무 불규칙하게 주어져 동물이 목표 행동을 완전히 습득하는 데 어려움을 겪을 수 있다. 따라서 훈련 초기에는 고정된 규칙을 사용하고, 이후 점진적으로 변동성을 추가하는 방법을 사용하는 것이 효과적이다.

4 고정비율강화(Fixed Ratio Schedule)

(1) 고정비율강화의 정의와 특징

항목	내용
정의	정해진 횟수의 행동이 발생한 후에 강화를 제공하는 방식이다. 강화 기준이 항상 일정한 횟수로 설정된다.
강화 기준	특정한 행동이 일정한 횟수(예 5회, 10회 등) 반복되었을 때 강화가 주어진다. 그 횟수는 변하지 않는다.
특징	강화가 제공되는 행동 횟수를 동물이 예측할 수 있어, 목표 횟수에 도달할 때까지 빠르게 행동을 반복하는 경향이 있다. 단, 강화 후에는 일시적인 휴지기(post-reinforcement pause)가 나타날 수 있다.
예시	① 카페에서 스탬프 10개를 모으면 무료 음료 제공. ② 공장에서 노동자가 100개 제품을 조립하면 보너스를 받는 경우.
장점	명확한 목표 설정이 가능해 동기의식을 높이고 행동 빈도를 빠르게 증가시킬 수 있다. 목표 행동을 집중적으로 강화하기에 효과적이다.
단점	강화 직후 행동이 일시적으로 감소하는 휴지기가 발생할 수 있으며, 목표 횟수 달성 후 행동의 지속성이 떨어질 수 있다.

① 행동 횟수의 고정성

고정비율강화는 **강화가 정해진 행동 횟수에 따라 제공**되므로 동물은 강화의 규칙을 명확히 이해할 수 있다. 동물은 보상을 받기 위해 설정된 횟수만큼 행동을 집중적으로 수행하려는 경향을 보인다. 이러한 고정된 구조는 동물이 강화와 행동 간의 관계를 쉽게 학습하도록 돕는다. 예를 들어, 학생이 문제를 10개 풀 때마다 칭찬을 받는 상황에서는, 학생은 목표 횟수를 채우기 위해 문제를 꾸준히 풀려고 한다.

② 행동의 집중성

강화가 행동 횟수에 따라 제공되기 때문에 동물은 보상을 받기 위해 행동을 집중적으로 수행한다. 이는 동물의 **목표 행동 빈도를 빠르게 증가시키는 데 매우 효과적**이다. 다만, 강화 직후 동물이 잠시 행동을 멈추는 강화 후 중단 현상이 나타날 수 있다.

예를 들어, 반려견이 '기다려' 명령을 3번 수행한 후 간식을 제공받았다면, 간식을 받은 직후 행동이 잠시 감소할 수 있다. 그러나 곧 다시 목표 행동을 수행하려는 경향을 보인다.

③ 학습 초기와 후기의 적합성

고정비율강화는 **학습 초기 단계에서 특히 적합**하다. 명확한 강화 규칙은 동물이 행동과 보상의 관계를 빠르게 이해하고 목표 행동을 반복적으로 수행하도록 유도한다. 그러나 학습 후기로 갈수록 강화 비율을 점차 증가시키거나 간헐적 강화(예 변동비율강화)로 전환해야 행동의 장기적인 지속성을 높일 수 있다.

예를 들어, 학습 초기에는 3번 행동을 수행할 때마다 보상을 제공하지만, 이후에는 5번, 10번으로 비율을 늘려 동물이 더 많은 행동을 수행하도록 유도한다.

④ 강화 비율이 너무 높을 때의 한계

고정비율강화에서 강화 비율이 지나치게 높아지면 동물은 행동 수행에 대한 동기를 잃을 수 있다. 동물이 보상을 받기까지의 노력이 지나치게 커진다면, 행동과 보상 간의 관계를 이해하지 못하거나 행동을 중단할 가능성이 있다. 예를 들어, 50번 행동을 수행한 후에만 강화가 제공되는 경우, 동물은 중간에 행동을 포기하거나 보상이 너무 멀게 느껴질 수 있다. 따라서 동물의 수준에 맞는 적절한 강화 비율을 설정하는 것이 중요하다.

(2) 훈련 방법

① 행동 횟수 설정

초기 훈련 단계에서는 적은 행동 횟수(예 2~3회)를 설정하여 동물이 행동과 강화의 관계를 쉽게 이해할 수 있도록 한다. 적은 횟수로 설정된 초기 강화는 동물이 목표 행동을 빠르게 학습하고 반복하도록 유도한다.

강화 횟수를 명확히 설정하면 동물은 목표 행동을 수행한 뒤 보상을 받을 수 있다는 규칙을 명확히 인식하게 된다. 예를 들어, 반려견 훈련에서 '앉아' 명령을 2번 수행했을 때마다 간식을 제공한다. 이러한 방식은 동물이 정해진 횟수만큼 행동을 수행하면 보상이 주어진다는 것을 명확히 이해하도록 돕는다.

② 행동 강화

설정된 횟수만큼 동물이 목표 행동을 반복하면 즉각적으로 강화를 제공한다. 강화는 동물이 보상을 받을 수 있는 명확한 조건을 인식하도록 도우며, 목표 행동을 더욱 집중적으로 수행하도록 동기를 부여한다.

동물이 설정된 행동 횟수에 도달한 즉시 보상을 제공함으로써, 행동과 강화 간의 관계를 강화하고 학습의 일관성을 유지할 수 있다. 예를 들어, 반려견이 '기다려' 명령을 3번 성공적으로 수행했을 때 간식을 제공한다. 동물은 이와 같은 규칙을 통해 행동을 집중적으로 수행하고, 보상 조건을 명확히 이해하게 된다.

③ 점진적 비율 증가

동물이 설정된 행동 횟수를 안정적으로 수행하기 시작하면, 강화가 주어지는 행동 횟수를 점진적으로 늘린다. 이를 통해 동물은 더 많은 행동을 수행해야 강화가 제공되도록 적응하며, 보상에 대한 의존도가 감소하게 된다.

점진적으로 비율을 증가시키면 동물은 더 높은 빈도로 행동을 수행하게 되며, 이는 목표 행동의 지속성과 안정성을 강화하는 데 기여한다. 예를 들어, 초기에는 '앉아' 명령을 3번 수행했을 때 간식을 제공하던 것을, 학습이 진행됨에 따라 5번, 10번 등으로 점차 행동 횟수를 늘려 나간다. 동물은 더 많은 행동을 수행해야 보상을 받을 수 있다는 사실을 학습하면서도 목표 행동을 꾸준히 유지하게 된다.

(3) 활용 사례

① 반려견 훈련

고정비율강화는 반려견이 일정 횟수만큼 행동을 반복할 때마다 보상이 제공되는 방식이다. 예를 들어, 반려견이 '앉아' 명령을 3번 수행하면 간식을 제공하는 방식이다. 이 방식은 반려견이 정해진 횟수만큼 행동을 반복할 때마다 보상을 받는다는 규칙을 학습하게 하여 목표 행동의 빈도를 증가시키는 데 효과적이다.

② 학생 학습

학생에게 문제를 일정 수만큼 풀도록 하고, 그 후에 보상을 제공하는 방식이다. 예를 들어, 학생이 10개의 문제를 풀면 칭찬이나 작은 보상을 제공한다. 이 방식은 학생이 목표 횟수를 채우기 위해 집중해서 문제를 풀게 만들며, 규칙적인 학습 습관을 형성하도록 돕는다.

③ 직장 업무

직장에서 직원들이 일정 개수의 작업을 완료할 때마다 보상을 제공하는 방법이다. 예를 들어, 직원이 5개의 고객 상담을 마친 후 보너스를 제공하거나 칭찬을 한다. 이는 직원이 목표 작업 횟수를 달성하기 위해 집중해서 업무를 수행하도록 유도하는 방식이다.

④ 운동 훈련

운동 훈련에서 설정된 횟수만큼 운동을 반복할 때마다 보상을 제공하는 방식이다. 예를 들어, 15번의 스쿼트를 성공적으로 수행하면 1분 휴식을 제공하는 방식이다. 이는 훈련자가 목표 횟수를 달성하려고 노력하게 만들며, 훈련의 빈도와 일관성을 유지하게 한다.

⑤ 가정 교육

아이에게 집안일을 일정 횟수만큼 수행하도록 하고, 그 후에 보상을 제공하는 방식이다. 예를 들어, 아이가 5번 방을 정리하면 칭찬이나 용돈을 제공하는 방식이다. 이는 아이가 일정한 집안일을 수행하고 그 결과를 즉각적으로 보상받게 하여, 규칙적인 집안일 수행 습관을 형성하도록 돕는다.

(4) 고정비율강화 사용 시 주의사항

① 강화 비율의 적절한 설정

고정비율강화에서 강화 비율이 너무 높거나 낮으면 동물이 보상에 대한 동기를 잃을 수 있다. 강화 비율이 지나치게 높으면 동물은 목표 행동을 달성하는 데 너무 많은 노력이 필요해 지루해하거나 포기할 수 있다. 반대로 비율이 너무 낮으면 보상이 너무 자주 주어져 동물이 보상에 의존하게 될 수 있다. 동물의 수준에 맞는 적절한 강화 비율을 설정하여 행동을 지속적으로 유도하는 것이 중요하다.

② 강화 후 휴지기(Post-Reinforcement Pause) 관리

고정비율강화에서 강화 후 휴지기 현상이 발생할 수 있다. 이는 동물이 보상을 받은 직후 일정 시간 동안 행동을 중단하는 현상으로, 과도한 강화 비율이 원인일 수 있다. 이 현상을 최소화하려면 강화 비율을 너무 높게 설정하지 말고, 점진적으로 비율을 늘려가며 동물이 일정한 리듬으로 행동을 지속하도록 해야 한다.

③ 학습 초기와 후기의 비율 조절

고정비율강화는 학습 초기에 효과적이지만, 학습이 안정되면 강화 비율을 점차 점진적으로 증가시켜야 한다. 동물이 목표 행동을 안정적으로 수행할 때마다 강화 비율을 서서히 늘려가며, 이를 통해 보상에 대한 의존도를 줄이고 행동을 장기적으로 유지할 수 있다.

④ 단기 목표 설정

고정비율강화는 단기 목표를 설정하여 동물이 빠르게 성취감을 느낄 수 있도록 도와야 한다. 목표 행동을 작은 단계로 나누어 각 단계를 완료할 때마다 보상을 제공함으로써, 동물은 점진적으로 큰 목표를 달성할 수 있다.

5 변동비율강화(Variable Ratio Schedule)

(1) 변동비율강화의 정의와 특징

항목	내용
정의	강화가 제공되는 행동 횟수가 일정하지 않고 무작위로 변동하는 방식이다. 평균적인 행동 횟수를 기준으로 강화가 주어진다.
강화 기준	일정하지 않은 무작위 횟수의 행동 후 강화가 주어지며, 전체적으로는 평균 비율에 따라 강화가 제공된다
특징	강화 시점을 예측할 수 없어 동물은 지속적으로 행동을 반복한다. 고정비율강화보다 강화 후 행동 감소가 적고, 소거에 대한 저항이 가장 강하다.
예시	① 로또 복권 구매: 언제 당첨될지 몰라도 지속적으로 구매함. ② 비디오 게임에서 랜덤 보상 시스템: 일정 확률로 아이템이 지급되어 반복적인 행동 유도.
장점	높은 행동 지속성을 유도하며, 강화가 중단된 이후에도 행동이 쉽게 사라지지 않는다.
단점	강화 패턴이 불규칙하여 학습 초기 단계에서는 이해가 어렵고, 도박 중독이나 과도한 반복 행동 등 부작용이 나타날 수 있다.

① 행동 횟수의 불규칙성

변동비율강화는 강화가 제공되는 행동 횟수가 일정하지 않고 **무작위로 변동되기 때문에 동물은 강화 시점을 예측할 수 없다**. 이 불확실성은 동물이 행동을 지속적으로 수행하도록 유도하며, 강화물이 제공되지 않아도 행동을 꾸준히 유지하게 만든다.

예를 들어, 반려견이 '앉아' 명령을 수행할 때, 평균적으로 3번 행동 후 간식이 제공되지만 실제로는 2번, 4번 등 불규칙하게 강화가 제공된다. 이처럼 행동 횟수의 변동은 동물이 강화에 대한 기대감을 유지하며 행동을 지속하게 만든다.

② 행동의 지속성과 소멸 저항성

강화가 불규칙하게 제공되기 때문에 동물은 **강화 시점을 예측하지 못하고 행동을 꾸준히 수행한다**. 이는 행동의 지속성을 높이고, 강화가 중단되더라도 행동이 쉽게 소멸되지 않는 강한 저항성을 보인다.

예를 들어, 도박에서 슬롯머신은 언제 당첨이 될지 알 수 없기 때문에 사용자는 행동을 멈추지 않고 지속적으로 레버를 당긴다. 이는 변동비율강화가 행동을 장기적으로 유지하는 데 효과적임을 보여준다.

③ 학습 초기와 후기의 적합성

변동비율강화는 학습 초기보다는 학습 후기에 적합하다. 초기에는 고정비율강화를 통해 행동과 보상의 관계를 명확히 학습시키고, 이후 변동비율강화로 전환하여 **행동을 내재화하고 장기적으로 유지할 수 있도록 돕는다**.

예를 들어, 학습 초기에는 '앉아' 명령을 3번 수행할 때마다 강화물을 제공했지만, 이후에는 평균 5번 수행할 때 강화물을 주되, 3번, 6번, 4번 등 불규칙하게 제공하도록 변환한다. 이러한 방식은 동물이 강화가 줄어들더라도 행동을 유지하게 만든다.

④ 행동 지속성과 동기 부여

변동비율강화는 동물이 강화 시점을 예측할 수 없으므로 **행동을 지속적으로 수행하도록 강력한 동기를 부여한다**. 동물은 강화 횟수를 기다리며 행동을 멈추지 않고 일관되게 반복하는 경향을 보인다. 이는 행동의 일관성과 안정성을 유지하는 데 매우 효과적이다.

예를 들어, 게임에서 무작위로 제공되는 보상이 플레이어에게 강력한 동기 부여가 되는 것은 변동비율강화의 전형적인 사례다.

(2) 훈련 방법

① 행동 횟수의 평균 설정

변동비율강화의 초기 단계에서는 평균적인 행동 횟수(예 2~3회)를 설정하되, 강화가 제공되는 횟수를 불규칙하게 변동시킨다. 동물은 보상이 행동 횟수에 따라 제공되지만, 그 시점이 예측할 수 없음을 학습하게 된다. 이러한 불확실성은 동물이 행동을 지속적으로 수행하도록 동기를 부여한다.

예를 들어, 반려견 훈련에서 '앉아' 명령을 평균적으로 3번 수행했을 때 간식을 제공하되, 실제로는 2번, 3번, 4번 등으로 강화 간격을 무작위로 조정한다. 이는 동물이 행동과 강화의 관계를 이해하면서도, 보상이 언제 주어질지 알 수 없게 만들어 행동을 꾸준히 유지하도록 돕는다.

② 행동 강화

동물이 목표 행동을 반복했을 때, 무작위로 설정된 횟수에 도달하면 즉각적으로 강화를 제공한다. 강화는 동물이 목표 행동을 지속적으로 수행하도록 동기를 부여하며, 불확실성을 통해 행동의 빈도와 집중도를 높이는 데 효과적이다.

강화가 제공되지 않아도 동물이 행동을 멈추지 않고 수행하도록 만드는 것이 변동비율강화의 핵심이다. 예를 들어, 반려견이 '기다려' 명령을 2번, 4번, 3번 등 무작위로 설정된 횟수만큼 성공적으로 수행한 후 간식을 제공한다. 동물은 보상이 불규칙적으로 제공되더라도 목표 행동을 계속 수행하게 된다.

③ 점진적 비율 증가

동물이 평균적인 행동 횟수와 변동된 강화 패턴에 안정적으로 적응하기 시작하면, 강화가 제공되는 평균 행동 횟수를 점진적으로 늘린다. 강화 간격을 늘리되, 여전히 불규칙한 패턴을 유지하여 동물이 보상을 예측하지 못하도록 설계한다.

예를 들어, 초기에는 평균적으로 3번 행동을 수행하면 강화가 제공되도록 설정했다면, 학습이 진행됨에 따라 평균 5번, 7번 등으로 증가시킨다. 그러나 실제 강화는 4번, 6번, 8번 등 무작위로 제공한다. 이를 통해 동물은 보상이 드물어지더라도 행동을 지속하며, 보상에 대한 의존도가 감소한다.

(3) 활용 사례

① 반려견 훈련

변동비율강화는 반려견이 특정 행동을 할 때마다 보상이 제공되는 횟수가 불규칙적이라는 점에서 강화 시점이 예측할 수 없게 만든다. 예를 들어, 반려견이 '앉아' 명령을 평균적으로 3번 수행할 때마다 보상을 제공하되, 실제로는 2번, 4번, 5번 등 불규칙하게 강화한다. 이 방식을 통해 반려견은 언제 보상이 주어질지 알지 못하므로 행동을 지속적으로 수행하게 된다.

② 학생 학습

학생이 문제를 푼 후, 보상이 주어지는 횟수를 예측할 수 없도록 설정하여 학습을 지속하게 한다. 예를 들어, 학생이 5개 문제를 풀면 평균적으로 칭찬이나 보상이 주어지지만, 실제로는 4개 문제, 6개 문제를 푼 후 보상이 제공된다. 이렇게 강화 시점을 예측할 수 없게 하면 학생은 꾸준히 학습에 집중하고, 불규칙한 보상에도 행동을 지속하게 된다.

③ 직장 업무

직장에서 직원들에게 무작위로 피드백이나 보상을 제공하는 방식이다. 예를 들어, 직원이 매일 일정량의 업무를 처리할 때마다 피드백을 주되, 그 피드백은 무작위로 제공된다. 보상이 언제 주어질지 모르기 때문에 직원은 일관되게 업무를 수행하게 되며, 보상이 제공되지 않더라도 계속해서 업무에 집중할 수 있다.

④ 게임 설계

온라인 게임에서 플레이어가 퀘스트를 완료하거나 특정 작업을 수행했을 때, 보상이 제공되는 횟수나 시점이 예측할 수 없다. 예를 들어, 게임에서 퀘스트를 완료할 때마다 경험치나 아이템이 주어지지만, 주어지는 보상은 무작위로 결정된다. 플레이어는 보상이 언제 주어질지 알 수 없으므로 계속해서 게임을 진행하며 집중하게 된다.

⑤ 도박과 슬롯머신

슬롯머신과 같은 도박 게임에서, 사용자는 언제 당첨될지 예측할 수 없다. 보상이 제공되는 횟수나 시점이 불규칙적으로 변동되기 때문에 사용자는 계속해서 슬롯머신을 돌리며 보상을 기다리게 된다. 이 방식은 사용자에게 지속적으로 도박을 하게 만드는 강한 동기를 부여한다.

(4) 변동비율강화 훈련 시 주의사항

① 강화의 변동성 유지

변동비율강화에서 강화의 예측 불가능성이 핵심적인 요소이므로, 강화 간격을 불규칙하게 유지해야 한다. 예를 들어, 반려견이 특정 행동을 수행할 때마다 보상이 제공되는 횟수나 시점이 예측될 수 없도록 해야 한다. 예측이 가능한 패턴을 만들면 변동비율강화의 효과가 떨어지므로, 강화의 변동성 유지가 필수적이다.

② 강화 횟수의 설정

보상이 주어지는 횟수가 불규칙하더라도, 훈련자는 강화가 주어지는 기준을 미리 계획할 필요가 있다. 동물은 보상이 언제 주어질지 예측할 수 없지만, 일정 기준에 도달했을 때 보상이 제공된다는 사실을 이해해야 하므로, 훈련 시작 전에 명확한 기준을 설정하는 것이 중요하다.

③ 반복과 일관성 유지

변동비율강화 훈련에서 강화의 변동성이 높기 때문에, 동물이 불확실성에 적응할 수 있도록 충분한 반복이 필요하다. 훈련 초기에 일정한 패턴을 제공하여 동물이 규칙을 이해하고, 이후 점차 변동성을 높여주는 방식으로 훈련을 진행해야 한다. 훈련 초기에 너무 많은 변동성을 주면 동물이 혼란을 겪을 수 있으므로 점진적인 변화를 주는 것이 효과적이다.

④ 동물의 수준에 맞는 변동성 적용

변동비율강화는 동물의 수준에 맞춰 점진적으로 난이도를 조절하는 것이 중요하다. 예를 들어, 초기 훈련에서는 강화 시점이나 횟수 간격을 너무 크게 변화시키지 않도록 하며, 점차 변동성을 확대하는 방식으로 훈련을 진행해야 한다. 너무 복잡한 변동성은 동물이 적응하기 어려울 수 있다.

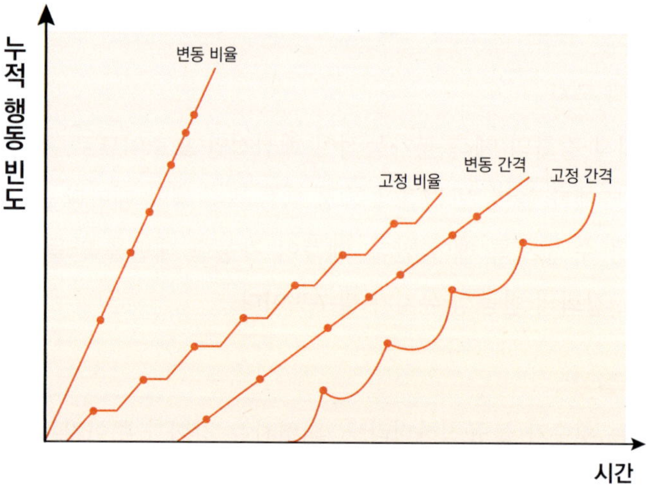

4가지 강화 계획의 누적 행동 빈도 비교

6 강화 계획의 설계 및 적용

(1) 동물 행동의 특성과 강화 계획의 적합성

동물의 행동은 그들의 생리적, 심리적 특성에 따라 다르게 나타난다. 이들 행동은 본능적 행동, 학습된 행동, 조건화된 행동 등으로 구분될 수 있으며, 각 행동 유형은 강화 계획을 설정하는 데 중요한 요소가 된다. 적절한 강화 계획을 적용하기 위해서는 동물의 행동 특성에 맞는 방식으로 강화 시점, 강화 빈도, 강화 종류 등을 설정해야 한다. 이 부분에서는 동물의 행동 특성과 이에 적합한 강화 계획의 유형을 설명한다.

① 본능적 행동과 강화 계획

본능적 행동은 동물이 생리적 또는 생존적 필요에 의해 자연스럽게 수행하는 행동이다. 예를 들어, 개가 사냥 본능에 따라 쥐를 추적하는 행동이나 새가 둥지 짓는 행동이 이에 해당한다. 본능적 행동은 특정 강화 계획보다는 자연적인 환경에서 보상이 발생하는 형태로 학습된다. 예를 들어, 연속적 강화는 본능적 행동을 강화하는 데 유용할 수 있다. 왜냐하면 이러한 행동은 쉽게 반복될 수 있으며, 보상과의 관계가 명확하게 형성되기 때문이다.

② 학습된 행동과 강화 계획

학습된 행동은 동물이 환경과의 상호작용을 통해 습득한 행동이다. 이에는 도구 사용, 명령 수행, 서로 다른 상황에서의 반응 등이 포함된다. 학습된 행동은 일반적으로 간헐적 강화와 더 잘 결합된다. 학습이 어느 정도 이루어진 후에는 행동의 지속성을 높이기 위해 간헐적 강화(예 변동간격강화나 고정비율강화)를 사용하는 것이 유리하다. 이렇게 함으로써 학습된 행동이 일정한 패턴을 따르지 않고도 지속적으로 수행되도록 유도할 수 있다.

③ 조건화된 행동과 강화 계획

조건화된 행동은 고전적 조건화나 조작적 조건화를 통해 학습된 행동이다. 예를 들어, 클리커 훈련에서 보상과 함께 특정 소리나 신호를 연결하여 원하는 행동을 유도하는 경우가 조건화된 행동이다. 이때, 강화 계획은 간헐적 강화 방식으로 주로 사용된다. 고전적 조건화에서는 특정 자극에 대해 반응을 조건화하는 것이므로, 변동간격강화나 고정간격강화와 같이 자극과 반응 간의 관계를 점진적으로 확립해 나가야 한다. 이 방법을 사용하면, 특정 자극에 대한 반응이 학습된 후에도 동물이 자주 행동을 반복하게 된다.

④ 행동의 일반화와 변별 학습

강화 계획의 적합성은 행동의 일반화와 변별학습에도 영향을 미친다. 동물은 같은 반응을 여러 환경에서 반복할 때, 환경이 다르더라도 행동을 일관되게 수행하는 능력을 키운다. 이 과정에서 간헐적 강화가 매우 중요하다. 예를 들어, 변동비율강화는 행동을 다양한 상황에서 일관되게 수행하도록 유도할 수 있다. 반면, 고정비율강화는 특정 조건에서만 행동을 강화하는 데 적합하다.

(2) 단계별 강화 계획 전환 전략

강화 계획을 전환하는 전략은 동물의 학습 진행 상황과 행동의 목표에 따라 다르게 설정해야 한다. 초기 학습 단계에서는 고정간격강화와 연속적 강화를 활용하여 행동을 빠르게 학습시킨 후, 변동비율강화로 전환하여 행동의 지속성을 높이는 방식이 효과적이다. 이 전환 전략을 단계별로 살펴보겠다.

① 초기 학습 단계 – 고정간격강화 사용

초기 학습 단계에서는 고정간격강화를 사용하여 동물이 목표 행동과 강화 간의 관계를 명확하게 이해하도록 한다. 고정간격강화는 보상이 일정한 시간 간격 후에 제공되므로, 동물은 보상 시점을 예측할 수 있게 되어 행동을 쉽게 반복하게 된다. 이때 중요한 점은 동물이 새로운 행동을 빠르게 형성할 수 있도록 **짧은 간격으로 보상을 제공**하는 것이다.

- **반려견 훈련**: '앉아' 명령을 1분마다 수행할 때마다 간식을 제공한다. 동물은 1분이 지나면 '앉아' 행동을 수행할 때마다 보상이 제공된다는 것을 학습하게 된다.
- **학생 학습**: 학생이 10분 동안 문제를 풀면 1분 동안 쉬는 보상을 제공하여, 집중력을 유지하도록 돕는다.
- 이 단계에서 연속적 강화 또는 고정간격강화는 행동을 빠르게 형성하는 데 유용하지만, 행동의 지속성을 높이는 데는 한계가 있을 수 있다. 이 시점에서는 동물이 목표 행동을 자주 수행하고, 보상과의 관계를 확립할 수 있도록 한다.

② 중간 단계 – 간헐적 강화로 전환

동물이 새로운 행동을 안정적으로 수행하게 되면, 간헐적 강화로 전환하여 행동의 지속성을 높인다. 이때, 고정간격강화에서 **변동간격강화 또는 고정비율강화로의 전환**이 이루어진다.

- 변동간격강화는 보상의 예측 불가능성으로 인해 동물이 행동을 지속할 수 있게 만든다. 고정비율강화는 목표 행동을 일정 횟수만큼 반복했을 때 보상이 제공되므로, 동물은 보상에 의존하지 않고 꾸준히 행동을 반복하게 된다.
- **반려견 훈련**: '앉아' 명령을 평균 3번 수행한 후 간식을 제공하되, 실제로는 2번, 3번, 4번 등 불규칙하게 보상을 제공하여 행동의 지속성을 높인다.
- **학생 학습**: 문제를 푼 후 불규칙하게 칭찬이나 보상을 제공하여 학습이 지속되도록 유도한다.
- 이 단계에서는 변동간격강화가 더 효과적일 수 있다. 왜냐하면 예측할 수 없는 보상은 동물이 행동을 계속 수행하도록 동기를 부여하고, 보상이 제공되지 않더라도 행동이 유지되도록 유도한다.

③ 최종 단계 – 변동비율강화로 행동의 지속성 강화

훈련이 어느 정도 마무리되고 행동이 안정적으로 수행되면, **변동비율강화를 사용하여**

행동의 지속성과 일관성을 높인다. 변동비율강화는 보상이 언제 주어질지 알 수 없으므로, 동물은 계속해서 행동을 반복하게 된다. 이는 행동의 자발성과 장기적 지속성을 높이는 데 효과적이다.

- 반려견 훈련: '앉아' 명령을 수행하는 반려견에게 평균적으로 4번 수행 후 보상을 제공하되, 실제로는 3번, 5번 등 불규칙하게 보상을 제공하여 행동을 꾸준히 반복하도록 유도한다.
- 직장 내 업무: 직원들이 일정 업무를 수행할 때마다 보상을 제공하되, 보상의 시점은 불규칙하게 제공하여 지속적인 업무 수행을 유도한다.
- 변동비율강화는 보상 시점에 대한 예측 불가능성 덕분에, 보상이 없을 때도 행동을 지속하게 만들며, 행동이 강화되지 않는 상황에서도 행동 소멸을 방지할 수 있다.

- 고정간격강화는 초기 학습 단계에서 빠른 학습을 유도하는 데 효과적이다.
- 변동간격강화와 고정비율강화는 학습이 안정된 후, 행동의 지속성을 높이고 자율적인 행동 유지를 촉진하는 데 유효하다.
- 변동비율강화는 동물이 예측할 수 없는 보상을 통해 장기적인 행동 지속성을 강화하는 데 가장 효과적인 방법이다.

연습문제

1. 다음 중 강화 계획(Schedule of Reinforcement)의 정의로 가장 적절한 것은?

A. 동물이 새로운 행동을 학습하는 과정

B. 강화물을 제공하는 빈도와 간격을 조절하는 규칙

C. 학습된 행동을 소거하는 과정

D. 보상을 전혀 제공하지 않는 훈련 방식

2. 고정비율강화(Fixed Ratio) 계획에서 강화는 언제 제공되는가?

A. 일정한 시간 간격 후

B. 일정한 횟수의 반응이 발생한 후

C. 완전히 무작위로 제공

D. 반응이 발생할 때마다 항상 제공

3. 변동비율강화(Variable Ratio) 계획이 가장 효과적인 이유는?

A. 동물이 강화가 주어질 시점을 예측할 수 없어서

B. 항상 일정한 시간 간격으로 강화가 제공되어서

C. 학습 속도가 매우 느리기 때문

D. 보상이 일정하지 않아 동물이 쉽게 포기하기 때문

4. 강화 계획에서 일정한 시간마다 강화물이 제공되는 방식은 다음 중 무엇인가?

A. 고정비율강화

B. 변동비율강화

C. 고정간격강화

D. 변동간격강화

5. 다음 중 소거에 대한 저항성이 가장 높은 강화 계획은 무엇인가?

A. 변동비율강화

B. 고정간격강화

C. 연속강화

D. 고정비율강화

1. B / 2. B / 3. A / 4. C / 5. A

연습문제

6. 도박, 로또, 슬롯머신과 같은 행동을 가장 잘 설명하는 강화 계획은 무엇인가?

A. 고정비율강화

B. 변동비율강화

C. 고정간격강화

D. 변동간격강화

7. 고정비율강화 계획의 예로 가장 적절한 것은 무엇인가?

A. 급여가 매달 동일한 날짜에 지급되는 경우

B. 점원이 10개의 상품을 판매할 때마다 보너스를 받는 경우

C. 특정한 시간마다 자동으로 급식기가 작동하는 경우

D. 도박을 할 때 언제 돈을 딸지 예측할 수 없는 경우

8. 변동간격강화 계획의 예로 적절한 것은 무엇인가?

A. 회사에서 특정 시간마다 자동으로 월급을 지급하는 경우

B. 교수님이 불규칙적으로 쪽지시험을 보는 경우

C. 물고기가 매 10분마다 한 마리씩 잡히는 경우

D. 아이가 숙제를 제출할 때마다 칭찬을 받는 경우

9. 다음 중 학습자가 가장 높은 기대치를 보이거나 높은 반응률을 보이는 강화 계획은 무엇인가?

A. 변동비율강화

B. 고정간격강화

C. 변동간격강화

D. 연속강화

10. 변동비율강화 계획의 특징을 잘 설명한 것은 무엇인가?

A. 강화가 일정한 간격으로 제공된다.

B. 강화물이 예측 가능하게 제공된다.

C. 행동의 소거가 가장 어려운 방식이다.

D. 학습이 가장 느리게 진행된다.

6. B / 7. B / 8. B / 9. A / 10. C

연습문제

11. 변동 간격 강화 계획의 실생활 적용 예로 적절한 것은 무엇인가?

A. 월급이 매달 같은 날짜에 지급되는 것

B. 비정기적으로 진행되는 안전 점검

C. 매 10분마다 휴대폰 알람이 울리는 것

D. 학생이 숙제를 제출할 때마다 점수를 받는 것

12. 특정한 시간이 지나야만 다시 강화가 주어지는 강화 계획은 무엇인가?

A. 변동비율강화

B. 고정간격강화

C. 변동간격강화

D. 고정비율강화

11. B / 12. B

토론하기

1. 연속강화와 간헐강화 중 학습 초기와 유지 단계에서 각각 어떤 방식이 더 적절한지 논의하시오.

2. 고정간격강화와 변동간격강화의 특징을 비교하고, 이 두 가지 방식이 행동에 미치는 영향을 논하시오.

3. 강화 계획이 소거 저항성에 미치는 영향을 설명하고, 가장 소거 저항성이 높은 강화 계획이 무엇인지 서술하시오.

4. 변동비율강화가 도박 중독과 같은 반복 행동을 유발하는 이유를 설명하고, 이를 예방하거나 조절할 수 있는 방법을 토론하시오.

5. 교육 현장에서 학생들의 학습 동기를 높이기 위해 사용할 수 있는 강화 계획의 유형을 설명하고, 효과적인 활용 방안을 제시하시오.

6. 회사에서 직원의 동기부여를 높이기 위해 강화 계획을 어떻게 활용할 수 있는지 설명하고, 가장 효과적인 방식에 대해 논하시오.

CHAPTER

13

행동연쇄(behavior chaining)

CHAPTER 13

행동연쇄(behavior chaining)

학습목표

- 연쇄의 개념과 작동 원리를 이해하고, 전방 연쇄와 후방 연쇄의 차이점을 구체적인 사례를 통해 설명할 수 있다.
- 복잡한 행동을 작은 단위로 나누어 단계적으로 지도하는 연쇄 기법의 원리를 파악하고, 이를 실제 훈련에 적용할 수 있다.
- 연쇄 기법을 활용하여 다양한 목표 행동을 효율적으로 연결하고 구성하는 방법을 학습하여, 행동지도의 체계적인 설계 능력을 기른다.

1 행동연쇄의 개념

(1) 행동연쇄의 정의

행동연쇄(Chaining)는 여러 개의 행동을 순서대로 연결해서 하나의 복잡한 행동으로 만드는 훈련 방법이다. 이때 각각의 행동은 단독으로 끝나는 것이 아니라, 다음 행동을 하게 만드는 신호(자극)가 된다. 마지막 행동까지 모두 잘 이루어졌을 때, 보상이 주어지는 구조다.

이 방법은 복잡한 행동을 작은 단계로 나누어 가르칠 수 있기 때문에, 동물이 전체 행동을 더 쉽게 배우도록 도와준다. 행동 연쇄의 중요한 특징은 각 단계가 서로 연결되어 있다는 점으로, 앞 단계가 다음 단계를 자연스럽게 이어주면서 전체 행동이 완성된다.

① 연쇄 훈련의 과정과 핵심 개념

연쇄 훈련은 동물이 **복합적인 행동을 단계적으로 학습하도록 유도하는 훈련** 기법이다. 이 과정에서 동물은 각각의 행동을 차례로 수행하며, 개별 행동이 자연스럽게 연결되어 최종 목표 행동을 이루게 된다. 예를 들어, 탐지견이 특정 물체의 냄새를 찾아내는 과정에서는 주변을 탐색하는 행동, 특정 냄새를 감지하는 행동, 신호를 보내는 행동이 연쇄적으로 연결된다. 훈련자는 각 행동을 단계적으로 강화하여 동물이 자연스럽게 다음 행동으로 넘어갈 수 있도록 돕는다.

② 행동의 연속성

연쇄 훈련에서 가장 중요한 요소는 행동의 연속성이다. 동물은 각 **행동을 자연스럽게 연결하여 수행**하며, 훈련자는 행동의 흐름을 강화함으로써 점진적으로 목표 행동을 형성한다. 예를 들어, 안내견이 도로를 건널 때는 먼저 보행자 신호를 확인한 후, 횡단보도로 나아가고, 장애물을 피하면서 사용자를 안전하게 인도하는 일련의 행동을 순서대로 수행해야 한다. 이 과정에서 각 행동은 다음 행동의 출발점이 되며, 전체적인 흐름이 자연스럽게 이어질 때 비로소 실생활에서의 안내 역할을 완수할 수 있다.

③ 행동의 목표 달성

연쇄 훈련의 궁극적인 목표는 **개별 행동을 하나의 완전한 행동 패턴으로 연결하는 것**이다. 탐지견이 특정 물체를 찾아내는 경우, 단순히 냄새를 맡는 것이 아니라, 탐색 → 감지 → 신호 보내기의 일련의 과정이 목표 행동으로 정해진다. 각 행동 단계에서의 성공적인 수행은 동물에게 강화되며, 훈련자는 점진적으로 목표 행동을 완성할 수 있도록 유도한다.

④ 연쇄 훈련의 중요성

연쇄 훈련은 **복잡한 행동을 학습하고 실행하는 데 필수적인 기법**이다. 단순한 행동이 아니라 여러 개의 행동이 결합된 경우, 연쇄 훈련을 통해 행동을 작은 단위로 나누어 점진적으로 학습하는 것이 효과적이다. 예를 들어, 구조견이 잔해 속에서 사람을 찾아내는 훈련에서는 장애물 회피, 냄새 탐지, 발견 신호 보내기 등의 행동이 차례대로 이루어져야 한다. 이처럼 연쇄 훈련은 동물의 지속적인 행동 수행을 촉진하며, 복합적인 환경에서도 신뢰성 높은 행동을 유지할 수 있도록 돕는다.

(2) 연쇄의 유형

연쇄 훈련에는 다양한 유형이 있으며, 그중에서 행동의 순서에 따라 전방 연쇄, 후방 연쇄로 구분할 수 있고, 행동의 복잡성에 따라 단기 연쇄, 장기 연쇄로 구분할 수 있다. 각 유형은 학습자가 목표 행동을 달성하기 위해 효율적이고 체계적으로 행동을 학습할 수 있도록 돕는다.

① 전방 연쇄(Forward Chaining)

전방 연쇄는 학습자가 **첫 번째 행동부터 시작하여 목표 행동을 순차적으로 학습하는 방법**이나. 이 방식에서는 학습자가 각 행동을 차례대로 학습하며, 각 행동이 완료될 때마다 강화가 제공된다. 학습자는 첫 번째 행동을 마친 후, 그 행동에 대해 강화가 이루어지면 두 번째 행동으로 넘어가며 이를 연속적으로 연결해 나간다. 이 과정에서 각 행동은 독립적으로 강화되며, 학습자는 점진적으로 전체 행동 패턴을 형성하게 된다.

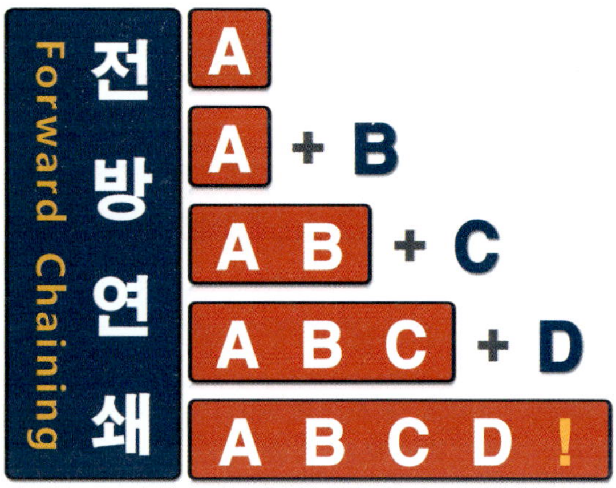

• 주요 특징

- **행동 순차적 학습**: 학습자는 처음부터 끝까지 행동을 순차적으로 학습한다. 첫 번째 행동을 시작으로 목표 행동까지 차례대로 연결된다.
- **단계별 강화**: 각 행동이 완료될 때마다 강화가 이루어지며, 학습자는 행동의 연속성을 유지하면서 다음 단계로 넘어간다.
- **자연스러운 연결**: 학습자는 각 행동을 자연스럽게 연결하며, 행동의 흐름을 따라가게 된다.
- **목표 행동 달성**: 최종 목표는 각 단계의 성공적인 완성을 통해 점진적으로 달성된다.

② 후방 연쇄(Backward Chaining)

후방 연쇄(백체이닝)는 **마지막 행동부터 시작하여 학습을 진행하는 방식**이다. 학습자는 최종 목표 행동을 먼저 학습하고, 그 이후에 목표를 향해 나아가는 이전 행동들을 차례대로 학습한다. 이 방식에서는 학습자가 목표 행동을 가장 먼저 경험하며, 최종 목표를 먼저 강화하여 동기를 부여한다. 그런 다음, 학습자는 그 목표를 실현하기 위해 필요한 이전 행동들을 점진적으로 연결해 나간다.

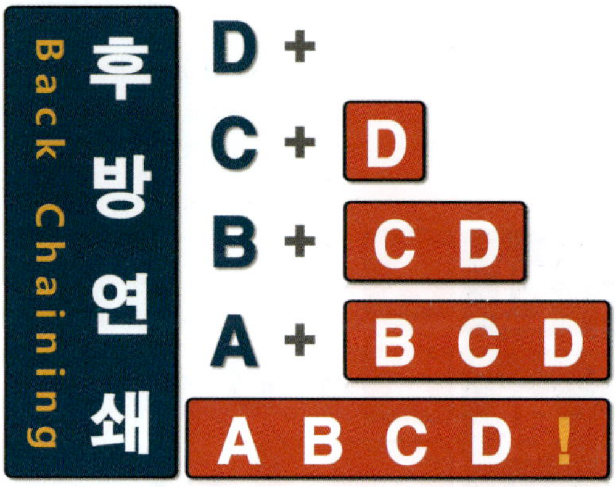

- 주요 특징

- **최종 목표 행동의 우선 학습**: 학습자는 최종 목표 행동을 먼저 경험하고, 그 행동에 대한 강화를 통해 동기를 얻는다. 목표 행동이 즉시 강화되므로 학습자는 더 빠르게 성취감을 느낄 수 있다.
- **역순으로 행동 연결**: 이후 목표 행동을 완성할 수 있도록, 이전 단계의 행동들을 점차적으로 학습한다. 학습자는 각 행동이 최종 목표로 이어지도록 점진적으로 연결해 나간다.
- **빠른 동기 부여**: 최종 목표를 먼저 경험하고 강화 받기 때문에, 학습자가 보다 빠르게 목표 달성의 성취감을 느끼며 동기를 유지할 수 있다.

③ 단기 연쇄

단기 연쇄는 적은 수의 행동을 연속적으로 연결하여 짧은 시간 안에 목표 행동을 달성하는 방식이다. 이 방법은 짧고 간단한 행동 패턴을 학습할 때 적합하며, 빠른 학습과 즉각적인 보상을 제공하는 데 효과적이다. 학습자는 각 행동을 빠르게 배우고 보상을 통해 행동을 강화하면서 목표 행동을 단기적으로 달성할 수 있다.

- 주요 특징
   - **행동의 짧은 연속성**: 단기 연쇄는 몇 가지 행동을 짧은 시간 내에 연결하여 목표를 빠르게 달성하는 방식이다.
   - **즉각적인 피드백과 강화**: 각 행동이 짧은 시간 안에 강화되며, 즉각적인 피드백을 통해 빠른 동기 부여와 효율적인 학습을 유도한다.
   - **단기 목표 달성**: 학습자는 간단한 목표를 달성하고, 이를 통해 보상을 경험하며 행동을 지속한다.

④ 장기 연쇄

장기 연쇄는 긴 행동 순서를 연속적으로 연결하여 복합적인 목표 행동을 달성하는 훈련 기법이다. 이 방식에서는 여러 개의 행동을 단계적으로 연결하여 최종 목표 행동을 완성한다. 학습자는 여러 단계를 거쳐 행동을 점진적으로 연결하며, 최종적으로 복잡한 행동 패턴을 형성하게 된다.

- 주요 특징
   - **긴 행동 순서 연결**: 학습자는 다양한 행동을 연속적으로 연결하여 최종 목표를 달성한다. 각 행동은 목표 행동을 향해 점차적으로 나아가게 된다.
   - **점진적 학습**: 학습자는 각 단계에서 점차적으로 목표 행동에 가까워지며 복잡한 행동을 체계적으로 학습한다. 행동은 단계별로 강화되며, 목표를 향한 연속적인 연결이 이루어진다.
   - **강화 및 보상**: 각 행동에서의 강화는 학습자가 목표 행동을 완성할 수 있도록 돕고, 목표에 가까워질수록 강화 빈도나 강화의 양을 조절하여 행동을 더욱 강하게 유지한다.

⑤ 전방 연쇄와 백체이닝 비교

구분	전방 연쇄	후방 연쇄
시작 지점	첫 번째 행동부터 시작하여 순차적으로 학습	마지막 행동부터 시작하여 역순으로 학습
학습 순서	첫 번째 행동부터 차례대로 학습	마지막 행동부터 학습
동기 부여	목표 행동까지 시간이 걸리므로 각 단계를 완성하면서 동기 부여	목표 행동의 일부를 먼저 경험하며, 초기 단계에서 강한 동기 부여 가능
적합한 상황	행동의 순서를 그대로 학습해야 하는 상황	목표 행동을 중심으로 행동을 학습해야 하는 상황
시간 소요	최종 목표 행동을 학습하는 데 더 많은 시간 소요	목표 행동의 성취를 먼저 경험하여 학습 시간이 효율적으로 단축됨
예시	최종목표동작: abcde a → ab → abc → abcd → abcde	최종목표동작: abcde e → de → cde → bcde → abcde

⑥ 단기 연쇄와 장기 연쇄 비교

구분	단기 연쇄	장기 연쇄
행동의 범위	적은 수의 행동을 연결하여 간단한 목표를 달성	많은 수의 행동을 연결하여 복잡한 목표를 달성
학습 목표	간단하고 짧은 행동 패턴을 학습	복잡하고 긴 행동 패턴을 학습
강화 빈도	행동 간격이 짧아 자주 강화가 이루어짐	행동 간격이 길어 강화 빈도가 상대적으로 낮음
학습 시간	짧은 시간 안에 목표 달성이 가능	목표 행동을 완성하는 데 긴 시간이 필요
적합한 상황	단순한 목표를 빠르게 완성해야 하는 상황 예 기본 명령 학습	복잡한 행동을 점진적으로 학습해야 하는 상황 예 어질리티 훈련
동기 유지	즉각적인 강화를 통해 학습자의 동기를 지속적으로 유지	목표 행동을 완성하기까지 시간이 걸려 동기 유지 관리가 필요
학습 난이도	학습 난이도가 낮아 초보자나 간단한 훈련에 적합	학습 난이도가 높아 경험자나 전문 훈련에 적합
예시	학습자가 행동 a와 b를 연결하여 ab를 완성	학습자가 a부터 e까지 연결하여 abcde를 완성

2 행동연쇄 훈련의 원리와 의의

(1) 연쇄의 원리

행동연쇄는 하나의 복잡한 행동을 가르칠 때, 그 행동을 여러 개의 작은 단위로 나누고 각 단계를 차례대로 학습하게 하는 방식이다. 학습자가 각 단계에서 성공할 때마다 강화가 주어지며, 이를 통해 행동 간의 흐름과 논리적 연결을 자연스럽게 이해하고 습득할 수 있도록 돕는다.

① 행동 분할

행동 분할은 복잡한 목표 행동을 동물이 이해하고 수행하기 쉽게, 여러 개의 작은 단위 행동으로 나누는 과정이다. 이는 행동연쇄 훈련의 첫 번째 단계이자 전체 훈련 설계의 기초가 되는 매우 중요한 절차이다. 단순한 행동이라면 한 번의 신호로도 가르칠 수 있지만, 바구니에 물건을 넣거나 도우미견이 문을 여는 것처럼 복합적인 행동일수록 하나의 흐름 속에 여러 단계가 포함되어 있기 때문에, 이를 정확히 나누고 순서화하지 않으면 훈련이 혼란스럽고 비효율적으로 진행될 수 있다.

행동 분할의 첫 단계는 최종 목표 행동을 명확히 정의하는 것이다. 예를 들어 '바구니에 물건을 넣는다'는 목표가 있다면, 이 행동은 단순히 한 번의 반응으로 이루어지는 것이 아니라 '물건을 본다 → 다가간다 → 문다 → 운반한다 → 바구니 앞에 선다 → 물건을 놓는다'와 같이 여러 단계로 구성된다. 이처럼 각 단계를 구체적으로 분석하고 나열함으로써 훈련자는 어떤 순서로 행동을 지도할 것인지, 어떤 지점에서 동물이 어려움을 겪는지를 파악할 수 있다.

또한 **각 단계는 그 자체로 독립적인 훈련 단위가 될 수 있어야 하며, 명확한 성공 기준이 설정되어야 한다**. 예를 들어 '물건을 문다'는 단계는 단순히 입으로 물건을 터치하는 것이 아니라, 일정 시간 동안 입에 고정해 유지하는 것이 성공 기준일 수 있다. 이러한 기준이 없다면 훈련자는 강화 제공의 시점을 혼동하게 되고, 동물은 어떤 행동이 올바른지 이해하지 못하게 된다.

행동 분할은 훈련자가 전체 행동의 구조를 시각화하고 계획할 수 있도록 돕는 역할도 한다. 동시에 학습자 입장에서는 각 단계의 성공을 통해 자신감을 얻고, 점차 더 복잡한 행동으로 나아갈 수 있는 동기를 얻게 된다. 따라서 행동 분할은 단순히 행동을 쪼개는 것이 아니라,

효과적인 학습과 긍정적인 학습 경험을 설계하기 위한 전략적 접근이라 할 수 있다.

② 단계적 강화

단계적 강화는 행동연쇄 훈련에서 **각 분할된 행동 단계가 성공적으로 수행될 때마다 적절한 보상을 제공함으로써, 학습자가 전체 행동 흐름을 따라갈 수 있도록 유도하는 핵심 원리**다. 단순히 최종 행동만을 강화하는 것이 아니라, 목표 행동으로 이어지는 각 중간 단계에서의 성공을 인식시키고, 그 자체를 강화함으로써 점진적인 학습 진전을 가능하게 한다.

훈련 초기에는 동물이 전체 행동의 흐름을 아직 이해하지 못한 상태이기 때문에, 각 단계를 작은 성공 경험으로 분리하고 강화해 주는 방식이 매우 중요하다. 예를 들어, '바구니에 물건을 넣는다'는 행동을 훈련할 때, 처음에는 단순히 물건을 바라보는 것만으로도 클릭과 보상을 제공할 수 있다. 이후 물건에 다가가기, 입으로 무는 행동, 바구니 쪽으로 이동하기 등 단계별 행동이 성공적으로 나타날 때마다 강화 자극을 제공함으로써, 동물은 각 단계가 올바른 반응이라는 점을 자연스럽게 학습하게 된다.

강화는 학습자의 동기 유지를 위한 필수 요소로 작용한다. 각 단계가 적절하게 강화되면, 학습자는 자신의 행동이 훈련자의 기대에 부합한다는 확신을 얻게 되며, 다음 단계로의 진입에 긍정적인 태도를 유지할 수 있게 된다. 이처럼 **단계적 강화는 행동의 연결을 부드럽게 이어주고, 전체 연쇄 구조의 틀을 안정적으로 형성하는 데 기여**한다.

또한, 훈련이 점차 진행되면서 강화의 빈도를 조절하고, 최종 행동에서만 보상을 제공하는 방식으로 전환하면, 동물은 강화 없이도 자연스럽게 행동 전체를 이어나가는 능력을 갖추게 된다. 이를 통해 행동연쇄는 하나의 완성된 흐름으로 정착되며, 훈련자의 개입 없이도 독립적으로 수행할 수 있는 수준으로 발전하게 된다.

③ 자극의 연속적 연결

행동연쇄 훈련에서 중요한 특징 중 하나는 **각 행동 단계의 결과가 곧 다음 행동을 유도하는 자극(Cue)이 된다**는 점이다. 이는 훈련자가 일일이 모든 단계를 지시하지 않더라도, 동물이 자연스럽게 행동을 이어갈 수 있도록 돕는 핵심 원리다. 즉, 하나의 행동이 끝나는 시점에서 생긴 환경의 변화나 몸의 위치, 물체의 움직임 등이 다음 행동을 시작하도록 유도하는 신호로 전환되는 것이다.

예를 들어, 반려견이 장난감을 입에 물었다면, '장난감을 입에 문 상태'는 다음 단계인 '바구니 쪽으로 이동하는 행동'을 유도하는 자극이 된다. 바구니 앞에 도달하면, 그 위치나 환경적 요소 자체가 '장난감을 내려놓는 행동'을 촉발시키는 자극으로 작용한다. 이렇게 각 행동의 결과가 다음 행동의 시작을 이끄는 자극으로 자연스럽게 연결되면, 훈련자는 별도의 신호 없이도 전체 행동의 흐름을 만들 수 있게 된다.

자극의 연속적 연결이 효과적으로 작동하기 위해서는 **각 단계가 명확하고 예측 가능한 결과를 가져야 하며, 그 결과가 다음 행동과 의미 있게 연결**되어야 한다. 또한 훈련 초기에는 훈련자가 각 단계마다 별도의 신호(큐)를 줄 수 있지만, 훈련이 진행되면서 점차 이전 행동 자체가 다음 행동의 자극으로 기능하도록 유도해야 한다. 이를 통해 동물은 훈련자의 지속적인 개입 없이도 연속적인 행동을 스스로 완성할 수 있게 된다.

자극 간 연결이 매끄럽게 이루어질수록 행동의 일관성과 자연스러움이 높아지고, 동물의 집중력과 이해도 역시 강화된다. 특히 복잡한 작업이나 실생활에서 자율적인 행동 수행이 요구되는 경우, 이러한 자극의 자동적 전환 메커니즘은 매우 실용적이고 효과적인 훈련 방식으로 작용한다.

④ 강화의 전략적 배치

행동연쇄 훈련에서 **강화를 어디에, 어떻게 배치하느냐는 전체 학습의 효율성과 행동의 흐름을 결정짓는 핵심 요소**다. 특히 복잡한 행동일수록 단순히 보상을 제공하는 것 이상의 전략적인 강화 설계가 필요하다. 잘 배치된 강화는 동물의 동기를 유지하고, 행동 사이의 연결을 명확히 하며, 최종적으로 자발적이고 안정적인 행동 연쇄를 유도할 수 있다.

훈련 초기에는 행동의 각 단계를 강화하는 방식으로 시작하는 것이 일반적이다. 이는 학습자가 새로운 단계에 익숙해지고, 각 행동의 정확성을 높이기 위한 전초 단계다. 예를 들어, '물건을 집는다', '운반한다', '바구니에 넣는다'라는 세 단계로 구성된 행동에서, 초반에는 각 행동이 성공할 때마다 즉각적으로 보상을 제공한다. 이렇게 하면 동물은 각 행동이 옳은 반응임을 빠르게 인식하게 되고, 학습 속도도 빨라진다.

그러나 **훈련이 어느 정도 안정화되면 점진적으로 강화의 위치를 뒤로 이동시키는 전략**이 필요하다. 즉, 중간 단계의 보상은 줄이고, 마지막 행동을 성공적으로 수행했을 때만 보상이 주어지도록 전환한다. 이는 동물로 하여금 전체 행동을 하나의 흐름으로 인식하게 만들며, 행동의 종결점까지 집중을 유지하도록 동기를 부여하는 효과가 있다.

이러한 방식은 연쇄 구조를 고정시키고, 훈련자의 신호 없이도 자율적으로 행동을 이어가도록 만드는 데 핵심적인 전략이다. 특히 역행 연쇄에서는 처음부터 마지막 단계에 보상이 집중되기 때문에, 동물은 항상 보상으로 이어지는 행동부터 훈련을 시작하며 높은 몰입도를 유지할 수 있다.

또한, **보상의 종류나 강도 역시 전략적으로 조절되어야 한다**. 훈련 초기에는 간식, 장난감, 놀이 등의 즉각적이고 강한 1차 강화제를 사용하고, 훈련이 성숙해질수록 칭찬이나 터치, 간헐적 보상 등 덜 직접적인 보상으로 전환할 수 있다. 이는 동물이 보상 없이도 행동을 유지하도록 만드는 소거 저항력을 높이는 데 도움이 된다.

결국, 강화의 전략적 배치는 단순한 행동 성공 여부를 넘어, 훈련의 전반적인 흐름과 동기 구조를 설계하는 훈련자의 중요한 도구다. 올바르게 배치된 강화는 훈련자와 동물 간의 상호 작용을 매끄럽게 만들며, 연쇄 행동의 자연스러운 완성과 유지에 결정적인 역할을 한다.

(2) 행동연쇄 훈련의 필요성과 의의

① 복잡한 행동 습득을 용이하게 함

동물은 기본적으로 단순한 본능적 행동(먹기, 걷기, 뛰기, 짖기 등)을 수행할 수 있지만, 특정 목적을 가진 행동(도움, 탐색, 안내 등)은 훈련을 통해 학습해야 한다. 특히, 연쇄 훈련은 여러 개의 개별 행동을 단계적으로 연결하여 하나의 복잡한 행동 패턴을 완성하는 데 효과적이다. 예를 들어, 안내견이 훈련자를 안전하게 인도하려면 단순히 걷는 행동만으로는 부족하다. 횡단보도를 건너기 위해서는 다음과 같은 연속적인 행동이 필요하다.

- 안내견의 횡단보도 건너기 - 전방 연쇄에 따른 단계 구성

▪ **1단계**: 훈련자가 걷기 시작하면, 안내견은 훈련자의 보행 속도에 맞춰 함께 걷는다.

→ 이 단계가 완성되면 보상을 제공하고, 이후 단계로 넘어갈 준비를 한다.

▪ **2단계**: 횡단보도 앞에 도달하면, 안내견은 자동으로 멈추어 훈련자가 신호를 확인할 수 있도록 대기한다.

→ 이때 앞 단계(훈련자와 보행) 완료 후 멈추기 행동이 이어져야 하며, 행동이 성공하면 보상을 준다.

▪ **3단계**: 안내견은 신호등의 소리나 주변 차량 소음을 인식하며 조용히 대기한 채, 훈련자의 출발 신호를 기다린다.

→ 앞 단계에서 멈춘 상태에서 대기 유지를 가르치고, 신호 변화에 주의하게 한다.

▪ **4단계**: 훈련자가 출발 신호를 주면, 안내견은 안전하게 횡단보도를 건너기 시작한다.

→ 이때 출발 신호가 새로운 식별자극(SD)가 되며, 횡단 행동을 유도한다.

- **5단계:** 보도의 끝에 도달하면, 안내견은 멈추고 훈련자를 바라보며 안전 여부를 확인한다.

→ 이 마지막 행동까지 성공적으로 수행했을 때 전체 행동 연쇄가 완성되고, 최종 보상이 제공된다.

② 행동의 체계적 연결 및 자연스러운 수행

연쇄 훈련은 개별 행동을 독립적으로 학습하는 것이 아니라, 행동 간의 연결을 통해 자연스럽고 일관된 행동 흐름을 형성하는 데 초점을 맞춘다. 이를 통해 행동의 흐름이 매끄럽게 이어지며, 동물은 자극에 대한 즉각적인 반응을 보이게 된다.

특히, 일관된 신호와 단계적인 훈련을 통해 동물이 행동을 자동적으로 수행할 수 있도록 한다. 즉, 개별 행동이 아니라 전체 과정이 하나의 패턴으로 작동하도록 만든다.

- **탐지견의 마약 탐지 - 후방 연쇄에 따른 단계 구성**

- **1단계:** 탐지견은 특정 위치에서 마약 냄새를 감지한 후, 훈련된 정지 동작(앉기, 멈추기 등)으로 그 자리를 표시한다.

→ 이 마지막 행동을 가장 먼저 훈련하며, 정확히 정지 신호를 보였을 때 즉시 보상을 제공한다.

- **2단계:** 탐지견은 여러 냄새를 맡으며 탐색하던 중, 마약 냄새를 감지하면 멈춰 서서 해당 위치를 표시한다.

→ 냄새에 반응해 정지 동작까지 정확히 연결되었을 때 보상을 제공한다. 앞 단계(냄새 탐지)가 성공해야 마지막 동작이 유도된다.

- **3단계:** 탐지견은 수색 공간 내 물품이나 사람, 가방 등의 냄새를 하나씩 맡으며 집중 탐색을 수행한다.

→ 탐색 행동에서 마약 냄새를 감지하고 멈추는 흐름이 이어져야 하며, 전체 연쇄가 연결되었을 때만 강화가 주어진다.

- **4단계:** 훈련자가 탐지 시작 지시를 내리면, 탐지견은 지정된 수색 공간 안으로 들어가 탐색을 시작한다.

→ 출발 지시(식별자극)에 따라 탐색을 시작하고, 이후 마약 냄새를 맡고 멈추는 연쇄까지 자연스럽게 연결되었을 때 강화가 제공된다.

▪ 5단계: 탐지견은 대기 상태에서 훈련자의 지시를 조용히 기다리며 집중한다.

→ 출발 지시 전 안정된 대기 상태를 유지하도록 훈련하고, 이후 단계들이 연속적으로 연결될 수 있도록 지도한다.

③ 학습 효율성 및 행동 유지력 증가

동물은 한 번에 복잡한 행동을 학습하기 어려우므로, 단계를 나누어 점진적으로 학습하면 이해도가 높아지고 훈련 성공률이 증가한다. 연쇄 훈련(Chaining)은 개별 행동을 먼저 학습한 후 이를 연결하는 방식이므로, 훈련 시간이 단축되고 행동의 장기적인 유지력도 향상된다.

특히, 개별 행동이 충분히 강화된 후 연결되기 때문에 훈련된 행동이 장기적으로 유지될 가능성이 높으며, 이후 유사한 행동을 학습할 때도 빠르게 적응할 수 있다.

- 도우미견의 전등 스위치 끄기 - 후방 연쇄에 따른 단계 구성

▪ 1단계: 도우미견은 앞발로 전등 스위치를 정확히 눌러 전등을 끈다.

→ 이 마지막 행동을 가장 먼저 훈련하며, 스위치가 꺼졌을 때 즉시 보상을 제공한다.

▪ 2단계: 도우미견은 앞발을 들어 스위치 위치에 정확히 접촉하고, 눌러서 전등을 끈다.

→ 스위치를 누르기 위한 위치 조정과 앞발 동작을 정확히 수행한 후 전등을 껐을 때 강화가 주어진다.

▪ 3단계: 도우미견은 훈련자가 가리키거나 지시한 벽 쪽으로 이동하여, 전등 스위치 위치 앞에 멈춰 선다.

→ 위치 지시에 따라 스위치 앞으로 이동한 후, 스위치를 눌러 전등을 끄는 동작까지 이어져야 보상이 주어진다.

▪ 4단계: 훈련자가 "불 꺼" 또는 특정 손짓을 하면, 도우미견은 전등 스위치 방향으로 이동한다.

→ 지시에 반응하여 이동하고, 스위치를 누르는 전체 연쇄 행동이 연결되어야 강화된다.

▪ 5단계: 도우미견은 훈련자 옆에서 조용히 대기하며, 지시가 주어지기를 기다린다.

→ 안정된 대기 상태를 유지하고, 이후 훈련자의 지시가 주어졌을 때 연쇄 행동이 시작되도록 한다.

(3) 조형(Shaping) vs. 연쇄(Chaining) 비교

행동형성과 행동연쇄는 목표 행동을 학습하는 과정에서 사용되는 강화 기법이지만, 학습 과정과 적용 방식에서 차이가 있다.

- 조형(Shaping): 새로운 행동을 점진적으로 학습하는 방법
- 연쇄(Chaining): 여러 개의 행동을 순차적으로 연결하여 목표 행동을 수행하는 방법

① 조형(Shaping)

조형은 새로운 행동을 가르칠 때 사용하는 기법으로, 목표 행동을 한 번에 완성하는 것이 어려울 경우, 목표에 점점 가까운 행동을 단계적으로 강화하여 최종 행동을 학습하도록 돕는 방법이다. 이 기법은 점진적 접근법에 기반하며, 훈련 초기에는 현재 수준보다 약간 나아간 행동에 대해 즉시 강화를 제공하고, 이후에는 점점 더 목표에 가까운 행동만을 선택적으로 강화하여 행동의 발전을 유도한다. 결국 목표 행동이 완전히 숙달되면 중간 단계의 행동들은 더 이상 수행할 필요가 없어지며, 오직 최종 행동만이 유지된다.

조형의 일반적인 절차는 다음과 같다. 먼저 목표 행동을 설정하고, 현재 수준보다 조금 더 진전된 근접 행동을 기준으로 삼는다. 그다음, 목표 행동과 유사한 최초의 근접 행동이 나타나면 즉시 강화한다. 이후에는 더 목표에 가까운 행동에만 강화를 제공하며 행동 수준을 점차 높여간다. 이 과정을 반복하면서 목표 행동에 도달하게 되며, 최종적으로는 목표 행동만을 수행하고 강화가 제공된다.

예를 들어, 다이빙 기술을 가르칠 때 처음부터 1m 다이빙대에서 서서 뛰게 하기보다, 30cm 높이에서 무릎을 대고 다이빙하는 것부터 시작하여 서서 뛰기까지 점진적으로 단계를 올린다. 이러한 점진적 접근은 동기부여를 유지하고 학습자의 성공 경험을 높이는 데 효과적이다. 조형은 하나의 행동을 발달시키는 과정에서 특히 유용하며, 학습자가 새로운 행동을 부담 없이 익힐 수 있도록 돕는 효과적인 교수 전략이다.

② 연쇄(Chaining)

연쇄는 여러 개의 독립적인 행동을 일정한 순서로 연결하여 하나의 복합적인 목표 행동을 완성하는 행동 지도 기법이다. 이를 행동연쇄(behavior chaining)이라고 하며, 각 행동은

단순히 독립적으로 수행되는 것이 아니라, 이전 행동의 결과가 다음 행동을 유도하는 자극(SD, 식별자극) 역할을 하게 된다. 이러한 구조 덕분에 동물이나 사람이 각 단계에서 무엇을 해야 하는지를 자연스럽게 인식하고, 행동 흐름 전체를 따라갈 수 있게 된다. 연쇄는 조형과 달리 모든 단계를 생략 없이 수행해야 최종 목표에 도달할 수 있는 점이 특징이다.

행동연쇄의 일반적인 학습 과정은 다음과 같다. 먼저 목표 행동을 여러 개의 세부 단계로 나눈다. 이후 각 단계별 행동을 개별적으로 학습시키고, 그 행동들을 순서에 맞게 하나의 연속적인 패턴으로 연결해 나간다. 이 모든 행동이 올바르게 연쇄되어 수행되었을 때 비로소 최종 보상(강화)이 제공된다. 이 과정에서 각 행동이 다음 행동의 자극 역할을 하므로, 앞의 행동이 잘 수행되면 자연스럽게 다음 행동으로 이어질 수 있도록 한다.

행동연쇄에는 크게 두 가지 유형이 있다. 전방 연쇄(Forward Chaining)는 첫 번째 단계부터 차례대로 학습하여 점점 뒤쪽 단계로 나아가는 방식이다. 반면 후방 연쇄(Backward Chaining)는 마지막 행동을 먼저 가르친 뒤, 그 이전 단계를 거꾸로 연결해 나가는 방식으로, 성공 경험을 보장해주는 장점이 있다.

예를 들어, 농구의 레이업 슛 동작을 가르칠 때는 전방 연쇄 방식이 활용될 수 있다. 이 경우 처음에는 왼발을 내딛는 것부터 시작하고, 이후 오른손으로 드리블하며 왼발을 내딛는 동작을 연결한다. 그다음 드리블 후 오른발을 내딛고, 마지막으로 왼발로 점프하여 슛을 시도하는 전체 행동을 완성한다. 이처럼 모든 단계를 빠짐없이 연결함으로써 최종 목표 행동인 레이업 슛이 자연스럽고 안정적으로 형성된다. 연쇄 기법은 복잡한 행동을 단계별로 구조화하여 가르치기에 매우 효과적이며, 실생활의 다양한 작업 행동이나 동물 훈련, 재활 훈련 등 여러 분야에서 널리 활용되고 있다.

■ 핵심 포인트

구분	행동형성(Shaping)	행동연쇄(Chaining)
핵심 개념	목표 행동을 점진적으로 강화하여 학습	여러 개의 행동을 순차적으로 연결하여 학습
학습 방식	처음에는 목표 행동이 불가능하므로, 가까운 행동부터 점진적으로 강화	목표 행동을 여러 개의 단계로 나누고, 각 단계를 순차적으로 학습
강화 방법	목표 행동과 가까운 행동을 할수록 강화 제공	각 행동이 다음 행동의 자극 역할을 하며, 최종 행동 수행 후 강화 제공

학습 대상	새로운 행동을 학습할 때 사용	순차적 동작이 필요한 복잡한 행동 학습에 사용
예시	30cm 다이빙 → 1m 다이빙으로 점진적 학습	농구 레이업 슛의 모든 동작을 순차적으로 연결하여 완성
최종 행동 학습 후	중간 단계는 더 이상 수행하지 않아도 됨	모든 단계가 계속 유지되어야 함
사용 사례	"앉아" 명령을 처음 배우는 강아지에게 점진적으로 보상을 제공하여 학습	"신문 가져와!" 신호에 따라 문 열기 → 신문 물기 → 훈련자에게 전달하기를 순차적으로 학습

3 다양한 후방 연쇄(Backward Chaining) 훈련 방법

후방 연쇄 즉 백채이닝(Backward Chaining) 기법은 목표 행동을 먼저 학습한 후, 그 앞 단계의 행동을 차례로 추가하여 최종적으로 일련의 행동을 완성하는 방식이다. 이 방법은 최종 행동을 성공적으로 수행하는 경험을 먼저 제공하여 동물의 동기 부여를 높이고, 학습을 보다 쉽게 진행할 수 있도록 돕는다.

(1) 도그댄스 동작 활용 방법

① 도그댄스 동작 훈련: 360도 회전 후 앞발 올리기(후방 연쇄 활용)

도그댄스 동작 중 하나인 '360도 회전 후 앞발 올리기'는 후방 연쇄 기법을 통해 효과적으로 훈련할 수 있다. 후방 연쇄는 목표 행동의 마지막 단계부터 먼저 학습시켜 성공 경험을 쌓은 뒤, 앞 단계들을 하나씩 연결해 나가는 방식이다. 이 동작은 크게 세 단계로 나누어 훈련할 수 있으며, 각 단계는 반려견의 이해도와 숙련도에 따라 반복하며 강화한다.

- 1단계: 앞발 올리기 행동부터 학습
  - 도우미견 훈련에서도 자주 사용되는 앞발 올리기 행동을 먼저 가르친다. 반려견이 훈련자의 손이나 다리에 앞발을 올리는 행동을 안정적으로 수행할 수 있도록 유도한다.
  - 훈련자는 '앞발'이라는 음성 신호를 주거나 손이나 다리를 반려견 앞에 내밀어 동작을 유도한다. 반려견이 행동을 올바르게 수행하면 즉시 간식, 칭찬, 쓰다듬기 등으로 보상

을 제공한다.

- 만약 반려견이 앞발을 올리지 않는 경우, 간식으로 유도하거나 훈련자가 손으로 가볍게 보조해도 좋다. 이 행동이 자연스럽고 익숙해질 때까지 충분히 반복한다.

- 2단계: 회전 후 앞발 올리기를 연결하기

- 앞발 올리기 행동이 익숙해졌다면, 회전 동작을 앞에 붙여 연쇄 행동으로 연결한다. 훈련자는 간식을 손에 쥐고 천천히 원을 그리며 반려견이 시계 방향 또는 반시계 방향으로 회전하도록 유도한다.
- 반려견이 회전을 마친 직후, 앞발을 훈련자의 손이나 다리에 올리는 행동이 자연스럽게 이어지도록 한다.
- 성공적으로 두 행동이 연결되면 즉시 보상을 제공한다. 반려견이 회전까지만 하고 멈추거나 앞발을 늦게 올린다면 다시 앞 단계를 반복하며 연결을 강화한다.

- 3단계: 하나의 신호로 전체 행동 완성하기

- 반려견이 회전과 앞발 올리기 동작을 연속적으로 수행할 수 있다면, 이제 하나의 신호로 전체 동작을 수행할 수 있도록 훈련한다.
- 훈련자는 '돌고!'라는 음성 신호와 함께 손짓으로 원을 그려 회전을 유도하고, 반려견이 회전을 마치면 바로 '앞발!' 신호를 추가하여 앞발 올리기를 수행하게 한다. 이후에는 점차 '앞발' 신호를 줄이고, 최종적으로 '돌고!' 하나의 신호만으로 회전과 앞발 올리기가 자동으로 연쇄되도록 연습한다.
- 매 연습에서 행동이 성공할 때마다 보상을 제공하여 행동을 안정적으로 강화한다.

- 훈련의 포인트 및 주의사항

훈련 초기에는 반려견이 올바른 행동을 수행할 때마다 빠짐없이 보상을 제공한다. 이후에는 2~3회 중 한 번 보상을 주는 간헐적 강화 방식으로 전환하여 행동의 지속성과 자발성을 높인다. 반려견이 회전 후 앞발을 올리지 않거나 반응이 늦어질 경우, 다시 2단계로 돌아가 연습한다. 보상 타이밍은 매우 중요하므로, 반려견이 정확한 행동을 했을 때 즉시 보상이 주어져야 한다. 훈련은 처음에는 방해 요소가 없는 조용한 실내 환경에서 시작하고, 이후에는 점점 실외나 다양한 장소에서도 수행할 수 있도록 확장한다. 또한 훈련자의 신호를 가까이에서 제공하는 것에서 시작해 점차 거리를 두고도 반응할 수 있도록 원격 신호 훈련으로 발전시킨다.

- 응용 동작 추가 예시

앞발 올리기 후 훈련자의 손바닥과 터치하는 하이파이브 동작을 추가할 수 있다. 또는 앞발을 올린 상태에서 '스핀'이라는 신호를 사용하여 한쪽 다리를 축으로 빙글 도는 동작을 연결하면 더 화려하고 매력적인 도그댄스 루틴이 완성된다. 이처럼 하나의 동작을 기초로 다양한 동작으로 확장하는 훈련은 반려견의 집중력과 표현력을 높이는 데 효과적이다.

② 도그댄스 동작 훈련: 구르기 → 기어가기 → 서서 돌기 → 점프(후방 연쇄 활용)

이 도그댄스 동작은 반려견이 일련의 동작들을 순차적으로 수행하며 하나의 퍼포먼스를 완성하는 복합 행동으로, 후방 연쇄 기법을 적용하면 효과적으로 지도할 수 있다. 후방 연쇄는 마지막 행동부터 먼저 훈련하고, 앞 단계들을 차례대로 연결해 나가는 방식으로 진행된다. 이 동작은 총 네 단계로 나누어 훈련할 수 있으며, 각 단계는 반려견이 자신감을 가지고 자연스럽게 수행할 수 있을 때까지 반복 연습한다.

- 1단계: 점프 동작 학습

▪ 가장 마지막 행동인 점프부터 먼저 훈련한다. 훈련자는 손바닥을 펼쳐 들고 "점프!"라는 음성 신호를 주며 반려견이 손을 넘어서 뛰어오르도록 유도한다.

▪ 반려견이 성공적으로 손을 넘는 점프를 하면 간식, 칭찬 등의 보상을 즉시 제공한다. 처음에는 매우 낮은 높이에서 시작하여 반려견이 부담 없이 뛸 수 있도록 하고, 점차 높이를 높여가며 적응시킨다.

▪ 점프 동작이 익숙해지면 훈련자의 손이나 다리 위를 넘는 동작으로 확장하여 다양한 환경에서도 수행할 수 있도록 연습한다.

- 2단계: 서서 돌기와 점프 연결

점프 동작이 안정적으로 이루어지면 그 앞 단계인 서서 돌기를 연결한다. 훈련자는 "서!"라는 신호로 반려견이 뒷발로 서게 한 뒤, 이어서 "돌아!"라는 신호를 사용해 반려견이 제자리에서 한 바퀴 돌도록 유도한다.

회전이 끝나면 곧바로 점프 동작을 연결하여 수행하게 한다. 이때 회전과 점프가 하나의 연속된 행동처럼 자연스럽게 이어지도록 반복 연습한다.

행동이 매끄럽게 연결될 때마다 보상을 제공하여 반려견의 동기를 높인다.

- 3단계: 기어가기 → 서서 돌기 → 점프 연결

▪ 두 번째 연쇄 동작인 기어가기를 앞에 붙여 전체 행동 흐름을 확장한다. 훈련자는 반려견에게 "기어!" 신호를 주며, 자신의 다리 밑을 통과하도록 간식으로 유도한다.

▪ 반려견이 낮은 자세로 다리 아래를 기어간 후, 끝나는 지점에서 곧바로 "서!" 신호를 주어 뒷발로 서게 하고, 이어서 "돌아!" → "점프!" 순으로 행동을 연속시킨다.

▪ 반려견이 각 행동을 순서대로 수행할 수 있도록 반복 연습하고, 중간에 멈추거나 혼동이 생기면 해당 단계로 돌아가 다시 지도한다.

- 4단계: 구르기 → 기어가기 → 서서 돌기 → 점프 전체 동작 완성

▪ 마지막으로 가장 앞 단계인 구르기를 추가하여 전체 복합 행동을 하나의 퍼포먼스로 완성한다.

▪ 훈련자는 "굴러!"라는 신호로 반려견이 바닥에서 한 바퀴 구르도록 유도하고, 구르기가 끝나면 곧바로 "기어!" 신호로 다리 밑을 기어가게 한다. 이어서 "서!" → "돌아!" → "점프!" 순으로 모든 행동을 연결한다.

▪ 각 동작이 정확히 연결되도록 신호의 타이밍을 조절하며, 반려견이 중간에 멈추지 않고 연속적인 흐름으로 퍼포먼스를 완성할 수 있도록 지도한다.

▪ 모든 동작이 성공적으로 이어졌을 때만 보상을 제공하여 전체 연쇄 행동의 완성도를 높인다.

- 훈련의 포인트 및 주의사항

후방 연쇄는 마지막 행동부터 시작하여 성공 경험을 먼저 쌓게 해주는 방식이므로, 각 행동의 연결에서 반려견이 혼란을 겪지 않도록 신호와 보상의 타이밍이 매우 중요하다. 각 단계별 행동이 확실히 숙달되기 전에는 다음 단계로 넘어가지 않으며, 연쇄 연결이 잘되지 않을 경우에는 바로 앞 단계로 돌아가 반복 연습한다. 환경은 처음에는 조용한 실내에서 시작하고, 점차 다양한 환경에서도 수행할 수 있도록 확장해 나간다.

- 응용 동작 추가 예시

이 복합 동작은 다양한 방식으로 응용이 가능하다. 예를 들어, 훈련자의 손가락 신호나 특정 음악에 맞춰 전체 행동을 수행하도록 훈련할 수 있으며, '서서 돌기' 이후 훈련자의 발 위에 앞발을 올리는 동작을 추가하거나, '점프' 이후 다시 한 번 회전하는 동작을 연결하여 더 복잡하고 화려한 퍼포먼스로 확장할 수 있다. 이러한 응용은 반려견의 표현력과 집중력

을 높이는 데 큰 도움이 된다.

(2) 도우미견 훈련 방법

① "냉장고에서 우유 가져오기"(후방 연쇄 활용)

'냉장고에서 우유 가져오기'는 도우미견이 일상생활에서 실질적인 도움을 줄 수 있는 대표적인 복합 과업이다. 이 과업은 여러 개의 독립적인 행동을 정확한 순서로 연결해야 하기 때문에 후방 연쇄 기법을 활용하여 훈련하는 것이 효과적이다. 이 방법은 가장 마지막 행동부터 먼저 가르친 후, 앞 단계 행동들을 차례대로 연결해 나가며 전체 행동을 완성하는 방식이다. 훈련은 총 네 단계로 나누어 진행하며, 각 단계마다 반려견이 충분히 숙달할 수 있도록 반복 연습한다.

- 1단계: 우유를 훈련자에게 전달하는 행동 학습
  - 가장 마지막 행동인 '우유를 훈련자에게 전달하는 행동'부터 시작한다. 훈련자는 우유팩을 직접 반려견의 입에 쥐여주고, "가져와!"라는 신호를 사용하여 반려견이 그것을 훈련자에게 가져오도록 유도한다.
  - 반려견이 올바르게 물고 훈련자에게 전달하면 즉시 간식이나 칭찬으로 보상을 제공한다. 만약 중간에 우유를 떨어뜨릴 경우, 거리와 난이도를 낮추어 짧은 거리에서부터 다시 연습한다.
  - 점차 거리와 시간을 늘려가며, 반려견이 안정적으로 우유를 훈련자에게 전달할 수 있도록 반복한다.
- 2단계: 우유를 냉장고에서 꺼내는 행동 연결
  - 전달 행동이 안정화되면, 이번에는 냉장고 안에서 우유를 꺼내는 행동을 앞에 붙인다. 훈련자는 냉장고 문을 미리 열어놓고, 반려견에게 "가져와!"라는 신호를 주며 우유를 물도록 유도한다. 처음에는 우유팩을 문 근처에 배치하여 쉽게 물 수 있도록 하고, 점차 안쪽으로 위치를 이동시켜 난이도를 조절한다.
  - 반려견이 냉장고에서 우유를 꺼낸 후, 곧바로 훈련자에게 전달하는 일련의 행동을 반복 연습한다.
  - 성공적으로 두 행동이 연속되었을 때만 보상을 제공하여 연쇄 학습이 형성되도록 한다.

- 3단계: 냉장고 문 열기 행동 연결

- 냉장고 문을 여는 행동을 전체 행동 흐름의 시작에 추가한다. 훈련자는 냉장고 손잡이에 수건이나 로프를 매달아 반려견이 입으로 잡아당기기 쉽게 만든다.
- "문 열어!"라는 음성 신호와 함께 훈련자가 시범을 보여주며 반려견이 수건을 입으로 물고 당기는 동작을 학습할 수 있도록 유도한다. 처음에는 훈련자가 수건을 살짝 당겨 문이 쉽게 열리도록 보조하고, 이후에는 반려견이 스스로 문을 열 수 있도록 반복 연습한다.
- 냉장고 문이 열리면, 바로 우유를 꺼내고 훈련자에게 전달하는 이전 단계의 행동으로 이어지도록 연결 연습을 진행한다.

- 4단계: 전체 행동 연쇄 연결 - 문 열기 → 우유 꺼내기 → 전달

- 모든 행동이 개별적으로 숙달되었다면, 이제 "우유 가져와!"라는 하나의 신호만으로 냉장고 문을 열고, 우유를 꺼내어 훈련자에게 가져오는 전체 연쇄 행동을 수행할 수 있도록 통합한다.
- 처음에는 각 행동 간 간격이 생길 수 있으므로, 중간 중간 보상을 제공하여 행동을 자연스럽게 이어준다.
- 반려견이 점차 동작 간 연결을 익히면 간식 대신 칭찬이나 장난감 등으로 보상을 전환하여 자발성과 지속성을 높인다. 이 과정을 통해 반려견은 복잡한 일상 행동을 하나의 일관된 작업 흐름으로 수행할 수 있게 된다.

- 훈련의 포인트 및 주의사항

각 단계의 행동은 독립적으로 숙달된 후에만 다음 단계와 연결해야 한다. 보상 타이밍은 매우 중요하며, 목표 행동이 정확히 완료된 직후 즉시 보상이 주어져야 한다. 냉장고 손잡이에 사용하는 수건이나 로프는 반려견이 안전하게 물 수 있도록 적절한 두께와 재질을 선택하며, 냉장고 안의 우유는 훈련용으로 별도로 준비하여 위생과 안전에 유의한다. 또한 훈련 초반에는 사람이 보조하며 단계별 성공률을 높이고, 점차 반려견의 자율 수행 비율을 높여가야 한다.

- 응용 동작 추가 예시

우유 대신 다른 물건(생수병, 장난감 등)으로 바꿔서 응용하거나, 냉장고 문을 닫는 동작까지 확장하여 더욱 실용적인 동작으로 발전시킬 수 있다. 또한 "우유 가져와!" 외에도 손짓,

벨 누르기, 음악 등에 반응하여 행동을 시작하게 하여 상황 반응성이나 지시 다양성을 높이는 훈련으로 확장할 수 있다. 이러한 응용은 도우미견 훈련의 활용 범위를 넓히는 데 매우 효과적이다.

② "마당에서 신문 가져오기"(후방 연쇄 활용)

'마당에서 신문 가져오기'는 도우미견이 외부 공간에서 물건을 찾아 훈련자에게 전달하는 복합 행동 과제로, 일상 생활 속 유용한 도우미 역할을 수행하는 대표적인 예이다. 이 행동은 신문을 집안으로 가져오기 위해 문을 열고 나가서 신문을 물고 돌아오는 일련의 과정을 포함한다. 후방 연쇄 기법을 활용하면 가장 마지막 행동부터 하나씩 역순으로 연결해 나가며 자연스럽고 체계적인 학습이 가능하다. 이 훈련은 총 네 단계로 구성되며, 각 행동은 충분히 반복하여 숙달시킨 뒤 다음 단계와 연결해야 한다.

- 1단계: 신문을 훈련자에게 전달하는 행동 학습

▪ 가장 마지막 행동인 '신문을 훈련자에게 전달하는 동작'부터 먼저 훈련한다. 훈련자는 신문을 직접 반려견의 입에 쥐여주고, "가져와!"라는 음성 신호를 통해 반려견이 신문을 훈련자에게 건네는 행동을 유도한다. 반려견이 성공적으로 신문을 전달하면 즉시 간식, 칭찬 등 긍정적인 보상을 제공한다. 신문을 떨어뜨리거나 물다가 포기하는 경우에는 거리와 무게를 줄여 짧은 거리에서 다시 시작하고, 점차 멀리서도 안정적으로 전달할 수 있도록 연습한다. 이 행동이 안정되면 다음 단계로 넘어간다.

- 2단계: 마당에서 신문을 물고 집 안으로 들어오기

▪ 신문 전달이 자연스러워졌다면, 이번에는 신문을 **외부(마당)**에서 물고 들어오는 행동을 앞 단계로 연결한다. 훈련자는 신문을 마당에 놓고, 문을 열어둔 상태에서 "가져와!"라는 신호를 사용하여 반려견이 신문을 찾아 물고 집 안으로 들어오도록 유도한다. 처음에는 신문을 문 가까이에 두고 점차 멀리 떨어진 지점에 놓아 반려견이 위치를 인식하고 찾아오는 훈련을 강화한다. 신문을 물고 집 안에 들어와 훈련자에게 정확히 전달하는 행동이 자연스럽게 연결되면 다음 단계로 넘어간다.

- 3단계: 마당으로 나가서 신문 물기

▪ 이 단계에서는 반려견이 문을 통과해 마당으로 나가서 신문을 물고 나오는 행동을 학습한다. 훈련자는 반려견에게 "신문!" 혹은 "가져와!" 등의 신호를 주고, 문을 통과해

마당에 있는 신문까지 스스로 이동하게 한다. 반려견이 신문을 물고 나오면 이어서 실내로 들어와 훈련자에게 전달하도록 한다. 처음에는 문을 열어두고 훈련자의 시야 안에서 연습하고, 점차 훈련자의 지시만으로 마당으로 나가 신문을 찾아오는 자율성을 강화한다. 이때도 신문 물기부터 훈련자에게 가져오는 전체 흐름이 자연스럽게 연결되었을 때만 보상을 제공한다.

- 4단계: 출입문 열기 및 전체 행동 연결

- 마지막 단계에서는 반려견이 닫혀 있는 문을 스스로 여는 행동을 포함하여 전체 연쇄를 완성한다. 훈련자는 출입문 손잡이에 수건이나 로프를 매달아 반려견이 입으로 잡아당겨 문을 여는 방법을 익히도록 유도한다. "문 열어!" 등의 신호와 함께 시범을 보여주고, 반려견이 수건을 물고 당겨 문을 열 수 있도록 반복 연습한다. 문 열기 행동이 익숙해지면, 이어서 마당으로 나가 신문을 물고 돌아오는 행동 전체를 하나의 연쇄 흐름으로 연결한다. 이후에는 "신문 가져와!"라는 하나의 지시어만으로 전체 행동이 자연스럽게 이루어질 수 있도록 연습한다.

- 훈련의 포인트 및 주의사항

훈련의 각 단계는 반려견이 성공적으로 수행하고 보상 경험을 충분히 쌓은 뒤 다음 단계로 넘어가는 것이 중요하다. 출입문은 반려견이 안전하게 열 수 있도록 문 구조와 손잡이 높이를 고려하고, 마당은 위험 요소가 없는 안전한 공간에서 훈련을 시작해야 한다. 또한 신문은 쉽게 물 수 있는 두께나 크기의 훈련용 신문으로 시작하고, 실물 신문으로 점차 전환하는 것도 좋은 방법이다. 훈련 초기에는 행동마다 즉각적인 보상을 제공하고, 점차 간헐적 강화로 전환하여 행동의 자발성과 지속성을 높인다.

- 응용 동작 추가 예시

신문 대신 우편물, 장바구니, 물건 바구니 등을 가져오도록 응용할 수 있으며, 집 안의 다른 방에서 문 열기 → 물건 가져오기 등 더 복잡한 연쇄 행동으로 확장할 수 있다. 또한 훈련자의 손짓이나 벨 소리 등 다양한 신호에 따라 행동을 시작하게 하여 도우미견의 실용성과 반응 능력을 더욱 향상시킬 수 있다.

(3) 연기견 훈련 방법

① 도둑 잡는 연기(후방 연쇄 활용)

'도둑 잡는 연기'는 반려견이 특정 인물을 도둑으로 인식하고 그에게 달려가 제지하거나 짖는 등의 동작을 순차적으로 수행하는 복합 행동 과제이다. 이 연기는 공연, 시범, 또는 특수 목적 훈련에서 활용되며, 후방 연쇄 방식을 통해 행동의 마지막 단계부터 차례대로 연결하여 효과적으로 훈련할 수 있다. 훈련은 총 네 단계로 구성되며, 각 단계가 충분히 숙달된 후에 다음 행동을 자연스럽게 연결한다.

- 1단계: 도둑에게 달려가 짖기 또는 제지하는 행동 훈련
  - 가장 마지막 행동은 반려견이 도둑 역할을 하는 사람에게 달려가 앞에서 짖거나 짧게 제지 동작(앉히기, 밀기 등)을 취하는 것이다.
  - 훈련자는 도둑 역할을 하는 사람이 일정 거리 앞에 서 있도록 한 뒤, 반려견에게 "잡아!" 또는 "멈춰!"라는 신호를 주어 그 사람에게 달려가 앞에 멈추고 짖거나 행동을 제지하게 유도한다.
  - 이때 도둑은 도망가는 제스처를 취하거나 움직임을 보여 반려견의 흥미를 자극하고, 반려견이 정확한 행동을 수행하면 즉시 보상을 제공한다. 이 행동은 충분한 반복을 통해 안정적으로 수행할 수 있도록 한다.
- 2단계: 도둑을 추적하여 멈추는 지점까지 달려가기
  - 짖기 또는 제지 동작이 완성되면, 이번에는 도둑을 일정 거리 이상 쫓아가는 행동을 앞에 연결한다.
  - 훈련자는 도둑 역할을 하는 사람이 천천히 도망가는 연기를 하면, 반려견은 "잡아!" 신호에 반응하여 그를 향해 달려가고, 지정된 지점(예 마크 표시, 방석, 신호음 위치 등)에서 멈추고 짖거나 앞에서 기다리도록 유도한다. 이때 도망치는 사람과의 거리를 점차 늘려가며 반려견의 집중력과 행동 일관성을 유지하도록 훈련한다.
  - 반려견이 도망자를 쫓아가 일정 지점에서 정확히 행동을 이어간다면 충분한 보상을 제공한다.
- 3단계: 출발 지점에서 기다리다가 훈련자의 지시에 따라 추적 시작
  - 도둑을 쫓는 동작이 안정되면, 반려견이 출발 지점에서 대기하다가 훈련자의 지시에

따라 행동을 시작하는 단계를 연결한다. 훈련자는 반려견에게 "기다려" 또는 "스테이" 신호를 주고 출발 위치에서 대기하게 한 후, 도둑이 움직이면 "가!" 혹은 "잡아!" 신호를 주어 추적 행동을 시작하게 한다.

- 반려견이 신호 없이 임의로 움직이지 않도록 하고, 지시 후에만 움직이는 것을 반복 훈련하여 정확한 반응을 유도한다.
- 지시 후 바로 추적하여 짖기까지 연결되는 전체 흐름이 자연스럽게 이어지도록 한다.

• 4단계: 도둑 출현 상황 설정 및 전체 연기 구성

- 마지막 단계에서는 상황 연출을 포함한 전체 시나리오를 연쇄로 구성한다. 훈련자는 연기 도중 "도둑이야!" 등의 외침이나 특정 동작(예 손가락으로 가리키기)을 신호로 사용하여 반려견이 행동을 시작하도록 한다.
- 도둑 역할의 인물이 연기대로 도망가는 척하거나 가방을 들고 도망치는 행동을 보여주면, 반려견은 출발 지점에서 훈련자의 지시를 기다렸다가 추적을 시작하고, 도둑에게 달려가 짖거나 앞을 막는 퍼포먼스를 완성한다.
- 모든 행동이 정확하게 연결되었을 때만 강화물을 제공하여 연쇄 행동의 완성도를 높인다.

• 훈련의 포인트 및 주의사항

연기 상황이라 하더라도 반려견이 과도하게 흥분하거나 공격적으로 반응하지 않도록 훈련자는 흥분 조절을 함께 지도해야 한다. 각 단계의 행동은 충분히 반복하여 자동화시키고, 새로운 인물이 도둑 역할을 하더라도 반려견이 상황을 이해하고 올바르게 반응할 수 있도록 다양한 변화를 준다. 훈련 장소는 처음에는 실내 또는 울타리 안에서 안전하게 시작하고, 점차 외부 공간이나 공연장 환경으로 확장하여 연기 상황에 적응시킨다.

• 응용 동작 추가 예시

도둑을 제지한 후 앉거나 엎드려 대기하는 행동을 추가하거나, 훈련자가 도둑에게 접근할 때까지 반려견이 지점에서 계속 짖는 연출을 할 수 있다. 또한 도둑이 가방을 떨어뜨리는 연기를 넣고, 반려견이 가방을 다시 훈련자에게 가져오는 행동으로 이어지도록 응용하면 더욱 풍부한 시나리오로 확장할 수 있다. 이러한 연기는 도우미견의 반응성, 복종성, 집중력을 종합적으로 높이는 데 매우 유용하다.

② 총에 맞고 쓰러지는 연기(전방 연쇄 활용)

'총에 맞고 쓰러지는 연기'는 반려견이 특정 신호에 반응해 쓰러지는 과정을 순차적으로 수행하는 복합 퍼포먼스이다. 이 동작은 전방 연쇄 기법을 활용하여 가장 첫 행동부터 차례대로 학습하고 연결해 나가는 방식으로 훈련한다. 처음에는 각 행동을 분리하여 가르치고, 이후에는 하나의 명령어로 전체 동작을 자연스럽게 수행할 수 있도록 통합한다. 훈련은 총 네 단계로 나눠 진행한다.

- **1단계: "총!" 소리 또는 손 신호에 반응하여 반려견이 정면을 주시하며 긴장된 자세 유지**
  - 연기의 첫 시작은 반려견이 훈련자 혹은 상대 인물을 바라보며 집중하는 자세로 시작된다. 훈련자는 "기다려", "봐" 등의 신호를 통해 반려견이 똑바로 서서 조용히 주시하는 행동을 유도한다.
  - 이 자세는 긴장감 있는 상황을 표현하는 데 중요한 요소로, 반려견이 움직이지 않고 고정된 위치에서 집중하는 상태를 반복 훈련하여 안정적으로 유지하도록 한다. 이 단계가 완성되면 다음 행동과 연결한다.
- **2단계: "빵!" 등의 소리 또는 손 제스처에 반응하여 깜짝 놀라는 반응 보이기**
  - 정면 응시 상태에서 "빵!" 하는 소리(클리커, 손뼉, 소리 신호 등)나 훈련자의 특정 손동작(총 쏘는 시늉)을 신호로 사용하여, 반려견이 몸을 움찔하거나 놀라는 듯한 반응을 보이도록 유도한다.
  - 반려견에게 이 행동을 자연스럽게 만들어주기 위해 처음에는 훈련자가 직접 간식을 손에 들고 반응을 유도하며, 놀라는 행동에 곧바로 보상을 제공한다.
  - "빵!" 신호만으로도 해당 반응을 수행할 수 있도록 신호와 행동의 연합을 반복 학습한다.
- **3단계: 반려견이 몸을 굽히며 바닥에 눕는 동작 연결**
  - 놀라는 행동이 익숙해지면 그 직후 엎드리기 또는 쓰러지는 자세로 연결한다. "빵!" 신호 후에 반려견이 옆으로 쓰러지듯 눕는 행동을 가르치기 위해 처음에는 "엎드려", "죽은 척" 등의 명령어와 함께 보조 신호를 사용한다.
  - 반려견이 옆으로 눕는 자세를 성공적으로 수행하면 즉시 보상을 제공한다. 이때 쓰러질 때 다리를 약간 들거나 고개를 바닥에 눕히는 표현을 강조하면 더 사실적인 연기가

완성된다.

- 쓰러지기 동작은 특히 타이밍이 중요하므로, 놀라는 반응 직후 바로 연결되도록 훈련한다.

● 4단계: 쓰러진 상태에서 3~5초간 움직이지 않고 누워 있기

- 연기의 마무리는 반려견이 쓰러진 상태를 일정 시간 유지하는 것이다. 이 행동은 실제로 쓰러졌다는 연출을 완성하는 중요한 요소로, 처음에는 1초 정도만 유지하도록 훈련하고 점차 시간을 늘려간다.
- 쓰러진 자세에서 움직이거나 일어나려 할 경우에는 강화를 중단하고, 누워 있는 상태를 유지했을 때만 강화한다.
- 훈련자가 "빵!" 신호와 함께 손을 내밀면 반려견이 쓰러지고, 조용히 누워 있는 일련의 행동이 하나의 흐름으로 완성되었을 때 보상을 제공한다.

● 훈련의 포인트 및 주의사항

이 연기는 반려견의 정확한 타이밍 감각과 억제력이 요구되므로, 행동 하나하나의 안정적인 반복과 단계별 연결이 매우 중요하다. 특히 쓰러진 상태에서의 움직임 억제가 어렵다면, 바닥에 대기용 매트를 깔거나 주변 자극을 줄여주는 등의 환경 조절이 필요하다. 신호(소리, 손 제스처)는 명확하고 일관되게 사용하며, 훈련 초기에는 보상을 자주 제공하고 점차 줄여가며 자발성을 강화한다. 모든 과정에서 흥분이나 긴장 반응이 과도하지 않도록 감정 조절 훈련도 병행한다.

● 응용 동작 추가 예시

이 연기는 시각적 효과가 뛰어나므로, 음악이나 음향 효과를 함께 활용하면 공연에서 더 큰 임팩트를 줄 수 있다. 또한 쓰러진 후 "살아났다!"는 연출로 다시 일어나는 동작을 연결하거나, 도둑 잡기, 경비 동작 등과 조합해 하나의 스토리 있는 퍼포먼스로 확장할 수 있다. 이러한 응용은 반려견의 표현력과 관객과의 상호작용 능력을 크게 향상시킨다.

4 연쇄의 한계와 주의사항

연쇄 훈련은 복잡한 행동을 학습하는 데 효과적이지만, 잘못된 접근은 학습자의 혼란을 초래하거나 학습 효과를 저하시킬 수 있다. 따라서 훈련 과정에서 발생할 수 있는 한계를 인식하고, 적절한 대처를 통해 문제를 최소화해야 한다.

(1) 과도한 단계 설정

훈련에서 행동을 지나치게 세분화하여 너무 많은 단계를 설정할 경우, 학습자는 각 행동의 의미를 명확히 이해하지 못하고 전체 목표 행동의 흐름을 인지하는 데 어려움을 겪게 된다. 특히 학습 과정이 길어질수록 집중력이 떨어지고 동기가 저하되어 훈련 효율이 급격히 낮아질 수 있다. 복잡한 세부 단계는 오히려 혼란을 초래하고, 학습자가 행동 사이의 연관성을 파악하지 못하게 하여 행동 형성을 방해한다.

이러한 문제를 해결하기 위해서는 행동을 반드시 필요한 최소 단계로 나누어 단순하고 명확하게 설계해야 한다. 학습자가 목표 행동에 집중할 수 있도록 불필요하거나 중복된 동작은 과감히 제거하고, 각 단계가 자연스럽게 연결되는 흐름을 구성하여 전체 행동의 구조를 쉽게 이해할 수 있도록 해야 한다. 단순한 구조는 학습자의 인지 부담을 줄이고 훈련 속도를 높이는 데 효과적이다.

예를 들어, '물건 가져오기' 훈련의 경우, '물건 바라보기', '물건에 접근하기' 등의 과도하게 나뉜 세부 동작은 생략하고, '물건 집기 → 운반하기 → 놓기'의 세 단계로 간단하게 구성할 수 있다. 이처럼 단계 수를 줄이면 훈련은 훨씬 간결해지고, 학습자는 목표 행동의 전체 구조를 명확히 이해할 수 있게 된다. 결과적으로 과도한 단계 설정을 피하면 학습자는 훈련 과정에 대한 몰입도를 유지하며 일관된 행동 패턴을 형성할 수 있다. 이는 훈련의 효율성을 높이고, 전체 행동을 안정적으로 완성하는 데 중요한 도움이 된다.

(2) 불필요한 행동 강화

훈련 과정에서 강화가 적절하지 않은 시점에 제공되거나, 목표와 관련 없는 행동에 강화가 주어질 경우, 학습자는 의도하지 않은 행동을 반복하게 될 수 있다. 이는 학습자에게 혼란을 주며, 목표 행동의 정확한 습득을 방해한다. 특히 훈련자가 무심코 제공한 보상이 우연히 발생한 다른 행동에 연결될 경우, 학습자는 잘못된 행동을 올바른 반응으로 인식하게 되어 전체 훈련 과정이 비효율적으로 길어질 수 있다.

이러한 문제를 예방하기 위해서는 강화의 정확성을 유지하는 것이 중요하다. 보상은 반드시 목표 행동과 직접적으로 관련된 반응에만 제공되어야 하며, 타이밍 또한 매우 중요하다. 올바른 행동이 일어난 직후 즉시 보상을 제공해야 학습자가 그 행동과 강화 사이의 인과관계를 명확히 인식할 수 있다. 반대로, 목표와 무관한 행동에는 어떠한 강화도 제공하지 않음으로써, 학습자는 올바른 행동만을 반복하고 정착시킬 수 있다.

예를 들어, 반려견이 장애물 코스를 완주하는 훈련에서 올바른 강화 제공 시점은 장애물을 모두 통과한 직후이다. 중간에 멈추거나 경로를 이탈했을 경우에는 아무런 보상을 제공하지 않아야 한다. 이러한 방식은 반려견이 어떤 행동이 바람직한지를 명확하게 학습하게 하며, 훈련의 일관성을 유지하게 만든다. 결과적으로 불필요한 행동 강화를 방지하면 학습자는 목표 행동과 보상 간의 관계를 분명하게 이해하게 된다. 이는 훈련의 효율성을 높이는 동시에 목표 행동의 정확성과 일관성을 강화한다. 학습자는 혼란 없이 정확한 반응에 집중하게 되며, 전체 연쇄 행동 흐름을 안정적으로 완성할 수 있게 된다.

(3) 복잡한 행동의 혼란

훈련 과정에서 각 행동이 지나치게 복잡하거나 빠르게 연결될 경우, 학습자는 단계의 의미를 정확히 이해하지 못하고 혼란을 겪게 된다. 행동 단계가 명확하게 정의되지 않거나 각 행동 간의 연결성이 부족할 경우, 학습자는 전체 목표 행동을 수행하지 못하거나 훈련 자체에 대한 동기를 잃을 수 있다. 이러한 혼란은 행동의 정확성과 일관성을 떨어뜨리고, 훈련의 성공률을 저하시킨다.

이를 해결하기 위해서는 먼저 각 행동 단계를 간단하고 명확하게 정의하여, 학습자가 무엇을 해야 하는지 쉽게 인식할 수 있도록 해야 한다. 복잡한 행동은 처음부터 한 번에 가르치기보다는 개별적으로 독립된 단위로 분리하여 학습시키고, 각 행동이 충분히 숙달된 이후에 점진적으로 연결해야 한다. 이렇게 하면 행동 간의 자연스러운 흐름이 생기며, 학습자는 보다 안정적으로 전체 행동을 완성할 수 있다.

예를 들어, 장애물 코스 훈련에서는 점프, 터널 통과, 슬라럼 등 각각의 장애물을 개별적으로 충분히 학습한 뒤, 이를 하나의 코스로 점진적으로 연쇄 연결해야 한다. 이러한 방식은 학습자가 행동 구조를 정확히 이해하고, 혼란 없이 안정적인 학습 경험을 하게 만들어 준다. 결과적으로 복잡한 행동을 단순화하고 단계적으로 구성하면 행동의 정확성과 지속성이 높아지며, 훈련의 성공 가능성도 크게 향상된다.

(4) 학습 속도의 조절 부족

훈련에서 학습자의 현재 수준과 숙달 정도를 고려하지 않고 지나치게 빠른 속도로 진행할 경우, 학습자는 각 단계를 제대로 이해하지 못하고 훈련에 실패할 가능성이 높아진다. 특히 행동의 흐름과 단계별 목표가 충분히 정립되지 않은 상태에서 무리하게 다음 단계로 넘어가면, 학습자는 행동 간의 관계를 인식하지 못하고 혼란을 느끼게 된다. 이는 전반적인 학습 실패로 이어질 수 있다.

이러한 문제를 방지하려면, 먼저 학습자의 반응과 수행 수준을 면밀히 관찰하고, 각 행동이 충분히 안정적으로 수행되는지를 확인해야 한다. 완전한 숙달 없이 다음 단계로 넘어가는 것을 피하고, 학습자가 자신 있게 행동을 반복할 수 있을 때만 다음 단계로 진행해야 한다. 더불어 학습자의 개별적인 능력과 특성에 맞추어 진행 속도를 조정하면, 학습자는 훈련 과정에서 부담을 느끼지 않고 목표 행동에 자연스럽게 도달할 수 있다.

예를 들어, '물건 가져오기' 훈련에서는 학습자가 먼저 물건을 정확히 집는 동작을 완전히 익힌 후에야 운반하기로 진행해야 하며, 장애물 코스 훈련에서도 모든 장애물을 한꺼번에 가르치기보다 하나의 동작(예 점프)을 충분히 연습한 후 다음 단계(예 터널 통과)로 넘어가는 것이 효과적이다. 결과적으로 학습 속도를 학습자의 수준에 맞게 조정하면, 학습자는 각 단계를 자신 있게 수행하고 전체 행동의 흐름을 보다 명확히 이해하게 된다. 이는 훈련의 동기와 자신감을 유지시켜 주며, 목표 행동 학습의 성공 가능성을 높인다. 적절한 속도 조절은 훈련의 효율성을 극대화하고, 학습자의 혼란을 최소화하는 핵심 요소로 작용한다.

연습문제

1. 행동연쇄(Chaining)에 대한 설명으로 옳지 않은 것은 무엇인가?

A. 일련의 행동을 순차적으로 연결하여 최종 목표 행동을 학습하는 과정이다.

B. 각 행동이 앞 단계의 결과로 이어지며 다음 행동의 신호가 된다.

C. 행동연쇄는 새로운 행동을 처음부터 끝까지 한 번에 학습하는 방식이다.

D. 연쇄 순서에 따라 전방연쇄와 후방연쇄 연쇄의 방식이 있다.

2. 연쇄(Chaining)와 조형(Shaping)의 가장 큰 차이점은 무엇인가?

A. 연쇄는 여러 개의 행동을 연결하는 것이고, 조형은 하나의 행동을 점진적으로 학습하는 것이다.

B. 연쇄는 하나의 행동을 세분화하여 가르치는 것이고, 조형은 다양한 행동을 조합하는 것이다.

C. 조형은 학습된 행동을 수정하는 데 초점을 맞추고, 연쇄는 새로운 행동을 만드는 것이다.

D. 연쇄는 강화 없이 이루어지며, 조형은 강화가 필요하다.

3. 조형(Shaping)에 대한 설명으로 옳은 것은 무엇인가?

A. 새로운 행동을 처음부터 끝까지 한 번에 가르치는 기법이다.

B. 목표 행동에 가까운 작은 단계를 점진적으로 강화하여 행동을 학습한다.

C. 조형은 이미 학습한 행동을 연결하는 방법이다.

D. 연쇄와 동일한 개념으로, 두 방법은 동일하게 적용된다.

4. 연쇄(Chaining)의 기본 원리는 무엇인가?

A. 행동이 목표 행동과 유사해질 때마다 보상을 제공한다.

B. 일련의 행동을 특정 순서로 연결하여 학습하도록 한다.

C. 새로운 행동을 학습할 때, 기존 행동을 무시하고 새로운 패턴을 만든다.

D. 동물의 자발적인 행동을 유도하여 학습을 촉진한다.

5. 연쇄의 예시로 적절한 것은 무엇인가?

A. 강아지가 처음으로 '앉아' 동작을 배운다.

B. 사람이 손을 흔들 때, 강아지가 앞발을 들도록 가르친다.

C. 강아지가 신호에 따라 냉장고 문을 열고 우유를 가져오는 행동을 수행한다.

D. 사람이 강아지의 자연스러운 행동을 관찰하며, 행동을 변화시키도록 유도한다.

1. C / 2. A / 3. B / 4. B / 5. C

6. 훈련에서 연쇄 훈련을 적용할 때 강화의 역할은 무엇인가?

A. 개가 다음 행동을 이어서 수행할 수 있도록 동기를 부여한다.

B. 개가 중간 단계를 건너뛰고 최종 행동만 하도록 유도한다.

C. 각 행동을 따로따로 학습하도록 만든다.

D. 행동을 학습하지 않도록 보상의 빈도를 줄인다.

7. 조형(Shaping) 기법과 관련 없는 훈련 방식은 무엇인가?

A. 목표 행동에 가까운 행동부터 점차적으로 보상하며 유도한다.

B. 하나의 목표 행동을 여러 단계로 나누어 차례차례 가르친다.

C. 개가 목표 행동을 완전히 했을 때만 한 번 보상한다.

D. 쉬운 행동부터 시작해 점점 난이도를 높여간다.

8. 연쇄 훈련과 조형 훈련의 공통점은 무엇인가?

A. 모두 점진적으로 행동을 학습시키는 방식이다.

B. 연쇄는 보상 없이 진행되지만, 조형은 보상을 사용한다.

C. 연쇄는 한 번에 모든 행동을 가르치고, 조형은 단계적으로 가르친다.

D. 조형은 행동 순서를 고려하지 않지만, 연쇄는 순서를 무작위로 적용한다.

9. 개에게 연쇄 훈련을 적용할 때 각 행동마다 보상을 주는 이유는 무엇인가?

A. 개가 다음 행동으로 자연스럽게 이어가도록 하기 위해

B. 개가 여러 행동을 자유롭게 섞어 수행하도록 하기 위해

C. 행동을 빠르게 소멸시키기 위해

D. 보상 없이도 행동을 계속하게 만들기 위해

10. 개 훈련에서 연쇄 훈련을 효과적으로 적용하기 위해 가장 중요한 것은 무엇인가?

A. 모든 행동을 한 번에 가르치는 것이다.

B. 각 행동이 자연스럽게 연결되도록 유도하는 것이다.

C. 목표 행동을 완성할 때까지 보상을 주지 않는 것이다.

D. 개가 실수하면 즉시 훈련을 중단하고 타임아웃을 준다.

6. A / 7. C / 8. A / 9. A / 10. B

연습문제

11. 개 훈련에서 후방 연쇄(Backward Chaining)의 특징으로 알맞은 것은 무엇인가?

A. 첫 번째 행동부터 순서대로 가르친다.

B. 개가 가장 쉬운 행동부터 시작하도록 한다.

C. 마지막 행동부터 먼저 가르쳐 성공 경험을 제공한다.

D. 전체 행동을 한 번에 모두 가르친다.

12. 조형(Shaping)이 효과적으로 사용될 수 있는 상황은 무엇인가?

A. 이미 배운 여러 행동을 순서대로 연결해야 할 때

B. 개가 처음 배우는 행동을 한 번에 수행하기 어려울 때

C. 행동을 시작하기 전 미리 보상을 제공해야 할 때

D. 개가 저절로 할 수 있는 행동만 사용할 때

13. 조형(Shaping) 훈련에서 가장 중요한 원칙은 무엇인가?

A. 목표 행동을 작은 단계로 나누고, 점진적으로 보상하며 가르친다.

B. 개가 실수하면 즉시 훈련을 중단하고 타임아웃을 준다.

C. 개가 목표 행동을 완벽히 수행할 때까지 기다렸다가 보상한다.

D. 보상 없이 행동을 자연스럽게 유도한다.

11. C / 12. B / 13. A

토론하기

1. 행동연쇄(Behavior Chaining)의 정의를 설명하고, 이를 활용하는 대표적인 사례를 제시하시오.

2. 행동연쇄에서 조형(Shaping)과의 차이를 설명하고, 각각이 효과적인 상황을 비교하여 토론하시오.

3. 전방 연쇄(Forward Chaining)와 후방 연쇄(Backward Chaining)의 개념을 설명하고, 각각의 장점과 단점을 비교하여 토론하시오.

4. 도그댄스, 도우미견 훈련, 연기견 훈련에서 후방 연쇄가 효과적으로 적용되는 이유를 서술하고, 구체적인 예시를 들어 설명하시오.

5. 행동연쇄를 성공적으로 적용하기 위한 단계별 목표 설정의 중요성을 설명하고, 목표 설정 시 고려해야 할 요소들을 제시하시오.

색인

ㅈ

ㅊ

ㅋ

ㅌ

ㅍ

ㅎ

기타

클리커 트레이닝 개론

초판발행 2025년 8월 30일

지은이 박효진
펴낸이 노 현

편 집 탁종민
기획/마케팅 김한유
표지디자인 BEN STORY
제 작 고철민·김원표

펴낸곳 ㈜피와이메이트
서울특별시 금천구 가산디지털2로 53, 210호(가산동, 한라시그마밸리)
등록 2014.2.12. 제2018-000080호
전 화 02)733-6771
f a x 02)736-4818
e-mail pys@pybook.co.kr
homepage www.pybook.co.kr
ISBN 979-11-7279-131-5 93490

정 가 35,000원

박영스토리는 박영사와 함께하는 브랜드입니다.